친절한추쌤의 합격 네비게이션

소방공무원
면접·적성 2.0

인사말

미래의 대한민국 소방공무원 여러분.

필기합격을 진심으로 축하드립니다.
그 동안 소방공무원을 향한 목표와 꿈을 향해 달려온 열정으로 최종합격까지 최선을 다하시길 당부하면서, 본서를 소개합니다.

사회 각 분야별로 면접이 중요시 되고 있는 분위기에서 소방공무원 면접 또한 날로 어려워지고 강화되는 추세에 있습니다. 과거 공무원 면접은 하나의 통과의례처럼 형식적인 절차였다면, 최근의 공무원 면접은 지원자의 인성, 공직 가치관, 공직 적합성, 상황 판단력 등 지원자를 종합적이고 실질적으로 평가하려는 방향으로 변화하고 있습니다. 아울러 국가직 공무원 및 지방직 공무원 면접을 강화하겠다는 인사혁신처의 보도가 있었으며, 2013년부터 서울시를 비롯하여 많은 청에서 선발 예정인원의 1.3~1.5배를 선발하는 추세로 경쟁이 심화되고 있습니다.

소방공무원 면접은 브라인드 면접으로 지원자의 필기성적이나 개인적인 주요 사항 등은 미공개로 진행하고 있으며, 면접 점수가 합격 점수에 일정부분 반영되고 있습니다. 이렇듯 소방공무원 면접은 최종합격의 당락을 좌우하는 중요한 과정입니다. 이를 염두에 두고 면접 준비에 만전을 기하기를 권합니다. 소방공무원 면접에 성공하기 위한 첫걸음은 공무원에 대한 이해입니다. 공무원 조직에 대한 이해, 업무에 대한 이해, 공무원으로서 갖추어야할 자세 등 전반적으로 공무원에 대한 특성과 국민과의 관계에 대한 통찰을 갖추고 있어야, 면접은 물론 공직 생활에서도 효과적인 대처를 할 수 있을 것이라고 생각됩니다.

소방공무원 면접 전문 가이드의 특징은
첫째, 최신 공무원 면접의 트렌드와 특징, 실제 면접의 내용을 수록하였습니다.
둘째, 공무원에 대한 전반적인 이해를 바탕으로, 공직에서 필요로 하는 답변의 방향을 제시하였습니다.
셋째, 소방공무원 면접의 기출문제를 바탕으로, 면접관의 질문의도와 모범답안을 제시하였습니다.

넷째, 소방공무원 면접 참고 자료로 비중을 차지하고 있는 인·적성 검사에 대한 정보와 대처 방안을 상세히 수록하였습니다.
다섯째, 예시문과 면접 시 활용할 수 있는 스피치 구성방법을 요소별로 수록하여, 면접 이전의 단계부터 체계적이고 철저하게 준비할 수 있도록 하였습니다.
여섯째, 면접에서 긍정적인 이미지를 전달할 수 있는 이미지 메이킹 방법과 면접 상황에서 실제적으로 활용할 수 있는 다양한 상황대처법을 수록하여 면접에서 필승할 수 있는 기초를 제시하였습니다.

긴 시간 동안 대한민국의 소방공무원을 목표로 달려오신 여러분들의 합격을 위해 본서가 실질적인 도움을 줄 수 있기를 바라는 마음으로 친절과 전문성을 실어서 구성하였습니다. 지금까지 달려온 열정과 노력으로 최종합격까지 달려가시길 바랍니다. 대한민국의 명예로운 소방공무원이 되실 것을 믿으며, 여러분을 응원하겠습니다.

본서를 출간하기까지 공무원지원자들의 빠른 합격을 위해 자료제공과 많은 조언을 해주신 한국 공무원 학원, 중앙 경찰 학원 대표님께 진심을 담아 감사를 드립니다.
아울러 참다움출판 관계자분께도 감사의 마음을 전합니다.

"선생님, 처음으로 사람의 생명을 구했습니다. 이 모든 것이 선생님 덕분입니다"라며 자랑스럽게 외치던 제자의 음성을 항상 상기하는 '친절한 추쌤'이 될 것을 약속드립니다.
여러분이 이 같은 메아리로 우리나라 곳곳을 채워주시기를 바랍니다.

추미영

어느 소방관의 기도

― 스모키린 ―

제가 부름을 받을 때에는
신이시여
아무리 뜨거운 화염 속에서도
한 생명을 구할 수 있는 힘을 주소서

너무 늦기 전에
어린아이를 감싸 안을 수 있게 하시고
공포에 떠는 노인을 구하게 하소서

내가 늘 깨어 살필 수 있게 하시어
가냘픈 외침까지도 들을 수 있게 하시고
신속하고 효과적으로 화재를 진압하게 하소서

그리고
신의 뜻에 따라
저의 목숨을 잃게 되면
신의 은총으로
저의 아내와 가족을 돌보아 주소서

Contents

1부 공무원 면접에 대한 이해

01 최근 공무원 면접 트렌드 …………………………………………… 10

02 소방 공무원의 면접 경향 …………………………………………… 12
    1. 면접의 변화 ……………………………………………………… 12
    2. 소방 공무원 면접 특징 ………………………………………… 13

03 소방 공무원 면접 평가 요소 ………………………………………… 14
    1. 평가요소 ………………………………………………………… 14
    2. 소방조직에 대한 이해 ………………………………………… 17
    3. 면접의 참고 자료 인·적성 준비 ……………………………… 18
    4. 자기소개서 및 직무수행 계획서 작성 ………………………… 44
    5. 소방 공무원 면접시험 채점기준 ……………………………… 50

04 소방 공무원 면접 방식 ……………………………………………… 52
    1. 소방공무원 면접평가위원 구성 ……………………………… 52
    2. 면접 진행 방식 ………………………………………………… 52
        ■ 1단계 : 집단 면접 ………………………………………… 52
        ■ 2단계 : 개별 면접 ………………………………………… 57

05 평가요소별 대처 방안 ……………………………………………… 58
    1. 직원 직렬 관련 역량(전문지식과 그 응용능력) ……………… 58
    2. 열정(창의력·의지력·발전가능성) …………………………… 58
    3. 의사발표의 정확성과 논리성 ………………………………… 59
    4. 도덕성(소방공무원으로서의 적성) …………………………… 60
    5. 공무원으로서의 인성(예의, 품행, 성실성, 봉사정신) ……… 60

06 공무원 면접 준비 과정과 훈련방법 ················· 62
    1. 자신의 스토리 찾기 ································· 62
    2. 면접에 활용할 소재 찾기 ························· 63
    3. 공직관에 대한 이해 ································· 64
    4. 자신의 데이터 파악하기 ························· 64

2부 공무원 면접의 실제

01 면접의 노하우 ·· 70

02 면접 답변 시 활용할 스피치 구성법 ············· 78

03 면접의 3요소 : 마음, 태도, 스피치 ················ 86

3부 공무원 면접 이미지 메이킹

01 공무원 면접을 위한 이미지 메이킹 ··············· 98

02 긴장을 해소하는 방법 ·································· 104

4부 기출문제 및 답변사례

01 집단토론 질문 ··· 108

02 개별면접 질문 ··· 214

03 연도별 기출 문제 ·· 374

PART 01

친절한 추쌤의
소방공무원 면접

공무원 면접에 대한 이해

최근 공무원 면접 트렌드

　소방 공무원은 보통 특정직 공무원이라고 하며, 경찰공무원, 해양경찰공무원 등과 같이 일반적인 사무 혹은 기술업무가 아닌 담당업무가 특수하여 자격·신분보장·복무 등에서 특별법이 우선 적용되는 공무원이다. 따라서 면접 또한 일반 공무원과 다른 특이 사항이 있다.

　소방 공무원 면접시험이란 전문지식과 응용능력 / 의사발표의 정확성과 논리성 / 창의력·의지력 및 발전가능성 / 소방공무원으로서의 적성 / 용모, 예의, 품행 및 성실성 등 5개 분야를 평정하는 인물시험이다. 이는 지원자의 보이는 부분뿐만 아니라 보이지 않는 부분까지 모든 면을 평가받는 시험이라는 말이므로 지원자는 보다 철저하게 공무원면접에 대한 이해와 절차, 면접방법을 터득하여야 한다.

　요즘 면접은 과거 성적이나 점수로 사람을 뽑던 방식에서, 몇 점짜리 혹은 어떠한 스펙을 가졌는가보다는 '어떤 사람인가?'라는 인성평가가 대세인 시대가 되었다. 대기업은 물론 공사, 공단, 공기업에서도 점수보다는 인물, 인성, 사람의 됨됨이 정도가 중요한 평가 요소로 대두되고 있다. 이러한 면접 흐름에 따라 공무원 면접도 옛날 형식적인 절차에서 벗어나, 지원자의 인성과 역량을 살펴보고 이에 점수를 부여하여 탈락시키는 시험으로 실행되고 있다. 1차 필기 합격생의 1.3~2배수 정도의 합격생 중에서 면접과정에서 저득점자가 탈락하는 것이 현실이다.

　필기시험에서의 불합격도 지원자에겐 충격과 좌절감을 안겨주지만, 일차 필기 합격 후 면접 최종에서 불합격할 경우에는 그 충격이 이루 말할 수 없이 크다. 필기 불합격은 노력하면 통과할 수 있다는 일말의 희망이 생겨나지만, 면접 불합격은 공무원으로서의 정체성이나 적합성을 송두리째 부정당하는 느낌과 함께, 어떻게 해 볼 방법이 없이 막막함이 들기 마련이다. 그러니 공무원면접의 변화를 잘 파악하여 더욱 높은 강도로 준비를 해야 할 것이다.

　사회적으로도 면접시험의 비중과 중요도가 날로 높아지고 있다. 공무원 또한 업무에 보다 효율적으로 적응하는 지원자를 가려내기 위하여 면접의 강도는 날로 강화될 것이므로 지원자는 이에 대비하여야 한다. 우선 자신에 대한 자기 평가를 내릴 수 있을 정도의 자신에 대한 파악이나 통찰이 있어야 하며, 공무원에 대한 자신의 열정과 열망을 잘 표현할 수 있는 방법도 알고 있어야 한다. 이러한 체계적인 준비와 노력으로 면접에 임한다면 '자신이 공무원에 얼마나 적합한 사람인지', '자신이 공무원이 얼마나 되고 싶은지' 본인의 보이는 부분 외의 보이지 않는 부분까지 제대로 표현하게 될 것이다. 이렇듯 자신의 모든 것을 당당하고 자신감 있게 보여주는 면접의 끝은 "최종 합격"으로 이어질 것이다.

소방 공무원의 면접 경향

1 면접의 변화

    첨단사회로의 발전에 따라 개인적 소양과 사회성 등 조직생활에 필요한 요소를 갖춘 지원자보다는 불안정한 지원자가 늘어나는 것이 우리 사회의 변화 중 하나라고 할 수 있다. 이러한 개인적 불안요소를 지닌 지원자가 소방 공무원으로 채용 될 경우 적응성이나 업무 완성도에 막대한 영향을 미치게 될 것이고 이는 결국 국민의 복지에 직결되게 된다. 따라서 채용 단계부터 지원자에 대한 철저한 검증을 통해 지원자의 적성 및 인성 등을 평가하여 공직에 적합한 지원자를 채용하려고 하는 추세로 변화하고 있다.

    공직 적합성은 지원자의 필기 점수 즉 국어, 영어, 소방학 등 객관적 점수로 평가가 될 수 없을뿐더러 인성적 부분이 드러나지 않는다. 면접은 이러한 객관적 점수로 평가되지 않는 지원자의 인간적인 면모에 따른 소방 공무원 적합성을 대면을 통해 평가할 수 있는 장면이므로 면접 위원들은 우수한 응시자를 뽑기 위한 노력을 아끼지 않는다. 이에 따라 면접의 시간 및 유형 등이 강화되고 면접의 중요성이 날로 더해지고 있다.

    또 다른 변화는 공정한 채용을 위한 브라인드 면접의 확대이다. 여타 채용 기관에서의 브라인드 면접이라 함은 지원자의 출신학교, 지역, 부모의 직업 등 배경에 대한 발언을 금하고 있으며 강력한 제재를 가하고 있다.

    소방공무원 면접도 마찬가지로 브라인드 면접으로 시행됨에 따라 응시자의 필기 선택과목, 점수, 체력관련 정보 등이 면접관에게 제공되지 않는다. 소방 공무원 면접 위원에게 제공되는 면접 자료는 인·적성 검사 결과 및 제출한 자기소개서 정도이다. 그렇기 때문에 실제 면접 평가 위원들은 면접 현장에서의 응시자가 보이는 태도나 답변만으로 공직 적합성을 판가름하고자 하는 의지가 강하다고 할 수 있다. 이런 면접 분위기로 인해 1배수 이내의 상위 필기와 체력 점수를 가진 응시자들이 최종 불합격을 맞는 경우가 발생하는 원인 중의 하나이다.

2 소방 공무원 면접 특징

소방공무원 면접이 날로 강하되어지고 심층적으로 이루어지고 있는 가운데 소방 공무원 면접의 가장 큰 특징은

첫째, 다른 공무원 면접 응시자의 경쟁률보다 면접 경쟁률이 높다는 것이다.

국가직과 지방직 필기합격생의 경우 정원의 1.1~1.3배수 정도의 합격생을 대상으로 면접의 기회를 주는 반면 소방 공무원 같은 경우는 정원의 2배수 가까이 합격생을 선정하기 때문에 면접경쟁률이 다른 공무원 면접보다 높고 힘들다.

실제 2018년 2차 시험 필기합격인원은 총 1,475명으로 선발계획 대비 필기시험 선발배수는 2.5배수를 기록했다.

321명을 선발하는 소방관련학과 분야는 총 711명이 합격해 2.2배, 216명을 선발하는 응급구조학과 분야는 544명이 합격해 2.5배의 선발배수를 나타냈다. 소방관련학과의 경우 남자는 574명, 여자는 137명이 필기시험을 통과했다는 중앙소방학교 발표가 있었다.

둘째, 단계적으로 실시되는 면접 유형을 따른다.

소방 공무원 면접은 1차와 2차 면접으로 나누어져 있으며, 단계별로 실시되고 있다.

면접 응지자들은 다수의 집단원이 참여하는 집단면접으로 1차 면접을 보게 되고, 이후 개별 평가가 이루어지는 2차 면접에 응해야 한다. 개인적인 평가 이외에 집단면접에 응하게 되므로 심적 부담이 크고 다른 지원자와 직접적인 비교 평가가 이루어지게 된다.

셋째, 인·적성 검사의 중요성이 대두되었다.

과거의 경우 요식행위처럼 이루어졌던 면접이, 날로 중요해지고 비중이 높아짐에 따라 최종 합격을 좌우할 수 있는 핵심과정으로 발달이 되었다. 면접이 강화되는 과정 중 인·적성 검사가 전체 공무원 면접에 확대 되었고, 경찰과 소방의 경우는 성격적인 평가 이외의 정신건강 영역까지 파악할 수 있는 인성 검사를 도입하여 실시하고 있다는 것이 큰 변화이다.

인·적성 검사 결과지는 최종 면접 평가 위원의 면접 자료로 활용되고 있으며, 인·적성 검사에서 부적합 판정이 되면 심층면접 대상자로 지정되어 면접의 질문이 까다로워지게 되고, 그에 따라 면접 점수에서 고득점을 획득할 기회가 줄어들게 되므로 그만큼 응시자에게는 불리한 면접상황에 펼쳐지게 될 것이다.

03 소방 공무원 면접 평가 요소

1 평가요소

면접 단계	평가요소	점수(총 60점)
1단계 (집단면접)	① 전문지식과 그 응용능력	10점
	② 창의력, 의지력 및 발전 가능성	10점
	③ 의사발표의 정확성과 논리성	10점
2단계 (개별면접)	④ 소방공무원으로서의 적성	20점
	⑤ 용모, 예의, 품행 및 성실성	10점

소방 공무원 면접의 평정표는 크게 5가지로 구분해서 평가한다.
- 전문지식과 그 응용능력
- 창의력, 의지력, 기타 발전가능성
- 의사 표현의 정확성과 논리성
- 소방공무원으로서의 적성
- 용모, 예의 품행 및 성실성

1) 전문지식과 그 응용능력

전문지식 및 응용능력은 지원자의 직렬에 해당하는 관련 전공 지식을 단답형 구술평가형식으로 이루어진다. 전문지식 관련 질문은 거의 정답이 있기 마련이다. 따라서 답변은 원하는 정답을 간략하게 답변하면 된다. 정답이 있기 때문에 질문에 대한 답을 모를 경우 솔직하게 모른다고 하고 향후 알아보겠다는 태도를 취하는 것이 바람직하다. 요즘은 전문지식을 이용한 문제해결 능력이나 대처방안을 제시하라는 추가 질문을 통해 응용능력을 평가로 이어지기도 한다. 이러한 경우 면접상황에서는 순발력을 발휘하여 개인적인 느낌이나 견해를 명료하게 밝히면 된다.

시사상식 질문이나 이슈에 관련된 질문도 면접에서 빠지지 않고 출제되고 있으므로 면접 준비시 빈출 상식 문제를 학습하는 것은 물론, 뉴스나 신문을 꾸준히 살펴 볼 필요가 있다.

2) 창의력, 의지력 및 기타 발전 가능성

공무원은 국민에 대한 의욕적인 태도와 업무에 대한 정열 등이 필요하고, 면접관들은 지원자의 업무에 대한 의지와 향후 공직에서의 발전 가능성을 평가하고자 한다. 본인이 입직하는 막내라는 적극적인 태도와 목표를 이루고자 하는 의지, 그리고 안주하지 않고 연구하고 노력하려는 태도를 보여야 한다. 발전하는 사회에 적응하고 그에 합당한 공무원으로서의 사명감을 발휘하고자 한다면 지원한 직렬과 관련된 업무와 앞으로 필요한 업무에 대한 계획을 세워보는 것으로 창의성과 발전 가능성을 어필할 수 있을 것이다. 업무에 대한 것 외에도 개인적인 발전을 위한 자기계발 계획을 세워보는 것도 도움이 될 것이다.

3) 의사발표의 정확성과 논리성

면접은 말로 이루어지며 면접관과 지원자의 상호작용이 일어나게 된다. 따라서 지원자들의 의사전달 능력은 면접의 질을 좌우하는 중요한 요소로 작용한다. 지원자들은 면접관을 설득시킬 수 있는 표현력과 대화법, 문제에 대한 이해력을 갖추고 있어야 한다. 소방 공무원 면접의 경우 짧은 시간 안에 이루어지는 개별 면접을 비롯 집단 면접과 토론 면접까지 이루어지게 되므로 각각의 면접 형식에 어울리는 의사발표 능력을 기르도록 한다.

면접관은 지원자의 솔직한 답변과 정확한 이해력, 적절한 용어, 어휘력을 바탕으로 논리적인 발표를 통해 공무원으로서 합당한 자질을 갖추었는지 평가하게 된다. 지원자는 올바르지 못한 표현방법이나 부적절한 버릇 등은 반드시 수정하여 면접에 임하도록 한다.

4) 소방공무원으로서의 적성

소방 공무원은 다른 직업과 달리 국민에 대해 봉사하고 책임을 져야 할 지위에 있기 때문에 공무원에 대한 투철한 사명감, 직업관을 바탕으로 한 공직관과 공직윤리에 걸맞는 정신자세가 요구된다. 따라서 공무원 면접에서 지원자의 공직에 대한 이해와 공직에 임하는 자세 등은 공무원 지원동기, 지원자의 국가관, 공무원 덕목, 중요한 공직 윤리, 생활신조나 가치관에 관련된 질문을 통해 평가하게 된다.

각 개인이 갖는 직업관이나 인생관은 개인마다 차이가 있고 본질적으로 개인 자유의지이기 때문에 어느 것이 정답이라고 단정을 지을 수는 없다. 하지만 면접 상황에서 면접관들은 이러한 질문을 통해 지원자의 인성과 소방공무원으로서의 적성을 파악하고 향후 직무 적응 능력과 공무원으로서의 마땅한 태도 등을 갖추었는지 평가하고자 한다.

5) 용모, 예의, 품행 및 성실성

지원자의 외모와 태도로 평가되는 부분이며, 면접에서 놓쳐서는 안 되는 중요한 평가 요소이다. 면접관의 입장에서 지원자의 첫인상과 용모에서 풍기는 인상과 태도를 통해 지원자에 대한 호불호에 대한 선입견을 갖게 되므로, 면접 시 입장하는 순간이 중요하다고 할 수 있다. 입장뿐 만이 아니라 면접관에 대한 예의바른 태도나 인사, 긍정적인 표정, 면접이 이루어지는 동안 보여 지는 성실성 등을 평가 받게 된다.

면접관은 면접에서 평가하는 지원자의 용모와 품행을 통해 공무원 조직에서의 협동성과 다양한 대인 관계에서 발생할 수 있는 지원자의 감정과 행동 등을 유추하고자 한다. 따라서 지원자는 답변 준비와 더불어 호감을 줄 수 있는 인상과 성실성을 보여줄 수 있는 태도, 긍정적인 사고방식을 보여줄 수 있는 예의바른 자세를 갖추도록 한다.

2 소방조직에 대한 이해

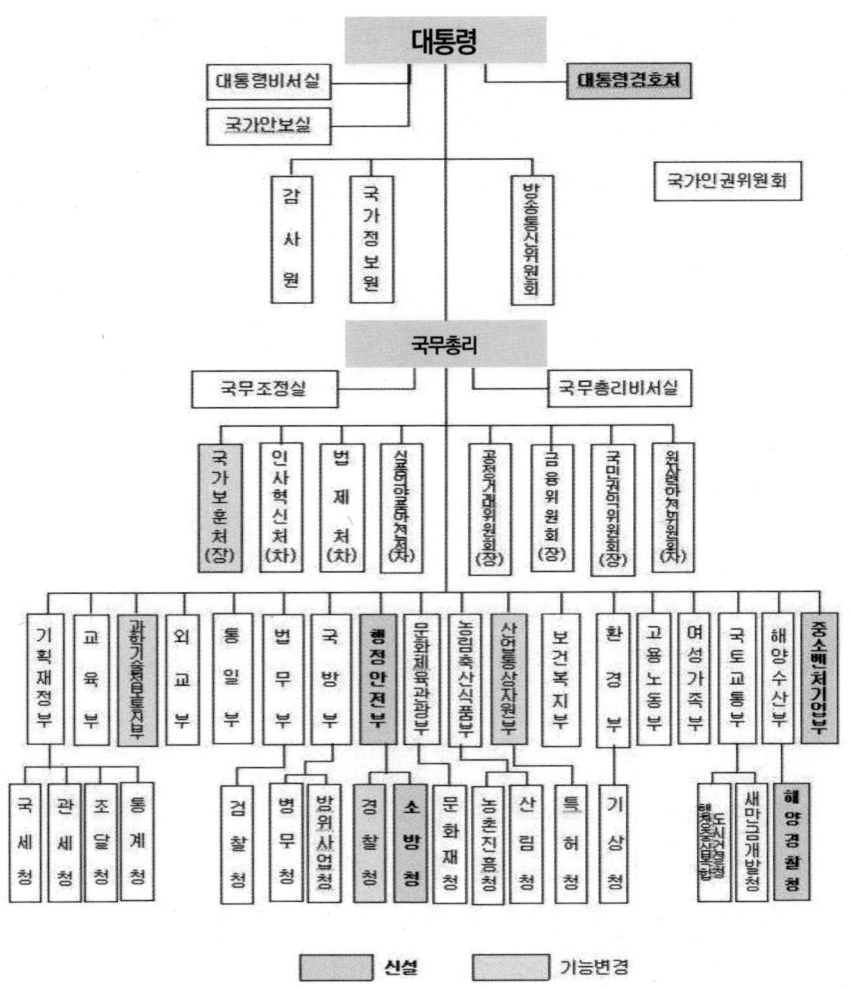

[소방조직]
1. 중앙 소방본부와 지방소방본부가 있다
2. 지방소방본부는 광역자치별로 설치가 되어 있다
   - 중앙정부의 소방본부 : 중앙소방본부(차관급조직), 중앙119구조본부
   - 광역시의 지방 소방본부 : 인천, 부산, 대구, 대전, 광주, 울산소방안전본부
   - 도의 지방소방본부 : 경기, 경기북구, 강원, 충남, 충북, 경남, 경북, 전남, 전북, 제주소방안전 본부
   - 기타지역 지역소방본부 : 창원소방본부, 세종소방본부

3 면접의 참고 자료 인·적성 준비

면접의 중요성이 대두되면서 중요시 되는 것 중의 하나가 면접 자료로 활용되는 인·적성 검사이다. 면접은 면접 위원 개개인의 주관적 평가가 반영되기 마련이다. 이러한 주관적 평가와 더불어 응시자에 대한 개관적 지표를 제시해 줄 수 있는 것이 인·적성 검사 결과이다.

실제 인·적성 검사 결과가 부적합으로 판명이 날 경우 심층면접 대상자로 분류되기도 하며 면접 질문 자체가 다른 지원자와 달리 까다롭게 출제될 확률이 있다. 따라서 철저한 대비를 하여 본인이 소방 공무원에 적합한 인재임을 증명할 필요가 있다.

1) 인성 검사

(1) 인성 검사의 의미

Personality 즉, 인성이란 자신만의 생활 스타일로 다른 사람들과 구분이 되는 지속적이고 일관된 독특한 심리 및 행동 양식을 말한다. 우리가 흔히 말하는 성격이 인성인 것이다.

소방 공무원 직렬은 참신하고 창의적이며 적극적인 사고와 경찰 업무에 적합한 능력을 가진 다양한 사람들을 채용하기 원한다. 이러한 욕구를 가지고 실시하는 인성 검사로 얻을 수 있는 결과는 다음과 같다.

① 지원자들의 정신 건강의 정도를 파악 할 수 있다.
② 지원자들의 적응력을 예측할 수 있다.
③ 지원자들의 인성 검사를 통해 각 개인이 개인차를 파악할 수 있다.
④ 향후 발생할 있는 정신 병리적 요소를 예방할 수 있다.
⑤ 지원자들 개개인을 이해할 수 있는 과학적이고 체계적인 자료를 얻을 수 있다.

(2) 인성검사 시 주의 사항

① 솔직하게 답변하라
　㉠ 성격검사는 성격 및 정신 병리를 평가하기 위한 객관 검사로, 임상과 일상생활 장면에서 환자나 정상인에 대한 중요한 정보를 제공하기 위해 개발된 자기 보고형 검사이다. 따라서 수검자들은 자신의 현재 정서 상태를 솔직하게 답변하여야 정확한 프로파일을 얻을 수 있다.
　㉡ 성격검사에 나오는 질문 중에는 비슷하거나 똑같은 질문이 반복되는 경우가 있다. 그러므로 솔직하게 답변하여야 일관성에 대한 타당도를 확보할 수 있다.

ⓒ 너무 긍정적이고 잘 보이려는 의욕으로 검사에 답할 경우 오히려 타당도 결과가 정상 범위를 벗어날 수 있음으로, 자신에 대해 있는 그대로 솔직하게 답변하는 것이 좋다.
ⓔ 인성 검사는 정답이 없는 검사이다. 문항에 대해 옳은 것을 골라 답하는 것이 아니라 자신의 상태에 적합한 답에 솔직하게 답변하여야 한다.

② 끝까지 주의 집중하여 답변하라
ⓐ 인성검사는 300문항이 넘는 경우가 많다. 따라서 성격 검사는 문항수가 많고 시간 또한 오래 걸리는 검사이다. 끝까지 주의를 집중하여 답변하여야 한다.
ⓑ 인성 검사의 문장은 단순하게 구성되어 있다. 하지만 한 문장의 뜻을 완전히 이해하여 답변하여야 한다.

③ 오래 생각하지 않고 답변하라
ⓐ 인성 검사 시간은 보통 40~50분의 시간이 주어진다. 성격검사 문항을 읽고 지체 없이 답해야 시간 안에 마칠 수 있다.
ⓑ 무응답이 많아도 검사 결과가 무효화 될 수 있다. 따라서 시간을 지체하여 검사 뒷부분에 답변을 못하는 경우가 발생하지 않도록 해야 한다.

④ 일관된 태도로 답변하라
ⓐ 일관되지 않게 답변할 경우 반복된 문항이나, 비슷한 문항의 답변이 상반 될 수 있다. 이러한 경우도 타당도 척도를 만족 시키지 못하여 검사결과가 무효화 될 수 있음에 유의하여야 한다.
ⓑ 최근 자신의 상태에 대해 민감하게 반응하지 말고 자연스럽고 솔직하게 답변하는 것이 일관성 있는 답변을 할 수 있는 방법이다.

(3) 인성검사에 대한 대비

① 성격검사를 다룰 수 있는 전문가에게 검사를 받아 보는 것이 좋다.
자신의 현재 상태나 성격에 대한 이해도를 높임으로 차후 발생할 수 있는 문제를 예측하고 예방할 수 있기 때문이다.
② 자신의 성격을 이해하고 있으면, 실제 인성 검사 시 자신감과 편안한 정서 상태로 검사에 응할 수 있다.
③ 사전 검사를 통해 자신의 성격적인 결함이나 부족함을 개선할 수 있으며, 좀 더 건강한 일상생활을 도모할 수 있다.

(4) 인성검사 예시

001 낯선 사람을 만나는 것을 꺼린다.
☐ 꼭 그렇다　　　☐ 그런 편이다　　　☐ 어느 쪽인지 모르겠다
☐ 그렇지 않은 편이다　　☐ 전혀 그렇지 않다

002 배우는 것 보다는 가르쳐주기를 좋아한다.
☐ 꼭 그렇다　　　☐ 그런 편이다　　　☐ 어느 쪽인지 모르겠다
☐ 그렇지 않은 편이다　　☐ 전혀 그렇지 않다

003 이유 없이 불안할 때가 있다.
☐ 꼭 그렇다　　　☐ 그런 편이다　　　☐ 어느 쪽인지 모르겠다
☐ 그렇지 않은 편이다　　☐ 전혀 그렇지 않다

004 여러 사람 앞에서 재미있는 이야기나 우스운 소리를 잘한다.
☐ 꼭 그렇다　　　☐ 그런 편이다　　　☐ 어느 쪽인지 모르겠다
☐ 그렇지 않은 편이다　　☐ 전혀 그렇지 않다

005 여러 가지 생각으로 마음을 정하지 못할 때가 많다.
☐ 꼭 그렇다　　　☐ 그런 편이다　　　☐ 어느 쪽인지 모르겠다
☐ 그렇지 않은 편이다　　☐ 전혀 그렇지 않다

006 인정 때문에 어떤 계획을 그만둔 일이 많다.
☐ 꼭 그렇다　　　☐ 그런 편이다　　　☐ 어느 쪽인지 모르겠다
☐ 그렇지 않은 편이다　　☐ 전혀 그렇지 않다

007 남이 풀지 못하는 수수께끼나 문제를 풀어보기 좋아한다.
☐ 꼭 그렇다　　　☐ 그런 편이다　　　☐ 어느 쪽인지 모르겠다
☐ 그렇지 않은 편이다　　☐ 전혀 그렇지 않다

008 생각했던 것보다 더 정답게 대하는 사람은 경계한다.
☐ 꼭 그렇다　　　☐ 그런 편이다　　　☐ 어느 쪽인지 모르겠다
☐ 그렇지 않은 편이다　　☐ 전혀 그렇지 않다

009 어떤 일을 수행하는데 있어서 양보를 잘한다.
- ☐ 꼭 그렇다
- ☐ 그런 편이다
- ☐ 어느 쪽인지 모르겠다
- ☐ 그렇지 않은 편이다
- ☐ 전혀 그렇지 않다

010 감각이 아주 예민하다.
- ☐ 꼭 그렇다
- ☐ 그런 편이다
- ☐ 어느 쪽인지 모르겠다
- ☐ 그렇지 않은 편이다
- ☐ 전혀 그렇지 않다

011 내가 하고 싶은 것은 반드시 성취한다.
- ☐ 꼭 그렇다
- ☐ 그런 편이다
- ☐ 어느 쪽인지 모르겠다
- ☐ 그렇지 않은 편이다
- ☐ 전혀 그렇지 않다

012 사소한 자극에도 불안, 공포, 슬픔을 갖게 한다.
- ☐ 꼭 그렇다
- ☐ 그런 편이다
- ☐ 어느 쪽인지 모르겠다
- ☐ 그렇지 않은 편이다
- ☐ 전혀 그렇지 않다

013 때로는 생각보다 행동이 앞선다.
- ☐ 꼭 그렇다
- ☐ 그런 편이다
- ☐ 어느 쪽인지 모르겠다
- ☐ 그렇지 않은 편이다
- ☐ 전혀 그렇지 않다

014 일들을 쉽게 보는 습관이 있다.
- ☐ 꼭 그렇다
- ☐ 그런 편이다
- ☐ 어느 쪽인지 모르겠다
- ☐ 그렇지 않은 편이다
- ☐ 전혀 그렇지 않다

015 남들에게 자랑할 만한 것이 많다.
- ☐ 꼭 그렇다
- ☐ 그런 편이다
- ☐ 어느 쪽인지 모르겠다
- ☐ 그렇지 않은 편이다
- ☐ 전혀 그렇지 않다

016 남에게 자신의 경험담을 이야기하기 좋아한다.
- ☐ 꼭 그렇다
- ☐ 그런 편이다
- ☐ 어느 쪽인지 모르겠다
- ☐ 그렇지 않은 편이다
- ☐ 전혀 그렇지 않다

017 사람들은 결국 이익 때문에 일을 한다고 생각한다.
☐ 꼭 그렇다 ☐ 그런 편이다 ☐ 어느 쪽인지 모르겠다
☐ 그렇지 않은 편이다 ☐ 전혀 그렇지 않다

018 주위 사람들로부터 바보 취급을 당하여도 괜찮다.
☐ 꼭 그렇다 ☐ 그런 편이다 ☐ 어느 쪽인지 모르겠다
☐ 그렇지 않은 편이다 ☐ 전혀 그렇지 않다

019 언제나 몸이 피로하다.
☐ 꼭 그렇다 ☐ 그런 편이다 ☐ 어느 쪽인지 모르겠다
☐ 그렇지 않은 편이다 ☐ 전혀 그렇지 않다

020 위대한 지도자의 전기를 읽기 좋아한다.
☐ 꼭 그렇다 ☐ 그런 편이다 ☐ 어느 쪽인지 모르겠다
☐ 그렇지 않은 편이다 ☐ 전혀 그렇지 않다

021 남이 싸움을 걸어와도 슬쩍 피해버리는 것이 마음 편하다.
☐ 꼭 그렇다 ☐ 그런 편이다 ☐ 어느 쪽인지 모르겠다
☐ 그렇지 않은 편이다 ☐ 전혀 그렇지 않다

022 한번 흥분하면 그 기분이 오래 지속된다.
☐ 꼭 그렇다 ☐ 그런 편이다 ☐ 어느 쪽인지 모르겠다
☐ 그렇지 않은 편이다 ☐ 전혀 그렇지 않다

023 혼자 있는 것보다 주위에 사람들이 많이 있는 것이 좋다.
☐ 꼭 그렇다 ☐ 그런 편이다 ☐ 어느 쪽인지 모르겠다
☐ 그렇지 않은 편이다 ☐ 전혀 그렇지 않다

024 건강에 대하여는 거의 신경을 쓰지 않는다.
☐ 꼭 그렇다 ☐ 그런 편이다 ☐ 어느 쪽인지 모르겠다
☐ 그렇지 않은 편이다 ☐ 전혀 그렇지 않다

025 결심을 못해서 기회를 잃을 때가 많다.
- ☐ 꼭 그렇다
- ☐ 그런 편이다
- ☐ 어느 쪽인지 모르겠다
- ☐ 그렇지 않은 편이다
- ☐ 전혀 그렇지 않다

026 남이 나에게 잘해줄 때는 다른 의도가 있지 않나 생각한다.
- ☐ 꼭 그렇다
- ☐ 그런 편이다
- ☐ 어느 쪽인지 모르겠다
- ☐ 그렇지 않은 편이다
- ☐ 전혀 그렇지 않다

027 아침에 일어나면 상쾌하고 거뜬하다.
- ☐ 꼭 그렇다
- ☐ 그런 편이다
- ☐ 어느 쪽인지 모르겠다
- ☐ 그렇지 않은 편이다
- ☐ 전혀 그렇지 않다

028 획기적인 일을 하는 것보다는 평범하게 살고싶다.
- ☐ 꼭 그렇다
- ☐ 그런 편이다
- ☐ 어느 쪽인지 모르겠다
- ☐ 그렇지 않은 편이다
- ☐ 전혀 그렇지 않다

029 하던 일을 도중에 그만두는 일이 있다.
- ☐ 꼭 그렇다
- ☐ 그런 편이다
- ☐ 어느 쪽인지 모르겠다
- ☐ 그렇지 않은 편이다
- ☐ 전혀 그렇지 않다

030 나보다 더 친절한 사람은 없다.
- ☐ 꼭 그렇다
- ☐ 그런 편이다
- ☐ 어느 쪽인지 모르겠다
- ☐ 그렇지 않은 편이다
- ☐ 전혀 그렇지 않다

031 가능하면 어려운 일을 하고 싶다.
- ☐ 꼭 그렇다
- ☐ 그런 편이다
- ☐ 어느 쪽인지 모르겠다
- ☐ 그렇지 않은 편이다
- ☐ 전혀 그렇지 않다

032 남들처럼 행복했으면 하고 생각한다.
- ☐ 꼭 그렇다
- ☐ 그런 편이다
- ☐ 어느 쪽인지 모르겠다
- ☐ 그렇지 않은 편이다
- ☐ 전혀 그렇지 않다

033 감각이 아주 둔하다.
   ☐ 꼭 그렇다   ☐ 그런 편이다   ☐ 어느 쪽인지 모르겠다
   ☐ 그렇지 않은 편이다   ☐ 전혀 그렇지 않다

034 무슨 일이든지 혼자 계획하고 실천한다.
   ☐ 꼭 그렇다   ☐ 그런 편이다   ☐ 어느 쪽인지 모르겠다
   ☐ 그렇지 않은 편이다   ☐ 전혀 그렇지 않다

035 상대방이 화를 낼 정도로 고집을 부린다.
   ☐ 꼭 그렇다   ☐ 그런 편이다   ☐ 어느 쪽인지 모르겠다
   ☐ 그렇지 않은 편이다   ☐ 전혀 그렇지 않다

036 남이 어려워하는 일은 더 열심히 하고 싶다.
   ☐ 꼭 그렇다   ☐ 그런 편이다   ☐ 어느 쪽인지 모르겠다
   ☐ 그렇지 않은 편이다   ☐ 전혀 그렇지 않다

037 나는 이세상의 모든 것을 다 알고 있다.
   ☐ 꼭 그렇다   ☐ 그런 편이다   ☐ 어느 쪽인지 모르겠다
   ☐ 그렇지 않은 편이다   ☐ 전혀 그렇지 않다

038 가끔 하늘을 날아보고 싶은 생각이 든다.
   ☐ 꼭 그렇다   ☐ 그런 편이다   ☐ 어느 쪽인지 모르겠다
   ☐ 그렇지 않은 편이다   ☐ 전혀 그렇지 않다

039 질문을 받으면 누구보다도 먼저 대답한다.
   ☐ 꼭 그렇다   ☐ 그런 편이다   ☐ 어느 쪽인지 모르겠다
   ☐ 그렇지 않은 편이다   ☐ 전혀 그렇지 않다

040 서로 의견이 맞지 않아도 솔직하게 이야기를 못한다.
   ☐ 꼭 그렇다   ☐ 그런 편이다   ☐ 어느 쪽인지 모르겠다
   ☐ 그렇지 않은 편이다   ☐ 전혀 그렇지 않다

041 요즈음 몸무게의 변화를 모르겠다.
　□ 꼭 그렇다　　　　　□ 그런 편이다　　　　　□ 어느 쪽인지 모르겠다
　□ 그렇지 않은 편이다　□ 전혀 그렇지 않다

042 나쁘다고 생각되는 일을 하는 사람과도 친할 수 있다.
　□ 꼭 그렇다　　　　　□ 그런 편이다　　　　　□ 어느 쪽인지 모르겠다
　□ 그렇지 않은 편이다　□ 전혀 그렇지 않다

043 자살하고 싶은 충동을 느낄 때가 있다.
　□ 꼭 그렇다　　　　　□ 그런 편이다　　　　　□ 어느 쪽인지 모르겠다
　□ 그렇지 않은 편이다　□ 전혀 그렇지 않다

044 경기나 게임은 내기를 해야 더 재미있다.
　□ 꼭 그렇다　　　　　□ 그런 편이다　　　　　□ 어느 쪽인지 모르겠다
　□ 그렇지 않은 편이다　□ 전혀 그렇지 않다

045 칼과 같이 날카롭고 뾰족한 것을 쓰기가 두렵다.
　□ 꼭 그렇다　　　　　□ 그런 편이다　　　　　□ 어느 쪽인지 모르겠다
　□ 그렇지 않은 편이다　□ 전혀 그렇지 않다

046 부모님 또는 선생님께 잘못한 적이 없다.
　□ 꼭 그렇다　　　　　□ 그런 편이다　　　　　□ 어느 쪽인지 모르겠다
　□ 그렇지 않은 편이다　□ 전혀 그렇지 않다

047 죄인이나 사형수에 대한 이야기를 들으면 우울해진다.
　□ 꼭 그렇다　　　　　□ 그런 편이다　　　　　□ 어느 쪽인지 모르겠다
　□ 그렇지 않은 편이다　□ 전혀 그렇지 않다

048 남들을 나의 생각이나 의견에 따르도록 한다.
　□ 꼭 그렇다　　　　　□ 그런 편이다　　　　　□ 어느 쪽인지 모르겠다
　□ 그렇지 않은 편이다　□ 전혀 그렇지 않다

049 너무 흥분한 나머지 잠을 이룰 수 없을 때가 있다.
- ☐ 꼭 그렇다
- ☐ 그런 편이다
- ☐ 어느 쪽인지 모르겠다
- ☐ 그렇지 않은 편이다
- ☐ 전혀 그렇지 않다

050 가끔 어떤 불행한 일이 일어나지 않을까 하고 걱정을 한다.
- ☐ 꼭 그렇다
- ☐ 그런 편이다
- ☐ 어느 쪽인지 모르겠다
- ☐ 그렇지 않은 편이다
- ☐ 전혀 그렇지 않다

051 원대한 이상이란 말이 마음에 든다.
- ☐ 꼭 그렇다
- ☐ 그런 편이다
- ☐ 어느 쪽인지 모르겠다
- ☐ 그렇지 않은 편이다
- ☐ 전혀 그렇지 않다

052 친구에게 도움을 청하기가 어렵지 않다.
- ☐ 꼭 그렇다
- ☐ 그런 편이다
- ☐ 어느 쪽인지 모르겠다
- ☐ 그렇지 않은 편이다
- ☐ 전혀 그렇지 않다

053 세상에는 불행한 사람보다는 행복한 사람이 많다.
- ☐ 꼭 그렇다
- ☐ 그런 편이다
- ☐ 어느 쪽인지 모르겠다
- ☐ 그렇지 않은 편이다
- ☐ 전혀 그렇지 않다

054 중요하지 않은 것을 세어보는 버릇이 있다.
- ☐ 꼭 그렇다
- ☐ 그런 편이다
- ☐ 어느 쪽인지 모르겠다
- ☐ 그렇지 않은 편이다
- ☐ 전혀 그렇지 않다

055 전국 어느 곳이나 안 가본 곳이 없다.
- ☐ 꼭 그렇다
- ☐ 그런 편이다
- ☐ 어느 쪽인지 모르겠다
- ☐ 그렇지 않은 편이다
- ☐ 전혀 그렇지 않다

056 꿈을 자주 꾼다.
- ☐ 꼭 그렇다
- ☐ 그런 편이다
- ☐ 어느 쪽인지 모르겠다
- ☐ 그렇지 않은 편이다
- ☐ 전혀 그렇지 않다

057 남이 포기한 일 일수록 신이 나서 일한다.
　　□ 꼭 그렇다　　　　□ 그런 편이다　　　　□ 어느 쪽인지 모르겠다
　　□ 그렇지 않은 편이다　□ 전혀 그렇지 않다

058 화려한 것을 좋아한다.
　　□ 꼭 그렇다　　　　□ 그런 편이다　　　　□ 어느 쪽인지 모르겠다
　　□ 그렇지 않은 편이다　□ 전혀 그렇지 않다

059 사람들은 결국 이익 때문에만 일을 한다고 생각하지 않는다.
　　□ 꼭 그렇다　　　　□ 그런 편이다　　　　□ 어느 쪽인지 모르겠다
　　□ 그렇지 않은 편이다　□ 전혀 그렇지 않다

060 활극영화보다는 비극영화가 더 재미있다.
　　□ 꼭 그렇다　　　　□ 그런 편이다　　　　□ 어느 쪽인지 모르겠다
　　□ 그렇지 않은 편이다　□ 전혀 그렇지 않다

061 사람이 많이 모이는 곳에는 가고 싶지 않다.
　　□ 꼭 그렇다　　　　□ 그런 편이다　　　　□ 어느 쪽인지 모르겠다
　　□ 그렇지 않은 편이다　□ 전혀 그렇지 않다

062 나는 이 세상에서 가장 성실하다.
　　□ 꼭 그렇다　　　　□ 그런 편이다　　　　□ 어느 쪽인지 모르겠다
　　□ 그렇지 않은 편이다　□ 전혀 그렇지 않다

063 나는 무엇을 피하려고 꾀병을 부린 적이 있다.
　　□ 꼭 그렇다　　　　□ 그런 편이다　　　　□ 어느 쪽인지 모르겠다
　　□ 그렇지 않은 편이다　□ 전혀 그렇지 않다

064 성취의 쾌감보다는 양보의 미덕을 추구하고 싶다.
　　□ 꼭 그렇다　　　　□ 그런 편이다　　　　□ 어느 쪽인지 모르겠다
　　□ 그렇지 않은 편이다　□ 전혀 그렇지 않다

065 남들에게 자랑할 만한 것이 없다.
☐ 꼭 그렇다　　　　☐ 그런 편이다　　　　☐ 어느 쪽인지 모르겠다
☐ 그렇지 않은 편이다　☐ 전혀 그렇지 않다

066 조그만 실수를 하더라도 곧 당황한다.
☐ 꼭 그렇다　　　　☐ 그런 편이다　　　　☐ 어느 쪽인지 모르겠다
☐ 그렇지 않은 편이다　☐ 전혀 그렇지 않다

067 성질이 급하다.
☐ 꼭 그렇다　　　　☐ 그런 편이다　　　　☐ 어느 쪽인지 모르겠다
☐ 그렇지 않은 편이다　☐ 전혀 그렇지 않다

068 나는 후회한 적이 없다.
☐ 꼭 그렇다　　　　☐ 그런 편이다　　　　☐ 어느 쪽인지 모르겠다
☐ 그렇지 않은 편이다　☐ 전혀 그렇지 않다

069 여러 사람 앞에서 주자하지 않고 내 의견을 발표할 수 있다.
☐ 꼭 그렇다　　　　☐ 그런 편이다　　　　☐ 어느 쪽인지 모르겠다
☐ 그렇지 않은 편이다　☐ 전혀 그렇지 않다

070 흥분을 잘한다.
☐ 꼭 그렇다　　　　☐ 그런 편이다　　　　☐ 어느 쪽인지 모르겠다
☐ 그렇지 않은 편이다　☐ 전혀 그렇지 않다

071 주위에 사람들이 많이 있는 것보다 혼자 있는 것이 좋다.
☐ 꼭 그렇다　　　　☐ 그런 편이다　　　　☐ 어느 쪽인지 모르겠다
☐ 그렇지 않은 편이다　☐ 전혀 그렇지 않다

072 경쟁심이 강하다.
☐ 꼭 그렇다　　　　☐ 그런 편이다　　　　☐ 어느 쪽인지 모르겠다
☐ 그렇지 않은 편이다　☐ 전혀 그렇지 않다

073 가능하면 한 가지 사회활동에만 몰두하고 싶다.
　　　☐ 꼭 그렇다　　　☐ 그런 편이다　　　☐ 어느 쪽인지 모르겠다
　　　☐ 그렇지 않은 편이다　　☐ 전혀 그렇지 않다

074 남이 보고 있지 않으면 대개의 사람이 게으를 것이라고 생각한다.
　　　☐ 꼭 그렇다　　　☐ 그런 편이다　　　☐ 어느 쪽인지 모르겠다
　　　☐ 그렇지 않은 편이다　　☐ 전혀 그렇지 않다

075 음식을 먹을 때 반드시 손을 씻는다.
　　　☐ 꼭 그렇다　　　☐ 그런 편이다　　　☐ 어느 쪽인지 모르겠다
　　　☐ 그렇지 않은 편이다　　☐ 전혀 그렇지 않다

076 너무 신중해서 찬스를 놓치는 것보다 너무 빨리 판단해서 실수하는 것이 많다.
　　　☐ 꼭 그렇다　　　☐ 그런 편이다　　　☐ 어느 쪽인지 모르겠다
　　　☐ 그렇지 않은 편이다　　☐ 전혀 그렇지 않다

077 토론할 때는 대체로 말을 많이 한다.
　　　☐ 꼭 그렇다　　　☐ 그런 편이다　　　☐ 어느 쪽인지 모르겠다
　　　☐ 그렇지 않은 편이다　　☐ 전혀 그렇지 않다

078 나는 태어나서 지금까지 살아오는 동안 울어본 적이 없다.
　　　☐ 꼭 그렇다　　　☐ 그런 편이다　　　☐ 어느 쪽인지 모르겠다
　　　☐ 그렇지 않은 편이다　　☐ 전혀 그렇지 않다

079 말이 없는 편이다.
　　　☐ 꼭 그렇다　　　☐ 그런 편이다　　　☐ 어느 쪽인지 모르겠다
　　　☐ 그렇지 않은 편이다　　☐ 전혀 그렇지 않다

080 가끔 몸에 이상이 있으면 혹시 큰 병이 아닐까 하고 생각한다.
　　　☐ 꼭 그렇다　　　☐ 그런 편이다　　　☐ 어느 쪽인지 모르겠다
　　　☐ 그렇지 않은 편이다　　☐ 전혀 그렇지 않다

081 돌이켜 보면 나는 운이 매우 좋았던 사람이다.
- ☐ 꼭 그렇다
- ☐ 그런 편이다
- ☐ 어느 쪽인지 모르겠다
- ☐ 그렇지 않은 편이다
- ☐ 전혀 그렇지 않다

082 세상을 깜짝 놀라게 할 만한 대단한 일을 하고 싶다.
- ☐ 꼭 그렇다
- ☐ 그런 편이다
- ☐ 어느 쪽인지 모르겠다
- ☐ 그렇지 않은 편이다
- ☐ 전혀 그렇지 않다

083 혼자 옛 일을 회상하는 때가 많다.
- ☐ 꼭 그렇다
- ☐ 그런 편이다
- ☐ 어느 쪽인지 모르겠다
- ☐ 그렇지 않은 편이다
- ☐ 전혀 그렇지 않다

084 주장을 좀처럼 굽히지 않는다.
- ☐ 꼭 그렇다
- ☐ 그런 편이다
- ☐ 어느 쪽인지 모르겠다
- ☐ 그렇지 않은 편이다
- ☐ 전혀 그렇지 않다

085 잘 웃는다.
- ☐ 꼭 그렇다
- ☐ 그런 편이다
- ☐ 어느 쪽인지 모르겠다
- ☐ 그렇지 않은 편이다
- ☐ 전혀 그렇지 않다

086 나에게 좋지 않은 감정을 가졌던 사람은 한 사람도 없다.
- ☐ 꼭 그렇다
- ☐ 그런 편이다
- ☐ 어느 쪽인지 모르겠다
- ☐ 그렇지 않은 편이다
- ☐ 전혀 그렇지 않다

087 화가 났을 때나 너무 기쁠 때는 밥이 잘 넘어가지 않는다.
- ☐ 꼭 그렇다
- ☐ 그런 편이다
- ☐ 어느 쪽인지 모르겠다
- ☐ 그렇지 않은 편이다
- ☐ 전혀 그렇지 않다

088 자기를 소개 할 때 남달리 인상에 남게 하려고 한다.
- ☐ 꼭 그렇다
- ☐ 그런 편이다
- ☐ 어느 쪽인지 모르겠다
- ☐ 그렇지 않은 편이다
- ☐ 전혀 그렇지 않다

089 피를 보면 놀라거나 기분이 나빠진다.
☐ 꼭 그렇다   ☐ 그런 편이다   ☐ 어느 쪽인지 모르겠다
☐ 그렇지 않은 편이다   ☐ 전혀 그렇지 않다

090 대체로 수줍음을 잘 탄다.
☐ 꼭 그렇다   ☐ 그런 편이다   ☐ 어느 쪽인지 모르겠다
☐ 그렇지 않은 편이다   ☐ 전혀 그렇지 않다

091 싸움을 하고 싶어 질 때가 있다.
☐ 꼭 그렇다   ☐ 그런 편이다   ☐ 어느 쪽인지 모르겠다
☐ 그렇지 않은 편이다   ☐ 전혀 그렇지 않다

092 혼자 연구해서 완성시키기를 좋아한다.
☐ 꼭 그렇다   ☐ 그런 편이다   ☐ 어느 쪽인지 모르겠다
☐ 그렇지 않은 편이다   ☐ 전혀 그렇지 않다

093 물건을 잃어버린 적이 없다.
☐ 꼭 그렇다   ☐ 그런 편이다   ☐ 어느 쪽인지 모르겠다
☐ 그렇지 않은 편이다   ☐ 전혀 그렇지 않다

094 물건을 잃어버린 적이 없다.
☐ 꼭 그렇다   ☐ 그런 편이다   ☐ 어느 쪽인지 모르겠다
☐ 그렇지 않은 편이다   ☐ 전혀 그렇지 않다

095 일이 잘 안 될 때는 그만두고 싶어진다.
☐ 꼭 그렇다   ☐ 그런 편이다   ☐ 어느 쪽인지 모르겠다
☐ 그렇지 않은 편이다   ☐ 전혀 그렇지 않다

096 쉽게 친구를 사귄다.
☐ 꼭 그렇다   ☐ 그런 편이다   ☐ 어느 쪽인지 모르겠다
☐ 그렇지 않은 편이다   ☐ 전혀 그렇지 않다

097 어떤 일을 할 때기도 또는 기원을 하지 않아도 마음이 편하다.
- ☐ 꼭 그렇다
- ☐ 그런 편이다
- ☐ 어느 쪽인지 모르겠다
- ☐ 그렇지 않은 편이다
- ☐ 전혀 그렇지 않다

098 가능하면 쉬운 일을 하고 싶다.
- ☐ 꼭 그렇다
- ☐ 그런 편이다
- ☐ 어느 쪽인지 모르겠다
- ☐ 그렇지 않은 편이다
- ☐ 전혀 그렇지 않다

099 모임에 늦으면 들어가기가 두렵다.
- ☐ 꼭 그렇다
- ☐ 그런 편이다
- ☐ 어느 쪽인지 모르겠다
- ☐ 그렇지 않은 편이다
- ☐ 전혀 그렇지 않다

※ 100~141번까지 질문에 '예/아니오'로 답하시오

100 주위가 산만하면 일을 할 수가 없다.
- ☐ 예
- ☐ 아니오

101 나를 이해해주는 사람이 적은편이다.
- ☐ 예
- ☐ 아니오

102 누구에게 도움을 받은 적이 없다.
- ☐ 예
- ☐ 아니오

103 잡념에 시달리지 않고 잠든다.
- ☐ 예
- ☐ 아니오

104 누구나 급할 때는 거짓말을 한다.
- ☐ 예
- ☐ 아니오

105 비극영화보다 활극 영화가 더 재밌다.
- ☐ 예
- ☐ 아니오

106 나에게 해가 없는 물건. 동물. 사람 등에 대해서도 무서움이나 두려움을 가질 때가 가끔 있다.
☐ 예   ☐ 아니오

107 남에게 말하는 것보다 남의 이야기를 듣는 것을 좋아한다.
☐ 예   ☐ 아니오

108 시끄러운 곳에서는 정신을 차리지 못한다.
☐ 예   ☐ 아니오

109 서로 의견이 맞지 않으면 솔직하게 이야기를 한다.
☐ 예   ☐ 아니오

110 곤란한 일에 자주 직면한다.
☐ 예   ☐ 아니오

111 오늘 해야 할 일을 내일로 미룬 적이 없다.
☐ 예   ☐ 아니오

112 여러 사람과 함께 있을 때 의사결정은 대개 내가 한다.
☐ 예   ☐ 아니오

113 남들에 대해 별로 관심이 없다.
☐ 예   ☐ 아니오

114 양보의 미덕보다는 성취의 쾌감을 갖고 있다.
☐ 예   ☐ 아니오

115 사람들로부터 리더로 인정받고 싶다.
☐ 예   ☐ 아니오

116 가만히 앉아 있으면 별 생각이 다 떠오른다.
☐ 예   ☐ 아니오

117 싫어하는 사람과는 잠시도 일을 함께 할 수가 없다.
   ☐ 예   ☐ 아니오

118 남들이 나를 충분히 인정해 주지 않는다.
   ☐ 예   ☐ 아니오

119 성질이 느긋하다.
   ☐ 예   ☐ 아니오

120 나의 능력을 평가하는 사람은 없다.
   ☐ 예   ☐ 아니오

121 누가 뭐라 하더라도 내가 하고 싶은 일은 반드시 한다.
   ☐ 예   ☐ 아니오

122 항상 무엇인가 자극을 구한다.
   ☐ 예   ☐ 아니오

123 회의에 참석 했을 때 의장으로 뽑히고 싶다.
   ☐ 예   ☐ 아니오

124 돌이켜보면 나는 운이 매우 나빴던 사람이다.
   ☐ 예   ☐ 아니오

125 평범하게 사는 것보다는 획기적인 일을 해 보고 싶다.
   ☐ 예   ☐ 아니오

126 처음 만나는 사람에게 먼저 이야기를 한다.
   ☐ 예   ☐ 아니오

127 병에 걸리는 것에 별로 신경 쓰지 않는다.
   ☐ 예   ☐ 아니오

128 범죄에 관한 신문 기사를 즐겨 읽는다.
☐ 예   ☐ 아니오

129 밤낮으로 잠을 자지 않고 공부를 하여도 전혀 피로하지 않다.
☐ 예   ☐ 아니오

130 내향성 성격이라기보다는 외향성 성격이다.
☐ 예   ☐ 아니오

131 욕심이 많다.
☐ 예   ☐ 아니오

132 대체로 남들의 생각이나 의견에 따른다.
☐ 예   ☐ 아니오

133 신경이 예민하다.
☐ 예   ☐ 아니오

134 식사를 빨리한다.
☐ 예   ☐ 아니오

135 독립심이 강하다.
☐ 예   ☐ 아니오

136 토론할 때는 대체로 말이 없다.
☐ 예   ☐ 아니오

137 옳다고 생각하는 일은 남의 구애를 받지 않고 실행한다.
☐ 예   ☐ 아니오

138 꿈을 자주 꾸지 않는다.
☐ 예   ☐ 아니오

139 무슨 일이건 시작에 곤란을 느낀다.
☐ 예   ☐ 아니오

140 필요하다고 생각하면 남에게 강요한다.
☐ 예   ☐ 아니오

141 가능하면 여러 가지 사회활동에 참여하고 싶다.
☐ 예   ☐ 아니오

2) 적성 검사

(1) 적성 검사의 의미

적성이란 어떤 일에 알맞은 성질이나 적응 능력, 또는 그와 같은 소질이나 성격을 의미한다. 즉, 직업 적성이라 함은 특정 직업에 종사하여 그것을 효과적으로 수행할 수 있을 만한 능력이나 성격특성이 그 직업에 종사하기 이전이나 특별한 훈련을 받기 이전에 잠재적으로 존재하고 있는 상태를 직업에 대한 적성이라고 한다.

지원자의 적성 검사를 통해 앞으로 소방조직에서 적응력과 업무 능력을 예측할 수 있다. 인성 검사는 소방 각 청에서 실시하고 있으나 적성 검사는 일부 청에서는 실시하지 않는 경우도 있다. 소방 적성 검사를 통해 파악할 수 있는 결과는 다음과 같다.

① 지원자들의 인지적 능력을 파악할 수 있다.
② 지원자들의 적응력을 예측할 수 있다.
③ 지원자들의 적성 검사를 통해 각 개인이 개인차를 파악할 수 있다.
④ 업무에 대한 능력뿐 만 아니라 흥미, 관심도까지 알 수 있다.
⑤ 지원자들 개개인을 이해할 수 있는 과학적이고 체계적인 자료를 얻을 수 있다.

(2) 적성검사 시 주의 사항

① 평소의 실력이 중요하다.

적성 검사는 인성 검사와 달리 인지적 능력을 필요로 하는 수리, 언어, 도형 등의 문제가 출제 된다. 따라서 평소의 실력이 밑바탕이 되어야 좋은 결과를 얻을 수 있다.

② 끝까지 주의 집중하여 답변하라

적성 검사는 다양한 분야의 문제가 출제 된다. 따라서 문제 유형이 바뀔 때 즉각 대처를 해야 하며 각 유형에 맞는 사고를 해야 한다.

③ 오래 생각하지 않고 답변하라

적성 검사 문제는 수준이 높게 출제되는 경향이 있다. 자칫 풀지 못하는 한 문제에 매달리다 보면 더 많은 문제를 풀지 못하는 경우가 발생한다. 따라서 적절한 시간 안배를 할 수 있어야 한다.

(3) 적성검사 문제 예시

001 다음 중 상황에 맞는 인사말로 가장 적당한 것은?
① (아침에 윗사람에게) 편히 주무셨습니까?
② (신입사원이 부장을 만났을 때) 부장님, 진지 잡수셨습니까?
③ (윗사람보다 먼저 퇴근할 때) 과장님, 그럼 수고하십시오.
④ (부모님께 세배할 때) 아무 말 하지 않고 공손히 절만한다.

002 다음 어휘의 발음이 잘못된 것은?
① 손재주[손째주]
② 그믐달[그믐달]
③ 국밥[국빱]
④ 물둥이[물뚱이]

003 우리말은 단위어가 다양하게 쓰이고 있다. 옳지 않게 사용된 것은?
① 바늘 한 쌈-24개
② 오징어한축-20마리
③ 배추 한 접-100포기
④ 고등어한손-20마리

004 전화위복(轉禍爲福)의 뜻이 담긴 한자성어는?
① 새옹지마(塞翁之馬)
② 상전벽해(桑田碧海)
③ 조삼모사(朝三暮四)
④ 정저지와(井底之蛙)

005 다음 글에서 괄호 친 어휘의 해석이 바르지 못한 것은?

> 다른 일, 특히 생업에는 아주 (손방) 이어서, (아예) 손을 댈 생각조차 아니 하였기 때문에, 경제적으로는 극도로 궁핍한 구렁텅이에 빠져서, 글자 그대로 (삼순구식(三旬九食))의 비참한 생활을 해 가는 것이다. 그 꼬락서니라든지 차림차림이 여간 (장관)이 아니다.

① 손방 : 경제적 무능
② 아예 : 처음부터 절대로 하지 않겠다.
③ 삼순구식 : 한 달에 아홉 끼니만 먹음
④ 장관 : 굉장히 볼 만한 광경

006 다음에 들어갈 속담 중 맞는 것은?

> 이 첫인상이란 것이 매우 중요하다. 사람이 워낙 작고 오중중하고 풀토뱅이로 생겼으면 남에게 한손 접히는 것이 열이면 열 번이다. '제비는 작아도 강남만 잘 간다.'라든지 '(   )'라는 속담이 통하기 전에 '산이 커야 골이 깊지'하는 선입견을 주기 쉽다.

① 산이 우니 들이 운다
② 얼굴보다 코가 더 크다
③ 작은 고추가 맵다
④ 인물 좋으면 천하일색 양귀비

007 다음 괄호 친 말 중 표준어를 바르게 사용한 것은?

① 할아버지의(바람)은 통일이다.
② (푸른른) 저 하늘을 바라보자
③ 높이(날으는)새가 멀리 본다.
④ 이(발자국)은 나침반 삼아 부지런히 걷자

008 다음 중 반의어가 바르게 짝지어지지 않은 것을 고르시오.

① 교모-출렬
② 근면-태타
③ 기립-착석
④ 필연성-당위성

009 다음 제시된 문장의 괄호 친 부분과 같은 의미로 쓰인 것을 찾으시오.

> 나는 이 많은 부품 중에서 이것을 무엇과 (맞추어야)하는지 막막하기만 했다.

① 시험이 끝나고 시험지 정답과 (맞추어) 보고나서 흐뭇한 표정을 지었다.
② 의사는 부러진 네 가닥의 뼈를 잡고 그것을 (맞추기)시작했다.
③ 회사의 모든 부서들이 서로 손발을(맞출)때 회사가 발전할수 있다.
④ 약속되었던 시간에(맞추어)전화를 하였다.

010 다음을 완성한 문장으로 만들기 위한 가장 적절한 배열을 고르시오.

> 가. 인간이 동물과 구별되는 주요 특징으로는
> 나. 인간과 다른 동물을 구별할 수 있게 하는
> 다. 도구를 사용하는 점을 지적하지만
> 라. 언어를 사용하는 것이야 말로
> 마. 가장 큰 특징이라 할 수 있다.

① 라. 가. 다. 나. 마   ② 라. 다. 나. 가. 마
③ 가. 다. 라. 나. 마   ④ 가. 나. 라. 다. 마

011 다음의 역사적 사건 중 시기적으로 가장 빠른 것은?
① 갑신정변   ② 을미사변
③ 갑오개혁   ④ 임오군란

012 다음 중 법적 복리후생제도가 아닌 것은?
① 고용보험   ② 건강보험
③ 교육보험   ④ 재해보험

013 우리나라 국무회의의 의장은?
① 국무총리   ② 부총리
③ 외무부장관   ④ 대통령

014 자본주의 경제의 3대 특징은?
① 자유·사유·영리   ② 자유·사유·경영
③ 자유·사유·기업   ④ 자유·개인주의·기업

015 다음에서 고구려의 서울을 평양으로 옮긴 왕은?
① 장수왕 ② 고국천왕 ③ 문자왕 ④ 광개토왕

016 산업혁명은 어느 부분에서 가장 먼저 일어났는가?
① 기계공업 ② 어업 ③ 조선공업 ④ 방직산업

017 다음 중 8선녀의 이야기가 실려 있는 소설은?
① 구운몽 ② 금오신화 ③ 옥루몽 ④ 사씨남정기

018 정보공해(情報公害)란?
① 허위정보에 의한 작업능률의 저하
② 정보기관의 기관원에 의한 사회악
③ 브로커, 산업 스파이 등이 기업체에 미치는 악영향
④ 상업 목적의 신문, 방문 등이 섹스, 범죄를 유발할 우려가 있는 기사, 방송을 유포함으로써 공중과 사회생활에 미치는 해악(害惡)

019 우리 몸에 철분이 필요한 것은 무엇 때문인가?
① 비타민의 합성 ② 물조직 발달
③ 이와 뼈의 구성 ④ 혈액 내 헤모글로빈의 유지

020 페럴림픽이란?
① 국제기능 올림픽 ② 신체장애자 올림픽
③ 동계올림픽 ④ 프리올림픽의 별칭

021 다음을 완성된 문장으로 만들기 위한 가장 적절한 배열을 고르시오.

> 가. 정보를 안전하게
> 나. 난무하는 상황에서
> 다. 확실한 방법은 없을까?
> 라. 도청과 해킹이
> 마. 지킬 수 있는

① 나. 라. 가. 마. 다 ② 나. 라. 마. 가. 다
③ 라. 마. 나. 가. 다 ④ 라. 나. 가. 마. 다

022 다음을 완성된 문장으로 만들기 위한 가장 적절한 배열을 고르시오.

가. 첫 번째는 과학적 회기심 때문이라 할 수 있다.
나. 화성이 한때는 물도 있고 생명체도 살았을 가능성이 많다
다. 화성이 오늘날과 같이 된 과정을 연구해 지구는 그러한 과정을 밟지 않도록 하자는 것이다.
라. 그들이 많은 돈을 들여 우주탐사를 하고자 하는 데는 목적이 있다.
마. 미국에서는 10년 안에 유인(有人)탐사선을 보낼 생각을 하고 있다.

023 다음 문장을 자세히 읽고 제시된 문장을 미루어 볼 때 맞게 서술된 것을 고르시오.

> 어떤 치마는 바지이다. 모든 치마는 예술이다. 모든 예술이 아닌 것은 바지가 아니다. 그러므로,

① 모든 예술은 바지이다.
② 예술이 아닌 것은 치마가 아니다.
③ 모든 치마가 아닌 것은 바지이다.
④ 어떤 바지가 아닌 것은 치마이다.

024 다음 문장을 자세히 읽고 제시된 문장을 미루어 볼 때 맞게 서술된 것을 고르시오.

> 만일 시계가 말보다 키가 크다면 나는 해당화이어야 한다. 그러나 해당화가 아니다. 그러므로,

① 시계는 말보다 크지 않아야 한다.
② 시계는 말보다 키가 크다.
③ 해당화는 말이다.
④ 시계는 해당화이다.

025 재석이는 일반적으로 일찍 일어난다. 명수는 일반적으로 늦게 일어난다. 따라서,
① 잠을 많이 자는 사람은 재석이다.
② 잠을 조금 자는 사람은 명수이다.
③ 재석이보다 명수가 잠을 많이 잔다.
④ 누가 잠을 많이 자는지 알 수 없다.

026 개는 고양이보다 크다. 고양이는 코끼리보다 작다. 그러므로,

① 코끼리는 개보다 크다.　　② 코끼리와 개는 같다.
③ 고양이가 제일 작다.　　　④ 고양이가 코끼리 보다 빠르다.

027 주어진 문장을 통해 빈칸에 들어갈 수 있는 알맞은 문장을 고르시오.

> A는 C보다 느리다. D는 C보다 빠르다. B는 A보다 빠르다. 그러므로,

① B는 C보다 느리다.　　② A는 D보다 느리다.
③ A는 B보다 빠르다.　　④ B는 D보다 빠르다.

028 주어진 문장을 통해 빈칸에 들어갈 수 있는 알맞은 문장을 고르시오.

> 롤러브레이드를 잘 타는 사람은 반드시 스케이트를 잘 탄다. 스케이트를 잘 타는 사람은 반드시 날씬하다. 나는 롤러브레이드를 잘 탄다. 그러므로,

① 날씬하면 스케이트를 잘 탄다.
② 나는 날씬하지 않다
③ 스케이트를 잘 타면 반드시 롤러 블레이드를 잘탄다
④ 나는 스케이트를 잘 타지 못한다

029 일곱 공주들이 모여 대화를 나눈다. 이것이 사실일 때 알맞은 것은?

> 쑥 공주 : 제 위로는 세 명의 공주가 있어요
> 손 공주 : 우리 중 남 공주가 가장 어리지요
> 은 공주 : 공주들 중 명 공주가 제일 커요
> 명 공주 : 나는 다섯 명의 동생이 있었으면 좋겠어요
> 지 공주 : 은 공주 다음으로 제가 태어났어요
> 경 공주 : 내 위로는 손 공주 뿐이예요
> 손공주와 경공주는 둘째와 셋째이다.

① 명 공주는 둘째 공주이다
② 쑥 공주는 은 공주 바로 위 언니이다.
③ 지 공주는 두명의 동생이 있다
④ 손 공주와 경 공주는 둘째와 셋째이다.

030 다음 문장을 읽고, 바르게 추론 한 것을 고르시오.

> 성택이, 정원이, 태빈이는 쌍둥이다. 정원이가 첫째고, 셋은 흰색, 검은색, 은색 모자를 하나씩 쓰고 있다. 은색 모자는 셋째가 쓰고, 태빈이가 흰색을 썼다.

① 성택이가 쓴 모자는 검정색이다.
② 태빈이는 성택이의 동생이다.
③ 정원이는 검은색 모자를 쓰고 있다.
④ 성택이는 둘째이다.

4 자기소개서 및 직무수행 계획서 작성

1) 강원

응시번호　　　　　　성명　　　　　　HP

자기소개서

채용분야	응시번호	성명
구급관련학과(남)		

1. 지원동기

　저는 어렸을 때부터 누군가를 돕는 일을 하고 싶다고 생각 했었습니다. 학창시절 작은 행동이지만 주변 사람들을 도와주면서 뿌듯함을 느끼게 되었고, 직업이라는 것은 내 인생과도 같은 것이라는 생각에서 평생 도와주고 뿌듯함을 느끼는 일을 하고 싶었습니다.

　이러한 마음에서 주위사람들에게 소방공무원 추천을 들었을 때 주저 없이 119구급대원이 될 수 있는 응급구조과에 지원을 하게 되었을 정도로 소방 공무원에 확신을 가질 수 있었습니다.

　전공을 하며 학창시절 단 한 번의 지각 결석을 하지 않은 성실함으로 심폐소생술관련 자격증인 ACLS자격증, BLS자격증, KALS자격증 같은 자격증도 취득을 할 수 있었을 뿐만 아니라 소방 공무원으로서의 체력에 대한 중요성을 알고 있었기 때문에 필기와 체력을 병행하여 이번에 우수한 체력 결과를 달성하기도 하였습니다.

2. 장점

1) 우수한 체력

　119구급대원이 되기 위해서는 필기와 더불어 체력도 중요하단 것을 알게 되었습니다. 스스로 영상을 통해 운동법을 배우고 2년이 넘게 운동을 꾸준히 한 결과 체중도 약 15kg 정도 줄일 수 있었습니다. 이러한 노력은 이번 시험에서 필기뿐만 아니라 체력에서도 만족할 만한 우수한 결과를 얻을 수 있었다고 생각합니다.

　혼자 하는 운동이라서 2년 넘게 유지하기 어려운 상황에서도 끈기를 발휘하여 우수한 체력을 성취한 만큼, 앞으로 강인한 체력과 끈기로 강원의 안전을 책임지는 소방 공무원이 되겠습니다.

응시번호   성명   HP

2) 성실함
저는 초, 중, 고등학교 12년 개근은 물론 대학교 때도 한 번도 수업을 빠지지 않았을 정도로 기본에 충실한 성실함을 가지고 있습니다. 이 덕에 주변 친구들은 저를 신뢰하고 어디를 가든 솔선수범하는 자세까지 갖출 수 있었던 것 같습니다.

3. 봉사활동
앞으로 119구급대원이 되어서 수많은 환자를 만나게 될 것을 생각해서 얼마 전에 장애인을 돌보는 센터에 가서 봉사 활동을 했었습니다.
정신적으로 미성숙한 친구들도 있었고 몸이 불편한 친구들도 있었습니다.
저는 단지 옆에서 장난감인 퍼즐을 같이 맞춰주고, 화장실 가서 볼일 보게 해주고 기저귀를 갈아주고 했을 뿐인데 거기서 연세가 있으신 사회복지사선생님께서 이런 말씀을 하셨습니다. "잠깐 있었지만 다른 사회복지사 선생님들처럼 젊은 친구가 거부감 없이 잘 돌본다고 하셨습니다."
기분도 좋았고 앞으로 구급대원이 된다면 잘 할 수 있겠구나 라는 확신이 더 생기게 된 계기가 된 것 같아 뿌듯했습니다.
현장에 가서도 적극적이고 진심을 다하는 구급대원이 되겠습니다.

4. 각오
앞으로 119구급대원이 되어서 제가 만나게 될 환자들이 '응급처치를 잘 받아서 예후가 좋았다'라는 생각이 들 수 있게끔 노력하겠습니다.
그러기 위해서는 의학지식공부를 열심히 해야 한다는 것을 잘 알고 있습니다. 후에 최종합격이 되어서 "한국형 병원 전 시나리오"라는 책을 사서 119구급대원이 되기 전에는 물론이고 되고나서도 열심히 공부도 하고 연구도 해서 저한테 응급처치를 받은 사람이 조금이라도 예후가 더 좋은 환자가 되게끔 노력하겠습니다.

상기 내용은 사실과 다름없음을 확인합니다.

20   년   월   일   응시자 :   (서명)

2) 충청북도

자기소개서 및 직무수행계획서

응시분야	지방소방사 (도내거주)	응시번호		성 명		(서명)

◎ 자기소개서

(유의사항) 작성 시 학교명, 출생지, 부모직업 등 개인 신상을 직·간접적으로 파악할 수 있도록 기재할 경우 불이익(감점)을 받을 수 있습니다.

1. 자기소개

　학창시절부터 활발한 성격에 다양한 운동을 즐겼고, 그 중에서도 축구를 가장 좋아해서 지금까지 꾸준히 하고 있습니다. 축구를 통해서 얻어진 체력은 이번 실기에서 만점을 얻을 수 있었고, 단체운동이라는 점이 책임감, 협동심을 키우는 데 큰 도움이 되었다고 생각합니다. 뿐만 아니라 주변의 좋은 사람들을 사귀는 계기와 원만한 대인관계를 유지하는 좋은 기회가 되기도 하였습니다.

2. 지원동기

　소방공무원을 꿈꾸게 된 계기는 고등학교 때 집 뒤쪽 빌라에서 발생한 화재를 진압하기 위해 한 치의 망설임 없이 뜨거운 화마와 맞서 싸우는 선배님들의 모습이었습니다. 그래서 대학교도 관련 학과로 지원하여 소방공무원 한 길만 보고 달려왔습니다. 제가 가진 만점 체력과 헌신이라면 소방조직, 더 나아가 국민의 생명과 재산을 지키는데 일조할 수 있다고 확신합니다.

3. 장점

　가장 큰 장점은 체력입니다. 평소 개인운동을 하여 군 시절 '특급전사'와 '체력왕'에 선발되었고, 소방공무원 실기시험 만점이라는 좋은 성적을 받을 수 있었습니다.
　두 번째 장점인 헌신은 봉사정신으로 말씀드릴 수 있습니다. 정기적인 헌혈을 40회 하면서 헌혈증은 꼭 필요한 사람에게 양도했으며, 기부권으로 도움이 필요한 기관·단체에 기부를 하고 있습니다.

◎ 직무수행계획서

　소방공무원에게 가장 필요한 것은 협동심과 강인함, 그리고 사명감이라고 생각합니다.
　앞으로 저는 충북의 사명을 다하는 소방 공무원으로서,
　첫째, 평상 시 동료들과 좋은 관계를 맺어 현장에서 뿐만 아니라 서로 도움을 주고받고 믿을 수 있는 협동심을 길러 더 효율적으로 일하겠습니다.
　둘째, 위급한 상황에서 국민의 생명과 신체·재산을 보호해야하기 때문에 누구보다 건강한 체력과 강인함이 필요하다고 생각합니다. 만점 체력을 적극 활용하겠습니다.
　셋째, 자랑스러운 대한민국의 소방공무원으로서 국민에게 봉사한다는 투철한 사명감을 깊이 새겨 국민을 섬기겠습니다.

3) 경상북도

자 기 소 개 서

응시분야	응시번호	성 명

지 원 동 기   [봉사정신을 발휘하겠습니다]

　학창시절 요양원 봉사와 도시락 배달 봉사를 하며 뿌듯함을 느낀 경험이 좀 더 적극적으로 사람들을 도와 줄 수 있는 일을 생각하게 되는 계기가 되어 소방공무원을 목표로 하게 되었습니다. 소방의 꿈을 이루기 위해 소방서를 방문하여 체험을 할 정도로 간절함을 가지고 있었기 때문에 열심히 체력단련을 하여 우수한 결과로 이 자리에 임할 수 있었습니다. 강인한 체력과 성실함으로 도민을 위해 봉사하는 소방공무원이 되겠습니다.

성 장 과 정   [성실한 태도로 임하겠습니다]

　주변사람들로부터 인정받는 성실함을 가지고 있습니다. 수험생활을 시작하기 위해 식당과 택배 아르바이트로 비용을 마련하게 되었을 때, 다양한 고객을 응대하는 방법이나 시간 안에 많은 물량을 배달하는 것이 처음에는 어렵고 힘이 들었습니다. 하지만 평소 성실한 태도 덕분에 빠르게 고객 응대법을 익히고, 남들보다 부지런하게 움직인 결과 직원으로 스카우트 제의를 받은 경험이 있습니다.

주요경력 및 특기사항   [소방공무원에 대한 간절함을 가지고 있습니다]

　학창시절부터 소방 공무원이 꿈이 있었기 때문에 일찍부터 소방에 관심을 두게 되었습니다. 이러한 관심으로 제가 직접 근처 소방서에 체험 신청을 하여 CPR실습, 로프 낙하 등을 현직 소방공무원 선배님들의 지도를 받으며, '내가 이렇게 사명감을 가지고 일을 하면 사람을 살릴 수가 있겠구나!' 하고 느꼈던 기대감과 떨림을 지금도 간직하고 있습니다.

기 타 사 항   [도전정신을 이어가도록 하겠습니다]

　소방공무원의 꿈이 확고했기 때문에 남들보다 일찍 수험생활을 시작하게 되었습니다. 하루 5시간 이하로 수면시간을 계획하였고, 강인한 소방공무원이 되고 싶어 운동과 병행하는 수험시절을 보냈습니다. 계획한 공부분량을 채우지 않으면 의자에서 일어나지 않았고, 힘들고 지친 시간에도 꾸준히 체력단련을 하여 강인한 체력을 준비할 있었습니다. 앞으로 소방 공무원이 되어서도 도전과 노력을 이어가는 후배가 되겠습니다.

20 . . .   작 성 자 :   (인)

4) 전라북도

자 기 소 개 서

응시분야	응시번호	성 명	연락처

지원동기   [소방 한길만 바라보고 달려왔습니다]

어릴 적 치매를 앓고 계신 할머니와 함께 살면서, 할머니 곁에서 〈긴급구조119〉라는 방송 프로그램을 보며 살신성인 정신으로 사람들을 구조하는 많은 소방관님들의 모습과 치매가 심해져 종종 가출하시는 할머니의 무사귀가를 도와주신 주변소방관님 덕분에 소방관의 꿈을 일찍이 가질 수 있었습니다.

이후 소방관의 꿈에 도전하기 위해 관련학과에 진학할 정도로 소방 한길만 바라보았으며, 성실한 학업과정 속에서 또래 친구들보다 서너배의 노력을 기울여 관련 자격증 두 가지 취득뿐만 아니라 꾸준한 봉사활동으로 주변을 돌아보는 따뜻한 마음까지 갖출 수 있었습니다.

앞으로 소방 한 길만 바라보고 달려온 열정과 준비된 봉사정신으로 소방관이기 때문에 하는 게 아닌 어려운 사람들을 볼 때 내 몸이 스스로 움직이는 희생정신까지 갖춘 사명감 넘치는 고향의 소방관으로 발전하겠습니다.

성장과정 및 성격(장·단점)   [리더십과 협동심]

저는 활동적이며 리더십을 발휘하여 주변사람들의 팀웍을 이끌어 내는 성격을 가지고 있습니다.

학창시절부터 활발하게 활동하는 것을 좋아해 각종 아르바이트 및 동아리 활동·봉사활동 등을 해오면서 원만한 관계를 이루고 소통하는 가운데 공동의 목표 달성을 위해 팀원의 협동심을 이끌어 내여 성공적인 과제수행을 하기도 하였습니다.

특별히 대학교 때는 학생회장직을 맡아 학과의 전반적인 일들을 꾸려나가며 단체를 위해 저의 적극적인 추진력으로, 학생회 회원들의 신뢰와 인정을 받을 수 있었던 것은 개인으로서도 뿌듯한 기억으로 남아 있습니다.

앞으로도, 팀의 협동과 도민의 만족과 신뢰를 받을 수 있는 소방관으로서 사명감을 다해 업무에 임하도록 하겠습니다.

특기사항

대학시절 학생회 회장으로서 전공학과 전체 학생을 대상으로 소방체험 프로그램을 성공적으로 마친 경험이 있습니다. 소방관 꿈이 확고했던 저는 실제 선배님들의 일하는 모습과 소방에 대한 이해도를 높이고 싶은 마음과 저의 이러한 마음을 '같은 과 학생들에게도 나누어 주면 좋겠다'라는 생각에서 학교측에 제안하여 매 학기 소방 체험 프로그램을 진행하게 되었습니다. 70~80명의 많은 인원을 통솔하는 것이 힘들기도 하였지만 다양한 소방체험을 할 수 있는 프로그램을 통해 전공과 친구들에게 인상 깊은 기억을 만들어 주었다는 것에 만족감을 느낄 수 있었습니다.

이제는 체험이 아니라 현장에서 도민을 도와주는 현장의 소방관으로 일해 보고 싶습니다.

인생관 [근성과 인내력]

"근성과 인내력을 가지면 무엇이든 이룰 수 있다"는 신념을 가지고 있습니다.

무언가를 이루기 위해서는 준비 단계부터 철저하게 배울 수 있는 것들은 배워 가면서 목표에 쉽게 다가갈 수 있도록 노력해 왔습니다. 어린 시절부터 간직한 소방관이 되기 위해 꾸준한 준비를 한 덕분에 소방관의 자질의 기초라 할 수 있는 소방안전 관리자격증과 위험물관리사 자격증을 취득할 수 있었습니다.

앞으로도 근성과 인내력을 바탕으로 꾸준히 도전하여 발전하는 전북 소방관이 되겠습니다.

기타사항 [무장된 봉사정신]

전공을 하면서 매학기 방학을 이용하여 소화기를 나누어주는 봉사를 한 경험이 있습니다. 학교 주변 노인분을 대상으로 소화기가 비치되지 않은 가정을 일일이 방문하여 소화기를 나누어 주는 봉사는 무거운 소화기를 들고 나르거나, 하루 종일 들고 다니는 봉사라 힘이 들기도 하였습니다. 하루 20가정 정도를 돌며 나누어드리고 사용법을 설명을 드리는 과정은 파김치가 되기 일쑤였지만, 힘든 것 못지않은 보람과 장래 소방관으로서의 저의 모습을 그려보는 소중한 시간이 되었습니다.

준비된 봉사정신으로 맡겨진 업무에 사명을 다하고, 도민 한분 한분에게 친절하게 대하는 '소방관 ○○○'가 되겠습니다.

20   년   월   일   작 성 자 :

5 소방 공무원 면접시험 채점기준

1) 1단계 : 집단면접 평가 기준

평가요소 (3개 항목 총 30점)	수		우		양		가
	A⁺	A°	B⁺	B°	C⁺	C°	D
① 전문지식과 그 응용능력	10	8.5	7	5.5	4	2.5	1
② 창의력, 의지력, 발전 가능성	10	8.5	7	5.5	4	2.5	1
③ 의사발표의 정확성과 논리성	10	8.5	7	5.5	4	2.5	1

2) 2단계 : 개별면접 평가 기준

평가요소 (3개 항목 총 30점)	수		우		양		가
	A⁺	A°	B⁺	B°	C⁺	C°	D
④ 소방공무원으로서의 적성	20	8.5	7	5.5	4	2.5	1
⑤ 용모, 예의, 품행 및 성실성	10	8.5	7	5.5	4	2.5	1

① 합격

다음 5개 평정요소에 대한 평가위원의 점수를 합산하여 총점의 50% 이상을 득점한 사람
- 전문지식과 그 응용능력
- 창의력, 의지력, 기타 발전가능성
- 의사 표현의 정확성과 논리성
- 소방공무원으로서의 적성
- 용모, 예의 품행 및 성실성

② 불합격 기준
- 5개의 평가요소 중 어느 한 항목의 평가요소에 대하여 평가위원의 과반수가 40% 미만의 점수를 평정한 경우
- 1단계(집단면접)과 2단계(개별면접)의 평가 점수를 합산한 면접위원의 평균 점수가 총점의 50%(30점) 미만인 경우

③ 소방 공무원 최종 합격 기준

채용분야		채용시험	최종합격 결정방법
공개채용시험		필기, 체력, 면접	• 필기 75%, • 체력 15%, • **면접 10%**의 비율로 합산하여 성적순으로 최종합격 결정
경력경쟁 채용시험	구급		
	구조		
	법무	면접	면접 성적순으로 최종 합격 결정

소방 공무원 면접 방식

1 소방공무원 면접평가위원 구성

▶ **1단계(집단면접)** : 3~5명, 현직 소방공무원
  면접평가위원 계급 : 소방장, 소방위, 소방경
▶ **2단계(개별면접)** : 3~5명, 현직 소방공무원과 외부 면접 위원으로 구성
  면접평가위원 계급 : 소방경, 소방령, 소방정

2 면접 진행 방식

1) 1단계 : 집단 면접

(1) 집단 면접의 형식

면접위원 구성	3~5명 / 소방장, 소방위, 소방경, 외부 면접 위원
응시자 인원	6~12명이 한조로 동시 입장
진행 시간	30~50분
평가 항목	① 전문지식과 그 응용능력 ② 창의력, 의지력, 기타 발전가능성 ③ 의사 표현의 정확성과 논리성
진행 방식	① 집단 면접 : 면접 위원이 진행하는 형식 ② 토론 면접 : 사회자가 진행하는 형식 ③ 자유토론 면접 : 사회자 없이 자유토론 방식으로 진행하는 형식 ④ 혼합형 토론 면접 : 면접위원, 사회자 혼합 진행 방식
진행 순서	① 입장하기 전 찬/반으로 나눔 ② 입장 후 주제 공개(개인 번호 부착 후 입실) ③ 발표 준비 시간(청마다 시간 다름, 메모 가능) ④ 토론을 통해 찬성 / 반대 의견에 따라 본인의 의견을 제시 ⑤ 추가질문 후 마무리

(2) 집단면접의 기술

집단 면접은 집단원의 수준을 차별하여 평가할 수 있는 면접이다. 본인의 답변 준비도 중요하지만, 다른 지원자의 의견도 잘 파악하고 있어야 하는 부담감이 존재한다.

① **집단 면접 및 토론 면접 준비**
  ㉠ 자주 출제된 토론면접의 주제에 대해서는 답변을 미리 준비해 가는 것이 좋다.
  ㉡ 시험 당시 이슈가 되는 문제에 대해 물어볼 가능성이 있다. 그에 대한 자신의 생각을 정리해 두는 준비도 필요하다.
  ㉢ 보통 지원자들이 면접대비를 위해 스터디를 조직하여 같이 공부를 하는데, 특히 토론 면접은 이러한 스터디가 많은 도움이 된다.
  ㉣ 면접 전문가의 도움을 받도록 한다.

다음은 집단 면접의 답변 요령이다.

💡 **집단면접의 형식**
① 면접관이 직접 각 지원자를 대상으로 질문을 하며 진행하는 형식이다.
② 동일 질문으로 진행이 되기도 하지만 각 개인에 해당하는 돌발 질문을 할 수도 있다.

다음은 사회자를 지정하지 않고 면접위원이 진행하는 형식의 집단면접 기술이다.
① 순번대로 지목하지 않는 경우가 발생하므로 항상 답변 준비를 하고 있어야 한다.
② 다른 지원자가 발표할 때는 주의 깊게, 집중하여 듣는다.
③ 집단 면접이 토론면접으로 진행될 경우 사회자로 자청하면 긍정적 인상을 줄 수 있으므로 자원하여 기회를 잡는 것도 괜찮다.
④ 마지막 답변 순서의 기회를 활용한다. 발표순서가 뒷부분일 경우, 자신이 준비한 의견이 앞에서 다 표현되는 경우 당황하는데, 이런 경우 당황하지 않고 답변을 전 체적으로 종합하여 정리해서 답변하면 된다.
⑤ 그러므로 집단 면접이 진행되는 동안에는 자신의 답변도 미리 준비하고 있어야 하지만, 다른 지원자의 답변도 잘 듣고 있어야 한다.
⑥ 집단면접이 진행되는 동안 발표하는 다른 지원자에게 고개를 돌려서 바라보지 않는다. 다른 지원자가 발표를 하는 경우 시선은 면접관을 향하고 귀만 열고 듣는다.
⑦ 집단 면접 원을 활용하여 자신의 의견을 피력한다.
⑧ 자신이 답변할 때는 자신 있고 명확하게 표현한다.

앞에 발표한 면접자와 의견이 일치할 경우	• "앞에서 발표한 지원자의 의견에 동의합니다. • 여기에 저의 의견을 한 가지 더 말씀드리겠습니다."
앞에 발표한 면접자와 다른 의견일 경우	• "앞에서 답변해 주신 말씀도 일리가 있습니다만, 그 의견일 경우 이러이러한 안타까운 점이 있음으로 저는 ~~한 방법도 괜찮을 것 같습니다." 등과 같이 완곡하게 표현 • "저는 앞에서 발표한 지원자의 의견에 반대합니다." 하고 표현하면 다소 부정적으로 평가될 수 있음으로 주의

(3) 토론면접의 기술

면접 위원의 개입 없이 사회자를 선정하거나 지목하여 사회자의 주도하에 토론을 진행하는 형식이다. 토론의 전체적인 흐름이나 시간 등은 사회자의 역량에 따라 그 수준이 달라진다. 따라서 사회자의 기회가 주어진다면 자신의 역량을 극대화하여 어필할 수 있는 기회로 삼을 수 있다.

다음은 사회자를 지정하여 진행하는 토론면접의 기술이다.

💡 **토론 면접의 기술**

① 구체적인 통계와 자료로 상대방을 설득하라. 단 출처를 분명하게 파악해야 한다.
② 상대방의 의견에 귀를 기울이는 것은 기본이다.
③ 부분적으로 반론을 제시하면서 논리적으로 자신의 의견을 보충 설명한다.
④ 자신만의 특화된 경험을 논거로 제시하는 것도 효과적이다.
⑤ 상대방의 논리를 반박하기 위해 극단적인 예시를 드는 것은 좋지 않다.
⑥ 질문을 통해 공감을 이끌어내면 설득력이 높아진다.
⑦ 빠른 말, 부정확한 발음, 공격적인 말투는 토론의 감점 요인이다.
⑧ 상대방의 모순을 지적하는 것은 새로운 논거보다 효과적이다.
⑨ 자신의 의견을 말하는 것만큼 상대방에게 질문을 던지는 것도 임팩트 있는 방법이다.
⑩ 토론 시 다른 집단원을 공격한다는 이미지보다는 다른 의견도 수렴하면서 자신의 의견을 명확하게 표현하는 것이 효과적이다.
⑪ 혼자서 자기주장만 하지 않도록 한다.
⑫ 다른 지원자가 발표할 때 한눈을 팔지 않도록 한다.
⑬ 발언기회를 얻지 못해 묵묵부답인 자세로 있지 않도록, 적극적인 태도로 발언기회를 얻도록 한다.

💡 토론 면접에서 활용하기 쉬운 표현

① 네, 찬성 측에서 ~라고 말씀을 하셨습니다. 저도 그 부분은 일부 공감합니다. 하지만 ~면에서 다른 의견을 가지고 있습니다.
② 좋은 말씀 감사합니다. ~부분에 대해 답변 드리겠습니다.
③ 질문 하나 드리겠습니다. ~은 왜 이런 것인지 이유를 말씀해 주시기 바랍니다.
④ 좋은 말씀 감사합니다. 하지만 ~한 측면의 방법은 생각해 본 적 없으십니까?
⑤ 직접 현장에 가 보면 현실은 ~합니다. 이점, 알고 계십니까?
⑥ 찬성 입장에서 말씀하셨으니, 저는 반대 입장에서 말씀드리겠습니다.
⑦ 방금 ~한 의견을 말씀하셨는데. 예를 들어주실 수 있습니까?
⑧ 그 의견을 뒷받침해 줄 수 있는 정확한 통계를 말씀해 주시기 바랍니다.
⑨ 지금 지원자의 좋은 의견 잘 들었습니다. 빠진 부분에 대해 데가 추가로 말씀드리겠습니다.

💡 자유토론 / 혼합형 토론 면접의 기술

사회자 지정 없이 제시된 '주제에 대해 찬/반 자유토론을 하라'는 지시에 따라 토론이 진행되는 경우이다. 중간 중간 면접 위원이 개입을 하는 경우가 있다. 자유 토론 진행방식의 경우 집단을 이끌어 가는 주도적 인물이 없기 때문에 서로 눈치를 보거나 적절한 발표 기회를 잡지 못하는 등의 돌발 상황이 발생할 수 있다.

철저한 연습과 훈련을 통해 준비를 해 간다면 오히려 더 많은 기회를 얻을 수도 있을 것이다.

다음은 사회자 없이 진행되는 토론 면접의 기술이다.
① 손을 들고 발언 의사를 밝히도록 한다.
② 손은 오른손을 주먹을 쥔 상태로 팔을 귀에 붙여서 높이 들도록 한다.
③ 팔을 들어 올리는 순간 동시에 "제가 발표 하겠습니다." 혹은 "제가 먼저 발언을 하도록 하겠습니다."라는 멘트를 동시에 한다.
④ 혼자만 너무 자주 발언을 하지 않도록 주의한다.
⑤ 두 번째 발언 기회부터는 발언을 하지 않는 집단원을 배려하는 차원에서 잠시 기다려 준다.
⑥ 모두발언 → 보충발언 → 마무리발언 순으로 발언하는 것이 효과적이다.
➡ 첫 발언의 기회를 얻었을 때는 주제에 대한 전반적인 개인 견해를 짧게 밝힌다.

➡ 두 번째 발언에서는 모두 발언에 대한 추가 내용을 말하거나, 타 지원자의 의견에 대한 질문을 하도록 한다.

➡ 마지막 발언에서는 주제에 대한 보완책이나 해결 방법을 제시하고 마무리 하도록 한다.

집단 면접 상황별 대처 요령

질문 유형에 따른 답변의 기술

▶ 전공지식을 묻는 질문
  → 짧게 정답만 말한다.

▶ 지원자의 의견을 묻는 질문
  → 이유보다 결론을 먼저 말한다.
    "저는 그 의견 찬성입니다. 그 이유는 ~"

▶ 자신의 주장에 대한 이유를 말할 때
  → "첫째, 둘째"와 같이 구분하여 표현한다.

▶ 찬반의 의견을 묻는 질문
  → 반드시 기억하자. 답변 시 유용한 "하지만" 말하기 기법(주장 → 이유 → 하지만)이다.
  ① 질문에 대해 찬성인지, 반대인지 의사를 먼저 밝힌다. "저는 △△에 찬성입니다."나, "저는 ○○에 반대합니다."로 표현한다.
  ② 이어서 찬성에 또는 반대에 해당하는 이유를 2~3개 정도 말한다. "그 이유는 첫째, ~~입니다. 둘째 ~~입니다."로 표현한다.
  ③ 여기에서 그치면 추가질문이나 압박 질문을 받을 수 있다.
  ④ 그러므로 자신의 주장과 반대되는 의견까지 밝히도록 한다. "하지만, ~~한 점에 신중을 기하여야 합니다." 또는 "하지만, ~~한 부분에서 보충이 필요합니다."로 표현하여 마무리한다.

▶ 면접관의 의견에 반박하고 싶을 때
  → 면접관이 본인의 의견과 다른 결론을 말하거나, 질문을 던지는 경우에는 '아닙니다.'라고 곧바로 반박하지 않도록 한다.
  ① 일단 면접관의 의견에 수긍한다. "면접관님께서 그렇게 생각하실 수도 있습니다. 하지만 저는 ~~한 생각에서 말씀드린 것입니다."라고 표현하도록 한다.

2) 2단계 : 개별 면접

(1) 개별 면접의 형식

면접위원 구성	3~5명 / 소방경, 소방령, 소방정, 외부 면접 위원
응시자 인원	응시자 1명 입장
진행 시간	10~20분
평가 항목	① 소방공무원으로서의 적성 ② 용모, 예의 품행 및 성실성
진행 방식	① 면접 위원과 응시자 간 일대일 문답으로 진행 ② 인·적성 검사 결과지와 제출한 서류 및 자기소개서 등이 면접 질문 자료로 활용됨
진행 순서	① 면접실에 개별 입장(개인 응시표 착용) ② 면접위원 질문에 답변 ③ 개인사항에 관련된 질문과 전공질문이 주어짐 ④ 소방 업무와 관련된 상황형 질문이 주어지기도 함

(2) 개별면접의 기술

개별면접은 집단면접보다 부드러운 분위기에서 진행되므로, 지원자들의 긴장이 한결 덜하다. 하지만, 긴장을 완전히 놓아서는 안 된다. 자세나 태도는 집단면접 때보다 약간 편안하게 해도 되지만, 완전히 풀어져서는 안 된다. 특히 목소리 톤이나 크기, 명확성을 유지하여 면접관과 상호작용하는 것이 중요하다.

① 진실함이 면접관을 설득시킬 수 있다.
② 자신 있고 명확하게 자신을 표현한다.
③ 지원자가 미리 제출한 서류와 인·적성 결과를 기반하여 면접질문이 진행되므로 자신이 제출한 내용을 정확하게 알고 있어야 한다.
④ 자신의 인성이나 제출 서류 관련하여 나올 수 있는 질문을 예상하여 준비하도록 한다.
⑤ 자신의 경험에 관계된 질문은 놓치지 않고 답변할 수 있도록 준비하고 연습한다.
⑥ 전공 지식이나, 찬반 의견 질문도 받을 수 있으니, 당황하지 않도록 한다.
⑦ 개별면접은 집단면접에서 어필할 수 없는 개인의 열정이나, 의지를 표현할 수 있는 기회이다. 반드시 자신을 어필할 수 있는 방법을 준비하여 꼭 표현하도록 한다.
⑧ 면접관을 감동시킬 수 있는 "마지막 한 마디"를 반드시 준비하도록 한다.

평가요소별 대처 방안

면접 평가 각 항목들을 구체적 내용과 대처 방안을 살펴보면 다음과 같다.

1 직원 직렬 관련 역량(전문지식과 그 응용능력)

공무원 업무는 국민의 갖가지 민원사항부터 다양하고 일반적인 행정 업무 외에 관련 직렬법 지식까지 갖추어야 한다. 면접관은 지원자가 이러한 공무원 업무를 잘 소화할 수 있는 능력이 있는지 확인하고 싶어 하며, 문제 상황에서 어떠한 절차와 방법으로 문제를 해결하는 능력이 있는지 궁금해 한다. 비록 짧은 면접이지만 면접관은 그 한정된 시간 안에 지원자의 답변과 태도 속에서 지원자의 역량을 평가하는 것이다.

공무원 역량 평가는 경험질문을 통해 자주 평가되는데. 예를 들어 '조직에서 갈등을 해결한 경험이 있습니까?'나 '살면서 가장 힘들었던 일은 무엇이며, 어떻게 해결하셨습니까?' 등의 질문이다. 이러한 질문에 대한 답변 방향은 경험만을 드러내는 것이 아닌 자신만의 문제해결 방법이나, 문제 상황에서 드러나는 자신의 성격적인 면을 부각시키는 것이 좋다. 기본적인 성향이나 문제에 대한 대처 방법을 가지고 있는 사람이라면 어떠한 어려운 상황에서도 자신의 역량으로 해결할 것이라고 면접관은 설득 당하게 될 것이다.

또 하나 공무원 역량 평가는 상황 질문을 통해서도 평가가 되는데, 이쪽이나 저쪽이나 어느 하나를 선택하는 질문에 대한 답변 방향은, 치우치는 답변을 해서는 안 된다는 것이다. 면접관이 어느 한쪽을 선택하라는 강요가 있을지라도 결국은 양쪽의 견해를 모두 들어 장·단점, 혹은 개선점을 들 수 있어야 한다.

2 열정(창의력·의지력·발전가능성)

지원자의 독창성과 창의력을 가장 잘 드러낼 수 있는 것이 '공무원에 대한 자신의 열정'을 표현하는 것이다. 공무원에 대한 의지와 열정이 있는 사람이라면 미래발전 가능성도 높다고 면접관들은 평가를 한다. 단지 내가 시험을 통과하고 직업인으로서의 공무원이 된 사람과 공무원에 대한 남다른 열정을 가진 지원자는 지금 당장은 차이가 나지 않지만, 5년 후, 10년 후 경찰 업무 태도나 모습에서 많이 달라져 있을 것이기 때문이다. 면접관은 공무원에 대한 강인한 의지와 미래를 볼 수 있는 열정을 표현하는 지원자를 높이 평가한다.

자신의 공무원에 대한 열정은 지원동기에서 가장 두드러지게 나타낼 수 있다. 면접 시 빠지지 않는 질문이기도 한 지원 동기는 여러분의 가슴에 있는 '공무원'이라는 뜨거움을 표현할 수 있는 절호의 기회이다. 필자는 지원자들에게 가장 역점을 두는 것이 '공무원 지원동기', '관련 직렬 지원동기'이다. 지원자 각자의 가슴에 있는 것, 진실 되고 간절한 동기만이 면접관을 감동시킬 수 있기 때문이며, 여러분이 공무원이 되어서도 잊지 말아야 할 뜨거움이기 때문이다.

지원 동기가 반드시 거창할 필요는 없다. 자신이 왜 공무원에 지원하게 되었는지는 각자의 독특한 경험과, 성장 배경에 있기 마련이다. 그 속에서 자신만의 진심이 담긴 이야기를 찾아내고, 간절함을 담아 전달할 수 있는 기술을 훈련한다면, 면접관도 지원자 여러분의 열정에 설득 당하게 될 것이기 때문이다.

다른 하나는 앞으로 공무원이 되면 하고 싶은 일, 어떤 공무원이 되고 싶은가는 공무원을 지원하게 된 동기에서 비롯된다. 공무원에 대한 의지와 뜨거운 열정이 있다면, 평생 대한민국 공무원으로서 어떻게 살아야 되는지에 대한 발전가능성에 대한 그림을 본인 스스로 그릴 수 있으며, 이것을 면접에서 잘 표현한다면, 면접관으로부터 여러분의 진심을 인정받을 수 있을 것이다.

3 의사발표의 정확성과 논리성

의사발표의 정확성과 논리성은 면접이 말로 이루어지기 때문에 면접 과정 전체를 통해 평가가 이루어진다. 우선 주어진 질문에 대하여 정확한 답변을 하는지를 평가함으로서 이해력이라든가 커뮤니케이션 능력이 기본은 되어 있는지를 알 수 있다. 그리고 지원자의 답변 내용을 듣고 적절한 논거를 가지고 있는지, 반론에 대한 적절한 대답을 하는가 등을 보면서 논리성을 평가할 수 있다.

따라서 지원자는 자신의 개인적 질문에 해당하는 사항에 대해서는 정확한 의사표현을 할 수 있을 정도로 외우는 단계를 넘어 편안하게 면접관과 대화하는 차원까지 발전하여야 한다.

다른 하나는 자신의 주장에 합당한 논리적 증거를 반드시 숙지하고 있어야 하며, 올바른 논리적 주장 법 즉 말하기 기술에 대해 알고 있어야 한다. 이러한 기본적인 것을 갖추었다면 면접 시 어떠한 예상치 못한 질문을 받더라도 자신의 융통성을 발휘하여 지혜롭게 의사표현을 할 수 있을 것이다.

4 도덕성(소방공무원으로서의 적성)

인성적인 부분에서 타인과 어울리지 못하고 조직에 부적응하는 것도 문제가 크지만, 사실 더 큰 문제는 조직에 대한 충성심과 공무원으로서의 최소한 윤리의식, 도덕성 결여이다. 이는 한 개인의 잘못으로 끝나는 것이 아닌 조직 전체 혹은 우리나라 공무원 전체의 이미지에 타격을 줄 수 있기 때문이다. 간혹 공무원으로서의 청렴성이나 윤리성을 망각한 소수의 공무원이 공공의 업무를 실행하는 '공공의 일꾼'아닌 '공공이 적'이 되어 조직 전체의 명예를 실추시키는 일이 일어나곤 한다.

공무원은 개인의 이득 보다는 국민에 대한 봉사 정신이 앞서야 하며 보다 정직하고 조직에 충성심을 가진 사람이 적합하다고 판단하기 때문에 면접관들도 지원자들의 공무원으로서의 정신자세와 적성을 평가하고자 한다. 그리고 그것을 면접에서 평가하는 방법은 공무원지원자로서 얼마나 뚜렷하고 구체적으로 미래를 그려보았나 하는 점과 평소 자신이 생각하는 올바른 공무원에 대한 상(이미지)이 영향을 미친다.

그러므로 도덕성 부분의 질문에 대한 답변 방향을 세우기 위해서는 공무원을 결심하고 난 후부터 자신의 삶의 기준이 어떻게 달라졌다는 것을 어필할 수 있어야 한다. 실제 면접에서도 '무단 횡단을 한 적이 있는가?'라는 질문을 받게 되는데, 사실 살면서 무단 횡단을 한 번도 안 해 본 사람은 거의 없을 것이다. 그렇다고 면접 상황에서 "네. 무단 횡단을 한 적 있습니다."라고 시인하고 마친다면, 지원자의 도덕성이 정립되었다는 인식을 줄 수 없을 것이다. 그러므로 공무원 지원자는 자신의 도덕성, 윤리성의 점검 시 기준점을 공무원 준비, 혹은 공무원 결심 이전과 이후로 표현하는 것이 면접에 도움이 된다.

5 공무원으로서의 인성(예의, 품행, 성실성, 봉사정신)

면접관이 지원자에게서 가장 보고 싶어 하는 부문이 인성이라고 할 수 있다. 필기시험을 통해서는 지원자의 인지적 능력, 지원 직렬의 기본 실력을 평가 받는다. 이에 못지않게 조직 생활에서 중요한 것은 인성이다. 그렇기 때문에 면접관은 면접을 통해 지원자의 인성을 평가하고자 한다. 면접관은 다양한 질문을 통해 여러분이 공무원 조직에 어울리는 인물인지, 타인과 같이 일할 수 있는 사람인지 알고 싶어 한다.

간혹 혼자서 움직이고 혼자서 일을 진행하는 것을 편하게 생각하는 지원자도 있을 것이다. 하지만 공무원은 조직이 함께 움직이고, 팀 혹은 동료와 함께 일하는 특수성이 있기 때문에 면접에서 자신의 솔직성을 그대로 드러내면 부정적 평가를 받을 수 있다.

그러므로 인성 부분의 질문에 대한 답변 방향은 '혼자서도 업무처리를 하는 것에는 무리가 없지만, 팀 혹은 동료와 같이 할 때 더 좋은 성과를 낼 수 있다고 생각합니다.' 정도의 답변으로 한쪽으로 치우치지 않으며, 결론적으로는 조직에 잘 적응하는 인성을 갖춘 사람이라는 것을 어필해야 한다.

　본인의 성향을 표현하는 것 못지않게 중요한 것이 면접 상황에서 보여 지는 태도이다. 태도를 통해 예의와 품행을 평가하게 된다. 따라서 면접의 입장에서 퇴장까지의 순서에 합당한 자세와 답변 태도 등은 몸이 익숙해지도록 반복적인 훈련을 하여야 한다. 익숙함이 몸에 배어있어야 면접 진행시 태도에 신경 쓰지 않고 면접관의 질문에 집중할 수가 있다. 면접에 집중하는 태도를 통해 지원자의 성실성 또한 드러나게 된다.

　아울러 헌법 제7조 제1항에 '공무원은 국민 전체에 대한 봉사자이며, 국민에 대해 책임을 진다'라고 명시되어 있듯이 공무원의 봉사정신은 매우 중요하며, 면접에서 이점을 확인하고 싶어 하는 것이 면접위원들의 마음이다. 따라서 본인의 봉사활동 사례를 정리하는 것이 좋으며, 평소 주변인과 타인에 대한 봉사정신을 어떻게 발휘하고 있는지 어필하는 것으로 준비된 공무원임을 증명해야 할 것이다.

06 공무원 면접 준비 과정과 훈련방법

 필기와 체력에서 좋은 점수를 받고자 노력하였던 것처럼 면접 또한 좋은 인상과 좋은 결과를 얻기 위해서는 시간과 열정을 가지고 준비하고 노력하여야 한다.

 면접의 준비 단계에서 첫 걸음은 면접 답변 시 활용할 자신이 과거 경험과 역사 속에서 다양한 면접 소재를 찾는 것이다. 자신의 역사와 앞으로 하게 될 소방 공무원 업무의 열정이 답에 녹아 들도록 하기 위한 단계를 설명하고자 한다.

1 자신의 스토리 찾기

 면접을 위한 준비로 먼저 자신에 대한 진단이 필요하다. 다음의 질문에 대한 반복적인 질문을 통해 자신에 대한 이해가 이루어져야 한다.

- 나는 무엇을 해 왔는가?
- 나는 무엇을 하고 싶은가?
- 나는 무엇을 원하는가?
- 나는 무엇이 되고 싶은가?
- 나는 공무원로서 어떠한 준비가 되어 있는가?
- 공무원은 나에게 어떤 의미인가?

2 면접에 활용할 소재 찾기

	면접에 활용할 소재 찾기
일화	• 가장 보편적인 소재이다. • 개인의 다양한 경험을 말한다. • 자신의 장점을 잘 형상화할 수 있는 것을 고른다. • 너무 멋지고 화려한 것에 집착하지 않는다. • 성장배경을 활용하는 것도 좋은 방법이다. • 자신의 과거에 영향을 미친 인물을 활용한다. • 공무원과 연관된 인물과 자신이 받은 영향을 표현하는 것도 좋은 방법이다.
경험	• 어떠한 성취를 내포하는 경험을 말한다. • '행사를 기획해서 진행해 보았다든지, 자신이 어떤 동아리나 운동 단체를 조직하여 사람들과 단합하여 어떤 성과를 얻었다든지, 동네에서 자율 방범대를 조직하여 활동을 해보았다든지'하는 식의 경험에서 자신의 장점이 활용된 것을 기술한다. • 성공한 행사뿐 만 아니라, 실패한 가운데 배우는 것이 많기 때문에 실패에서 배운 부분을 표현하는 것도 괜찮다.
경력	• '경력'이라함은 이력서에 남을만한 기록을 의미한다. • 학교 홍보대사라 일했다든지, 보디가드 아르바이트를 세 달 동안 한 경험이 있다든지, 이력서에 적을 만한 공식적인 기록들을 적는다. • 단순히 경력만을 표현하는 것이 아닌 그것을 통해 자신에게 남은 것이 무엇인지, 깨달은 점이 무엇인지 어필하여야 한다. • 자신의 경력이 공무원에 어떠한 도움이 될 수 있는지까지 확장한다.
자격증, 수상경력	• 자격증이나 수상경력의 결과가 중요한 것이 아니라, 그것을 이루게 되는 과정에 집중하여야 한다. • 자신이 기울인 노력을 기술한다. • 자신의 장점이 활용된 것을 강조한다.

• 가족사항 안에서의 경험
• 학창시절의 경험
• 아르바이트 경험
• 봉사활동 경험
• 직장 생활 경험
• 대인관계
• 군 경험
• 긍정적인 기억
• 부정적인 기억
• 유학, 여행 경험

→

• 경험과 연관된 자신의 장점 2~3가지 기록

• 경험을 통해 자신의 단점을 극복한 사례 기록

• 자신이 이루어낸 성과나 이득으로 증명

→ 소방 공무원에 합당한 인재 ←

3 공직관에 대한 이해

공무원은 일반 직업과 다른 가치기준과 행동 원칙을 필요로 한다. 공무원이 가져야할 공직 가치 중에서는 애국심과 헌신성을 바탕으로 한 국가관과 청렴성, 정직성을 바탕으로 한 공무원 윤리가 대표된다고 할 수 있다. 이 외에 책임성, 공평성, 전문성을 갖춘 공무원 공직관을 필요로 한다. 공무원은 우리나라 역사와 헌법가치를 올바르게 인식하고 있어야 하며, 국가에 대한 자부심을 가지고 있어야 한다. 이러한 마음가짐을 기초로 하여 국민과 국가의 안전과 발전에 기여하는 자세로 세계화 시대의 흐름에 발맞추어 다양한 사고와 다른 문화에 대한 개방성을 가지고 업무에 임하여야 할 것이다.

아울러 공무원은 사적 이익이나 외부 청탁에 흔들리지 않는 청렴성과 정직성을 가지고 모든 업무에 전문성과 공공성을 발휘해야 할 것이다. 공무원은 공익을 위해 국민과 소통하고 정책실행의 과정에 철저한 직업의식과 업무 전문성을 갖추고 임하며, 국민의 요구에 사명감을 가지고 행동하는 공무원의 책임성은 법과 절차를 원칙대로 철저하게 실천하고, 불합리한 차별이 최대한 없도록 공정하고 평등한 행정을 실천할 때 국민의 신뢰를 얻을 수 있을 것이다.

4 자신의 데이터 파악하기

면접의 시작은 면접 당일 면접 실 입장의 순간이 아니다. 면접에 필요한 사전 검사와 서류를 제출하게 되는 순간부터 면접이 시작되었다고 이해하는 것이 좋다. 따라서 인·적성 검사에 대한 정보로 자신의 현재 상태를 파악하고 있어야 한다. 면접의 참고 자료로 사용되기 때문이다. 할 수만 있다면 전문가의 도움을 받아서 자신의 성격파악과 현재 상태에 대한 본인의 정보를 가지고 있는 것이 면접에 도움이 된다.

면접스터디 조원들과의 면접연습을 통해 자신의 악습관이나 나쁜 버릇을 알고 수정해야 한다. 면접은 평소에 보이지 않는 행동과 습관이 나타날 수 있는 긴장이 있기 때문에 머릿속으로는 면접을 잘 할 수 있을 것 같지만 실제 면접에 임해 보면 긴장되고 떨려서 자신이 어떤 행동을 하고 있는지 파악할 수 없다. 이러한 것을 예방하기 위해서는 면접훈련을 통해 무의식적인 악습관을 수정해야 한다.

실제 면접 전에 모의 면접을 통해 면접에 대한 분위기를 파악하는 것도 면접에 도움이 된다. 다른 경쟁자들의 실력을 파악할 수 있는 기회도 되고, 좋은 답변 방향에 대한 정보도 얻을 수 있기 때문이다.

면접에 어울리는 이미지 메이킹도 필요하다. 면접 전에 미리 의복이나 머리 스타일 등을 점검해야 한다. 면접직전에 준비하려다가 낭패를 당하는 경우가 발생할 수 있기 때문이다.

1) 면접관련 정보와 기술 익히기

① **면접은 인터넷 강의만으로 훈련이 불가능하다.**
　➡ 면접이라는 형식 자체가 혼자서 임하는 것이 아니라 면접위원과의 상호 문답으로 이루어지기 때문에 반드시 상대를 두고 연습하는 것이 필요하기 때문이다.

② **동년배보다는 전문가를 만나야 한다.**
　➡ 면접에서 가장 어려운 부분이 평소 느껴보지 못한 긴장감을 느끼게 된다는 것이다. 긴장감을 극복하는 방법 중 효과적인 것은 동일한 상황에 자신을 지속적으로 노출시켜 보는 것이다. 그런데 이것은 동년배와 연습을 한다면 면접상황과 비슷한 긴장감을 느끼기가 어렵다. 따라서 면접 전문가나 권위적인 대상과 연습을 해야 긴장감 해소에 도움이 된다.

③ **면접도 기술적이어야 한다.**
　➡ 면접은 짧은 시간 안에 다수의 평가자 앞에서 자신을 어필해야 하는 어려운 과정이다. 따라서 상대를 설득하고 긍정적인 평가를 하도록 하는 스피치 기술이 없다면 만족할 만한 면접을 보기가 어렵다. 스피치 어법과 자신감 있는 목소리 등을 연습하는 것이 필요하다.

2) 직렬별 스터디 구성하기

① **동일한 직렬로 구성하되 집단원들이 다양성을 갖추고 있으면 효과적이다.**
　➡ 같은 지역, 같은 직렬의 집단원으로 구성하면 지역현안이나 동일 직렬에 대한 지식과 정보를 공유할 수 있는 장점이 작용한다. 또한 개인의 다양성이 발휘된다면 서로 보지 못 하는 부분까지 체크하여 나눌 수 있어서 교과적인 면접 스터디가 된다.

② **5~6인 1조로 직렬별로 구성한다.**
　➡ 스터디는 실제면접처럼 연습하는 것이 좋다. 따라서 면접관의 역할을 하고 지원자의 역할을 하는 것으로 순환하여 연습을 하려면 적어도 인원이 5~6명으로 구성하여 연습할 것을 권한다. 조원들이 서로에게 문제점을 파악하고, 피드백을 해 줄 수 있도록 적극적인 자세로 임하도록 한다.

③ 각 조별 면접 스터디 진행요령은 실전 면접과 같이 긴장감을 가지고 하는 것이 좋다.
- 스터디의 목적은 '실제면접에서 보다 나은 결과를 얻기 위함'임을 잊지 않는다. 필기나 체력은 개인이 혼자 준비하는 것이 가능하다. 하지만, 면접은 혼자서 준비하는 것이 불가능하다. 면접 자체가 면접관과 피면접자와의 상호작용으로 이루어지는 것이기 때문이다. 따라서 면접 스터디는 실제 면접과정과 동일한 분위기와 긴장감을 가지고 연습하는 것이 도움이 된다.

④ 책을 보고 정리하는 스터디 대신 발표하고 의견을 나누는 스터디를 권장한다.
- 면접 스터디는 인지적인 지식축적을 위한 학습과는 다르다. 철저하게 언어로 표현하고 바른 태도를 갖추기 위해서는 스터디 조원들과의 함께하는 시간은 정보를 나누기 보다는 발표하는 태도와 개인적 의견을 확장하는 계기로 삼기를 바란다. 따라서 관련 지식은 개인이 혼자 준비하도록 하고 스터디 조원들과 연습할 때는 면접 훈련 하는 것이 바람직하다.

⑤ 각 조는 주 3회 이상 꾸준한 만남을 가지는 것으로 면접 훈련을 한다.
- 면접은 훈련이다. 꾸준함과 성실함으로 시간을 투자하여 준비하도록 한다. 면접상황에서 적절한 대응과 공무원으로서 합당한 태도를 보이기 위해서는 자연스럽게 몸이 표현될 수 있도록 조원들과 꾸준한 스터디가 필요하다.

⑥ 자신의 단점을 찾을 수 있는 스터디 구성을 하여, 예리한 질문과 정확한 피드백을 통하여 단점을 보완하도록 한다.
- 면접에서 장점만을 표현하기에도 시간이 짧다. 좋지 못한 습관이나 버릇, 단점 등은 수정하도록 한다. 이를 위해 면접스터디 조원들의 정확한 피드백이 필요하다. 면접조원들과 경쟁자라는 생각보다는 동료라는 의식을 가지고 서로서로 도움을 줄 수 있는 훈련을 하도록 한다.

⑦ 스터디 조원들과 팀워크를 경험하는 계기로 삼는다.
- 공무원도 하나의 조직으로서 적응하고 팀워크를 발휘하여야 한다. 면접 스터디 조원들과 원만한 관계를 유지하는 지원자는 입직 후 공직체계에서도 원활한 관계를 만들어 갈 수 있을 것이다.

3) 모의면접 실시하기

모의 면접의 필요성은 다음과 같다.

① 실전 면접에 앞서 자신의 전체적인 실력 가늠할 수 있다
② 실전 면접에 활용할 이미지 메이킹 완성의 기회로 삼는다.
③ 면접의 올바른 방향을 제시 해 준다.
④ 개인의 무의식적 악습관이나 잘못된 버릇을 해결할 수 있다.
⑤ 경쟁자 능력 파악할 수 있다.
⑥ 모의 면접을 경험함으로써 할 수 있다는 자신감을 회복할 수 있다.
⑦ 모의면접을 통해 실전 면접 감각을 익힐 수 있다.

개별면접

개별면접

집단 면접

토론면접

PART 02

친절한 추쌤의
소방공무원 면접

INTERVIEW GUIDE

공무원 면접의 실제

면접의 노하우

1) 면접절차

① 면접장에 도착하면 면접 접수를 한다.
② 응시자 대기장 벽면에 게시되어 있는 명단을 확인 한 후 해당좌석에 앉는다.
③ 응시자 대기장에서 출석확인 과정(응시자 관리표 본인 서명)을 거치며, 응시요령과 최종합격 시 필요한 임용후보자 등록절차에 대한 간단한 설명을 듣는다.
④ 자신이 해당한 조를 확인한다.
⑥ 집단 면접을 위한 대기를 한다.
⑦ 집단 / 토론 면접이 끝난 후 개별 면접실로 이동하여 대기한다.
⑧ 질문과 답변으로 면접이 진행된다.
⑨ 면접이 끝나고 나면 퇴실하여 진행요원에게서 본인의 응시표와 신분증을 되돌려 받은 후 귀가한다.
⑩ 설문이 있을 경우 설문지 작성한 후 귀가한다.

2) 공무원 면접 팁

① 본인에 인·적성 수준과 이해를 하고 있어야 한다.
② 개인관련 질문은 모두 대답할 수 있어야 한다.
③ 태도도 당연히 중요하다. 겸손하고 인사는 실수하지 않도록 해야 한다.
④ 태도만 중요한 게 아니라 답변 내용이 상당히 중요하다. 철저히 공부를 하고 스터디를 강도 높게 하는 것이 중요하다.
⑤ 직렬 관련 이슈나 정책 변화에 대한 정보를 숙지하고 면접에 임한다.
⑥ 답변은 개인의 경험을 담은 진솔한 내용이어야 한다.
⑦ 마지막 말에는 본인이 정말 어떻게 노력을 했는지에 대해서 말하는 것이 좋다.
⑧ 정말 본인이 말을 못한다고 생각하고 자신감이 없다면, 남들보다 3배 이상은 노력을 해야 한다.
⑨ 면접스터디는 꼭 하되, 남·녀 성비 맞춰서 하는 것이 좋고 반드시 면접 모의연습을 한다.
⑩ 최선을 다하는 모습을 꼭 면접관 앞에서 보여주어야 한다.

3) 상황별 주의 사항

(1) 면접 일주일 전

상황	• 실제 면접 1주일 전부터 면접 전일까지
주의 사항	• 의상과 준비물을 완벽하게 체크해 놓는다. • 모의 면접을 해 본다. • 이발은 면접 3~4일 전까지 마치는 것이 좋다. • 면접장소 이동 경로를 파악해 놓는다. • 최근 뉴스를 정리해 본다. • 면접 전날은 늦게 잠들지 않도록 한다. • 응시표와 신분증은 미리 준비해 놓는다.

(2) 면접 당일

상황	• 당일 면접장 도착 전까지
주의 사항	• 면접 소집 시간보다 30분 일찍 도착할 수 있도록 한다. • 아침밥과 조간 뉴스는 꼭 챙긴다. • 날씨 변동에 따른 준비물을 챙긴다. • 응시표와 신분증은 잊지 않고 챙긴다. • 마음을 차분히 하고, 그 동안 최선을 다한 자신에게 자신감을 가진다. • 의상과 용모를 점검한다. • 면접 접수를 한다.

상황별 대처 요령

많은 시간을 준비하고 기다린 면접이지만 면접 당일에 예상치 못한 일이 벌어질 수도 있다. 대처 요령은 다음과 같다.

[면접시험장에 늦게 도착했을 때]
- 사전에 신속하게 전화연락을 한다.
- 시험 주관처에서 면접순서를 늦게 배정할 수도 있기 때문이다.

[선처를 바라는 사과의 말]
- 늦게 도착했더라도 면접관에게 "죄송합니다. 꼭 면접을 받게 선처해 주시기를 부탁드리오니 허락해 주십시오."라고 하는 것도 최선의 대안이 될 수 있다.

(3) 대기실

상황	- 면접장 대기실 - 응시자 출석 확인 - 인사위원회 면접진행 요원의 면접진행 과정 오리엔테이션

주의
사항
	- 심호흡으로 긴장감을 조절한다.
	- 예상 질문에 대한 대답을 다시 한 번 정리해 본다.
	  – 신변 내용 : 자기소개, 좌우명, 가훈 등
	  – 분야별 정리 : 사회 주요 이슈, 국가관, 직업관
	  – 직렬에 연관된 지식
	  – 경험 질문 : 봉사활동, 학교생활, 아르바이트 경험 등
	  – 상황 질문
	- 전체적인 용모 단추, 머리카락, 구두끈, 안경 알 먼지 등을 확인한다.
	- 대기상황 중 잡담, 흡연, 다리를 꼬거나 다리를 떠는 태도는 금물이다.
	- 흡연을 할 경우 담배 냄새가 남을 수 있는데, 이는 면접관에게 불쾌한 인상을 줄 수 있으므로 주의한다.
	- 면접에 들어가면 의외로 목이 마른 경우가 발생한다. 이를 대비해서 대기하는 동안 물을 섭취하는 것도 도움이 된다.
	- 대기실 상황도 면접의 한 부분이라고 생각하고 모든 행동에 주의를 기울인다.
	- 면접진행 요원의 지시에 적극적으로 행동하며, 진행요원이나 다른 지원자와 갈등 상황을 만들지 않도록 한다.

(4) 면접상황

상황	• 본인 이름 호명 • 진행 요원의 지시에 따라 면접장으로 이동 • 집단, 개인 면접실 대기 장소에서 대기 • 입실하여 면접을 본 후 퇴실
주의 사항	• 진행요원이 본인의 이름을 부르면 "네!" 하고 잘 들리도록 대답한다. • 대기 장소에서 기다리는 동안 잡담이나, 지나치게 긴장된 태도를 보이지 않는다. • 심호흡을 하면서 침착하게 기다린다. • 입실 시 진행요원이 문을 열어주면 "감사합니다." 하고 인사하고, 본인의 몸이 충분히 빠져나올 수 있을 정도로 문을 열고 들어간다. • 입실 후 문을 조용히 닫은 후 차렷 자세로 서서 면접관을 향해 정중한 자세로 목례를 한다. • 남성은 바지 옆선에 팔을 위치하고, 여성은 두 손을 모아 인사한다. • 의자를 향해 걸어오는 동안 고개를 숙이고 땅을 보거나 면접관을 흘끔거리지 않는다. • 시선은 의자를 향하여 고개를 들고, 씩씩하고 자연스러운 걸음걸이로 의자 앞에 와서 선다. • 의자 앞에 서서 면접관을 향해 인사를 한 후 "안녕하십니까? 수험번호 △△번 홍길동입니다." 하고 인사를 한다. • 면접관이 "네" 혹은 "앉으시오" 하고 말하면 "감사합니다."라는 인사말과 함께 의자에 앉는다. • 허리, 등, 어깨를 반드시 펴고 다리는 어깨 넓이만큼 벌리고 앉는다. • 자리에 앉을 때는 등받이에 몸을 기대지 말고 앉아 있어야 한다. • 무릎이 바깥으로 벌어지지 않도록 하며, 손은 주먹을 쥔 상태로 무릎 위에 자연스럽게 올려놓고 면접관의 시선을 응시한다. • 여성 지원자는 두 손을 모아 스커트 끝단에 자연스럽게 올린다. • 표정은 자연스럽게 유지하고, 여성 지원자일 경우 미소 띤 표정이 좋다. • 면접관의 눈을 똑바로 쳐다보는 것은 실례이므로 시선은 면접관의 코와 입술 사이를 향하도록 한다. • 질의·응답으로 면접이 끝난 후 면접관이 "네. 수고하셨습니다." 혹은 "네. 나가보세요." 등으로 면접이 끝났음을 알리면 차분히 일어나서 차렷 자세를 취한다. • 면접관을 바라보고 "수험번호 △△번 홍길동입니다. 감사합니다."라고 말한 후 인사를 한다. • 퇴실 문 앞에 서서 입실 때처럼 면접관을 향해 목례를 하고 조용히 문을 열고 나온다. • 퇴실할 때 거칠게 행동하는 일이 없도록 끝까지 세심한 주의가 필요하다.

상황별 대처 요령

[입실]
- 입실은 면접관에게 첫인상으로 평가받는 중요한 순간이다.
- 눈치를 보거나 불안한 태도는 면접관에게 긍정적인 인상을 줄 수 없다.
- 당당하고 자연스럽게 행동할 수 있도록 철저한 연습이 필요하다.
- 태도도 중요하고 표정도 중요하다.

[첫인상의 중요성]
메라비언(미국 켈리포니아 대학교 심리학과 명예교수)법칙에 따르면 사람의 호감과 비호감을 결정짓는 중요한 요소는 언어 외적인 것이 많은 비중을 차지한다고 한다.

앨버트 메라비언이 1971년 출간한 저서 『Silent Messages』에 따르면 한 사람이 상대방으로 받는 이미지에 언어, 즉 말의 내용이 차지하는 비중이 고작 7%이다. 나머지 93%를 차지하는 것은 비언어적인 것으로 말의 내용과는 직접적으로 관계가 없는 요소들이라고 한다.

즉 메라비언 법칙에 따르면 사람의 호감도는 언어가 7%, 청각이 38%, 시각이 55%로 좋은 인상을 남기는 데는 눈빛, 표정, 자세, 복장, 몸짓 등의 외적인 요소들이 훨씬 많은 영향을 미친다고 한다.

[퇴실]
- 집단 면접일 경우 단체로 인사를 하고, 앞 지원자를 따라 침착하게 퇴실하면 된다.
- 면접이 끝났다고 벌떡 일어나면 안 된다.
- 문을 나와서 한숨을 쉬거나 소란스러운 소리를 내지 않도록 주의해야 한다.
- 면접이 끝난 후의 "감사합니다." 인사는 명쾌하고 후련한 느낌이 들도록 한다.
- 면접 중에 압박을 느꼈거나, 미흡한 상황이 있었더라도 주눅 든 느낌으로 퇴실을 하면 안 된다.

(5) 면접 답변 태도

상황	• 면접관이 질문 • 응시자 응답 • 집단 40분, 개인 10분
답변 태도	• 착석 후 시선은 중앙에 있는 면접관을 바라보고 있다가, 질문을 하는 면접관이 있으면 그 면접관을 바라보면 된다. • 시선이 불안하거나, 면접관을 바라보지 못하는 지원자는 긍정적인 평가를 받을 수 없다. • 면접관의 눈을 똑바로 쳐다보는 것은 실례이므로 시선은 면접관의 코와 입술 사이를 향하도록 한다. • 답변 시 명확한 발음, 적당한 음량, 밝은 목소리, 적절한 속도(1분간 200~220자 정도)로 답변할 수 있도록 주의를 기울인다. • 목소리의 자신감이 중요하다. 답변할 때 "네, 답변 드리겠습니다." 답변 마무리에 "이상입니다." 등으로 대답하는 것이 보편적이지만, 너무 천편일률적이라 면접관에게 식상함을 줄 수 있다. 따라서 "네, 말씀드리겠습니다."나, 답변 마무리에는 "감사합니다." 등 다양하게 표현하는 것이 좋다. • 긴장하면 말이 빨라지고 더듬는 경우가 흔한데, 긴장을 낮추기 위한 심호흡을 한다. • 본인이 준비한 멘트이거나, 아는 분야의 질문이 나왔을 경우에도 말이 빨라지게 되는데, 이 점을 인식하여 침착하게 답변한다. • 지나치게 긴장한 태도나 말투는 면접관을 설득하기 어렵다. 많은 연습을 통해 온화하고 자연스럽게 말할 수 있어야 한다. • 답변이 길어서는 안 된다. 핵심과 논거를 제시하는 짧은 답변이 유리하다. • 모르는 질문을 받을 경우 당황해서 머리를 긁적이거나 시선을 떨구는 행동을 하지 않는다. 답변을 못해서 탈락하는 것이 아니라 모르는 질문을 받았을 경우, 적절한 대처를 못하는 태도 때문에 탈락한다. • "음~, 아~, 저~" 등과 같이 평소에 자신이 알지 못하는 무의식적 버릇은 반드시 수정하도록 한다. • 답변 시 긴장을 하면 자시도 모르게 엄지손가락을 움찔거리거나, 발끝을 흔드는 등의 버릇 또한 고쳐야 한다. • 답변 시 잘 모르는 질문에는 추측하여 답변하지 않는다. • 답변에 대해 추가 질문이나 압박 질문을 받을 경우 위축되어서 목소리가 작아지는 경우가 있는데, 답변의 목소리를 자연스럽고 자신감 있도록 유지하여야 한다. • 스스로 말하고 스스로 끄덕이는 버릇이 있는 사람은 불쾌감을 줄 수 있으므로 유의한다. • 질문에 대한 답변을 요약하여 간단하게 하며, 불필요한 말은 하지 않는다. • 가정사를 묻는 경우 울음을 터트리는 여자 응시생들이 많다. 남성 지원자의 경우에도 울컥하는 경우들이 있는데 면접에서는 감정에 치우쳐서 울지 않도록 한다.

상황별 대처 요령

[답변 요령]
면접 질문은 많은 연습을 하고 학습을 하였음에도 불구하고 다수의 변수들이 작용하게 된다. 면접에 대한 기출 문제를 다루고 준비하였음에도 불구하고 모르는 문제나, 막상 아는 문제인데도 당황하여 생각이 나지 않는 경우들이 많다. 다음의 대처 방법을 반드시 익혀서 면접 상황에서 적절하게 사용하기를 바란다.

[질문에 대한 답을 모를 때]
- 질문을 듣고 바로 모른다는 태도를 보이는 것은 면접에 대한 적극성을 의심하게 한다. 1~2초 정도 생각을 한 후에 다음 답변을 하도록 한다.
- 질문이 끝난 후 진지하게 생각하는 태도를 보인 후 "죄송합니다. 잘 모르겠습니다. 돌아가서 반드시 숙지하도록 하겠습니다." "죄송합니다. 잘 모르겠습니다. 면접이 끝난 후에 알아보도록 하겠습니다." "죄송합니다. 잘 모르겠습니다. 면접 준비를 열심히 있는데 미처 그 부분까지는 숙지하지 못한 것 같습니다. 면접이 끝난 후에 다시 알아보도록 하겠습니다."라고 본인의 의지를 자신감 있게 밝히는 것이 좋은 평가를 받을 수 있다.

[질문에 대한 답변이 바로 떠오르지 않을 때]
- 잠깐 생각할 시간이 주어지면 답변을 할 수 있는 질문을 받게 될 경우 "제가 지금 너무 긴장한 나머지 생각이 잘 나지 않습니다. 잠시 정리 한 후 말씀드리도록 하겠습니다."라고 정중히 양해를 구하고 생각이 나면 답변을 한다.

[질문의 의도와 다른 답변을 한 경우]
- 질문을 잘못 들었거나, 잘못 이해한 경우, 답변을 하다가 질문의 의도가 파악되는 경우가 있다.
- 이런 경우에는 "죄송합니다. 정정해서 다시 말씀드리겠습니다."라고 말한 후 다시 답변한다.

[면접관의 질문을 잘 듣지 못했을 경우]
- 면접관의 목소리가 작거나, 잘 들리지 않을 경우 질문을 추측해서 답변하지 않도록 한다.
- "죄송합니다. 질문을 잘 듣지 못했습니다. 다시 한 번 부탁드리겠습니다."라고 청한다.

[자신의 뜻을 전할 때]
- 찬반 의견이나 상황 질문을 받았을 경우 자주 사용하는 표현법이다.
- "네, 제 생각에는~", "저는 그렇게 생각합니다.", " 그 의견에 덧붙여 제 생각을 말씀드리겠습니다." 등으로 답변한다.

[면접관이 자신의 답변에 다른 의견을 제시할 때]
- 지원자의 의견에 면접관이 추가 질문이나 압박 질문을 하는 경우에 자신의 의견만을 고집하기 쉬운데, 이런 경우 융통성이 없거나 조직에 부적합한 인상을 줄 수 있다.
- 면접관이 자신의 생각이나 의견을 말할 경우 "네. 면접관님 말씀도 맞습니다. 하지만~" 혹은 "네. 면접관님 말씀도 일리가 있는 것 같습니다. 저는 이러 이러한 견해로 말씀드렸습니다."라고 답변하도록 한다.

MEMO

친절한 추쌤의
소방공무원 면접

02 면접 답변 시 활용할 스피치 구성법

1) 중요한 오프닝(자기PR) 노하우

면접에서 빠지지 않는 질문 4가지 즉 지원자의 자기소개, 장단점, 지원동기, 포부에 관련된 스피치 원고 구성 방법이다.

① 자기 색깔을 담아야 한다. 독특한 표현이나 비유 등 기억에 남거나 호기심을 자극할 수 있는 문구로 시작한다.
　　예 "○○ 지역의 ~ 같은 공무원 지원자 ○○○입니다."
② 지나치게 암기한 느낌이 들지 않도록 자연스럽게 말하도록 연습한다.
③ 시간은 50~60초 정도로 준비하면 적당하다.

> **색깔로 자기 소개서를 작성한 예시문(40초 분량)**
>
> 【소방직렬】
>
> 　안녕하십니까? 삼원색의 남자 수험번호 12345 ○○○입니다.
> 　저는 저를 세 가지 색깔, 즉 삼원색의 남자라고 표현해 보겠습니다.
> 　저의 첫 번째 색깔은 흰색입니다. 저의 흰색은 언제나 깨끗하고 청렴한 공무원이 되겠다는 저의 의지를 담고 있습니다. 두 번째는 빨강입니다. 소방에 대한 저의 열정을 나타내는 색깔입니다. 마지막으로 파란색을 말씀드릴 수 있습니다. 이는 저의 지치지 않는 체력과 화염으로부터 시민의 생명과 재산을 지키는 소방수 물의 색을 의미합니다
> 　삼원색이 어우러져 아름다움을 만들어 내듯 소방 공무원 조직에 잘 적응하며, 언제나 청렴하고 열정 있는 시원한 소방 공무원이 되겠습니다.

2) 장단점 발표문 구성 방법

① 장점은 2~3가지, 단점은 1가지 정도가 적당하다.
② 장점을 활용해서 얻어진 성과나 긍정적 결과를 얻은 경험까지 표현한다.
③ 단점은 단점을 드러낸 경험이나 부정적인 결과는 굳이 표현하지 않는다.
④ 단점은 해결하기 위해 노력하는 부분까지 발표한다.
⑤ 장점이 무엇인지 먼저 말한다.
⑥ 단점은 치명적인 것은 피한다.
⑦ 마지막 맺음말은 지원 직렬과 연결하여 표현한다.
⑧ 결론은 자신의 장점을 공무원에 어떻게 활용할 것인지 각오로 마무리 짓는다.

성장 배경, 장단점, 지원동기, 포부가 포함된 자기소개 예시문(60초 분량)

【소방직렬】

안녕하십니까? ○○의 시원한 폭포수 같은 남자! 수험번호 12345 ○○○입니다.

저는 "자신의 행동에 책임을 질 줄 아는 사람이 되어라."라는 가훈 아래, 남다른 성실함과 헌신을 배우며 성장하였습니다. 저의 가장 큰 장점인 성실함은 대학 진학 후에 학비와 용돈을 아르바이트와 장학금으로 해결한 것으로 말씀 들릴 수 있습니다. 두 번째 장점인 헌신은 봉사활동으로 대표할 수 있는데, 중학교 시절부터 현재까지 한 달에 두 번 장애인 시설 목욕 봉사를 계속해 오고 있습니다.

제가 소방공무원에 지원하게 된 동기는 봉사활동을 하면서 느꼈던 남다른 보람과 저의 작은 도움으로 미소를 찾아가는 장애인들을 보면서 평생 봉사하듯 따뜻하고 뿌듯한 직업을 갖고 싶었기 때문입니다.

○○시의 소방 공무원으로서 ○○시민의 생명과 안전을 지켜내는 속 시원하고 활기찬 폭포수가 되어 발로 뛰는 일꾼이 되겠습니다.

장점 예시문(60초 분량)

【소방직렬】

안녕하십니까? ○○시의 시원한 폭포수! 수험 번호 12345 ○○○입니다.

저의 장점은 크게 두 가지로 성실함과 봉사 정신을 말씀드릴 수 있습니다.

첫째, 저의 가장 큰 장점인 성실함은 대학 진학 후에 학비와 용돈을 아르바이트와 장학금으로 해결한 것으로 말씀 들릴 수 있습니다. 대학생활을 할 때 학기 중에는 학업에 열중한 것은 물론 패스트푸드점 아르바이트를 했었는데, 지각이나 결근 없이 성실하게 근무하는 저의 태도를 보시고 사장님께서 정식 직원으로 입사하라는 권유를 받기도 했습니다.

두 번째 장점으로는 봉사 정신을 꼽을 수 있습니다. 중학교 시절부터 현재까지 한 달에 한두 번 장애인 시설 목욕 봉사를 계속해 오고 있습니다.

제가 ○○의 소방 공무원이 된다면 저의 성실함과 다년간 몸소 실천한 봉사 정신을 바탕으로, 주민에게 봉사하는 ○○의 소방 공무원이 되겠습니다.

장·단점 예시문(60초 분량)

【소방직렬】

안녕하십니까? ○○의 시원한 폭포수 같은 남자! 수험번호 12345 ○○○입니다.

저의 장점은 크게 두 가지로 성실함과 봉사 정신을 말씀드릴 수 있습니다.

첫째, 저의 가장 큰 장점인 성실함은 대학 진학 후에 학비와 용돈을 아르바이트와 장학금으로 해결한 것으로 말씀 들릴 수 있습니다. 대학생활을 할 때 학기 중에는 학업에 열중한 것은 물론 패스트푸드점 아르바이트를 했었는데, 지각이나 결근없이 성실하게 근무하는 저의 태도를 보신 사장님으로부터 정식 직원으로 입사하라는 권유를 받기도 했습니다.

두 번째 장점으로는 봉사 정신을 꼽을 수 있습니다. 중학교 시절부터 현재까지 한 달에 한두 번 장애인 시설 목욕 봉사를 계속해 오고 있습니다.

저의 단점은 계획성이 지나쳐서 어떤 일의 진행속도가 늦다는 것입니다. 이 점을 극복하기 위하여 일의 절차를 단순하게 해서, 진행 속도를 빠르게 하려고 노력하고 있습니다.

○○의 소방 공무원이 되어 성실함과 봉사정신으로 국민을 섬기고 싶습니다.

3) 지원동기 발표문 구성 방법

① 공무원 지원자로서 가장 중요한 항목이 지원동기이다.
② 자신만의 이야기를 할 수 있는 진실 된 소재를 찾아야 한다.
③ 공무원으로서의 사명감과 자신의 마음가짐을 표현하는 것이 중요하다.
④ 공무원은 국민의 안정과 편의를 우선으로 하는 봉사적 성향이 강하다.
⑤ 공무원 직이 자신의 성향과 맞는지, 본인이 원하는 삶의 모습에 대한 의지를 표현해야 한다.
⑥ 공무원직의 동기뿐만 아니라 업무상 어려움이나 사회적 시선 등에 대한 힘든 부분에 대한 이해와 그럼에도 불구하고 꼭 소방 공무원이 되고 싶은 열정을 표현하는 것이 좋다.

지원동기 예시문(60초 분량)

【소방직렬】

안녕하십니까? ○○의 시원한 폭포수 같은 남자 수험번호 12345 ○○○입니다.

공무원이 되는 것은 어렸을 때부터 제 꿈이었고, 지금껏 한 번도 변한 적이 없었습니다.

제가 소방 공무원에 지원하게 된 계기는 중학교 시절, 몸이 불편한 친구의 등하교와 수업을 도와주던 일이 계기가 되었습니다. 친구는 한쪽 다리가 불편해서 가방을 들거나 버스 계단을 오르는 것이 어려운 친구였습니다. 그 친구의 가방을 들어주면서 2년여 동안 같이 생활하면서 가슴이 뿌듯하고 친구를 돕는 것에 대한 기쁨을 맛보면서 타인을 위해 희생하고 봉사를 할 수 있는 직업에 대한 꿈을 키우기 시작했습니다.

물론, 소방 업무가 다른 직업에 비해 어렵고 힘든 것도 알고 있습니다. 하지만 타인의 생명을 구하고 재산을 지키는 직업이라면 저는 기꺼이 ○○의 소방 공무원이 되어 저의 꿈을 이루고, ○○시의 시민에게 봉사하는 삶을 살겠습니다.

4) 포부, 각오, 마지막 하고 싶은 말의 발표문 구성 방법

① 다시 한 번 자신이 왜 소방 공무원이 되어야 하는지 각인시키는 부분이다.
② 자신의 마지막 적극성을 표현할 때다.
③ "~이 되겠다."보다는 "~을 하겠다."로 표현되어야 한다.
④ 길지 않게 간결하게 발표한다.

각오, 포부 예시문 1.(60초 분량)

【소방직렬】

소방 공무원에 대해 누구보다 뜨거운 열정을 가지고 있습니다.
제가 ○○시의 소방 공무원이 되어 저는
첫째, 친절한 태도와 적극적인 자세로 업무에 임하겠습니다.
둘째, 어려서부터 훈련된 체력과 주민을 향한 봉사 정신을 바탕으로, ○○시 시민의 생명과 재산을 지켜내겠습니다. 저에게 ○○의 소방 공무원으로서 시원하게 일할 수 있는 수 있는 기회를 주시기 바랍니다.
○○의 시원한 폭포수 같은 남자! 수험 번호 12345 ○○○ 기억해 주시기 바랍니다.

각오, 포부 예시문 2.(60초 분량)

【소방직렬】

"나는 ○○시의 용감한 소방 공무원입니다"

어렸을 때부터 동경했던 소방 공무원은 사람을 살려 내고, 화재 현장을 누비는 슈퍼맨 같은 우상이었습니다. 어렸을 때부터 꿈이었던 소방 공무원이 된다면 저는
1. 능력 있고 청렴한 소방 공무원으로서, 업무 관련법과 규정 그리고 업무를 철저히 숙지하도록 하겠습니다.
2. 적극적인 소방 공무원으로서, 국민의 안전과 필요를 살피겠습니다.
3. 꾸준하고 철저한 자기관리를 통해 국가와 국민, 그리고 조직에 누가 되지 않는 성실한 소방 공무원이 되겠습니다.

5) 면접의 마지막 순간에 자신의 열정을 표현하는 방법

면접이 끝나는 마지막 순간에 면접관이 마지막 말을 할 기회를 주는 경우가 있다. 이런 경우는 면접관의 요구에 따라 자신이 가장 하고 싶은 합격의 말을 진실되고 자신있게 하고 퇴장하면 된다. 하지만 간혹 면접 마감 시간이 촉박하거나, 면접관이 마지막 말의 기회를 안 주는 경우가 있다. 이런 경우 그냥 퇴장하지 말고 다음의 예를 활용하여 반드시 자신의 열정을 표현하기 바란다.

면접 마지막 순간

면접관 : 수고 했어요. 나가 보세요.
피면접자 : 면접관님 제가 마지막 말 준비했는데 기회를 주시면 감사하겠습니다.
면접관 : 네. 해 보세요.
피면접자 : 자신의 간절함을 다시 한 번 어필한다.

상황별 대처 요령

[면접관이 기회를 주는 경우]
- 면접관이 "마지막하고 싶은 말 있으면 해 보십시오." 하고 기회를 주는 경우이다.
- 길지 않게 한다. 30초 정도로 할 수 있도록 준비한다.
- 지원 동기의 핵심적인 내용이나, 자신이 왜 반드시 소방관이 되어야 하는지 등의 강력한 의지를 담아서 한다.

[면접관이 기회를 주지 않는 경우]
- 면접관이 "네. 면접 끝났습니다. 나가보세요."라고 면접의 끝을 알린 경우이다.
- 이런 경우 그냥 퇴장하기 쉬운데, 마지막 열정을 보여야 한다.
- "면접관님! 제가 마지막으로 꼭 드리고 싶은 말씀이 있습니다. 기회를 주시면 감사하겠습니다."라고 간절하게 요청해서 한다.

[퇴장을 재촉하는 경우]
- 지원자가 많거나, 면접 시간이 촉박한 경우 면접관이 면접이 끝남과 동시에 퇴장을 재촉하는 경우가 있다.
- 이 경우 인사도 없이 퇴장하는 경우가 발생하는데, 주의해야 한다. 마지막까지 침착함을 유지하고 퇴장하도록 한다.
- 면접관이 퇴장을 재촉할 경우에는 그 즉시 자리에서 침착하게 일어나서 두 문장으로 마지막 말을 하고 인사를 하면 된다.
  - 예 "젊은 피, 뜨거운 열정! 발에 땀나게 뛰겠습니다. 기회를 주시기 바랍니다.
    수험번호 △△번 홍길동입니다. 감사합니다."

6) 바람직한 답변 방법

면접은 면접관과 피면접자, 즉 공무원 지원자와의 상호작용이다. 그러므로 면접 답변 요령의 가장 중요한 것은 면접관의 질문을 잘 듣는 것이다. 시선은 질문하는 면접관에게 고정시키고, 약간 당겨진 자세로 귀를 열고 면접관의 질문을 끝까지 듣는다.

(1) 면접 답변 시 주의사항

① 솔직하게 답변한다.
② 자신감 있고 침착한 태도를 유지한다.
③ 대답을 잘못 했을 경우 그냥 지나치지 말고 정정해서 다시 답변한다.
④ 음성은 면접관이 분명히 들을 수 있도록 크고, 정확하게 한다.
⑤ 면접 도중 어깨를 숙이거나 손가락을 움직이거나 발을 움직이지 않도록 한다.
⑥ 질문에 대해 자신 있다고 너무 큰소리로 대답한다든지, 너무 길게 대답하지 않는다.
⑦ 극단적으로 치우친 답변은 피하도록 한다.
⑧ 입맛을 다시거나, "에~, 저~, 음~" 하는 습관을 고친다.
⑨ 면접관과 논쟁하지 않는다.
⑩ 면접관에게 잘 보이려는 태도보다 본인이 '공무원이다.'라는 생각을 가지고 공무원의 입장에서 답변을 하는 것이 훨씬 좋은 인상을 줄 수 있다.

(2) 질문의 뜻을 이해하지 못했을 때의 대처 방법

잘 듣지 못했을 때
"죄송합니다만 잘 듣지 못했습니다. 다시 한 번 말씀해 주십시오."

질문의 뜻을 몰랐을 때
"앞서 말씀하신 질문을 제가 이렇게 받아들여도 괜찮겠습니까?"

모르는 내용을 질문할 때
"죄송합니다. 잘 모르겠습니다." "죄송합니다. 잘 모르겠습니다. 돌아가서 숙지하도록 하겠습니다."

대화 도중 앞뒤 말이 어긋날 때
"죄송합니다. 제가 너무 긴장한 나머지 말이 조금 어긋난 것 같습니다. 정정해서 다시 말씀 드려도 괜찮겠습니까?"

MEMO

친절한 추쌤의
소방공무원 면접

03 면접의 3요소 : 마음, 태도, 스피치

1) 마음

(1) 자신감을 향상시키는 이미지 트레이닝

면접의 3요소 마음, 태도, 스피치 중에서 마음에 해당하는 부분으로 무엇보다 자신감을 향상시키고 자기 자신에 대한 '잘 할 수 있다.'는 믿음을 가지는 것이 중요하다.

면접은 글이 아니라 말이다. 면접상황에서 긴장감을 완화시킬 수 있는 이미지 트레이닝을 한다.

① 면접 때까지 매 순간이 면접의 순간임을 상기한다.
② 입장부터 퇴장까지의 태도와 예상답변을 풀코스로 연습한다.
③ 면접일 전까지 매일 잠자리에 누워서 호흡법 연습으로 긴장을 이완시키는 연습을 한다.
④ 자신의 답변을 자기 자신이 제일 많이 듣게 하라.
⑤ 거울을 보고 하루 5번 이상 씩 소리 내여 발표를 해 본다.
⑥ 기회가 되는대로 타인 앞에서 스피치 연습을 한다.
⑦ 자신만의 자연스러운 표정을 찾는다.
⑧ 많은 연습으로 악습관을 고친다.
⑨ 듣는 연습도 하라.
⑩ 호감 가는 인상이미지를 상상하고 연습한다.
⑪ 끊임없는 자기격려 속에서 스스로 자신감을 향상시키도록 한다.
⑫ 면접 당일은 긴장과 강박에서 자신을 놓아 주어라.

(2) 잠재력 일깨우기

공무원 지원자들이 면접에 앞서 가장 부족한 것은 자신감이다. 본인이 공무원에 대한 열정과 지원동기 등 면접 질문에 대한 답을 가슴속에 간직하고 있지만, 자신의 이야기가 면접관을 만족시키지 못할 것이라는 짐작이나, 면접관이 원하는 답변의 방향대로 정답을 던져주지 못할 것이라고 예상하기 때문에 자신감을 상실한 상태로 면접에 임하게 된다. 면접질문은 크게 두 가지 방향으로 볼 수 있는데, 하나는 정답이 있는 질문이고 하나는 정답이 없는 즉 지원자의 의견을 묻는 질문이다. 정답이 있는 질문은 전공 지식이나 시사 상식과 같은 질문이 이에 속한다. 이러한 질문에 대한 답변은 시간을 들여서 암기를 하는 방법이 가장 빠를 것이다. 하지만 본인이 아무리 준비를 많이 한다고 해서 모든 질문에 답변을 할 수는 없을 것이다. 이때 지원자는 모르는 질문을 받았다고 하여 자신감을 잃을 것이 아니라, 앞으로의 노력에 대한 의지를 밝히는 자세가 중요하다. 그리고 자신만이 정답을 모르는 것이 아니라 다른 지원자들도 자신과 비슷한 실력임을 깨닫고 불안감을 낮추어야 한다.

질문에 대한 답변준비와 함께 지원자들이 훈련해야 할 것이 자신감이다. 자신감은 철저한 준비와 면접연습에서 얻을 수 있다. 스터디를 조성해서 면접의 다양한 상황들에 대처하는 방법을 연습하라고 권하고 싶다. 여러분이 필기와 체력 시험을 위해 노력하고 연습한 것처럼 면접도 연습과 훈련을 해야 한다. 그 속에서 여러분의 숨겨진 면접에 대한 잠재력을 발견하게 될 것이다.

공무원 지원자 여러분 모두는 잘 할 수 있는 잠재력을 이미 가지고 있다. 다만, 연습과 훈련을 통해 그것을 여러분이 알아차리기만 하면 된다. 잠자고 있는 잠재력을 깨울 때이다. 자신에 대해 이해하고, 자신에 대한 정보를 바탕으로 면접 훈련을 하라. 그런 과정을 통해 여러분의 잠재력은 깨어날 것이다.

(3) 보이지 않는 열정을 보이는 언어로 표현하기

강력한 지원동기와 열정으로 면접관의 마음을 울려야 한다. 지원하는 직렬의 업무나 조직 등을 구체적으로 숙지해야 하여야 하며, 면접 준비과정에서 근무하고자하는 기관에 직접 방문해보고, 면접에서 방문해서 배우고 느낀 점을 표현할 기회를 잡도록 한다.

열정은 여러분의 보이지 않는 가슴을 표현하는 것이다. 열정을 드러내는 효과적인 방법은 다음과 같다.

① 진실되고 간절한 마음을 갖는 것이 열정의 시작이다.
   이번 면접이 생애 마지막 면접이라는 간절함을 가지고 매순간 최선을 다해서 준비한다.
② 눈은 마음의 창이라는 표현처럼 자신감 있는 시선에서 열정이 표현된다.
   면접관의 얼굴에서 시선을 떼지 말아야 한다.
③ 면접관이 여럿일 경우 주로 가운데 면접관에게 시선을 맞추다가, 질문을 던지는 면접관이 있으면 그를 바라보아야 한다.
   면접관이 여럿일 경우 한 곳에 시선 맞추기가 어색하여 면접관 뒤 벽을 향하는 경우가 있는데 이는 바람직하지 않다. 중앙의 면접관에게 시선을 맞추도록 한다.
④ 시선을 맞추지 못하거나 너무 자주 움직이면 자신감이 없어 보이고 불안해 보인다. 열정이 전달될 수 있도록 시선 처리 연습을 해야 한다.

⑤ 목소리에서도 열정이 표현된다.

외워서 답변하는 듯한 일정한 톤으로 답변하기보다는 강약과 고저를 섞어 자신을 표현한다면 열정이 훨씬 잘 전달된다.

⑥ 당당한 태도로 열정이 전해지도록 한다.

면접관이 질문을 할 경우 앞으로 약간 당겨지는 듯이 집중하는 태도를 취함으로 면접관이 지원자의 열정을 느끼도록 한다.

⑦ 마지막 임팩트를 남겨야 한다.

면접 종료 마지막 순간에 자신을 기억할 수 있는 짧고 강한 액션과 주장을 한다.

⑧ 면접관이 기회를 주지 않을 경우 지원자가 자청하여 양해를 구한다음 마지막 열정을 전달할 수 있도록 한다.

2) 태도

(1) **면접을 위한 머슬 트레이닝**

면접의 3요소 마음, 태도, 스피치 중 두 번째 요소인 태도로서 외적인 인상과 자세 등을 통해 지원자의 예의와 호감을 느낄 수 있는 매우 비중 있는 부분이므로 반드시 몸이 숙달되도록 훈련하고 준비하여야 한다.

적극적인 자세를 통하여 지원자의 자신감과 열정이 나타나기 때문이다.

💡 입·퇴장 걸음걸이

① 면접실 문을 열고 들어올 때는 당당하고 자연스러운 걸음걸이로 걸어야 한다.
② 인사를 45도 정도 숙여서 하되 고개만 까딱거리거나 너무 깊이 숙이지 않도록 한다.
③ 출입문에서 의자까지 걸어오는 동안 면접관의 눈치를 보거나, 땅을 바라보지 않는다.
④ 시선은 전방 45°정도로, 즉 자신이 앉아야할 의자 등받이의 끝부분을 바라본다는 느낌 정도로 고개를 들고 걷는다.
⑤ 발 뒤꿈치를 끌거나 터벅터벅 걷지 않도록 한다.
⑥ 너무 빠르거나 느리지 않고 적당한 속도로 걸어야 한다.

차렷 자세

입장 후 처음 면접관을 향하여 목례를 하는 부분에서 첫 행동이 차렷 자세이다. 어깨를 비롯한 전체적인 몸의 자세를 펴고 어깨가 너무 경직되거나 쳐지지 않도록 반듯하다는 이미지를 주는 것이 중요하다. 긍정적인 인상을 줄 수 있도록 표정에도 신경을 쓴다.

〈남자지원자〉

① 반듯하게 선 자제로 어깨와 허리를 곧게 편다.
② 손은 주먹을 가볍게 쥔 상태로 바지 옆선에 붙인다.
③ 양발은 붙여서 가지런히 하고, 무릎을 붙이고 자연스럽게 한다.
④ 너무 힘을 주면 긴장한 듯이 보이게 되고 너무 힘이 없으면, 열정이 결여되어 보이므로 적당한 힘이 느껴지도록 하여 자신감을 드러내도록 한다.
⑤ 양복 버튼이나 주머니 등 세세한 부분에 실수가 없도록 한다.

앞모습

옆모습

〈여성지원자〉

① 반듯하게 선 자세로 어깨와 허리를 곧게 편다.
② 두 손을 포개어서 배꼽 앞에 가지런히 모은다.
③ 양발은 붙여서 가지런히 하고, 무릎을 붙이고 자연스럽게 한다.
④ 너무 힘을 주면 긴장한 듯이 보이게 되고 너무 힘이 없으면, 열정이 결여되어 보이므로 적당한 힘이 느껴지도록 하여 자신감을 드러내도록 한다.
⑤ 머리모양이나 스타킹 등 전체적으로 깔끔하고 긍정적인 인상이 들도록 한다.

앞모습

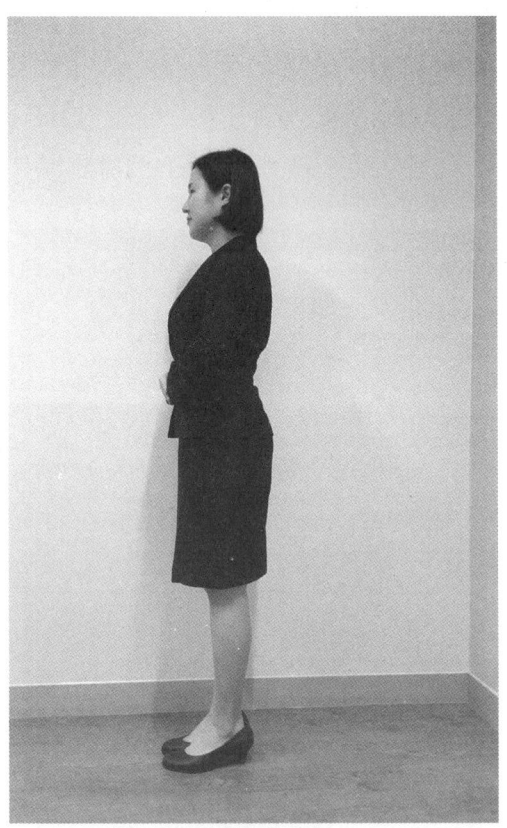

옆모습

💡 앉은 자세

면접 시간은 지원 직렬에 따라 길게는 100분에서 짧게는 10여분 정도로 다 다르다. 면접관들은 지원자가 면접실을 들어오는 순간의 첫인상부터 당당한 걸음걸이, 공손한 인사태도 등 모든 행동에 주의를 기울인다. 그 중에서도 면접이 진행되는 동안 지원자들은 의자에 앉아있는 시간이 가장 길 것이다. 따라서 바른 자세로 앉는 것이 중요하다.

〈남자 지원자〉

① 허리를 의자 등받이에서 떼고 허리와 목을 곧게 펴고 배에 힘을 주고 앉는다.
② 발은 어깨 넓이로 벌리고 정강이는 지면과 수직이 되게 하여야 하며, 무릎이 바깥으로 나가지 않도록 주의한다.
③ 팔은 너무 펴지도 너무 굽히지도 않은 상태에서 주먹을 쥐고 무릎 가까이에 놓는다.
④ 어깨와 팔에 너무 힘을 주면 긴장감이 느껴지므로, 자연스러운 느낌이 나도록 한다.
⑤ 답변 시 긴장하면 턱이 앞으로 내밀어지는 경우가 있으므로 앉은 자세일 때 주의한다.

〈여자 지원자〉

① 허리를 의자 등받이에서 떼고 허리와 목을 곧게 펴고 배에 힘을 주고 앉는다.
② 양발과 무릎을 가지런히 붙이고 양손은 포개서 치마 끝단에 놓는다.
④ 어깨와 팔에 너무 힘을 주면 긴장감이 느껴지므로, 자연스러운 느낌이 나도록 한다.
⑤ 답변 시 긴장하면 턱이 앞으로 내밀어지는 경우가 있으므로 앉은 자세일 때 특별히 주의한다.

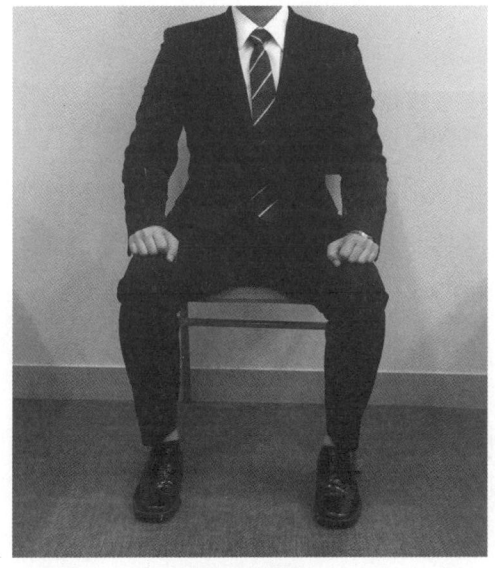 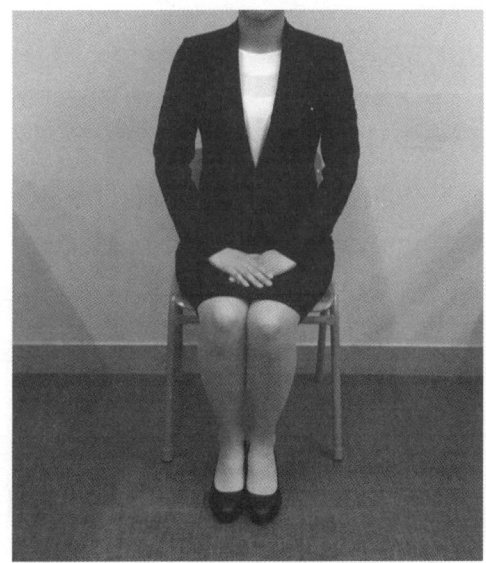

남성 지원자   여성지원자

시선

'눈은 마음의 창'이라는 표현이 있듯이 우리의 눈은 사람의 마음을 사로잡고 설득하는데 매우 중요한 역할을 한다. 특별히 면접 상황에서 면접관과 시선을 맞추지 못하거나, 불안하게 시선이 흔들릴 경우 면접 실패로 직결될 수도 있을 만큼 시선처리가 중요하다. 자신감과 열정이 담긴 강한 눈빛을 선호하지만, 자칫 노려보거나 호감적이지 못한 눈빛은 상대로 하여금 불편함을 느끼게 하므로 조심하도록 한다.

① 입장해서 인사를 할 경우는 가운데 면접관이나 자신에게 긍정적인 표정을 보내주는 면접관에게 시선을 맞춘다. 모든 면접관을 보려고 하는 경우 시선이 불안해 보일 수 있다.
② 답변을 할 때는 질문을 한 면접관에게 시선을 맞춘다.
③ 면접관의 인중이나, 넥타이 매듭을 볼 경우 긴장한 상태에서 지원자의 턱이 들릴 경우가 많으므로 자칫 내려다보는 듯한 인상을 줄 수 있으므로 가급적 면접관의 미간을 바라보는 것이 좋다.
④ 강한 인상을 남기고 싶어서 면접관의 눈을 직시하는 지원자가 있는데 이는 상대로 하여금 불쾌한 감정을 느낄 수 있으므로 주의한다.
⑤ 답변을 생각하는 경우 눈동자를 위로 뜨거나 아래로 내려다보는 지원자가 의외로 많다. 면접관의 눈에서 시선이 너무 많이 벗어나지 않도록 한다.
⑥ 눈을 너무 자주 깜빡거리거나, 두리번거리는 것은 좋지 못하다.
⑦ 토론면접이나 집단면접일 경우 발표하는 지원자에게 시선을 주도록 한다.

3) 스피치

(1) 스피치의 모든 것

① 스피치란 자신의 의견, 생각, 주장 등을 조리 있고 설득력 있게 말하는 것을 의미한다.
② 스피치란 발표자가 다수의 사람을 대상으로 특정 목적을 달성하기 위하여 주어진 시간과 장소에서 기술적으로 말하는 것을 의미한다.
③ 스피치에서 가장 중요한 것은 설득력이다. 면접관을 설득시키기 위해서는 많은 양의 말을 보다는 핵심적인 내용을 논리적으로 표현하는 기술이 필요하다.
④ 스피치 내용을 효과적으로 전달하기 위해서는 자신감이 우선시 되어야하며, 발표자는 긍정적인 표정, 확실한 전달력, 확신에 찬 음성 등으로 신뢰성 있는 태도를 갖추어야 한다.

⑤ 다수의 면접관 앞에서 자신의 의견을 피력하는 것은 상당히 긴장되는 일이므로, 스피치에 있어서도 불안과 긴장, 떨림 등을 극복하는 것이 중요하다.

⑥ 면접관을 설득시킬 수 있는 스피치를 하기 위해서는 자신의 이야기를 뒷받침 할 수 있는 경험과 사례, 자료가 풍부하고 정확해야 한다.

⑦ 당당하고 깔끔한 스피치 인상을 주기위해서는 스피치의 시작과 끝을 명확하고 명료하게 해야 한다. 말의 시작은 면접관의 질문을 다시 한 번 본인이 받아서 하는 것이 좋으며, 말의 끝은 자신의 의견을 정리하고 결론을 내는 것이 좋다.

(2) 스피치 언어

① **면접 상황에 맞는 단어를 사용한다.**

예를 들어 "~ 했구요", "~했는데요", "그랬구요", "~했어요", "~했거든요."와 같은 표현보다는 "~하였습니다."라는 표현을 사용하도록 한다.

② **평소에 사용하는 쉬운 단어를 사용한다.**

자신에 대한 긍정적인 인상을 주기 위하여 어려운 단어나, 평소에 사용하지 않는 단어를 사용하여 스피치를 하는 경우가 있는데, 이는 오히려 마이너스가 되는 경향이 있으므로 주의한다.

③ **예의바른 경어를 사용한다.**

면접관은 공무원 지원자의 선배이거나, 상관이다. 선배나 상관처럼 손윗사람에게 높임말을 사용하는 것은 당연한 것이다. 면접이라는 때와 상황에 맞는 올바른 경어를 사용하도록 한다. 예를 들어 면접관 앞에서 간혹 우리나라를 지칭하는 표현으로 '저희나라'라고 표현하는 지원자가 있는데 이는 잘못된 표현이니 반드시 '우리나라'라는 표현을 사용하도록 하자.

④ **인터넷 용어나 채팅 용어를 사용하지 않도록 한다.**

면접 상황에서 무의식적으로 평소에 사용하는 올바르지 않은 인터넷 용어나 채팅용어를 사용하는 실수를 범하지 않도록 주의 한다.

⑤ **외래어 표기를 할 때 줄임말을 쓰지 않는다.**

예를 들어 아르바이트를 '알바'로 인터넷강의를 '인강'으로 줄여 사용하는 경우가 있는데, 이것은 옳지 표현이니 주의하여야 한다.

(3) 스피치 음성

① 크고 강하게 말하자

면접 상황은 일반 대화 상황과 다르다. 평소의 음성보다 약간 크고, 강한 음성으로 말하도록 한다.

② 리드미컬하게 말하자

준비한 내용이 외운 듯 한 인상을 주는 것은 음성의 강약과 높낮이가 없기 때문이다. 그러므로 스피치를 할 때는 리드미컬하게 말할 수 있도록 연습한다.

③ 생동감 있게 말하자

면접 상황에서 목소리가 너무 단조롭거나 딱딱한 음성으로 말하면 면접관이 질리기 십상이다. 생동감이 느껴지도록 명쾌한 음성을 갖도록 한다.

④ 확신 있는 음성으로 말하자

목소리가 작은 경우 자신감 결여나 면접에 대한 진정성을 의심하게 하므로 크고 확신에 찬 음성으로 스피치 하도록 한다.

⑤ 끝말을 흐리지 않는다.

자신감이 결여되거나, 모르는 질문에 대한 답변을 하는 경우 끝말이 흐려지는 경우가 있는 데 명료하고 확실한 끝맺음을 한다.

(4) 스피치 발음과 호흡

① 발음을 명확하게 한다.

논리적이고 설득력 있는 스피치는 정확한 발음이 최우선 되어야 한다. 발음이 안 좋거나, 웅얼거리는 습관 등은 반드시 고치도록 한다.

② 끝맺음에 신경을 쓴다.

면접에서 답변을 할 경우 답변 마지막 스피치를 흐지부지 하게 끝내는 지원자가 있는데, 이는 결코 긍정적인 평가를 받을 수 없으므로 끝맺음을 잘하는 스피치 연습을 하도록 한다.

③ 적당한 속도로 말한다.

지나치게 빠른 스피치는 의사전달이 제대로 되지 않을 뿐만 아니라 외우거나 긴장한 인상을 줄 수가 있다. 스피치의 적당한 속도는 1분에 200~250자 정도가 적당하다.

④ 강조점을 찾아서 말한다.

면접 스피치의 임팩트를 전달하기 위해서는 자신의 열정과 감정을 표현하는 부분에서 호흡과 음성의 강도를 사용하여 설득력을 높이도록 한다.

⑤ 호흡을 놓치지 않는다.

면접에서 너무 긴장한 나머지 호흡을 놓쳐서 한숨을 쉬거나, 말이 빨라지는 실수를 하는 경우가 있다. 면접관이 질문을 하고 있는 경우 지원자는 본인의 호흡을 체크하며, 면접관의 질문에 집중하여야 한다. 또한 스피치기 끝난 후 긴장이 풀려서 큰 숨을 몰아쉬지 않도록 주의한다.

(5) 면접스피치 훈련 방법

① 면접 시 긍정적인 인상을 줄 수 있는 스피치 방법을 정확히 파악한다.
② 긍정적 인상의 말하기는 좋은 태도와 열정이 기본이다.
③ 자신의 무의식적 습관에 대한 파악이 있어야 한다. 이에 대한 교정이 반드시 필요하다.
④ 면접은 글로 공부해서는 훈련할 수 없는 부분이다. 특히 스피치는 연습과 훈련이 반복되어야 함으로 스터디 조원들 앞에서 꾸준히 연습한다.
⑤ 면접관과 비슷한 분위기에서 연습해 보기를 권한다. 이를 위해 부모님이나 권위자 앞에서 연습해 보는 것도 도움이 된다.
⑥ 타인 앞에서 연습도 중요하지만, 거울을 보고 자신의 눈빛을 보면서 연습하는 것도 자신감 향상에 도움이 된다.
⑦ 말하기 훈련과 마찬가지로 자신감을 훈련시킨다. 스스로를 믿고 매일 연습 전에 거울 앞에서 자신에게 '할 수 있음'을 각인시키도록 한다.
⑧ 자신이 준비한 면접답변을 자신이 제일 많이 듣도록 해야 한다. 즉 면접 발표부터 면접 당일까지 면접답변은 혼자 연습할 때도 소리 내어서 연습하여야 한다.
⑨ 자신만의 목소리와 자연스러운 표정을 찾는다.
⑩ 말하기의 기본은 듣는 것이다. 스피치 연습 시 말하기와 마찬가지로 듣는 연습도 놓치지 않도록 한다.

PART 03

친절한 추쌤의
소방공무원 면접

INTERVIEW GUIDE

공무원 면접 이미지 메이킹

01 공무원 면접을 위한 이미지 메이킹

공무원 면접은 일반 사기업 면접과 달리 본인의 개성을 드러내기 보다는 공무원 조직에 잘 어울리며, 국민에게 신뢰성을 줄 수 있는 이미지를 선호한다. 면접 지원자가 공무원에 합당한 인재라는 인상을 심어주기 위해 중요한 것이 긍정적인 이미지를 전달하는 것이다. 면접이라는 것이 결국에는 지원자의 외적인 것과 내적인 것을 평가하기 위한 과정이라면, 이미지는 지원자의 첫인상을 비롯하여 외적인 것으로 평가될 수 있다. 따라서 면접질문에 대한 답변 연습 못지 않게 외적인 면접 준비에도 만전을 기하여야 한다.

1) 복장과 머리

복장은 나를 잘 보이기 위한 수단이 아니라 좋은 인상을 심어주기 위한 것이다. 너무 튀는 복장은 감점요인이므로 주의해야 하며, 캐주얼 복장, 모자, 눈에 띄는 염색은 바람직하지 않다. 남성과 여성 모두 정장은 필수이다.

(1) 남성지원자

복장	
	• 양복은 상하 한 벌에 네이비블루나 차콜 그레이처럼, 진하고 어두운 계통이 좋다. • 구두는 검정이 무난하다. • 구두는 아무리 깨끗해도 지나치지 않다. • 앞이 너무 날렵하거나 뾰족한 구두는 피한다. • 양말 색은 바지 혹은 구두 색에 맞춘다. 무늬가 들어간 양말은 피한다. • 발목이 짧은 양말은 피한다. • 와이셔츠는 흰색이나 연한 파스텔 톤처럼 밝은 계통을 입는 것이 적당하다. • 넥타이는 감청색, 흰색, 붉은 색이 섞여 있는 체크나 줄무늬가 생동감 있어 보인다. • 화려하거나 요란한 무늬, 혹은 지나치게 어두운 색의 넥타이는 피한다. • 와이셔츠의 소매와 카라 부분이 더러워지지 않았는지 체크하여 깨끗하게 입는다. • 와이셔츠는 버튼다운 셔츠보다 카라 부분의 단추가 없는 기본 디자인이 좋다. • 바지에 구김이 가지 않았는지 확인한다. • 슈트 맨 아래 단추는 채우지 않고 입는다. • 넥타이 길이는 벨트 중간 정도가 적당하다. • 셔츠 소매와 슈트와의 팔 길이는 셔츠길이가 1~1.5cm 길이로 나왔을 때 가장 이상적인 셔츠 연출이다. • 통이 좁거나 몸에 타이트한 양복보다는 기본적인 스타일이 면접에 적합하다.

복장	• 벨트 색깔은 블랙 아니면 브라운이 가장 활용도가 높다. 구두 색에 맞추어 검정이면 적당하다. • 긴장으로 땀이 날 수 있으므로 손수건을 준비한다.
머리 및 용모	• 깔끔한 스포츠 스타일이 좋다. • 머리모양은 이마가 1/3 이상 보이도록 한다. 이마가 보이지 않으면 답답한 인상을 줄 수 있다. • 헤어스프레이나 젤 등을 사용할 경우라면 과한 사용을 피하고, 튀는 색상의 염색은 하지 않는다. • 파마머리는 금물이다. • 면도가 잘 되어 있는 턱은 깨끗한 셔츠만큼이나 중요하다. • 표가 나는 썬크림이나 비비크림은 바르지 않는다. • 안경은 깨끗이 닦고 면접에 임한다. • 얼굴을 많이 가리는 너무 큰 안경은 피한다. • 귀걸이를 착용하지 않도록 한다. • 손목시계는 적당한 크기와 심플한 디자인으로 선택한다. • 시계가 있다는 것은 정확한 시간관념을 갖고 있다는 의지를 보여주기 때문이다. • 손톱을 반듯이 깎고, 때가 끼지 않았는지 확인한다.
주의	• 흰색 양말은 반드시 피한다. • 브랜드 명이 보이는 제품은 착용하지 않는 것이 좋다. • 너무 큰 시계나, 반지는 조심한다. • 지저분한 머리나 깨끗하지 않은 복장은 면접에 임하는 기본이 안 된 것이다. • 간혹 시력이 안 좋아서 면접관의 시선을 맞추기 어려운 경우가 있는데, 필요한 경우 안경 등을 착용한다.

■ 소방공무원 시험 대비 ■

×	○	×

(2) 여성지원자

복장	• 흰색 블라우스에 단색 정장을 매치하는 것이 가장 무난하다. • 정장색은 블랙이나 네이비블루가 적당하다. • 재킷은 허리가 강조되지 않은 적당한 핏이 좋다. • 스커트는 H라인으로 무릎 정도 길이가 적당하다. • 바지는 발목까지 기본 핏으로 떨어지는 슬랙스가 적절하다. • 원피스보다는 투피스가 좋다. • 스타킹은 살색이 무난하다. • 스타킹은 예상치 못한 경우를 대비해 여분을 준비하는 것이 좋다. • 여러 가지 색깔의 복장보다는 3가지 정도의 색상으로 복장이 이루어지도록 한다. • 블라우스 색깔은 흰색이나 살구색 정도의 튀지 않는 것이 좋다. • 구두는 3~5cm 정도의 굽으로 신는다. • 구두는 검정이 무난하다. • 재킷의 단추는 채운다.
머리 및 용모	• 색조 없는 투명감이 있는 화장을 한다. • 파운데이션은 자신의 피부색에 가까운 톤으로 하고, 아이라인, 아이쉐도우는 강한 인상을 줄 수 있음으로 피하는 것이 좋다. • 립스틱과 볼터치는 엷은 색깔을 선택한다. • 화장하지 않고 민낯으로 면접에 임하는 것도 실례이다. • 앞머리를 뒤로 넘겨 이마를 드러내고 옆머리를 붙여 귀를 드러내는 묶음 머리가 단정하고 시원한 인상을 준다. • 여성의 긴 머리는 단정하게 묶어서 늘어지지 않도록 한다. 망을 사용하여 단정하게 정리하여 얼굴을 가리지 않도록 한다. • 백은 브랜드명이 새겨져 있지 않은 검정색이나 밤색 계통이 적당하다. • 손목시계는 적당한 크기와 심플한 디자인으로 선택한다. • 시계가 있다는 것은 정확한 시간관념을 갖고 있다는 의지를 보여주기 때문이다.
주의	• 뚫은 귀걸이, 멋으로 끼는 안경 등은 사용하지 않도록 한다. • 액세서리 종류는 가급적 사용하지 않는다. • 손톱은 단정히 자른다. • 화려한 색의 매니큐어는 피하고, 자연스런 색상으로 바른다. • 스타킹은 원색계통은 피한다. • 너무 진한 향수는 거부감을 줄 수 있다. • 스커트 길이는 아무리 짧아도 무릎 절반을 덮어야 하며, 몸에 꼭 끼는 스커트도 '예의에 어긋난다.'는 평가를 받을 수 있다. • 써클 렌즈의 착용은 금물이다. • 외모에 치중한 나머지 준비물이나 질문에 성의가 없으면 안 된다. • 거울을 보며 화장을 고치지 말고 웃는 방법을 고치는 노력을 한다. • 앞이 뾰족한 하이힐은 적절하지 않다. • 너무 밝은 염색은 피한다.

  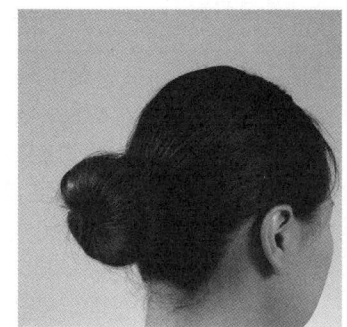 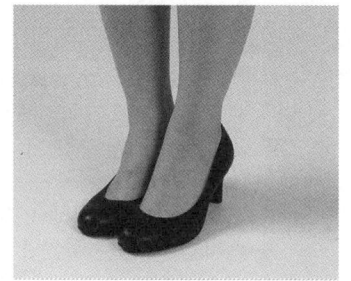

2) 준비물

- 사소한 것에 만전을 기하자.
- 수첩과 필기도구는 굳이 기재할 일은 없지만 준비성에 관련한 좋은 인상을 심어줄 수 있다.
- 신분증 및 응시표를 잊지 않고 챙겨 간다.

친절한 추쌤의
소방공무원 면접

02 긴장을 해소하는 방법

면접에서 가장 큰 방해요소는 긴장과 불안이다. 적당한 긴장감은 진심을 다하는 것 같은 인상을 줄 수 있어 긍정적인 작용으로 볼 수 있지만, 과도한 긴장은 면접에 실패하는 중요 요인으로 작용한다. 성공적인 면접을 위하여 다음의 실천 요령을 권장한다.

① 충분한 준비를 한다.
② 시간적인 여유를 두고 행동한다.
③ 모의면접 등으로 훈련을 한다.
⑤ 무리하게 침착해지려고 하지 않는다. 지나치게 이완된 태도는 오히려 건방지게 보일수도 있다.
⑥ 면접 당일에는 아침식사와 조간신문은 빠뜨리지 않도록 한다.
⑦ 자기 소개서의 내용은 거의 완벽하게 숙지하고 있는 것이 좋다.
⑧ 봉사활동 경험, 실제 경험, 경력 등 모든 정보를 공무원과 연관시켜 표현하라.
⑨ 긴장하면 실수가 잦다. 겸손한 태도와 인사는 실수하지 않도록 해야 한다.
⑩ 태도만 중요한 게 아니라 답변 내용이 상당히 중요하다. 철저히 공부를 하고 스터디를 강도 높게 하는 것이 중요하다.
⑪ 답변은 개인의 경험을 담은 진솔한 내용이어야 한다. 거짓말을 할 경우 긴장감은 더 상승된다.
⑫ 정말 본인이 말을 못한다고 생각하고 자신감이 없다면, 남들보다 10배 이상은 노력을 해야 한다.
⑬ 면접연습 시 호흡법을 활용한 이완훈련을 하는 것이 도움이 된다.

M E
M O

친절한 추쌤의
소방공무원 면접

PART 04

친절한 추쌤의
소방공무원 면접

INTERVIEW GUIDE

기출문제 및 답변사례

01 집단토론 질문

001 소방행정의 국가직 전환에 대한 찬성/반대 의견을 말하시오.

🔒 **질문 의도**

- 2020년 4월부터 소방 국가직이 전환되었지만, 2020년 소방면접에서 국가직 찬/반 견해를 묻는 문제가 출제된 바 있다.

  소방공무원 국가직 전환 법률안 통과(2019년)에 따라 2020년 4월 1일부터 지방직 소방공무원 5만 2,516명이 국가직으로 전환됐다. 소방공무원의 신분이 국가직으로 통합된 것은 1973년 2월 지방공무원법이 제정되면서 국가직과 지방직으로 이원화된 이후 약 47년 만이자, 2011년 소방관 국가직 전환 법안이 처음 발의된 이후로는 9년 만의 일이었다. [네이버 지식백과]

| 참고자료 | 소방 국가직 전환에 관련된 보도자료

□ **소방공무원 국가직 전환 추진방향**은 다음과 같습니다. (2019년 1월 국회보도자료)
○ 첫째, 국민 안전에 대한 '**국가 책임제**'와 '**지방 분권**'이라는 두 가지 가치의 균형 확보를 위해, 소방공무원 **신분을 국가직으로 전환**하고, 소방관 **처우 개선 및 인력·장비 등의 지역 간 소방투자 격차 해소**를 적극적으로 추진하겠습니다.
○ 둘째, **지역 단위 재난에 대한 시·도지사의 총괄·조정 역할**을 고려하여 소방에 대한 **시·도지사의 인사권(위임)과 지휘·통솔권한**은 현행대로 유지하겠습니다.
○ 셋째, 2022년까지 부족한 **소방 현장인력 20,000명을 확충**하고 **적극적인 재정적 지원방안**을 마련하겠습니다.

□ 정부는 소방공무원 국가직 전환을 통해 **대국민 소방서비스를 향상**시키겠습니다.
○ **골든타임(7분) 도착률을 2022년까지 66.0%로 상향**('17년 62.8%)시켜 **인명·재산피해를 최소화**하겠습니다.
○ **구급차 3인 탑승률 100%를 2022년까지 달성**('17년 41.6%)하여 **양질의 구급서비스를 제공**하겠습니다.
○ **나홀로 소방 지역대**('17년 20개)도 올해까지 모두 없애 근무여건을 개선하고 소방대응력도 제고토록 하겠습니다.
○ **구급차 미 배치 농어촌 지역대**('17년 95개) 역시 2022년까지 모두 없애 농어촌 구급서비스를 강화하겠습니다.

답변 사례

찬성입장

저는 소방의 국가직 전환에 찬성합니다. 그 이유는

첫째, **국민에 대한 소방서비스의 질이 향상될 것이 명백하기 때문입니다.**

소방이 국가직으로 전환된다면 예산이 확충될 것이고 이로 인해 소방장비의 노후화를 개선할 수 있고, 업무 환경과 소방 인력을 보충이 가능하게 됨으로서 보다 효과적으로 시민들의 생명과 재산을 지킬 수 있을 것이라고 생각합니다. 현재 구급 3명·소방 4명 등 7명이 한 조가 돼 근무에 임하고 있는데 동시다발적으로 화재가 발생하면 인접지역에서 지원을 해주긴 하지만 인력적 측면에서 어려움이 많은 것으로 알고 있습니다. 따라서 국가직 전환이 이루어진다면 인력충원이 원활해 질 것이고 이러한 현실적인 문제가 해결될 것이기 때문에 저는 찬성하는 입장입니다.

둘째, **지역 간 소방 서비스 편차를 줄일 수 있기 때문입니다.**

소방행정서비스의 지역 간 편차가 지속될 경우 고비용이 소요되는 소방행정서비스는 특히 지자체 수준에서 그 비용부담에 어려움이 있어 자연적으로 지역 간 불균형이 심화될 것입니다.

셋째, **재난 발생 시 효율적인 지휘가 이루어 질 수 있기 때문입니다.**

2개 이상의 자치단체에 걸쳐 재난이 발생하였거나 재난을 당한 자치단체의 역량만으로는 대응이 불충분하거나 나아가 재난을 당한 다른 지자체에 소방력을 지원해야 하는 경우 소방서장(본부장)이 중앙정부(소방청)의 지휘를 받아야 하는데, 동시에 법적 책임자인 시·도지사의 지휘도 받아야 하기 때문에 구조적으로 효율적 지휘가 이루어질 수 없기 때문입니다.

넷째, **현대사회의 재난 형태와 건축구조물에 변화에 따른 새로운 소방운영체계를 적용시켜야 하기 때문입니다.**

법 제정 당시에 재난환경만을 고려해 산업의 규모가 작고 교통수단이 크게 발달하지 않았으며 피해규모도 상대적으로 적었기 때문에 지방정부의 사무로 규정했을 것으로 추측합니다. 하지만 현재 소방사무는 국가(공동) 사무가 80% 이상에 달하며 산업의 규모와 대형건축물이 크게 늘었고 재난의 양상 또한 시·도의 경계를 넘는 대규모 복합 재난 양상을 보이고 있어 소방사무에 대한 종합적인 재검토가 필요합니다.

마지막으로, **경제성을 들 수 있습니다.**

재난은 관할구역이 없으며, 다양한 형태의 재난이 수시로 위협받고 있는 상황에서 국가차원에서 적정 수준의 재난대응 소방자원을 확보하여 체계적인 대응을 하는 것이 훨씬 경제적이기 때문이다.

반대입장

저는 소방의 국가직 전환에 반대합니다. 그 이유는

첫째, 지역 특성에 맞는 소방서비스를 제공할 수 없기 때문입니다.
각 지역마다 특성이 다르고 지역에 맞는 서비스를 하기 위해서는 현행처럼 지방자치 체제가 더 유용하다고 생각합니다. 국가직 전환되고 순환식 배치가 된다면 소방활동에 혼란과 어려움이 발생할 가능성이 있습니다.

둘째, 전문성 유지가 어려울 수 있습니다.
국가직 전환이 이루어질 경우 근무지 이동이 발생하게 되고 이는 새로운 지역에 가서 적응하고 지역을 이해하는 데 시간이 걸리게 되는 것으로 전문성을 유지, 자녀교육 등 문제가 있을 것이라고 생각하기 때문입니다.

셋째, 굳이 국가직 전환이 아니더라도 현재의 어려움을 해소할 수 있기 때문입니다.
소방응원협정을 맺고 있고 재난 발생 시 장비, 비용지원을 하게 된다면 지역 특색에 맞는 소방, 방재 시스템의 효율이 높아질 것이므로 현행 유지도 괜찮을 것 같습니다. 하지만 현재 각 지방의 예산 부족으로 인하여 소방 환경이나 장비를 구비하는데 많은 어려움이 있는 것도 사실입니다. 이를 극복하기 위해 중앙정부의 예산 지원 등 예산확충을 위해 보완책은 필요하다고 생각합니다.

002 현재 소방조직의 개선점에 말해 보시오.

질문 의도

- 소방 조직에 대한 이해와 평소 관심을 가지고 있었는지를 알 수 있는 질문으로, 국가직 전환 등 변화의 흐름에 맞추어 답변을 하면 소방 이슈와 발전 방향까지 모두 충족할 수 있는 답변이 될 것이다.

답변 사례

소방조직의 개선점으로 저는

첫째, 예산 확충의 문제를 말씀드리고 싶습니다.
소방 업무 특성상 다른 장비나 방화복 등 생명과 직결되는 부분이 많습니다. 국가직 전환이 되었다고는 하나 여전히 현장의 열악함이 남아있다고 알고 있습니다. 따라서 국가직에 걸 맞는 예산 편성으로 적극적인 소방 활동과 근무환경 개선이 이루어져야 한다고 생각합니다.

| 참고자료 | 소방 예산과 재원마련 방안

① 국가직 전환이 되었음에도 불구하고 2020년 소방공무원 임금체계는 지자체에서 지급하고 있다. 이 부분에 대한 법 개정이 이루어져서 국가 중앙 예산에서 지급되어야 하는 통합된 제도가 필요하다.
② 선제적인 소방 대응을 위해선 장비 투자가 중요한데 큰돈을 한 번에 쓰지만 단기에 이익이 오지 않는 소방장비는 1년 단위 회계로는 맞지 않다. 따라서 소방장비 예산은 그해에 모두 사용하지 않아도 소멸되지 않고 누적되는 기금으로 운영하는 방법이 도입되어야 한다.
③ 소방예산의 증액 방법으로는 지역자원시설세가 점점 줄고 있는데, 과세 대상을 건축물로만 한정하기 때문이다. 따라서 충분한 재원 조달 기능을 위해 과세표준 건축물 원가를 기초로 산정하고 있는 현 제도를 바꿔 부동산 공시가격을 반영하는 제도로 개선한다면 부동산 가격이 오른 만큼 자연스럽게 소장재원이 늘어날 것이다.
④ 소방조직은 교육조직과 비슷한 부분이 있는데, 교육청은 교육재정교부금제도를 활용하고 있다. 따라서 소방조직도 소방재정교부금(국가 또는 지방자치단체가 특정한 목적을 위해 교부하는 금전)을 도입해 재정을 관리하는 것이 효율적이라고 볼 수 있다.
⑤ 독일처럼 화재나 구급 활동 등으로 보험금이 감소해 수익을 얻는 상해생명보험사나 전기, 가스, 유류 등에 소방세를 부과해 재원을 마련하는 방법도 제시해 볼 수 있다.

둘째, 소방대원들을 위한 심리 치료 프로그램이나 상담 프로그램 등의 지원이 활발해 져야 한다고 생각합니다.

소방 업무는 매우 힘들고 스트레스가 많은 직종으로 1년간 극심한 외상사건 경험이 평균 8회정도이 다다르다보니 우울증 및 PTSD 유병률은 일반인에 비해 10배에 이른다고 합니다.

따라서 소방공무원의 심리적 지원과 치료를 위한 복합 치료 센터의 건립이 적극 추진되어야 할 것입니다.

이런 의미에서 현재 충북 음성 혁신도시에 건립 예정인 국립소방병원(소방복합치유센터)이 속히 마련되어 더욱 건강한 소방조직이 되었으면 합니다.

| 참고자료 | 소방공무원 자살율

2018년 신문보도에 따르면 '자살공화국'이라는 오명을 쓰고 있는 우리나라에서도 특히 취약한 집단으로 꼽히는 직군은 소방관이다. 10만명 당 자살률을 비교하면 OECD 평균은 12.1명인데 비해 대한민국 평균은 25.6명, 소방공무원은 31.2명에 이른다. 2008년부터 2017년까지 순직한 소방공무원 수(51명)보다 자살한 소방공무원(78명)이 더 많을 정도로 상황은 심각하다.

셋째, 부족한 소방 인력도 개선되어야 한다고 생각합니다.

현재 소방공무원 인력은 정원기준 2/3 수준으로 소방공무원 1인당 담당 인구수가 1,341명으로 일본에 비해 64% 정도가 많고, 구급차 탑승 인원은 3명이 정원이나 인력 부족으로 인해 2인 탑승이 일반적으로 이루어지고 있어서 현장 출동 시 주취자나 구급대원 폭행가해자에게 쉽게 노출되는 위험이 도사리고 있습니다.

또한 2017년 구급차 미 배치 농어촌지역은 95곳에 이르고 있으며 나홀로 소방지역대도 2017년 전국 20곳이 이르고 있다고 합니다. 하루 속히 인력을 충원하여 소방 대응력과 구급서비스를 강화해야 하는 점도 개선할 부분인 듯합니다.

> **|참고자료|** 소방인력 부족, 소방서 부족
>
> 전남은 지난 1월 말 기준으로 현장 소방인력 1,906명이 부족한 것으로 나타나 전국 광역 시·도 중 가장 열악했다. 더군다나 전남지역의 경우 22개 시·군 중 곡성, 구례, 장흥, 완도, 진도, 신안 등 6곳이 소방서가 없다. 그러나 수십억 원에 달하는 소요비용을 모두 지방비로 부담해야 하는 상황에서 신설은 엄두도 내지 못하고 있다.

<u>넷째,</u> 장비 개선과 열악한 근무환경 개선이 있습니다.

2018년 기준 전국 소방차 노후율은 21.1%, 개인장비 노후율도 15% 수준이라고 합니다. 소방의 장비는 사고 현장에서 국민과 소방대원의 생명과도 직결되는 부분이 있습니다. 소방 국가직 전환이 하루 빨리 이루어져서 이러한 근무 여건이 개선되어야 할 것입니다.

<u>마지막으로,</u> 업무상 과실에 따른 책임을 경감시킬 필요가 있다고 생각합니다.

소방 업무 특성상 응급환자 이송 시 생명을 다투는 긴급한 상황이 많은데, 출동 중 사고가 날 경우 책임을 물어야 하는 상황으로 심리적 위축이나 죄책감을 느낀다고 합니다. 119 긴급차량 사고에 대해 면책조항이 있기는 하지만, 속도위반과 앞지르기, 끼어들기 외 긴급 환자를 이송할 때 생길 수 있는 중앙선 침범이나, 신호 위반은 면책 대상이 아니므로 부담을 느낄 수 밖에 없습니다. 이러한 면책규정은 현실적으로도 많은 구급차 사고가 교차로에서 신호를 위반하거나 중앙선을 침범할 때 일어나고 있다는 현실과는 거리가 먼 규정이므로 제도의 개선이 필요하다고 생각합니다.

003 소방 골든타임 확보 방안은 무엇이 있는가?

질문 의도

- 긴급을 요하는 소방 출동 시 빠르게 현장에 도착하는 것은 국민의 안전과 생명에 직결되는 부분이다. 빠른 출동을 위한 다양한 방법을 제시하도록 한다.

답변 사례

소방의 골든타임은 화재 진압과 사건·사고 현장에서 국민의 생존률에 직접적인 영향을 미치는 매우 중요한 부분입니다. 따라서 골든타임 확보는 꼭 이루어져야 하며 이를 위한 방법으로는
첫째, 시민의식 성숙을 위한 교육과 인쇄매체, 방송 등을 이용한 홍보활동입니다.
둘째, 우리소방대원들이 직접 시민 가까이 다가가서 소방차 길 터주기의 필요성과 중요성을 알리는 방법 등이 있습니다.
셋째, 긴급차량 우선통행이 가능하도록 교통신호를 원격 제어하는 시스템을 구축하여 도로에서 시간을 낭비하지 않도록 해야 합니다.
넷째, 긴급차량이 경적을 울리면서 다가올 때 어디로 피해야 할지 모르는 운전자가 많으므로 대피방법을 홍보할 필요가 있습니다.

| 참고자료 | 소방관 골든타임 확보 참고 자료

화재 발생의 경우 골든타임인 5분이 넘어가면 1분이 지날 때마다 인명 생존율은 25%씩 떨어진다고 한다. 특히 불법 주·정차로 소방차가 화재진압 골든타임을 놓친 것이 전체 화재의 40%에 달한다는 조사 결과도 있다.
행정안전부에 따르면 2014년 조사 때 집계된 구급차의 현장 도착 평균시간은 8분 18초이다. 골든타임 4~6분 이내 도착율은 32.8%에 불과했다.
세종소방본부는 2017년 기준 화재현장 5분 이내 도착률을 분석한 결과 58.7%로 전국평균보다 4.6% 높았으며, 전년 대비 11.9% 향상되었다고 발표했다.
세종소방본부의 화재현장 5분 내 도착률 향상은
1) 지속적인 불법 주 정차 단속 및 홍보
2) 소방차 양보의무 위반차량 단속 강화
3) 소방차 길 터주기 및 전통시장 소방통로 확보훈련
4) 진입곤란지역 등 소방사각지역에 대한 지리조사 강화
5) 화재현장 접근성 향상을 위한 특수시책 발굴 등을 추진한 결과로 보고 있다.

004 소방차 길 터주기 홍보방안은 무엇이 있는가?

🔒 질문 의도

- 신속한 대응을 위한 골든타임은 5분이지만, 이 시간 안에 소방차가 현장에 도착하는 경우는 겨우 60% 정도에 그친다고 한다. 소방차 양보의무 위반 단속 건수는 2013년 98건, 2014년 204건, 2015년 368건으로 매년 위반 건수가 증가하는 추세이고, 소방차 길터주기 위반 시 도로교통법에 따르면 승용차는 7만 원, 승합차는 8만 원의 과태료를 부과하고 있다. 하지만 2016년 9월 국민 안전처는 양보의무 위반행위에 대한 사회적 인식 전환과 단속의 실효성 확보를 위해 과태료 금액을 최소 20만 원~최대 200만원으로 대폭 상향하는 내용의 '소방기본법' 일부개정을 추진 중이라고 밝혔다.

🔒 답변 사례

소방차 길 터주기 홍보방안은

<u>첫 번째</u> **시민의식을 성숙하게하기 위한 교육**과 다양한 홍보물 예를 들면, 홍보방송, SNS활용, 인쇄매체 등을 활용하여 **시민들의 인식개선**을 해야 한다고 생각합니다.

<u>두 번째</u> 방법으로는 우리 소방대원들이 주기적으로 직접 시민 가까이 다가가서 직접 **소방차 길 터주기의 필요성과 중요성을 알리는 방법**이 있습니다.

<u>세 번째</u> 방법으로는 **소방체험프로그램을 활성화**하여 주변의 소방관련 시설과 소방업무의 이해를 돕는다면 시민들의 자발적인 협조가 이루어질 것이라고 생각합니다.

<u>마지막으로</u> 소방차에 단속 가능한 장비를 설치하고 과태료나 벌금 등의 **법적 처분을 강화**하는 것도 한 방법이라고 생각합니다.

> **|참고자료| 소방차 길 터주기의 중요성**
>
> 1. 골든타임의 중요성
> - **화재 시 5분 이내 초기대응이 가장 효과적이다.**
>   화재 발생시 5분이 경과되면 화재의 연소 확산속도 및 피해면적이 급격히 증가하고 인명구조를 위한 구조대원의 옥내진입이 곤란해지기 때문이다.
> - **응급환자는 4~6분이 골든타임(Golden Time)**
>   심정지 및 호흡곤란 환자는 4~6분 이내 응급처치를 받지 못할 경우 뇌손상이 시작되기 때문이다.
>
> 2. 출동 실태
> - 교통량 증가, 불법 주정차 등으로 소방차 출동여건은 급속히 악화되고 있으며, 대형화재시 소방차 도착지연으로 인한 피해확대 등 문제점이 부각되고 있다.
> - 2018년 구급차의 현장 도착 평균시간은 8분 18초로 골든타임 4~6분 이내 도착율은 32.8%에 불과하다.

3. 문제점
- **국민들의 긴급차량에 대한 양보의식이 부족하다.**
  소방관의 64%가 설문조사에서 "일반차량들이 비켜주지 않는다."는 결과가 나왔다.
  사설 구급차 등의 무분별한 싸이렌 취명, 목적 외 사용으로 인한 긴급차량 때문에 대한민국들의 불신이 늘어나고 있는 것도 문제점으로 지적할 수 있다.
- **긴급차량 소통을 위한 교통신호체계 및 시스템이 부족하다.**
  외국의 경우 긴급차량 출동을 위한 Fire-Lane(미국) 및 교통신호제어시스템이 운영되고 있으나 우리나라에서는 출동차량의 지휘관이 방송 및 수신호로 양보를 요청하고 있다.

005 구급차 유료화에 대한 개인의 의견을 말해보라.

🔒 질문 의도

- 매년 집단 면접에 출제되는 빈출 문제이다. 찬성·반대 의견 모두 숙지하고 말하기 기법에 맞추어 발표하도록 한다.

🔒 답변 사례

💠 찬성입장

저는 구급차 유료화에 찬성하는 입장입니다. 그 이유는
<u>첫째,</u> 현재 비 응급환자의 비율은 30%가 넘고 비 응급환자에 대한 이송거부가 합법이긴 하지만, 실제로 잘 이루어지지 않는 실정입니다.
이렇게 비 응급환자로 인한 응급환자 출동이 지연되는 사례가 빈번하여 실제 발생한 응급환자의 골든타임을 놓칠 수 있으므로 유료화를 하여 구급차 출동에 무게감을 가지고 부를 수 있도록 해야 할 것입니다. 다만, 전체 출동을 유료화 할 경우 사회 취약 계층이 응급 신고를 포기하게 되는 부작용이 발생할 수 있으므로, 비응급 환자에게만 유료화를 적용하는 방안도 모색해 볼 만 할 것 같습니다.
<u>둘째,</u> 허위신고와 출동 취소로 인한 예산낭비와 긴급 상황 시 출동이 지연되는 점을 개선할 수 있기 때문에 저는 찬성합니다.

2019년 현재 최근 4년간 700만 명이 넘는 사람이 119구급차를 이용했지만 이 중 20만명이 비응급 환자이며 비응급 환자의 10%는 단순 주취자라는 통계가 있습니다. 이렇듯 비응급과 단순주취 출동 건수를 감소시키고 긴급 출동의 효율을 높이기 위해서도 구급차 유료화가 실시되어야 한다고 생각합니다.

셋째, 구급차 유료화로 예산 확보가 가능해 지고 이는 소방 장비, 소방 환경, 소방 서비스 질 향상으로 이어질 수 있기 때문입니다.

유료화가 됐을 경우 소방공무원의 복지 여건을 개선하는 기금으로 사용할 수 있기 때문에 소방청은 세밀히 검토해 봐야 할 필요가 있다고 생각합니다.

넷째, 구급차 출동 시 발생할 수 있는 사고율을 감소할 수 있기 때문에 찬성합니다.

보통 구급차의 경우 신속한 출동을 원칙으로 하게 되는데 이로 인해 신호위반 등 위험한 사고가 발생하게 됩니다. 결국 구급차 유료화가 이루어지면 출동 건수가 줄어들 게 될 것이고 소방공무원의 사고율과 효율적인 예산 운영을 할 수 있으므로 저는 찬성하는 입장입니다.

반대입장

저는 구급차 유료화에 반대하는 입장입니다. 그 이유는

첫째, 비응급 환자를 줄일 수 있다는 확신이 없기 때문입니다.

유료화가 이루어진다면 경제력이 있는 계층에서는 더욱 빈번하고 사소하게 119출동을 요구할 수 있으며 여전히 비 응급환자가 존재할 것입니다. 따라서 구급차 유료화를 실시할 것이 아니라 성숙한 시민의식이 먼저 선행이 되어야 할 것입니다.

둘째, 사회 취약계층의 의료 접근성이 떨어질 수 있기 때문입니다.

구급차를 이용하는 저소득층이나 독거노인 등 사회적으로 취약한 계층은 부담을 느끼게 되고, 이로 인해 응급한 상황에서 적절한 도움을 받을 수 없는 상황이 발생 될 것입니다. 복지는 국민 모두를 케어할 수 있어야 하는데 경제력을 이유로 응급서비스를 받지 못한다면 결국 국민의 안전에 타격을 미칠 수 있기 때문에 저는 구급차 유료화에 반대합니다.

셋째, 소방공무원은 세금으로 운영되고 국가와 국민에게 봉사하는 업무인데 유료화가 이루어질 경우 공무원 취지에도 맞지 않고 국민에게 이중 부담을 줄 수 있기 때문입니다.

넷째, 무료로 운영되던 구급차 이용을 유료화 하게 되면 국민들이 혼란스러워 할 수 있기 때문에 적합하지 않다고 생각합니다.

| 참고자료 | 외국 구급차 유료 관련 보도

> 미국의 경우 119구급차량을 이용했을 경우 2마일당 2,700달러 우리 돈으로 약 300만원의 이용료가 청구된다. 또 프랑스는 비응급 환자가 구급차량에 탑승하면 30분간 27만원의 요금이 부과된다. 싱가포르는 지난해부터 비응급 환자의 구급차량 이용을 제한했다.

006 허위신고가 빈번하다. 대처 방안을 제시해 보시오.

🔒 질문 의도

- 2018년 10월 소방청 통계에 따르면 허위·장난신고 건수는 2013년 7,145건, 2014년 3,228건, 2015년 2,288건, 2016년 2,118건, 2017년 1,481건으로 매년 지속적으로 감소하고 있지만 좀처럼 근절되지 않고 있다.
119구조·구급에 관한 법률 시행령 제20조에 따르면 119구급대는 위급하지 않은 경우 이송을 거절할 수 있도록 명시돼 있으며, 거짓으로 구급상황을 알리거나 구급차를 이용한 뒤 의료기관의 진료를 받지 않을 경우 동법 제30조에 의거 과태료 200만원이 부과된다.
허위 및 장난신고의 예로는
  - 응급상황이 아님에도 상습·반복적으로 119신고
  - 응급환자 발생을 허위·거짓으로 알려 119구급대 출동
  - 교통수단 활용을 위한 구급출동 요청
  - 단순 음주상태 등 응급환자가 아님에도 구급출동 요청(주벽성 신고) 등이다.

[출처 : 2018년 10월 충청투데이 보도 자료]

🔒 답변 사례

잦은 허위 신고는 귀중한 소방력을 낭비하는 결과를 가져올 뿐만 아니라 119 허위 신고로 소방인력이 출동할 경우 실제 화재 현장에 출동이 지연되는 사태가 발생하게 되고 결국 시민들이 피해를 입게 됩니다. 허위신고를 감소시키기 위한 방법으로는
<u>첫째,</u> **국민들이 허위신고를 발생되는 피해에 대한 교육과 인식을 개선함으로 스스로 허위 전화를 하지 않도록 하는 방법이 있습니다.**
<u>둘째,</u> **허위신고에 대한 강력한 대응으로 현행 200만원 이하의 과태료를 부과하는 방법이 있습니다.**
하지만, 이러한 강경한 대응을 하기 위해서는 국민들에게 먼저 허위신고를 할 경우 당하게 되는 법적 조치에 대한 홍보가 있어야 할 것입니다. 아울러 출동에 대한 명백한 기준을 세우고 허위신고를 명백히 가릴 수 있는 방법 등 또한 모색되어야 할 것입니다.

007 감염병 환자 이송 시 대처 방법을 제시해 보라.

질문 의도

- 메르스 사태로 구급차 이용 환자가 메르스에 감염된 사실이 확인되면서 보완 대책이 요구 되면서 2016년 3월부터 감염병환자 등의 관리에 대한 규정 및 구조·구급허위 신고자에 대한 과태료 부과기준이 강화되었다.
한편 2020년 한 해는 코로나 바이러스로 전 세계의 긴장이 지속되고 있다.
코로나란 2019년 12월 중국 우한에서 처음 발생한 이후 중국 전역과 전 세계로 확산된, 새로운 유형의 코로나바이러스에 의한 호흡기 감염질환이다. 코로나바이러스감염증-19는 감염자의 비말(침방울)이 호흡기나 눈·코·입의 점막으로 침투될 때 전염된다. 감염되면 약 2~14일(추정)의 잠복기를 거친 뒤 발열(37.5도) 및 기침이나 호흡곤란 등 호흡기 증상, 폐렴이 주증상으로 나타나지만 무증상 감염 사례 빈도도 높다.

답변 사례

현재 '119 구조, 구급에 관한 법률' 시행 안에 따르면 119구급대가 이송한 환자가 병원 진료에서 감염병 환자로 확인되거나 의심되면 의료기관의 장은 이 사실을 국민안전처장관등에게 즉시 통보하여야합니다. 통보하지 않거나 거짓으로 통보할 경우 200만 원 이하 벌금이 부과되는 것으로 알고 있습니다. 아울러, 감염병 환자 이송 통보를 의료기관으로부터 받은 경우 국민안전처장관등은 해당 감염병 환자와 접촉한 구급대원이 적절한 진료를 받을 수 있도록 조치하는 등 구급대원의 감염관리에 대한 근거규정이 마련되어 있습니다.
또한 감염병 환자와 접촉한 구급대원도 감염여부 확인을 위해 진료를 받을 수 있도록 조치하고 접촉일로부터 15일 동안 발병 여부를 추적, 관리하게 되어 있습니다.

008 비 응급환자의 이송 거절에 대한 의견을 말하시오.

질문 의도

- 119출동의 30%가 비응급환자라고 한다. 119구급대는 주민의 신속하고 적절한 응급처치 및 의료기관 이송을 위해 법령에 의거해 운영된다. 119구급대는 구급대상자가 비 응급 환자인 경우 '119구조구급에 관한 법률 시행령' 제20조에 의거해 이송을 거절할 수 있다.
또 119구급대원은 '119구조구급에 관한 법률' 시행령 제12조에 의거해 이송병원을 결정하며, 치료에 적합한 가장 가까운 응급의료기관으로의 이송을 원칙으로 한다.
응급상황 허위 신고 후 구급차로 이송돼 해당 의료기관 진료를 받지 않을 경우 '119구조구급에 관한 법률' 제30조에 의거해 200만원의 과태료가 부과될 수 있다.

답변 사례

찬성입장

저는 비 응급환자 이송 거절에 찬성하는 입장입니다. 그 이유는
첫째, 현재 119출동의 30% 정도가 비응급라고 합니다. 이것은 소방력의 낭비와 세금의 낭비로 직결되기 때문에 비 응급환자는 거절해야 한다고 생각합니다.
둘째, 비 응급환자의 출동 때문에 정말로 위급한 환자가 생명에 위협을 받을 때 119의 도움을 받을 수 없는 안타까운 일이 벌어질 가능성이 높기 때문입니다.
하지만, 기준 없는 거절로 인하여 피해를 받는 시민이 없도록 응급과 비 응급을 구분하는 기준과 구별할 수 있는 전문가 등의 보완책이 마련되어야 한다고 생각합니다.

반대입장

저는 비 응급환자 이송 거절에 반대하는 입장입니다. 그 이유는
첫째, 119구급 대원에게 도움을 청하는 시민은 본인이 불안하고 불편한 점이 있기 때문인데, **불편한 시민을 돕는 것은 우리 119대원의 가장 기본적인 업무이기 때문입니다.**
둘째, 응급과 비 응급을 구분하는 기준과 누가 구분해야 하는지 아직 명확한 규정이 없기 때문입니다.
하지만, 비 응급환자 출동으로 응급환자가 피해를 받지 않도록 시민을 대상으로 분초를 다투는 긴급환자를 위해 존재하는 119의 특성을 알리고 응급성이 떨어지는 감기나 단순외상 등 비 응급의 경우 119신고를 자제하는 성숙한 시민의식을 위해 홍보하고 교육해야 할 것입니다.

| 참고자료 | 구급 출동요청 거절

1. 한국형 응급환자 분류도구(KTAS)

KTAS는?
(Korean Triage and Acuity Scale; 한국형 응급환자 분류도구)

단계	단계별 정의	대표적인 증상	진료 우선순위
KTAS 1	즉각적인 처치가 필요하며 생명이나 사지를 위협하는(또는 악화 가능성이 높은) 상태	심장 마비, 무호흡, 음주와 관련되지 않은 무의식	최우선순위
KTAS 2	생명 혹은 사지, 신체기능에 잠재적인 위협이 있으며 이에 대한 빠른 치료가 필요한 경우	심근경색, 뇌출혈, 뇌경색	2순위
KTAS 3	치료가 필요한 상태로 진행할 수도 있는 잠재적 가능성을 고려해야 하는 경우	호흡곤란(산소포화도 90%이상) 출혈을 동반한 설사	3순위
KTAS 4	환자의 나이, 통증이나 악화/합병증에 대한 가능성을 고려할 때 1~2시간 안에 처치나 재평가를 시행하면 되는 상태	38도 이상의 발열을 동반한 장염 복통을 동반한 요로감염	4순위
KTAS 5	긴급하지만 응급은 아닌 상태, 만성적인 문제로 인한 것이거나, 악화의 가능성이 낮은 상태	감기, 장염, 설사, 열상(상처)	5순위

2. 신고자의 위험 정도 구분

소방재난본부는 지난해(2018년) 2월 생활 안전분야 신고가 119에 접수될 경우 재난 종합지휘센터가 신고자의 위험 정도를 ▲긴급 ▲잠재적 긴급 ▲비긴급 등 3가지로 판단해 출동 여부를 결정하도록 했다.

예를 들면 맹견이나 멧돼지, 뱀 등 위해동물이 주택가에 나타나면 소방서에서 출동 하지만, 너구리나 고라니 등 야생동물이 농수로에 빠지는 등 긴급하지 않은 상황은 의용소방대나 해당 시·군, 민간단체에서 처리하도록 통보하는 식이다.

소방재난본부 관계자는 "2017년의 경우 전체 구조 건수 중 동물 관련 출동 건수가 46%였지만 지난해는 33.1%로 큰 폭으로 줄었다."며 "생활 안전 분야의 잦은 출동 요청으로 구조나 화재 활동이 방해받는 사례가 발생해 출동기준을 바꾼 것인데 어느 정도 성과가 있는 것으로 보고 있다."고 평가했다.

— 2019년 3월 서울신문 보도

3. 비응급 거절 대상

현행 119구조·구급에 관한 법률에 따르면 구급대상자가 비 응급환자인 경우에는 구급 출동 요청을 거절할 수 있으며, 위급상황인 것으로 거짓으로 알려 구급차등으로 이송 됐으나 이송된 의료기관으로부터 진료를 받지 않는 경우에는 200만원의 과태료를 부과 할 수 있다.

구급요청 거절대상에는 ▲단순 치통환자 ▲단순 감기환자 ▲혈압 등 생체징후가 안정된 타박상 환자 ▲단순 주취자 ▲만성질환자로서 검진 또는 입원 목적의 이송 요청자 ▲단순 열상 도는 찰과상으로 지속적인 출혈이 없는 외상환자 ▲병원 간 이송 또는 자택으로의 이송 요청자이며 다만, 의사가 동승한 응급환자의 병원 간 이송은 제외된다.

> **119구조·구급에 관한 법률 시행규칙 제12조(응급환자 등의 이송 거부)**
> ① 구급대원은 영 제21조 제1항에 따라 응급환자를 이송하지 아니하는 경우 구급 거절·거부 확인서를 작성하여 이송을 거부한 응급환자 또는 그 보호자(이하 "이송 거부자"라 한다)에게 서명을 받아야 한다. 다만, 이송 거부자가 2회에 걸쳐 서명을 거부한 경우에는 구급 거절·거부 확인서에 그 사실을 표시하여야 한다.
> ② 구급대원은 이송 거부자가 제1항 단서에 따라 서명을 거부한 경우에는 이를 목격한 사람에게 관련 내용을 알리고 구급 거절·거부 확인서에 목격자의 성명과 연락처를 기재한 후 목격자에게 서명을 받아야 한다.
> ③ 제1항 및 제2항의 규정에 따라 구급 거절·거부 확인서를 작성한 구급대원은 소속 소방관서장에게 보고하고, 구급 거절·거부 확인서를 소속 소방관서에 3년간 보관하여야 한다.

009 112와 119의 통합에 대한 찬/반 의견을 말해보시오.

🔒 **질문 의도**

- 2016년 8월 뉴스 보도에 따르면 국민에게 엄청난 충격을 주었던 '세월호 사건' 이후 정부가 실시한 신고 전화 인지도 조사에서 국민 79.2%가 "긴급 상황 시 신고번호가 기억이 나지 않는다."고 답한바 있다. 또한 국민 10명중 9명은 "전화번호를 줄여야 한다."고 대답했다. 이에 국민 안전처는 긴급 상황에서 국민이 혼란 없이 신고하고 관련기관은 신속하게 대응할 수 있도록 기존의 신고 및 민원전화를 긴급과 비긴급으로 구분하고 범죄는 112, 재난은 119, 민원상담은 110으로 통합했다. 기존의 18개 신고 전화번호로 전화를 걸어도 해당서비스를 받을 수 있도록 했다.
소방직렬 관련 집단문제로 지원자의 의사표현 능력과 전달력 등을 평가할 수 있다. 현실 가능성을 떠나 지원자의 명확한 논리력과 집단에서의 우수성을 드러내기 위해서는 **자신의 주장 → 이유 → 하지만 기법**으로 마무리 하도록 한다.

🔒 답변 사례

🔹 찬성입장

저는 112와 119의 통합에 대해 찬성하는 입장입니다. 그 이유는

첫째, 골든타임 확보에 있습니다.

112와 119가 통합되면 급한 상황에서 누구나 빨리 신고할 수 있기 때문에 위기 상황에 보다 빠르게 대처할 수 있기 때문입니다. 예를 들면 심정지 환자에 대한 전기충격(제세동)이 늦어지면 생존률이 1분마다 10%씩 감소합니다. 외국에서는 전화 한 통으로 자동 제세동기를 가진 인근의 경찰차, 소방차, 구급차가 동시에 출동하여 제세동이 빨라지고 많은 인원이 서로 도울수 있는 체제로 응급 상황체 보다 적극적인 대처를 하고 있는 것으로 알고 있습니다.(미국)

둘째, 위기상황에서 소통의 복잡성이 줄어들기 때문에 보다 효과적인 대응을 할 수가 있을 것으로 기대되기 때문에 통합이 바람직하다고 생각합니다.

신고접수 업무에는 많은 경험과 능력을 갖춘 사람이 종사하는 것이 바람직하며, 이가 불가능하더라도 메뉴얼과 교육으로 원활한 업무가 가능하기 때문에 선진국에서 많이 활용하고 있는 제도입니다.

셋째, 우리나라 위기 신고 전화가 20개 넘는다고 합니다. 따라서 112와 119를 통합은 신고전화의 복잡함을 감소시킴으로써 국민 편의 도모할 수 있기 때문입니다.

예를 들면 미국의 911에 전화하면 경찰 상황실에서 전화를 받아, 직접 지령하거나 전문기관에 이관합니다. 전화 한 통으로 상해사건과 교통사고에 경찰차와 구급차가 동시에 출동하고 화재 시에는 경찰이 교통을 정리하는 시스템입니다.

하지만 112와 119는 국민의 인지도가 높은 것을 감안하여 보다 신중한 절차와 기간을 두고 생각해 보아야 할 것입니다.

🔹 반대입장

저는 112와 119의 통합에 대해 반대하는 입장입니다. 그 이유는

첫째, 112와 119는 국민 누구나 위기의 종류에 따라 분류해서 신고할 수 있는 국민 의식이 확립되어 있기 때문에 굳이 통합할 필요가 없다고 생각합니다.

둘째, 위기상황과 사건의 특성이 매우 다를 경우 적절한 대응이 늦어질 수 있을 것입니다.

온갖 사연의 전화가 단일한 전화번호에 밀려들면 접수자가 다양한 업무에 모두 대처하기 어려울 뿐만 아니라 전화접수자가 전문적으로 응급과 비응급의 구분을 할 수 있는지도 의문이 들기 때문에 통합은 적절하지 않습니다. 따라서 112는 범죄에 119는 화재나 생명의 위급 상황에서 대처할 수 있기 때문에 현 체제를 유지하는 것도 괜찮다고 생각합니다.

셋째, 긴급을 요하는 신고와 재난번호를 하나로 통합하면 통화가 집중되어 업무처리가 늦어질 우려가 있기 때문에 현행대로 112와 119를 분리해 사용하는 것이 바람직하다고 생각합니다.

넷째, 112와 119가 현행처럼 분리되어 운영된다면 국민들이 목적에 맞게 신고 전화를 이용할 수 있게 되고, 이는 결국 효과적인 결과를 가져올 것이기 때문입니다.

하지만, 국민들의 위험과 위급한 상황에서 발 빠르게 대처하기 위해서는 112와 119의 소통이 원활하게 이루어지고, 국민들이 어느 곳에 신고하더라도 골든타임 안에 도움을 받을 수 있도록 신고체제가 서로 연결되어야 한다고 생각합니다.

010 구급차에 탄 환자의 의지에 따라 타 지역으로 이송하는 것에 대한 의견을 말해보시오.

질문 의도

- 119 구급대의 환자 이송 기준은 '119구조·구급에 관한 법률'에 의거하여 이송병원의 선정 및 결정은 환자의 상태에 따라 크게 중증환자와 경증환자로 분류하고 있으며, 현장에 도착한 119구급대원은 환자평가를 통해 환자를 분류하고 응급처치와 더불어 다음과 같이 이송병원을 선정하여 환자를 이송하고 있다.

  중증 응급환자의 경우 지역응급의료센터(대학병원 및 종합병원)로 이송함을 원칙으로 하고, 경증 응급환자의 경우 가장 가까운 지역응급의료기관으로 이송한다.

  또한 환자의 병력, 증상, 병원의 수용가능 여부와 환자치료에 더욱 적합한 병원 등을 종합적으로 평가하여 이송하고 있다. 다만 위 기준에도 불구하고 이송병원 선정이 어려운 경우 의료지도를 통해 그 지시에 따라 환자를 이송하고 있다.

답변 사례

찬성입장

저는 구급차에 탄 환자를 의지에 따라 타 지역으로 이송하는 것에 대해 찬성을 합니다. 그 이유는,

첫째, 환자가 치료중인 진료기록이 있다면 보다 빨리 처치를 할 수 있기 때문입니다.

현재는 이송한 병원에서 환자의 타 병원기록을 이관 받아 진료기록부에 첨부해야 하는 번거로움

이 있으며, 담당의사와의 의사소통이 매우 중요하므로 타 지역이라 하더라도 환자상태를 가장 잘 아는 담당의사가 있는 병원으로 이송되는 것이 맞다고 생각이 듭니다.

둘째, **경제적으로 어려운 환자인 경우 복지혜택을 받을 수 있는 병원으로 이송될 수 있으므로 찬성합니다.**

6.25참전용사인 경우 보훈병원에서 진료 시 복지혜택을 받을 수 있으나 가까운 병원으로 이송 시 대학병원인 경우 경제적인 부담감이 있으므로 환자의 경제적 상황에 따라 환자의 의지에 따른 타 지역 이송에 대해 찬성을 합니다.

반대입장

저는 구급차에 탄 환자를 의지에 따라 타 지역으로 이송하는 것에 대해 반대를 합니다.
그 이유는,

첫째, **타 지역으로 이송할 경우 그 시간 동안 환자의 상태가 악화될 우려가 있기 때문입니다.**

응급환자는 시간과의 싸움이라고 생각합니다. 환자의 의지에 따라 타 지역으로 이송을 할 경우 이동 시간에 따라 환자의 상태가 악화될 우려가 있으며 생명과 직결된 문제이므로 환자의 의지에 따라 타 지역으로 이송하는 것에 반대합니다.

둘째, **구급대원의 업무가 과중되므로 반대합니다.**

안전센터인 경우엔 구급차가 1~2대로 운영이 되고 있습니다. 만약 환자의 의사에 따라 타 지역으로 이송을 한다면 다른 위급 상황 시 후송에 어려움이 있으며 장거리 이동시에 구급대원의 업무가 과중되어 피로도가 높아질 수 있습니다.

셋째, **구급차를 택시처럼 이용하는 것과 같은 구급차의 오남용이 발생할 수 있으므로 반대합니다.**

모든 환자가 그러는 것은 당연히 아니겠지만 일부 환자들이 구급차를 오남용할 수 있다고 생각합니다. 예를 들어 환자 의사에 따라 타 지역으로 이동 후 병원진료가 필요 없게 되었다면서 진료를 거부하게 된다면 구급대원들의 인력 낭비가 발생할 수 있다고 생각합니다.

넷째, **지역주민의 의료시설에 대한 불만이 생길 수 있습니다.**

타 지역에서 발생한 응급환자가 지역의 지명도 있는 병원으로 이송될 경우 병원이 혼잡해질 수 있고 이에 따라 마땅히 의료 서비스를 받아야 하는 지역주민들이 불이익을 받을 수도 있다고 생각합니다.

011 구급 대원 폭행 사건이 일어났을 때 어떤 생각이 드는가?

🔒 질문 의도

- 국민안전처의 통계자료에 따르면, 최근 3년간 전국 구급대원 폭행사건은 2015년 198건, 2016년 199건, 2017년 167건이 발생한 것으로 집계됐다. 현행소방기본법은 화재진압, 인명구조, 또는 구급활동을 수행하는 소방공무원에게 폭행 또는 협박 등을 행사해 '소방 활동을 방해죄'에 해당하는 경우 5년 이하의 징역 또는 3천만 원 이하의 벌금에 처하도록 규정하고 있다.

🔒 답변 사례

구급대원 폭행에 관련된 뉴스를 접할 때마다 안타까운 마음이 들었습니다. 또한 시민의 안전을 책임지는 소방공무원을 폭행하는 일은 있어서는 안 될 일 이라고 생각합니다. 몇몇 소방본부에서는 지역 경찰청과 협약을 하여 소방공무원이 직접 수사권을 넘겨받아 폭행에 강경 대응하는 것으로 알고 있습니다. 이렇듯 저는 우리 소방대원의 사기와 안전을 위해 폭행에 대한 즉각적이고 강경한 대응이 필요하다고 생각합니다. 아울러 구급대원에 대한 폭행은 구급대원의 불안감과 사기저하로 이어지며 이는 결국 시민의 구급서비스의 저하로 이어진다는 것을 국민에게 홍보하고 성숙한 시민의식이 확립되어야 한다고 생각합니다.

| 참고자료 | 주취폭행 관련 보도

2018년 4월 2일 강연희 소방관은 술에 취해 쓰러져있는 윤모(47)씨를 병원으로 옮기기 위해 출동했다. 하지만 의식을 찾은 윤씨는 강 소방관에게 심한 욕설을 퍼부으며 머리를 5~6차례 가격했다. 강연희 소방관은 폭행을 당한 후 자율신경 손상 진단을 받았고, 뇌출혈로 쓰러진 뒤 숨졌다.
2017년 충남 소방본부에서는 119구급대원의 폭행을 막기 위해 웨어러블캠을 보급하고 사용법 교육을 실시하였다. 웨어러블캠은 119구급대원에 대한 폭행 등 영상 채증을 위하여 제복이나 모자 등에 부착돼 직무수행 과정을 근거리에서 음성과 영상으로 기록할 수 있는 장비이다. 폭행 예방 및 증거 채증을 위한 것으로 다양한 증거를 확보해 가해자를 처벌하고, 폭행 시비로 인해 지연되는 다른 응급환자의 처치와 이송지연을 막기 위한 조치이다.

소방관 폭행에 관련된 법

119 구급대원 등 소방관 폭행에 관해서는 특별법인 소방기본법에 규정되어 있다.

[소방기본법 제16조]
1항 – 국민 안전처 장관, 소방본부장 또는 소방서장은 화재, 재난, 재해 그 밖의 위급한 상황이 발생하였을 때에는 소방대를 현장에 신속하게 출동시켜 화재 진압과 인명구조, 구급 등 소방에 필요한 활동을 하게 하여야 한다.

2항 - 누구든지 정당한 사유 없이 제 1항에 따라 출동한 소방대의 화재 진압 및 인명구조, 구급 등 소방 활동을 방해하여서는 아니 된다.

[제50조 제1항]
출동한 소방대원에게 폭행 또는 협박을 행사하여 화재 진압, 인명구조, 또는 구급활동을 방해하는 행위에 대하여 5년 이하의 징역 또는 3천만 원 이하의 벌금에 처한다.

2-1-5-2. 연도별 119 구급대원 폭행 피해 현황(2008~2017)

연도별	수사주체			구속여부			폭행사범 조치결과						
	합계	소방	경찰	합계	구속	불구속	합계	징역	벌금	기소유예	선고유예	재판수사중	기타
2008	71	-	71	71	-	71	71	-	-	-	-	-	71
2009	74	-	74	74	-	74	74	-	-	-	-	-	74
2010	122	-	122	122	-	122	122	-	-	-	-	-	122
2011	95	-	95	95	-	95	95	-	-	-	-	-	95
2012	93	-	93	93	-	93	93	3	55	3	-	-	32
2013	145	35	110	145	5	140	145	7	84	6	-	-	48
2014	131	55	76	131	6	125	131	23	80	12	2	-	14
2015	198	72	126	198	10	188	198	62	96	9	1	9	21
2016	199	94	105	199	10	189	199	42	44	11	-	82	20
2017	167	90	77	167	7	160	167	16	7	3	-	134	7

012 외상 후 스트레스 장애를 설명하고 대처방안을 말해보시오.

🔒 질문 의도

- 최근 국내에서 진행된 연구 결과를 살펴보면 소방공무원은 PTSD 발생 위험이 매우 높은 고위험 직군에 속하고 10명 중 4명은 의료진의 직접적인 도움이 필요한 상태인 걸로 나타나고 있다.
  소방청의 소방관 심리 평가 결과에 따르면 우리나라 소방관에게 '외상 후 스트레스 장애(PTSD)'가 발생하는 비율은 일반인보다 10배 이상 높으며, 소방관이 참혹 현장을 수시로 경험하고 장기간 교대근무 등에 의한 외상 후 스트레스 장애(PTSD) 등 정신건강 문제가 심각한 수준에 달한다고 한다. 2019년 2월 보도에서는 실제로 '최근 3년간 소방공무원 수면장애 등 PTSD 발생 추이를 살펴보면 수면장애를 겪는 소방공무원이 29%에 달하고, 알코올 장애를 겪는 소방관도 28% 수준'이라는 내용이 포함되어 있다.

🔒 답변 사례

PTSD(외상 후 스트레스 장애)는 사고의 충격으로 정신적 고통이 이어지는 일종의 정신 질환으로 주된 증상은 충격적인 장면이 반복적으로 떠오르게 되고, 평소보다 집중력이 저하되거나 수면장애가 발생하게 됩니다. 심할 경우 공황장애와 환각 등의 증세도 나타날 수 있는 정실질환으로 알고 있습니다.

소방공무원의 외상 후 스트레스 장애 극복을 위한 대처방안으로는

첫째, 소방공무원의 업무특성에 맞는 외상 후 스트레스에 대한 이해와 치료법이 연구되고 개발되어야 하며, 이를 다룰 수 있는 전문병원도 있어야 합니다.

둘째, 병원뿐만 아니라 소방서 내에서도 필요한 순간 적절한 심리치료를 받을 수 있는 상담소나 치료실 등이 마련되어야 한다고 생각합니다.

셋째, 외상 후 스트레스 장애에 대한 교육과 예방 차원의 관리시스템이 마련되어 미연에 방지하고 소방공무원 스스로도 평소에 스트레스를 잘 관리 하는 것도 도움이 될 것이라고 생각합니다.

013 구급대원 전기 충격기 등 제압수단에 대한 찬성/반대 의견을 말해보시오.

🔒 질문 의도

- 재복 입은 공무원 폭행 사건이 날로 심각해지고 있다. 3년간 소방공무원 폭행 건수는 564건에 이르기도 한다. 이에 따라 폭행 현장에서 소방 공무원 보호를 위한 대책이 필요하다.

| 참고자료 | 소방공무원 전기 충격기 보급

> 2018년 6월 소방 뉴스 보도에서 구급대원들에게 테이저건 보다 위험도가 낮은 전기충격기를 지급할 예정에 있으며 캠코더와 조명장비 등이 달린 구급 헬멧과 위급상황에서 버튼을 누르면 119와 112에 동시에 신고를 할 수 있는 버튼식 자동경보장치도 검토 중이라는 발표가 있었다.

🔒 답변 사례

➡️ 찬성입장

저는 구급대원 전기 충격기 등 제압수단 사용에 대해 찬성을 합니다. 그 이유는,

첫째, 소방 대원의 폭행 정도가 심각하고 빈번(2015년~2017년 3년간 564건 발생)하기 때문입니다.
2018년 5월 익산소방서 강연희 소방경처럼 소방대원이 폭행으로 인해 사망할 정도로 구급대원의 폭행하는 정도나 빈도수가 증가하고 있기 때문에 저는 우리 소방대원들의 제압수단 착용에 찬성합니다. 실제로 2017년 집계에 따르면 소방대원의 8% 가량은 전치 3주 이상의 심각한 부상을 입는다는 통계가 있습니다. 따라서 소방대원의 안전을 지키는 방법으로 추가적인 제압수단이 도입되어야 한다고 생각합니다.

둘째, 소방관 폭행에 대한 적극적 대처가 필요하기 때문입니다.
현재 소방대원의 폭행이 발생하게 되면 구급차의 블랙박스나 웨어러블 카메라로 증거를 수집하는 등의 소극적 대처밖에 할 수 없습니다. 따라서 현장에서 즉각적인 대처를 통해 소방대원의 피해를 최소화할 수 있는 적극적 대처 방법으로 저는 호신장구의 도입이 이루어져야 한다고 생각합니다.

셋째, 주취 폭행을 예방하기위해 필요한 부분이라는 생각에서 호신장구의 도입을 찬성하고 있습니다.
2017년 기준 현재 소방대원을 폭행하는 사람의 92%는 주취자로 집계되고 있습니다. 주취자 특성상 원활한 소통이 이루어지지 않기 때문에 폭력 상황에서 이성적으로 진정시키는 것은 다소 무리가 있을 수 있고 결국 주취로 인해 심해진 폭력에 우리 소방대원은 위험에 고스란히 노출되게 됩니다. 따라서 주취자의 심각한 폭력으로부터 소방대원을 보호하기 위해서는 저는 호신장비 사용이 원활해 져야 한다고 생각합니다.

넷째, 소방대원의 제압수단 사용은, 소방 선진국처럼 소방대원의 안전을 보장받을 수 있는 방법이기 때문에 저는 찬성입니다.

현재 호주나 미국 등지에서도 소방관이 호신장구를 사용하여 소방대원을 보호하고 있는 것으로 알고 있습니다. 이처럼 우리나라도 호신장구를 사용하여 소방대원을 지키고 추후 발생할 수 있는 폭행을 예방해야 한다고 생각합니다. 다만, 경찰의 경우에도 테이저건으로 사망사고가 발생한 경우가 있었습니다.

따라서 경찰의 위협적 가스총, 테이저건까지는 아니더라도 전기 충격기나 호신용 스프레이 등을 갖춰 여성 대원 등이 긴급한 상황에서 스스로 방어할 수 있도록 하는 것이 괜찮을 것 같습니다.

반대입장

저는 구급대원 전기 충격기등 제압수단 사용에 대해 반대를 합니다. 그 이유는,

첫째, 호신장구를 도입하게 된다면 비용 문제가 발생할 것이기 때문에 저는 반대합니다.

현재도 소방은 예산 부족으로 인하여 장비의 노후화, 처우 등의 많은 어려움을 겪고 있는 것이 현실인데 이러한 현실에서 추가 비용을 들여 호신장구를 갖추기에는 비용적 어려움이 있을 것입니다. 따라서 호신장구보다 시급한 장비 개선, 처우 개선 등이 먼저 이루어져야 한다고 생각합니다.

둘째, 현재 사용되고 있는 호신장구의 안전성이 확보되지 않았기 때문에 오히려 제압수단 보다 더 위험한 경우가 발생할 수 있어서 저는 반대합니다.

경찰의 테이저건 발사로 인하여 사망 사건이 발생한 경우가 있었는데 이처럼 호신장구가 예기치 못한 치명타로 작용할 우려를 배제할 수 없다고 저는 생각합니다.

셋째, 도입 근거가 미흡하다는 것입니다. 호신 장구를 도입하여 사용하더라도 그에 대한 절차나 관련 법규가 마련되어 있지 않습니다.

따라서 선행조건들을 갖춘 후 도입하는 것이 무리가 없다고 생각합니다. 아울러 호신장구 도입에 앞서 제도를 개선하는 것이 더욱 효율적이기 때문입니다. 현재 소방대원 폭행에 대한 처벌 규정을 강화가 실행된다면 호신장구의 사용에 앞서 예방과 대처에 더욱 효과를 거둘 수 있으므로 관련 법규 준비와 제도 개선 후에도 폭행이 근절되지 않는다면 그때 다시 논의되어야 하는 방향이 좋을 것 같습니다.

| 참고자료 | 구급대원 폭행 등에 대한 처벌도 강화[2018년 5월 매일 경제]

최근 전북 익산에서 근무하는 강연희 소방경이 지난달 2일 취객 윤모씨(49)를 구조해 구급차로 이송하다 윤씨로부터 머리 등을 수차례 맞아 결국 이달 1일 사망한 사건이 발생하자 이에 대한 후속 조치를 검토하고 나선 것이다.

이에 따라 소방청은 구급대원들이 경찰처럼 전기 충격기나 가스 스프레이를 소지할 수 있도록 할 방침이다. 또 소방당국은 해당 법 혹은 특정범죄가중처벌법을 개정해 소방관에게 상해를 입힐 경우 3년 이상 유기징역,

사망에 이르게 할 경우 5년 이상 유기징역 또는 무기징역까지 처벌 수준을 높인다는 방침이다.

현행 소방기본법에는 소방활동 및 구급활동을 방해하는 행위에 대해 5년 이하의 징역 또는 5,000만원 이하의 벌금을 물린다고 규정하고 있다.

개정안에는 '방해'의 범위를 물리적 폭력, 언어폭력(모욕 포함) 등으로 구체화해 명시하고, 상해에 이르게 한 경우 3년 이상의 유기징역, 사망에 이르게 한 경우에는 무기 또는 5년 이상의 징역에 처할 수 있도록 조문을 추가하는 방안을 추진한다.

014 소방 공무원의 주·정차 위반 단속제도의 한계와 개선 방안을 제시해 보시오.

질문 의도

- 2015년부터 소방관은 소방도로나 소화전, 소화용수설비 등에 주차된 차량에 관해서 주차단속을 할 수 있게 되었다.

| 참고자료 | 소방차 출동 장애 요인

[2018년 서울시 소방재난 본부 보도자료]

소방차 긴급출동에 가장 큰 장애요소는 차량정체(48.7%), 불법정차(28.1%)로 골든타임 확보를 어렵게 만드는 것으로 나타났다.

또한 서울 시 조사결과 소화전 등 소방요수시설에 대하여 2017년과 2018년 1/4분기 동안 적발건수가 전년도에 비해 15% 증가 했다고 한다.

[불법 주정차 금지 구역]

2017년 제천과 밀양에서 발생한 화재피해를 키운 주요 원인으로 불법주차가 지목되면서 다중이용업소 영업장 건축물 5m이내를 포함한 소화전, 연결 송수구, 소방용수시설, 비상식 소화 장치, 화재경보기 등으로부터 5m 이내의 불법 주·정차 금지된다.

[도로교통법 제33조(주차금지장소)]

모든 차의 운전자는 다음 어느 하나에 해당하는 곳에서 주차시켜서는 아니 된다.

- 소방용 기계·기구가 설치된 곳으로부터 5미터이내의 곳
- 소방용 방화물통으로부터 5미터이내의 곳
- 소화전 또는 소화용 방화물통의 흡수구나 흡수관을 넣는 구멍으로 부터 5미터 이내의 곳
- 화재경보기로부터 3미터이내의 곳
- 터널 안 및 다리 위 도로공사를 하고 있는 경우에는 그 공사구역의 양쪽 가장자리로부터 5미터이내의 곳

- 지방경찰청장이 도로에서의 위험을 방지하고 교통의 안전과 원활한 소통을 확보하기 위하여 필요하다고 인정하여 지정한 곳

주·정차 위반 시 단속되면 과태료는 최대 20만 원이 부과된다.

답변 사례

소방 공무원의 주정차 위반 단속제도의 한계로는
첫째, 주차 공간 부족을 들 수 있습니다.
불법 주정차 문제의 해소와 소방차 길 막기 같은 화재 진압에 방해가 되는 기본적인 문제부터 해결이 되어야 합니다. 불법 주정차 문제의 해결은 간단하지 않으며 대형 사고로 이어질 우려가 높은 다중이용시설이 있는 지역의 경우 주차공간이 절대적으로 부족한 경우가 많습니다. 주차공간을 확보하지 않은 채 단속만으로는 한계가 있을 수밖에 없습니다.
둘째, 단속 인력 부족한 것이 주정차 위반 단속제도의 한계라고 생각합니다.
현재 소방력 부족으로 소방관 1인이 여의도 면적 2배 담당을 하고 있는 현실입니다.
구급, 구조, 화재 진압 등의 출동 인력이 부족한 상황에서 주정차 단속 인력까지 배치 한다면 과중한 업무로 인해 건강까지 해칠 우려가 될 수 있는 상황입니다.
마지막으로 시민의식 부족이 있습니다.
불법 주정차가 개선되지 않는 주요 원인으로 안전 불감증을 갖고 있는 부족한 시민의식에서 비롯된다고 볼 수 있습니다. 시민들은 주차할 곳이 없다는 이기적인 생각과 화재에 대한 안일한 생각을 하며 소화전 앞에 주차를 하게 됩니다. 이러한 시민의식 부족이 소방공무원의 주정차 위반 단속제도에 한계가 있다고 생각합니다.

개선방안은
첫째, 주차 공간 확보를 우선적으로 해야 합니다.
'주차장 공유사업'을 통해 각종 업무시설, 종료시설 등에 딸린 민간 주차장 가운데 야간이나 특정 요일에 이용률이 저조한 곳을 주민을 위한 주차 공간으로 활용을 하는 것입니다.
또한 현재 서울시 종로구에서 시행하는 '나눔 주차장'을 운영하여 주민에서 배정된 거주자우선주차구역이 출퇴근이나 외출 등의 사유로 비어 있는 경우 외부차량에 주차공간을 제공, 주차면 활용을 극대화하여 주차 공간을 확대할 수 있습니다.
둘째, 소방력 인력 충원이 필요합니다.
소방청은 현장 소방인력의 충원을 위해 2017년 하반기 충원을 시작으로 2022년까지 연차적으로 총 2만 명을 충원할 계획이라고 합니다. 그로 인해 현장에서의 역할분담도 수월해지므로 업무과

중으로 인한 스트레스도 줄어들 것이며 주정차 위반 단속의 부족한 인력 문제도 해결할 수 있을 것이라 예상합니다.

셋째, 시민의식 개선을 위한 홍보를 해야 합니다.
본인의 편리함만을 추구하기 보다는 타인을 배려하는 마음을 갖고 올바른 주정차문화를 만들기 위해 주정차 가능구역을 찾아 주차하는 성숙된 시민의식이 필요하기 때문에 우선 나부터가 먼저 질서를 지키겠다는 열린 마음을 갖도록 캠페인이나 거리홍보를 통해 시민의식 개선을 할 수 있습니다.

015 119 위치 추적 신고 처리 제도의 문제점 및 개선 방안에 대해 말하시오

질문 의도

- 119 위치 추적 요청자격은 '위치 정보의 보호 및 이용 등에 관한 법률'에 따라 배우자, 2촌 이내의 친족 또는 미성년자의 후견인이어야 하며, 급박한 위험으로부터 생명과 신체 보호를 위한 목적에 한정하므로 단순 가출이나 연락이 안 되는 경우에는 불가능하다.
위치추적 결과는 정확한 지점이 아닌 기지국을 중심으로 반경 1~5km까지 나타나며, 이를 바탕으로 소방과 경찰이 합동으로 수색한다.
관련법에 따라 소방당국은 허위로 긴급 구조요청을 해 위치추적을 요청한 경우 1천만 원 이하의 과태료를 부과할 수 있다.

답변 사례

119 위치 추적 신고 처리 제도의 문제점으로는
첫째, 무분별한 요청으로 소방력이 낭비되고 있다는 것입니다.
위급한 경우에 사용되어야 할 119 이동전화 위치추적 제도가 일부 시문들의 무분별한 요청으로 남용이 되고 있으며, 애인과의 다툼, 술자기 동석자 이탈, 채권채무 등 이해당사자를 찾기 위한 방법으로 악용으로 인해 소방행정력 낭비가 발생하고 있습니다.
두 번째 문제점으로는 정확도에 문제가 있을 수 있습니다.
기지국 간 거리가 얼마나 많이 떨어져 있느냐에 따라 위치 정확도가 달라질 수 있는데 좁은 지역 내에 기지국이 밀집돼 있으면, 정보의 정확성이 높아질 수 있으나 외곽으로 갈수록 기지국이 띠

엄띄엄 있기 때문에 그만큼 원의 크기도 커져 정확한 위치 확인이 어려울 수 도 있습니다. 위치의 정확도에 대한 신뢰는 소방 전체 조직을 신뢰에도 영향을 미치는 부분이 있으므로 소방공무원의 신뢰도 또한 하락이 될 수 있다고 생각합니다.

이러한 문제에 대한 개선 방안으로는

<u>첫째,</u> 먼저 허위신고가 되지 않도록 신고자의 의식개선이 제일 필요하며, 일부 무분별한 요청으로 남용이 되는 것을 막기 위해 긴급구조기관으로써의 위상을 보다 강화해야 한다고 생각합니다.

또한 업무에 걸맞은 법률의 개정, 예산 및 장비의 지원이 뒤따라야 한다고 생각합니다.

<u>둘째,</u> **법체계 정비가 서둘러져야 한다고 생각합니다.**

보다 정교한 위치추적을 하려면 GPS가 필요한데 현행 법령상 긴급 상황에서 이런 기술을 활용할 수 없는 점이 안타깝습니다.

016 동물의 사체처리나 문 열어 주는 것까지 소방 공무원이 해야 하는가?

🔒 질문 의도

- 2018년 충남 아산소방서 소속 소방관 3명이 국도에서 목줄이 풀린 개를 포획하기 위해 출동했다가 정차한 소방구급차를 들이받는 트럭사고로 인해 3명이 숨지는 사고가 있었으며, 2018년 재난안전본부 '생활 안전 분야 세부 출동기준'을 마련하였다.

| 참고자료 | 재난안전본부 생활 안전 분야 세부 출동기준 일부내용

> 생활안전분야 신고가 119에 접수될 경우 재난종합지휘센터가 신고자의 위험 정도를 ▲긴급 ▲잠재적 긴급 ▲비긴급 등 3가지로 판단해 출동 여부를 결정하게 된다.
> 신고만으로 위험 정도가 판단되지 않을 경우는 소방관이 출동하도록 했다.
> 예를 들면 맹견이나 멧돼지, 뱀 등 위해동물이 주택가에 나타나면 소방서에서 출동하지만 너구리나 고라니 등 야생동물이 농수로에 빠지는 등 긴급하지 않은 상황은 의용소방대나 해당 시군, 민간단체에서 처리하도록 통보하는 식이다.
> 잠금장치 개방도 단순 잠김의 경우는 민원인이 열쇠업체를 이용해 신고자가 자체 처리 하도록 유도하지만 화재발생이나 집안 거주자의 신변확인이 필요할 경우 소방서가 출동하게 된다. 다만, 집에서 이상한 냄새가 난다 등의 신고는 위험여부를 알 수 없으므로 소방관이 출동해 확인하게 된다.

답변 사례

저는 소방 공무원이 단순히 문을 개방한다거나 죽은 동물의 사체처리에 출동하는 것에 반대하는 입장입니다. 그 이유는,

<u>첫째,</u> **위급 상황 대처 능력이 떨어질 수 있기 때문에 출동에 반대합니다.**
위급상황이 아닌 사소한 문 열어 주기 위한 현장 출동은 정작 위급 시 도움을 필요로 하는 시민들이 피해를 갈 수도 있으므로 간단한 문 열어 주는 것에 대한 소방대원 출동에 대해서는 반대를 합니다.

<u>둘째,</u> **문 열어주는 과정에서 건축물이 파손될 경우 소방관이 사비로 배상해야 하는 상황이 발생하기 때문에 제도 개선이 먼저라고 생각하여 반대합니다.**
공무 중 기물이 파손되었음에도 불구하고 소방관들이 사비를 털어 배상을 하야하는 현실입니다. 왜냐하면 현행 소방기본법에 따르면 진화과정에서 집기 파손 등이 불가피했다는 점을 소방관이 직접 입증해야 보상책임이 면책되는 상황이기 때문입니다. 그렇기 때문에 제도 개선이 시급하다고 생각합니다.

<u>셋째,</u> **소방 인력의 한계가 있기 때문에 반대합니다.**
현재 우리나라 소방 인력 부족율은 서울의 경우에는 기존 대비 9.6%, 강원의 경우에는 31%, 제주는 37%, 전남은 거의 40% 가깝게 인력 부족 현상이 나타나고 있는 것으로 알고 있습니다. 이러한 상황에서 119 신고 접수 시 모든 민원에 출동하기 보다는 단순 민원은 지자체 해당 부서나, 민간단체와 연계하여 업무처리를 할 수 있도록 110번을 홍보하여 소방의 업무 효율을 높여야 할 것입니다.

017 고드름제거, 동물 구조 등의 출동을 소방대원이 해야 하나?

질문 의도

- 2018년 현재 생활안전분야 신고가 119에 접수될 경우 신고자의 위험 정도를 ▲긴급 ▲잠재적 긴급 ▲비긴급 3가지로 판단해 출동여부를 결정하게 된다. 다만, 신고 접수 시 판단이 곤란한 경우 소방관이 현장을 확인하고 비 긴급민원인 경우에는 구조요청을 거절하게 된다.
2018년 충남소방본부 발표에 따르면 생활안전관련 구조건수는 전체 구조건수 2만 8,660건의 60.7%인 1만 8,550건이었다. 이 가운데 벌집제거는 1만 949건 (58.1%), 동물포획 5,661건 (30.0%), 잠금장치개방 1,622건 (8.6%), 안전조치 618(3.3%) 순이었다. 2018년 고드름 제거 출동 건수는 3,485건으로, 직전 해인 2017년의 862건에 비해 4배나 늘었다. 2016년의 684건보다는 5배나 많았다.

| 참고자료 | 고드름 제거 보도(2018년 1월)

지난해 1~2월 전국 최고기온은 0.6도, 수도권 최고기온은 영하 2.2도에 머무는 등 '35년 만의 가장 추운 겨울 날씨'로 인해 고드름 신고 건수가 급증했다는 분석이 나온다. 특히 고드름으로 인한 2차 피해로 차량 추돌사고와 사망사고가 발생하면서 신고가 급증한 측면도 있다고 소방청 관계자는 말했다. 고드름이 '겨울철 흉기'가 된 것이다. 지난 3일에는 서울 동작구 상도터널에서 고드름이 떨어지면서 놀란 운전자들이 엉켜 10중 추돌사고가 났다. 지난해 2월에는 충남 서산의 아파트에서 떨어진 고드름 때문에 보일러와 배기관이 분리되면서 가스가 새어나와 어린이 두 명이 숨졌다. 일선 소방관들의 고드름 제거 작전은 올해 들어도 이어지고 있다. 서울 성북소방서 119구조대원 7명은 지난 10일 하월곡동 주택가로 출동해 고드름을 부쉈다. 지난 9일에는 포항 북부소방서 구조대원들이 포항시 죽도동에서 높이 15m짜리 고드름 제거 작업을 벌였다.

고드름 신고가 늘어나면서 소방관들은 정식 제거 훈련을 하고 있다. 인천 부평소방서는 지난 7일 119구조대원들이 로프를 이용해 얼음을 부수는 실제 상황 수준의 훈련을 진행했다. 소방청 119생활안전과장은 "주민들이 무리하게 고드름을 제거하려다 추락사고로 이어질 수 있다"며 "위험해 보이는 고드름은 반드시 119에 신고해 달라"고 말했다.

답변 사례

단순 동물구조나 비응급 상황에서의 출동은 거부할 수 있는 권한이 있는 것으로 알고 있습니다. 하지만 고드름의 경우는 주민들이 무리하게 제거하다가 추락할 위험이 있을 뿐만 아니라 터널 내 고드름의 경우는 차량 파손과 운전자들에게 추돌사고나 사망사고 등 2차 피해를 줄 수 있는 경우가 있다고 합니다. 따라서 위험성과 상황을 판단하여 출동을 하여 시민의 안전을 도모해야 한다고 생각합니다.

018 공공자전거 헬멧 착용 의무화에 대한 의견을 말해보시오.

🔒 질문 의도

- 2018년 9월부터 자전거 탈 때 헬멧 착용이 의무화되었다.
  단, 헬멧을 착용하지 않아도 정해진 과태료나 처벌 규정은 없다.

🔒 답변 사례

▶ 찬성입장

저는 공공자전거 헬멧 착용 의무화에 대해 찬성을 합니다. 그 이유는,

<u>첫째,</u> **이미 자전거 헬멧 착용을 법적으로 의무화했기 때문에 이행해야 한다고 생각합니다.**
하지만 문제점은 미착용 시에도 불이익을 받지 않는데 그 이유는 처벌조항이 없기 때문입니다. 한마디로 지켜야 하지만 지키지 않는다 해서 벌을 받지 않는 상황인 것입니다. 의무화된 자전거 헬멧 착용에 대해 처벌기준이 추진되어야 한다고 생각합니다.

<u>둘째,</u> **안전을 위해서라도 자전거 헬멧 착용은 의무화 되어야 한다고 생각합니다.**
자전거 주행 시 헬멧을 쓰면 만약 사고가 나더라도 머리에 충격을 덜 받게 할 수 있습니다. 자전거로 사고가 났을 때 가벼운 상처나 경증 부상 정도만 입으면 다행이지만, 사고를 크게 나 머리를 다치게 되면 대부분 수술, 심하면 사망에 이르기가 됩니다.
따라서 헬멧을 써서 머리를 보호함으로써, 사고가 크게 났을 때 사전 방지책이 중요하다고 생각합니다.

<u>셋째,</u> **자전거 헬멧 착용 의무화를 하면 처음부터 안전한 습관을 기를 수 있습니다.**
자전거 사고는 최근 5년간 29,000여 건에 달하고 있으며 OECD 국가 중 5위를 차지할 정도로 심각한 상황입니다. 사고는 언제 어디서 일어날지 모릅니다. 사고 예방을 위해서 처음부터 안전하게 헬멧을 쓰면 훨씬 더 편안하고 안전하게 자전거를 이용할 수 있다고 생각합니다.

▶ 반대입장

저는 공공자전거 헬멧 착용 의무화에 대해 반대를 합니다. 그 이유는,

<u>첫째,</u> **헬멧 의무화는 자전거 이용 실태를 전혀 고려하지 않은 전형적인 탁상행정이라고 생각 합니다.**
헬멧 의무화로 자전거를 타는 개인에게 책임을 전가할 것이 아니라 안전한 자전거 인프라 구축과 사고 자체의 예방이 먼저라고 생각합니다.

<u>둘째,</u> **현실을 고려하지 않는 법 개정이라고 생각합니다.**

자전거 이용자들은 주로 짧은 거리를 이동하기 위해 자전거를 사용하는데 일일이 헬멧을 휴대하기가 부담스럽습니다. 또한 헬멧 착용이 여름에 무더위를 가중시키며 동네에서 잠시 자전거를 타고 이동하거나 공용 자전거를 빌려 타는 경우 인명보호 장구를 매번 갖추기 어려운 상황이 있을 수 있습니다. 인명보호 장구를 반드시 착용하도록 하는 것은 현실적으로 무리가 있으며, 부족한 자전거 도로와 미흡한 차량 규제, 안전 교육 등을 문제이므로 헬멧이 아닌 자전거 사고에 대한 근본적인 대책마련이 필요하다고 생각합니다.

셋째, **자전거 헬멧 착용을 의무화 했을 때 안전성이 올라가는 효과를 실제로 확인하기도 어려울 뿐더러, 시장에 악영향을 끼칠 수 있습니다.**

호주에서 시행된 자전거 헬멧 착용 의무화에 관한 연구 결과에서는 헬멧을 강제로 착용하게 했을 때 기대했던 만큼 큰 효과를 보지 못한 반면 자전거 시장은 축소되었다고 합니다.

한마디로 부작용이 더 컸다는 겁니다. 집 앞 슈퍼에 잠깐 가는데 헬멧을 써야 되고, 공공자전거를 이용하는데도 헬멧을 써야한다면 사람들은 지금보다 자전거 타기를 꺼려할 수 있고 이로 인해 자전거 산업관련 분야의 시장이 위축될 수도 있을 것입니다.

넷째, **법의 실효성이 떨어진다고 생각하기 때문에 강제 규정보다는 시민의 안전의식 고취를 바탕으로 자발적인 헬멧 착용을 권장하여야 한다고 생각합니다.**

2018년 9월 법 개정 시행 이후로 자전거 헬멧 착용은 의무화 되었지만, 위반 시 처벌이나 과태료 규정은 없습니다. 따라서 현실에서 처벌이 없는 의무만으로 헬멧 착용 실현 될 가능성이 떨어질 수 있습니다. 자전거를 많이 타는 나라인 네덜란드 역시 헬멧 착용 여부는 본인이 결정합니다.

자전거가 생활화 되어 있는 나라나 자전거 많이 타는 선진국들 중에도 자전거 헬멧 착용이 의무화가 된 곳은 별로 없습니다. 오히려 헬멧을 안 쓰는 자전거 선진국들이 더 많습니다. 이는 자전거 문화가 훨씬 발전되어 있기 때문에 헬멧 없이도 안전한 자전거 라이딩이 가능하기 때문이기도 합니다. 그러므로 자전거 헬멧을 의무화하기보다는 자전거 도로와 문화부터 개선이 되어야 한다고 생각합니다.

019 소방과 경찰의 화재 조사권 조정에 대한 의견을 말해보시오.

🔒 질문 의도

- 화재조사와 관련, 현행 법령에는 화재조사는 소방이 담당하고 화재수사, 즉 방화나 실화범의 처벌을 위한 수사는 경찰에서 담당하도록 되어 있다.
  '소방기본법 제29조'에 의하면 화재조사는 화재원인 조사와 화재피해 조사로 구분되어 있다. 하지만 화재원인 조사에 있어서 '형사소송법 제195조 및 제196조' 경찰의 일반수사권에 의거하여 화재에 관한 수사를 전담하고 있어 소방관의 화재조사 보고서는 담당 경찰수사관의 재량으로 채택 여부가 결정된다. 화재조사를 포함하는 수사에 대한 최종 종결권이 경찰에 있는 것이다

🔒 답변 사례

🟩 찬성입장

저는 소방과 경찰의 화재 조사권 조정에 대해 찬성을 합니다. 그 이유는,

<u>첫째,</u> **선진국에서도 화재 조사와 수사를 소방이 하고 있기 때문입니다.**

소방화재 조사에서 한국은 책임과 수사 권한이 없는 반면 미국과 영국, 일본 같은 경우를 보면 1차 감식에 책임은 소방에 있습니다. 심지어 미국과 영국은 수사권마저 소방이 가지고 있습니다. 미국은 화재 조사와 수사를 소방이 하며, 일본도 마찬가지입니다. 다만, 범죄와 연관이 있는 화재는 경찰과 공조해 수사하고 있습니다.

그러나 우리나라는 모든 사고조사에 있어 사법권이 개입하고 있으며, 화재 조사에 있어서도 소방 전문성을 배제한 경찰수사관의 지시와 재량을 따르게 되는데 이는 시급하게 개선이 되어야 한다고 생각합니다. 화재관련 범죄자에 대한 공소권까지는 아니더라도 화재원인을 파악하기 위한 조사권한의 확대는 보장되어야 한다고 생각합니다.

<u>둘째,</u> **화재에 있어서는 소방기관이 수사기관보다 전문성이 있기 때문에 화재에 관련된 조사권한은 우리 소방조직이 보유하는 것이 마땅하다고 생각합니다.**

화재 조사의 경우 방화가 화재의 원인이 될 경우 화재보험이 재산권 보호 등 국민의 삶에 영향을 미치는 부분이 많으므로 무엇보다 전문성을 가지고 조사를 해야 합니다. 따라서 일반적인 형사조사에서는 사법조직이 우수할 수도 있으나 화재현장은 일반적인 사건과 동일하게 다루기에는 특수성이 존재합니다. 따라서 화재 전문성을 갖춘 소방이 조사 주체가 되어 주도적으로 조사를 한다면 보다 정확하고 명확한 화재 원인을 밝혀낼 수 있으리라 생각합니다.

<u>셋째,</u> **소방조직의 화재조사권 강화는 화재조사에 따른 현실적 문제점을 보완할 수 있다고 생각합니다.**

현재는 소방 화재 조사관이 화재원인을 '방화'라 추정하여도 수사기관의 수사결과가 방화가 아니

라 '원인불명' 등으로 결론이 날 경우 소방기관 단독으로 방화를 화재원인이라고 판단하기 어려우며, 언론 보도에 있어서도 소방조직과 공조하지 않고 수사기관에서 일방적인 보도를 하는 경우가 허다하다고 생각합니다.

43억 원의 피해가 있었던 고양저유소 화재 사건의 경우도 화재의 본질적 원인을 경찰은 풍등이라고 발표를 했지만, 국민적 여론은 안전시설 화대 대응 시스템의 문제가 아니냐는 불만의 소리가 있었던 것으로 알고 있습니다. 이와 같이 동일한 화재 사건을 두고 수사기관과 소방조직의 의견이 일치가 안 될 경우 국민들에게 혼란을 야기할 수 있으며 잘못된 정보를 제공할 수도 있다고 생각합니다. 따라서 화재조사권을 우리 소방조직에 부여하여 화재조사와 관련된 현실적 갈등, 기관의 충돌 등을 막을 수 있다고 생각합니다.

<u>넷째,</u> 현행처럼 경찰이 수사권을 이유로 화재조사 업무까지 주체로 활동하는 것은 경찰의 업무를 가중시키고 현장 경험을 바탕으로 화재조사에 대한 전문성을 더욱 확보해야 할 미래 소방정책에 부합하지 않기 때문에 화재조사권은 우리 소방조직에 부여해야 한다고 생각합니다.

화재조사는 화재현장 출동부터 시작하여 화재진압이 완료될 때까지 시간경과에 따른 현장 상태 및 사진, 목격자 및 피해자의 진술 등을 확보해야 합니다. 아울러 추후 화재감식을 위한 현장실사 등을 위하여 화재현장을 있는 그대로 보전하여야 하는데, 이러한 과정에 주권이 경찰에 있으므로 경찰 업무는 과중되고 결국 소방조직에서 화재원인조사에 관련된 전문성을 확보할 기회가 줄어들게 됩니다. 이것은 미래 소방조직의 전문성에도 부정적인 영향을 줄 것이라고 생각합니다. 따라서 소방조직의 미래와 수사 인력을 효율적인 활용을 위하여 화재 조사권은 소방이 가지는 것이 마땅합니다.

<u>마지막으로,</u> 국민의 입장에서 이중적인 조사를 받게 되는 부분에 대한 개선이 필요하기 때문입니다. 현행법에서는 경찰수사 담당자와 소방화재 조사관이 따로 화재관련 인물에 대해 조사를 하게 되는데 이 경우 화재에 대한 트라우마를 가지고 있는 국민의 입장에서는 중복된 조사를 받게되고, 스트레스 상황에 놓이게 됩니다. 따라서 화재조사권한 만큼은 우리 소방조직에 전담된다면 국민의 부담과 이중조사에 대한 부작용을 줄일 수 있을 것입니다.

반대입장

저는 소방과 경찰의 화재 조사권 조정에 대해 반대를 합니다. 그 이유는,

<u>첫째,</u> 화재조사권 소방 단일화는 아직은 현실적으로 한계가 있다고 생각합니다.

방화 같은 중대한 화재라면 현장도 중요하지만, 보복이나 원한관계 같은 다른 인과 관계를 따져야 하는데 소방 혼자서는 무리이며. 경찰과 소방이 각자 장점을 살려 힘을 합치는 게 낫다고 생각합니다.

둘째, 소방이 조사권 단일화를 주장하려면 준비가 완벽히 돼야 하는데 아직은 인적 구성이나 시스템 전문성이 부족하다고 생각합니다.

현재 소방조직은 현저히 부족한 인원, 예산 부족에 시달리고 있는데 이러한 현실에서 조사를 전담하는 부서를 운영하는 것은 시기상조라고 생각합니다. 하지만 당장 화재 조사권의 일원화는 어렵더라도, 미미한 소방의 역할을 강화할 필요가 있다고 생각합니다.

020 소방전문병원 설립에 관한 찬성/반대 토론

🔒 질문 의도

- 2019년 2월 소방방재신문사 보도 내용은 소방청에 따르면 최근 5년간 연평균 3.6명의 위험직무순직자가 발생했다. 공상자 역시 연평균 495.8명에 달한다. 소방공무원 정신건강 상태의 경우 조금씩 감소 추세를 보이지만 여전히 일반인이나 타 직군과 비교할 때 유병률이 높은 실정이다.

  그간 소방청에서는 소방공무원의 특수근무환경에 따른 건강 유해인자를 분석하고 질병연구와 진료를 위해 국·공립 병원 등을 소방전문치료센터로 지정해서 운영 중이다. 더 나아가 소방공무원의 주요 상병 치료에 특화된 근골격계·PTSD·화상·건강증진센터 등 4개 센터와 임용부터 퇴직까지 공직 생애 기간의 건강을 관리하는 소방건강연구실이 포함된 소방복합치유센터 건립을 추진하고 있다.

  총 1,407억원이 투입되는 센터는 19개 진료과목, 300병상 규모의 종합병원으로 충북혁신도시(음성) 내에 2022년까지 건립을 완료하고 2023년부터 운영하는 것을 목표로 하고 있다.

🔒 답변 사례

🔹 찬성입장

저는 소방전문병원 신설에 찬성하는 입장입니다. 그 이유는

첫째, 소방은 업무 특성상 다른 직업보다 위험에 많이 노출되어 있고 다양한 부상의 가능성이 존재하기 때문에 집중치료를 받을 수 있는 전문병원이 필요하기 때문입니다.

둘째, 현 경찰공무원은 경찰전문병원이 따로 설립되어 있고 퇴직 후에도 이용 가능한 것으로 알고 있습니다. 소방공무원도 경찰공무원처럼 소방전문병원이 설립된다면 우리 소방공무원들의 사기가 올라갈 것 같습니다.

반대입장

저는 소방전문병원 신설에 반대하는 입장입니다. 그 이유는

첫째, 예산확보의 어려움이 있기 때문입니다.

제가 알기로는 병원설립에 드는 비용이 1,000억원 가량 필요한 것으로 아는데, 현실적으로 많은 어려움이 있을 것으로 예상되기 때문입니다.

둘째, 소방전문병원이 설립이 된다면 가까운 곳에서 부상을 당한 대원들이라면 이용하기에 불편함이 없겠지만, 지역이 멀 경우에는 병원에 가는 시간을 많이 내기가 어려울 것 같습니다.

따라서 저는 소방전문병원 설립보다는 가까운 병원에서 치료 받을 수 있는 수당이나 치료비 지원 등이 더 합리적인 방법이라고 생각합니다.

셋째, 소방전문병원 예산을 근무환경 개선을 위해 사용하는 것이 좋다고 생각합니다.

현재 열악한 근무환경이나 장비의 노후로 인하여 소방공무원의 부상이 일어나는 경우도 있을 것입니다. 그래서 저는 소방전문병원 설립에 필요한 예산을 열악한 근무환경 개선이나 장비교체를 한다면 부상을 미연에 방지할 수 있고 부상 후 치료하는 것보다 예방이 훨씬 바람직하다고 생각하기 때문에 소방전문병원 설립에 반대합니다.

021 양심적 병역거부의 정의와 그에 대한 찬성/반대 견해를 말하시오.

질문 의도

- 본 질문은 국민의 기본권인 양심의 자유와 국민의 실정법적 의무인 병역의무가 충돌하는 경우에 무엇을 우선해야 하는가를 묻고 있는 것으로, 양심적 병역거부자의 대체복무의 허용 여부가 우리 사회의 뜨거운 감자로 등장하면서 관심을 갖게 된 문제이다.

답변 사례

양심적 병역거부란 양심을 내세워 입영을 기피하거나 집총을 거부하는 것을 말하며, 특정 종교의 신도와 반전평화의 양심을 내세운 병역 거부자가 여기에 해당됩니다.

찬성입장

첫째, 저는 양심적 병역거부자의 대체복무를 허용해야 한다는 견해를 가지고 있습니다. 병역에 대한 대체복부는 세계적인 추세이기 때문입니다.

대체복부가 허용되지 않는 나라는 전 세계에서 36개국 뿐이며 집총 거부자를 법적으로 처벌하는 나라는 6개국 밖에 되지 않습니다. 2013년 유엔인권위원회의 조사에 따르면 전 세계에서 병역거부를 이유로 법적 처벌을 받은 사람 중 90%이상이 한국인이라고 합니다. 따라서 집총 거부자를 수감하여 일반 범죄자로 다루기보다는 타 국가처럼 대체복부를 허용하는 것이 바람직하다고 생각합니다.

둘째, 병역거부는 병역비리가 아니기 때문입니다.

단순히 군대에 가기 싫은 이들이나 군대를 기피하는 부류들과 동일시하기 보다는 자신의 신념에 따라 집총을 거부하는 사람들이기 때문에 악용에 우려로 대체복무를 무조건 반대하는 것은 무리가 있다고 생각합니다. 단지 집총을 거부하는 것이기 때문에 기간을 현 군인보다 길게 한다든지, 지뢰 작업처럼 위험하고 힘든 업무, 혹은 교도소 등과 같이 사회에서 격리 된 환경에서 봉사하도록 한다면 악용의 우려는 충분히 잠재울 수 있을 것이기 때문입니다.

반대입장

첫째, 대체복무를 허용하게 된다면 군대를 가기 싫은 사람들이 병역기피 수단으로 악용할 우려가 있기 때문입니다.

누구나 군 입대를 꺼려한다고 생각하는데 대체복무라는 새로운 제도가 생긴다면 사실적 양심적 병역거부자 뿐만 아니라 일반 징병 대상자들도 이 제도를 악용하여 병역을 기피할 확률이 높아질 것입니다.

둘째, 양심의 기준이 모호하기 때문입니다.

소수인권도 보호 받아야 하지만 국가 차원에서 개인의 양심을 판단하기는 쉽지 않으며, 기준과 절차를 마련하고 평가를 하여 판가름 하는데 드는 비용적 부담 또한 무시할 수 없다고 생각합니다.

셋째, 대체복무는 징병제를 실시하고 있는 우리나라 병역의무의 형평성에 위배되기 때문에 반대합니다.

병역은 대한민국 건강한 남자라면 마땅히 수행해야 하는 의무이고, 대체복무 기간을 연장하고 강도 높은 업무를 하게 한다고 해서 현역병이 전시를 대비해 목숨을 거는 일과는 비교할 수 없다고 생각합니다.

넷째, 국가의 안보를 위해서는 반드시 현 징병제를 유지해야 한다는 생각 때문입니다.

군인의 역할은 국가와 국민을 지키고 영토를 수호하는 일을 하게 되는데, 대체복무를 허용한다면 현역병의 수는 감소할 것이고 이는 국가안보에 직결되기 때문입니다. 아울러 우리나라 현 상황상 북한이나 주변국간의 갈등이 끊임없이 발생하고 있으므로 대체복부는 시기상조라는 생각을 가지고 있습니다.

다섯째, **현역병들이 상대적 박탈감을 느낄 수 있으므로 저는 반대합니다.**
대체복무가 허용된다면 지금보다 많은 이들이 종교적 이유를 들어 현역복무를 기피하게 될 것인데, 현역 군인으로 국민으로서의 마땅한 의무를 따르면서도 현실에 대한 좌절감과 상대적 박탈감을 느끼게 될 것 같습니다.

마지막으로 **특정 종교에 대한 혜택이 될 수 있습니다.**
현재 양심적 병역 거부자 대상 중 99.25%가 여호와의 증인 신도라고 합니다. 이러한 배경으로 국민적 여론 또한 양심적 병역거부라고 칭하기 보다는 '종교적 병역거부'로 하라는 여론이 있습니다.

| 참고자료 | 양심적 병역거부 관련 보도 자료

> 헌법재판소는 2018년 6월 28일 병역의 종류에 양심적 병역 거부자에 대한 대체복무제를 규정하지 않은 것은 헌법에 합치되지 않는다고 헌법불합치 결정했으며, 대법원 전원합의체는 같은 해 11월 1일 종교적 신념을 이유로 입영을 거부한 양심적 병역거부에 대해 무죄를 선고했다.

022 안락사에 대한 생각을 말해 보시오.

🔒 질문 의도

- 안락사에 관한 논란은 지속적으로 이어져 왔다. 고통스러운 상황에 처해 있더라도 인간 생명의 존엄성을 지켜야 한다는 의견과 인간은 자신의 생명의 주인이며 죽음 여부를 자발적으로 결정할 수 있는 권리가 있다고 주장하는 의견이 상충된다. 찬반 의견 모두에 대한 정보를 가지고 있어야 하며 극단적인 주장하지 않도록 주의한다. 토론면접에서도 자주 거론되는 질문이므로 내용을 잘 알아두도록 하자.

◆ **적극적 안락사** : 심한 고통을 받고 있는 말기 환자나 깨어날 가망이 없는 의식불명 환자를 사랑의 마음으로 죽도록 도와주는 행위로서, 전쟁 중 심한 부상을 당한 전우에게 총을 쏴 숨지게 하는 상황이 그런 사례에 속한다.

◆ **소극적 안락사** : 교통사고나 약물 과다 복용으로 뇌가 손상되어 의식불명상태에 있는 환자는 생명보존 장치의 도움으로 생명을 유지해 가는데, 이때 환자가 소생될 가망이 없다고 판단되어 생명 보

조 장치를 제거하는 경우가 이에 해당된다.

답변의 방향은 자신의 입장을 밝힌 후 그에 타당한 이유를 2~3가지 정도 답변한다. 아울러 추후 발생할 수 있는 문제와, 반대 입장에서 주장할 수 있는 의견을 "하지만" 기법을 사용하여 마무리를 지어야 한다.

답변 사례

찬성입장

저는 안락사에 찬성하는 입장입니다. 그 이유는

<u>첫째,</u> **안락사는 치유 불가능한 병에 걸린 환자의 고통을 덜어 주는 최선의 방법이기 때문입니다.**
인간의 생명은 소중하고 인간 또한 존엄하기 때문에 환자는 스스로가 존엄하게 죽을 자기 결정권을 갖습니다. 즉, 인간답게 죽을 권리를 갖고 있는 것입니다. 그렇기에 안락사를 반대하는 사람들은 생명 보호를 강조하지만 오히려 안락사는 생명 보호 차원에서 허용되어야 합니다.

<u>둘째,</u> **자신의 삶을 선택할 권리는 자신에게 있고, 환자 가족들의 정신적·경제적 어려움을 경감시킬 수 있다는 점 등을 들 수 있습니다.**
의학적으로 죽음을 선고받은 사람에게 무의미하게 치료를 계속하는 것보다는 본인과 가족들의 정신적, 경제적, 육체적 고통을 조금이라도 줄여주는 것이 오히려 이들을 위한 행동일 것입니다. 하지만 안락사를 허용하면 고의적 살인이나 부작용이 생길 수 있습니다. 그러나 이는 체계화된 검증 시스템과 법 제도 마련으로 충분히 보완할 수 있습니다. 이렇듯 참된 의미에서 생명을 존중한다는 측면에서 안락사는 허용되어야 한다고 생각합니다.

반대입장

저는 안락사에 반대하는 입장입니다. 그 이유는

<u>첫째,</u> **인간이 인간의 목숨을 거둘 권리가 없기 때문입니다.**
생명은 그 무엇보다 소중한 것이고, 이는 인간이 박탈 여부를 결정할 수 없는 신성한 것입니다. 따라서 고통을 경감시키기 위해 인위적인 생명을 단축시키는 행위는 자연의 섭리를 거스르는 행위는 범법 행위가 될 수밖에 없습니다.

<u>둘째,</u> **생명경시 풍조와 인간 존엄성의 훼손, 자살 조장 가능성이 있기 때문에 반대합니다.**
의사의 가장 기본적이고 고귀한 임무는 환자의 생명을 보호하고 치료하는 일인데 환자를 도와서 죽게 한다면 그 사회 전체가 인간의 생명을 경시하는 풍토로 물들 것입니다. 만약 공식적으로 안락사가 인정된다면 사회에서 버림받은 장애인이나 심각한 정신질환을 앓고 있는 이들도 자신

의 힘겨운 삶을 이제 그만 끝내 달라고 주장할 수 있게 됩니다. 가난하고 힘든 삶을 살아가는 환자들이 손쉽게 안락사를 빙자한 자살을 선택할 수 있게 되는 것입니다. 따라서 저는 안락사는 허용되어서는 안 된다고 생각합니다.

셋째, **안락사의 남용과 오류를 막을 충분한 안전장치를 갖추기 어렵고 현실적으로 안락사의 실시를 결정할 수 있는 방법이 없기 때문에 반대합니다.**

하지만 치유 불가능한 병에 걸린 환자의 고통이나, 의학적으로 죽음을 선고받은 사람의 치료에서 발생되는 과도한 의료비 때문에 고통 받는 가족들의 정신적, 경제적, 육체적 고통을 조금이라도 줄여줄 수 있는 소극적 혹은 제한적인 안락사는 고려해 볼 만하다고 생각합니다.

| 참고자료 | 연명의료결정법

① **정의**: 회생 가능성이 없는 환자가 자기의 결정이나 가족의 동의로 연명치료를 받지 않을 수 있도록 하는 법으로, 2016년 1월 국회를 통과했다. 이에 따라 호스피스 분야는 2017년 8월 4일, 연명의료 분야는 2018년 2월 4일부터 시행에 들어갔다.

연명의료는 현대의학으로 더는 치료할 수 없어 임종 과정에 있는 환자에게 하는 의학적 시술 가운데 치료 효과 없이 임종 과정 기간만을 연장하는 것을 말한다. 연명의료결정법은 회생 가능성이 없는 환자가 자기의 결정이나 가족의 동의로 연명치료를 받지 않을 수 있도록 하는 법으로, 정식 명칭은 '호스피스·완화의료 및 임종 과정에 있는 환자의 연명의료 결정에 관한 법'이다. 2016년 1월 8일 국회 본회의를 통과했으며, 이후 호스피스 분야는 2017년 8월 4일에, 연명의료 분야는 2018년 2월 4일부터 시행에 들어갔다.

연명의료 중단은 회생 가능성이 없고, 치료해도 회복되지 않으며, 급속도로 증상이 악화되어 사망에 임박해 임종 과정에 있는 환자를 대상으로 심폐소생술, 혈액 투석, 항암제 투여, 인공호흡기 착용 등 네 가지 연명의료를 중단하여 존엄하게 죽음을 맞이할 수 있도록 하는 내용을 골자로 한다. 다만 연명의료를 중단하더라도 통증 완화를 위한 의료 행위나 영양분 공급, 물 공급, 산소의 단순 공급은 중단할 수 없다.

② **대상**: 말기 암 환자에 한정되어 있던 호스피스 완화의료 대상자는 후천성면역결핍증(AIDS), 만성폐쇄성호흡기질환, 만성간경화 말기 환자에까지 확대되었다.

③ **절차**: 호스피스 대상이 되는 말기 환자는 담당의사와 해당분야 전문의 1명이 ▷임상적 증상 ▷다른 질병 또는 질환의 존재 여부 ▷약물 투여 또는 시술 등에 따른 개선 정도 ▷종전의 진료 경과 ▷다른 진료 방법의 가능 여부 등의 기준을 종합적으로 고려해 진단하게 된다.

환자는 담당의와 해당 분야의 전문의 1명에게 말기·임종 과정에 있다는 의학적 진단을 받을 경우, 연명치료 지속·중단을 스스로 결정할 수 있다. 이때 환자는 사전연명의료의향서나 연명의료계획서를 통해 연명의료를 원치 않는다는 의사를 나타내야 한다.

그러나 환자 의식이 없고 환자가 연명의료계획서 등을 미리 작성하지 않은 경우에는 환자 가족 2인이 연명의료에 관한 환자의 의사를 진술하고, 그것도 없을 경우 환자 가족 전원이 합의해 연명 의료 중단을 결정할 수 있다.

출처 : [네이버 지식백과] 연명의료결정법

023 동성 간 결혼 합법화에 대한 의견을 말해 보시오.

🔒 질문 의도

- 법을 집행하고 행정을 펼치는 공무원은 편견이나 편협한 사고를 배제한다. 법 앞에서는 누구나 공평하고 누구나 인권을 보호받아야 함이 법의 근간을 이루고 있기 때문이다. 사회의 소수 의견에 대한 지원자의 생각과 개방성 등을 파악할 수 있는 질문이다. 토론면접에서도 자주 거론되는 질문이므로 내용을 잘 알아두도록 하자.
  답변의 방향은 자신의 입장을 밝힌 후 그에 타당한 이유를 2~3가지 정도 답변한다. 아울러 추후 발생할 수 있는 문제와, 반대 입장에서 주장할 수 있는 의견을 "하지만" 기법을 사용하여 마무리를 지어야 한다.

🔒 답변 사례

▶ 찬성입장

저는 동성 간 결혼의 합법화에 찬성합니다. 그 이유는
첫째, 성적 소수자의 인권을 보호해야하기 때문입니다.
성적 지향의 차이가 차별의 근거가 될 수 없듯이 민주주의의 기본 원칙을 지키기 위해서라도 개인의 선택은 존중되어야 한다고 생각합니다.
둘째, 동성 간의 결혼은 세계적으로 합법화되고 있는 추세이기 때문입니다.
우리나라에서도 동성애자에게 결혼과 입양 등 가족을 구성할 권리를 제공하여 성적 소수자에 대한 근거 없는 차별을 없애야 할 것입니다.
하지만 아직은 국민정서상 동성 간 결혼을 받아들이기 어려울 것으로 생각됩니다. 따라서 서로의 다양성을 인정하는 국민 의식이 향상되어야 한다고 생각합니다.

▶ 반대입장

저는 동성 간 결혼의 합법화에 반대합니다. 그 이유는
첫째, 동성 간 결혼을 합법화하는 것은 남녀 간의 성스러운 결합인 혼인의 의미를 부정하는 것이 되기 때문입니다.
결혼이라는 제도로 생겨나는 부부는 사회적으로 부부로써 인정받으며, 부부 간의 의무뿐 아니라 사회 구성원 생산의 의무 또한 지게 됩니다. 동성 간 결혼의 합법화는 이러한 사회의 근간을 흔들리게 하는 것입니다.

둘째, 아직은 우리나라 정서에 맞지 않기 때문입니다.

동성 간의 결혼은 세계적으로 합법화되고 있는 추세라고는 하지만, 개방적인 서구사회에서 조차 전폭적으로 받아들여지지는 않았습니다. 예를 들어 미국에서는 두 개의 주를 빼놓고는 동성 간 결혼이 합법화되지 않았습니다. 따라서 동성 간의 결혼을 법에서 인정하는 것은 아직 시기상조라고 생각합니다. 하지만 성적 소수자의 권익은 보호되어야 하며, 차별받는 편견어린 시선 등은 변화가 되어야 한다고 생각합니다.

024 혼전동거에 대한 자신의 생각을 말해 보시오.

🔒 질문 의도

- 법을 집행하고 행정을 수행하는 공무원은 편견이나 편협한 사고를 배제한다. 사회의 소수 의견에 대한 지원자의 생각과 개방성 등을 파악할 수 있는 질문이다. 토론면접에서도 자주 거론되는 질문이므로 내용을 잘 알아두도록 하자.
  답변의 방향은 자신의 입장을 밝힌 후 그에 타당한 이유를 2~3가지 정도 답변한다. 아울러 추후 발생할 수 있는 문제와 반대 입장에서 주장할 수 있는 의견을 **"하지만"** 기법을 사용하여 마무리를 지어야 한다.

🔒 답변 사례

⇢ 찬성입장

저는 혼전동거에 찬성하는 입장입니다. 그 이유는

첫째, 동거를 통해 서로의 내면에 대한 좀 더 깊은 이해를 바탕으로 평등한 부부관을 확립할 수 있다고 보기 때문에 혼전동거에 찬성합니다.

동거를 통해 상대가 자신의 아내나 남편이 될 준비가 되어 있는지, 상대방이 나에 대해 어떤 것을 기대하고 있는지에 대해 미리 알아보게 됨으로써 연애 시절에 알 수 없었던 많은 문제점을 발견하고 생각할 수 있는 기회를 만들 수 있을 것입니다.

둘째, 이혼율이 높은 사회 현실에서 결혼 부작용을 막는 하나의 대안이 될 수 있으리라 생각하기 때문입니다.

동거는 사랑의 한 형태로써 자신의 삶을 살아가는 한 방법으로 남녀가 현실에서 행복하게 살 수 있는지 서로 잘 맞는지 알아보기 위한 가장 최선의 방법이 될 수 있습니다. 하지만 서로에 대한 책임 없는 동거는 많은 부작용을 낳을 수 있으므로 신중한 판단을 요한다고 생각합니다.

반대입장

저는 혼전동거에 반대하는 입장입니다. 그 이유는
<u>첫째,</u> 결혼하기 전에 서로를 알아가는 과정을 거친다는 측면에서는 동거는 긍정적으로 평가될 수 있을 것이지만, 동거는 결혼과는 달리 책임이 동반되는 관계가 될 수 없기 때문입니다.
혼전동거가 당연시되는 풍조가 생긴다면 무책임하고 철없는 젊은이들까지도 이것이 당연한 것처럼 따라하게 될 수 있습니다. 책임과 의무를 피하고자 선택하는 혼전동거로는 결혼 전 서로에 대해 알아간다는 취지를 살릴 수 없습니다.
<u>둘째,</u> 사회적으로 여성의 순결이 아직도 강조되고, 동거를 색안경을 끼고 바라보는 시선이 있기에, 동거의 부작용은 여성이 짊어지는 경우가 많기 때문에 반대합니다.
하지만, 서로에 대한 책임감을 가지고 신중하게 혼전 동거를 선택한다면 서로에 대한 깊은 이해로 결혼 후 발생할 수 있는 갈등이나 이혼 발생을 낮출 수 있다고 생각합니다.

025 낙태에 대해서는 찬성/반대 의견을 말해보세요.

질문 의도

- 낙태는 생명이라는 인간의 가장 기본적인 권리와 자기결정권이라는 헌법상 보장되는 권리, 즉 인간의 존엄권 사이의 싸움으로, 낙태죄를 둘러싼 논란은 태아의 생명권과 임산부의 자기 결정권 간의 갈등으로 압축된다. 현재 우리 헌법은 태아 생명권을 우선시하고 있으며, 낙태는 불법이다. 토론면접에서도 자주 거론되는 질문이므로 내용을 잘 알아두도록 하자.
  * 2020년 낙태 개정 내용
  [기존 낙태 허용 기준] ① 임부나 배우자의 우생학적 유전학적 정신장애나 신체질환, ② 전염성 질환, ③ 강간·준강간에 의한 임신, ④ 친관계 간 임신, ⑤ 임부 건강 위험
  [낙태 허용 기준] ① 현행 24주에서 임신 14주 이내 중절수술 허용, ② 모자보건법 허용 사유에 사회적 경제적 사유를 추가하여 허용
  답변의 방향은 자신의 입장을 밝힌 후 그에 타당한 이유를 2~3가지 정도 답변한다. 아울러 추후 발생할 수 있는 문제와 반대 입장에서 주장할 수 있는 의견을 "**하지만**" 기법을 사용하여 마무리를 지어야 한다.

답변 사례

찬성입장

낙태에 대해서 찬성하는 입장에서 말씀드리겠습니다. 낙태에 찬성하는 이유는

<u>첫째,</u> 태어나지 않은 태아를 생명으로 보는 것은 과장이며 여성에게 자녀 출산에 대한 자유를 주어야 하기 때문입니다.

<u>둘째,</u> 여성이 원하지 않는 임신을 했을 경우입니다.
10대의 산모나, 성폭행, 경제적으로 어려움을 겪는 등으로 원하지 않는 임신을 했을 경우 아이나 산모 모두 불행한 환경에 처하게 될 것이기 때문입니다.

<u>셋째,</u> 태아가 장애를 가진 경우로, 장애아 출산은 가정생활이나 직장생활에 무거운 짐을 지게 되는 것이므로, 낙태에 대한 선택은 사생활권과 행복추구권을 보장하는 것이기 때문입니다.

<u>넷째,</u> 낙태를 합법화한다고 해도 낙태를 하는 사람들은 대부분 스스로 죄책감을 느낄 것이고 죄책감 없이 하는 사람들이 있더라도 무분별하게 하진 않을 것이기 때문입니다.

하지만, 낙태에 합법화에 앞서 원치 않는 임신을 막기 위한 올바른 성교육과 피임 방법을 교육할 필요가 있으며, 낙태가 합법화 되더라도 당사자들이 겪어야할 심리적·정신적 충격을 치료해줄 지원정책이 함께 마련되어야 할 것입니다.

반대입장

낙태에 대해서 반대하는 입장에서 말씀드리겠습니다. 낙태에 반대하는 이유는

<u>첫째,</u> 생명에 대한 살인행위이기 때문입니다.
어떠한 경우라도 사람의 생사를 좌지우지할 권리는 아무에게도 없다고 생각합니다.

<u>둘째,</u> 낙태는 산모에 이기적인 판단에 의해 행해지는 것으로, 태아의 생명에 대한 기본권을 무시한 것이기 때문입니다.

<u>셋째,</u> 낙태 수술 시 산모에게도 큰 위험부담을 안겨줄 수 있기 때문에 반대합니다.

<u>넷째,</u> 지금 우리나라는 심각한 저 출산 국가이므로 국가 발전을 위해 출산이 장려되어야 하기 때문입니다.

하지만, 강간을 당했거나. 친척이나 가족 간의 관계로 아이를 가진 경우 또한 유전학적으로 전신장애나 신체질환, 전염성 질환이 있을 경우처럼 반드시 필요한 경우에는 허용해야 한다고 생각합니다.

| 참고자료 | 낙태 보도 자료

> 2019년 2월 KBS 보도에 따르면 임신한 적이 있는 여성 10명 중 4명이 낙태를 경험했다고 하며, 낙태의 이유는 경제적 이유가 가장 높았으며, 그 다음으로 학업과 일 때문이 차지했다.
> 의료계는 매년 국내에서 시행되는 낙태 수술을 약 70~80만 건으로 추정하고 있다.

026 고령화 사회에 대해 아는 대로 말해보시오.

질문 의도

- 고령화의 정의와 본인의 견해를 말한다.

답변 사례

고령화 사회란 총 인구에서 65세 이상이 인구가 차지하는 비율이 7%이상인 사회를 말하고, 65세 이상 인구가 총 인구의 14%이상이면 고령사회, 20% 이상의 비율이면 초고령 사회라고 합니다. 우리나라는 과거에 비해 출생률이 저하되었고, 평균수명이 길어졌습니다. 그에 따라 고령화 속도는 빨라지고 고령에 따른 질병·경제적 어려움·노인층의 외로움 등의 문제가 발생하게 되었고 그에 대한 대책을 마련하는 것이 우리가 해결해야 할 과제라고 생각합니다.

027 고령화 사회에 노인복지문제와 그 대책에 대하여 말해보시오.

질문 의도

- 저 출산과 고령화는 현대 우리나라가 해결해야 할 문제이다. 각 직렬에서 자주 출제되는 문제이므로 원인과 함께 지원 직렬에서의 대처 방안을 생각해 보도록 한다.

답변 사례

우리나라 평균수명이 80세에 달하는 현 시점에서 노령인구는 기하급수로 늘어나는 반면 그에 맞는 사회복지 제도는 미흡한 현실입니다. 고령화 사회의 문제점은
첫째, 고령화의 급속한 진행으로 자신의 노후준비가 미흡한 노인 중에 생활고를 겪는 사람이 많다는 것입니다.
둘째, 노인 인구 중 상당수가 질병을 앓고 있는 것도 노인 문제로 꼽을 수 있습니다.
셋째, 사회 참여에서 소외된 노인들이 겪는 외로움이 있습니다.

대처방안으로는

첫째, **노인의 삶에 실질적인 도움이 되는 노인복지대책을 마련하여야 한다고 생각합니다.**
그 방법으로는 노인의 경제적 활동의 기회를 위한 일자리 창출과 평생 직업교육 시스템이 마련되어야 한다고 생각합니다.

둘째, **노인들의 사회 참여를 위한 다양한 프로그램 실시와 노인 전문 병원의 확충을 통한 노인 질병관리도 필요합니다.**
국민적 차원에서는 노인문제가 한 개인의 문제가 아닌 우리나라 전체의 문제라는 인식을 가지고, 활동적인 노인문화 정착을 위해 노력해야 한다고 생각합니다.

028 고독사에 대한 정의와 대처 방안을 제시해 보시오.

질문 의도

- 2020년 보건복지부 자료에 따르면 2016년 127만5천명이던 홀몸노인은 2017년 134만6천명, 2018년 143만1천명, 2019년 150만명으로 늘었다. 2020년 올해 8월 기준으로는 158만9천명이다. 최근 5년간 발견된 무연고 사망자는 총 9천734명인데, 이중 65세 이상이 4천170명(42.8%)이었다. 2016년과 2019년을 비교하면 3년 사이 735명에서 1천145명으로 55.8% 증가했다.
홀몸노인 증가에 따라 지난 3월 '고독사 예방 및 관리에 관한 법'이 제정됐지만, 내년에야 시행돼 아직까지 홀몸노인 고독사는 공식적인 통계조차 없이 무연고 사망자 수로 추정하는 현실이다.
코로나19(신종 코로나바이러스 감염증) 장기화로 홀몸노인들이 사각지대에 놓인 만큼 노인 고독사를 예방하기 위한 국가 차원의 사회적 안전장치가 조속히 마련되어야 할 것이다.

답변 사례

고독사란 가족, 친척, 사회에서 격리돼 홀로 떨어져 살다가 아무도 모르게 홀로 죽음에 이르는 것을 의미하며, 대부분 오랫동안 시신이 방치되는 경우가 많다고 알고 있습니다.
고독사의 대처방안으로는

첫째, **주변 사람들의 관심이 필요합니다.**
개인주의가 만연해 지면서 이웃에 대한 관심도가 현저히 떨어지게 되는데, 국민 개개인 들이 공동체 의식을 가지고 주변의 외로운 분이나 고령자에 대한 관심과 애정을 가질 필요가 있습니다.

둘째, 방문업에 종사하시는 분들 즉 택배배달 혹은 야쿠르트 배달하시는 분들에게 고독사에 대한 홍보와 교육을 하여 배달 현장에서 발견할 수 있는 위험에 대해 즉각 신고할 수 있게 한다면 사망 후 발견되는 안타까운 사건을 줄일 수 있다고 생각합니다.

셋째, 시대의 흐름 상 1인 가구가 늘어나고 있는데 청년 1인 세대와 독거노인 분들이 함께 생활할 수 있는 주거공간이나 여가 공간 등을 제공한다면 고독사를 예방하는 데 도움이 될 것 같습니다.

넷째, 일본의 '고독사 제로 운동'을 모델링 한다면 좋을 듯합니다.

일본은 고독사 제로 운동을 통해 배우자가 없거나 이웃이나 친구, 가족이 없는 자를 고독사 예방 관리 대상자로 선발하여 이들을 위한 소통공간을 운영하고 고독사 예방 상담 전화 설치 등 다양한 관리 프로그램을 제공하면서 지속적인 관심으로 고독사를 해결하려고 하고 있는데 이와 같은 정책을 우리나라에도 적용시킨다면 고독사 사례를 감소시킬 수 있다고 생각합니다.

029 우리나라는 저 출산(인구절벽) 현상이 빠르게 진행되고 있는데 이러한 현상은 우리 사회에 어떠한 영향을 미치겠습니까?

질문 의도

- 2020년 3분기 합계출생률은 0.84명을 기록하며 관련 통계가 작성된 1981년 이래 최저치를 나타냈다. 합계출생률이란 가임 여성 1명이 평생 낳을 것으로 예상되는 자녀의 수를 말한다.
본 질문은 저 출산 현상이 우리 사회에 미치는 영향을 묻고 있는 것이므로 우선 저 출산의 원인을 먼저 규명하고 나아가서 사회에 미치는 영향과 대책을 차례로 밝히면 되겠다.

답변 사례

우리나라의 **저 출산의 원인**으로는

첫째, 청년 실업률의 심화가 젊은 층으로 하여금 만혼(晩婚)과 결혼 포기 현상을 가져왔기 때문입니다.

둘째, 경제 불황의 장기화로 기혼남녀의 취업 및 직업의 불안도 한 원인이 되고 있습니다.

셋째, 자녀양육비 특히 과도한 사교육비 문제는 가장 심각한 문제라고 할 수 있습니다.

넷째, 취업과 자기발전을 우선시하는 딩크(DINK)족 등의 가치관의 변화를 들 수 있습니다.

따라서 저 출산과 고령화는 우리 사회에

첫째, 인구가 빠르게 감소해 일손이 모자라는 것은 물론 내수(內需)의 기반이 흔들리고,

둘째, 인구가 줄어든 상태에서 노인의 비중이 커져 젊은 층의 부담이 늘어나고 있습니다.

셋째, 국민연금 등 사회안전망에도 심각한 문제가 발생하게 되는데 이는 연금을 받을 사람은 많은데 20~30년 후에 이를 부담 할 젊은 층이 줄어들기 때문입니다.

저 출산의 대책으로는

첫째, 육아휴직을 포함한 모성 보호제도의 비용을 사회 보험화 하는 등 여성의 안정적 노동환경 조성이 필요합니다.

둘째, 아동에 대한 사회적 책임의 확대로 자녀 중심의 복지정책으로 아동수당제도, 세제혜택, 사회보장제도의 개선, 다자녀 가구에 대한 인센티브 등의 유인정책도 고려할 수 있습니다.

셋째, 소극적이고 근시안적인 정책이지만 출산장려금과 제한적 보육비 지원을 들 수도 있으며, 끝으로 불임부부의 지원, 전향적 이민정책, 고령자의 경제활동 참여의 활성화 등을 들 수 있을 것 같습니다.

030 우리나라 청년실업의 원인과 그 대책에 대해 말해보시오.

🔒 질문 의도

- 2018년 통계청 자료를 근거로 살펴보면 총 실업률 : 4.1%(2018.04.), 청년실업률(15~29세) : 10.7%(2018.04.)에 달한다. 이처럼 취업을 낙타가 바늘구멍을 통과한다는 말에 비교하던 시대는 옛 날이고 이제는 가문의 영광이라는 말이 되어서 극심한 취업난을 말해주고 있다. 원인과 그에 따른 해결방안을 제시한다.

🔒 답변 사례

청년실업의 원인은

첫째, 대학졸업자수는 증가하였지만 일자리는 줄어든 데 있습니다.

둘째, 청년층이 힘든 일을 기피하기 때문에 힘든 직종에는 외국인 근로자로 대체되었기 때문입니다.

셋째, 청년들이 접근할 수 있는 노동시장 정보의 부족과 취업 지원 인프라의 부족 등을 말씀드릴 수 있습니다.

대책 방안으로는

첫째, 청년 실업 문제를 해결하기 위해서는 제도적인 측면에서 기본 해결이 이루어져야 하고 의식의 변화가 뒤따라야 합니다.

즉 대졸 인력의 질적 수준을 기업의 요구를 충족시킬 수 있도록 준비하고, 대학 졸업생은 현실성 있게 일자리를 찾는 자세를 갖고 이해관계를 조정해야 할 것입니다.

둘째, 정부는 일자리 확대와 고용 창출을 지원하고 다양한 직장체험의 기회를 제공해야 합니다.

셋째, 젊은이들의 일자리를 만들기 위해 사회 비용의 투자가 필요합니다.

나라의 미래를 짊어질 청년에게 아낌없는 투자를 하여 사회의 훌륭한 재목이 될 수 있도록 도와줘야 할 것입니다. 그러나 실업급여만 믿고 구직 활동에 최선을 다하지 않는 도덕적 해이가 생길 수 있으므로, 실업급여에 제한이나 지급 기간을 제한함으로써 구직에 최선을 다하도록 도와줘야 합니다.

031 청소년 성매매 현상의 원인과 해결책을 말해보시오.

질문 의도

- 과거 청소년 성매매는 단순히 '가출 청소년들의 전유물'이라는 인식이 지배적이었다. 하지만 휴대폰 사용의 확대에 따라 SNS나 랜덤 채팅 어플을 통해 간편하고 빠른 시간 안에 성매매 범죄가 발생하고 있다. 지난 2016년 여성가족부 실태조사에 따르면, 조건만남 경험이 있는 청소년 10명 중 7명은 온라인을 통해 만남이 이뤄졌다고 보고하고 있다.

답변 사례

청소년 성매매의 가장 큰 이유로는 휴대폰 어플이 발전함에 따라 만남이 쉬워졌다는 것에 있습니다. 전 국민이 개인 휴대폰을 사용하고 있는 현실에서 청소년 또한 예외 없이 휴대폰을 소지하고 있습니다. 여기에 다양한 만남 어플이 생겨나게 되었고, 성매매를 원하는 사람들의 접근성이 용이해짐에 따라 청소년 성매매 또한 근절되지 않는 것 같습니다.

따라서 이를 해결하기 위해

첫째, 채팅 앱 제재가 가장 필요하며 관련 단속도 강화하여 엄중한 처벌로 성매매 통로 차단을 해야 한다고 생각합니다.

둘째, 성을 상품화하는 것이 원인이 될 수 있습니다.

청소년들은 자신들의 소비 욕구를 채우거나 경제적 능력이 없어 생활을 제대로 이어갈 수 없는 경우 돈을 마련하고자 성매매가 이루어지고 있는 상황입니다. 이러한 청소년들에게 올바른 직업의식을 위한 건강한 경제활동과 아르바이트 등을 권장할 수 있도록 교육해야 할 것입니다.

셋째, 청소년들의 미숙하고 잘못된 가치관이 원인이 된다고 생각합니다.

돈을 벌 수 있다면 자신의 성이라도 팔 수 있다는 잘못된 가치관을 가진 청소년들의 가치관이 바뀌지 않는 이상 청소년 성매매는 사라지지 않을 것이라고 생각합니다.

따라서 청소년들에게 올바른 성 가치관을 확립해주고 정확한 성 지식을 제공을 위한 노력을 가정과 학교에서 이루어져야 한다고 생각합니다.

아울러 돈으로 청소년을 유혹하는 성인들도 올바른 성인식과 가치관을 가져야 할 것입니다.

032 자살 문제가 사회적으로 큰 문제가 되고 있다. 해결방안이 무엇이겠는가?

질문 의도

- 우리나라 자살률이 세계 상위권을 차지할 만큼 심각한 사회문제로 대두되고 있다. 지원자의 사회적 관심과 논리적인 의사전달 능력을 파악할 수 있는 질문으로 원인과 대처방안을 제시하도록 한다.

답변 사례

현재 우리나라 자살률이 세계 상위권에 해당한다는 보도를 접하고 안타까운 마음이 들었습니다. 자살의 원인은 다양하겠지만, 경쟁이 심한 사회적 환경에서 발생하는 어려움을 자기 자신이 컨트롤 할 수 없을 때 극단적인 선택을 하게 되는 것 같습니다.

자살을 해결하기 위한 방법으로는

첫째, 자살 예방 교육이 필요하다고 생각합니다.

대중매체를 통해 국민들에게 자살에 대한 폐해와 도움을 요청할 방법 등의 교육을 통해 자살을 예방할 수 있다고 봅니다.

둘째, 자살 시도자나 자살 계획에 있는 대상자들에게 관심을 가지고 적극적인 태도로 도움을 주는 것입니다.

셋째, 국가적 차원에서 자살 관련 상담소나, 센터 등을 통하여 자살을 개인의 문제로 보지 말고 사회적 문제로 접근하여 치료하고 예방하는 프로그램을 실시하는 것이 필요하다고 생각합니다.

033 최근 우리 사회에서 나타나고 있는 '갑의 횡포'에 대한 본인의 생각은?

질문 의도

- 뉴스를 통해 심심치 않게 발생하는 일명 '갑질'(면접 상황에서는 이러한 극단적인 표현을 사용하지 않도록 주의해야 한다.) 행동에 대한 지원자의 의견을 묻는 질문으로 사회 변화에 따라 돌출되는 문제에 대한 인식과 사회적 이슈에 관심을 가지고 있어야 한다.

답변 사례

갑의 횡포가 발생하는 것은 물질 만능의 팽배에서 부에 따라 사람의 위치가 정해진다는 이기주의, 타인에 대한 배려심 부족이 원인이라 생각합니다. 이는 우리 사회 구성원간의 공동체 의식 결여에서 오는 것으로 약자를 배려하기 보다는 약자의 우위에 서겠다는 이기주의와 역지사지의 입장을 무시하는 개인주의가 원인될 수 있습니다. 이러한 갑의 횡포를 해결하기 위해서는 우리 서로가 한 공동체라는 인식을 가지고 역할에 따른 업무가 지위를 가르는 것이 아닌 서로에게 필요한 역할이라는 배려심이 필요하다고 생각합니다.

034 급증하는 우리나라 이혼율 대해서 말해보시오.

질문 의도

- 통계청이 발표한 '2015년 혼인 이혼 통계'(2016.4.17배포)에 따르면 혼인 건수는 30만 2,800건이고, 이혼 건수는 10만 9,200건으로 혼인의 1/3이 이혼으로 종결되는 것으로 발표할 만큼 우리나라 이혼은 급증하고 있다. 사회적 변화와 사건에 대한 지원자의 관심과 개인적 견해를 파악할 수 있는 질문이다. 지나치게 편파적인 답변보다는 중립적 위치에서 가정과 결혼에 대한 자신의 견해를 밝히는 것이 바람직하다.

답변 사례

이혼율이 증가하면서 가정이 해체되고, 아이들이 정상적인 사랑을 받지 못하게 되고 성장하면서 많은 비행과 정신적인 어려움을 겪는다는 통계를 보면서 안타까움을 느꼈습니다. 저는 이혼이 반드시 나쁘다고는 생각하지 않습니다. 불행한 결혼 생활은 부부문제 뿐 만 아니라 자녀에게까지 영향을 미치기 때문입니다. 이혼 역시도 자녀에게 많은 영향을 미치는 것 또한 사실입니다. 이러한 이유에서 저는 결혼했다면 가급적 가정을 지키는 것에 최선을 다하여야 한다고 생각합니다. 어차피 남녀가 함께 살려면 처음부터 서로 잘 맞아서 갈등 없이 살기는 힘들 것입니다. 이러한 현실에 대한 마음에 준비도 하고, 서로를 위해 희생하고 사랑할 마음이 있다면 어느 정도의 불편함이나 불만들은 감수할 수 있다고 생각합니다. 결혼한 부부들이 이렇게 내 가족 내 가정을 지키는 것이 결국은 행복한 사회를 만드는 일이라는 것을 명심했으면 좋겠습니다.

035 소방공무원 정년 연장에 대한 의견을 말해보시오.

🔒 질문 의도

- 공무원 정년이 인구평균 나이가 증가함에 따라 공무원은 물론이고 민간 기업에서도 정년이 늘어날 것이라는 예측이 많다. 현행법상 정년은 일반직 공무원 60세, 교육공무원 62세, 대학교수 65세, 민간 기업 60세이다. 현재 정년을 60세에서 63~65세로 늘리는 것에 대해 관련하여 이슈가 되고 있다. 일본도 공무원 정년을 지난 해에 60세에서 65세로 올렸다고 한다.

🔒 답변 사례

✥ 찬성입장

저는 소방공무원 정년 연장에 대해 찬성을 합니다. 그 이유는,

첫째, 평균수명이 100세로 늘어난 시점에 그만큼 신체상의 건강이 예전에 비해 더 일을 할 수 있다고 **생각되어 찬성합니다.**
근로자 정년 연장 해외 사례를 보면 스페인 같은 경우엔 67세, 영국과 미국은 정년을 아예 없애는 추세입니다. 기대수명은 국가 경제 뿐만 아니라 고령층 개개인의 경제적 문제를 가중시킬 수 있으며, 고령화가 심해지는 현시점 선진국에 앞장서서 정년 연장이 필요하다고 생각이 듭니다.

둘째, 퇴직 후 연금개시 시점인 65세 까지의 경제적인 어려움이 발생할 수 있으므로 저는 정년 연장에 **찬성합니다.**

2022년부터 공무원 연금법 개정에 따라 퇴직 시 받던 연금을 65세에 받게 됩니다. 따라서 퇴직 후 5년 정도는 소득이 발생하지 않게 되므로 경제적인 어려움을 겪게 됩니다. 따라서 소득보전 방안이 먼저 마련이 되어야 할 것입니다.

셋째, 다년간 조직에서 쌓은 업무노하우를 후배들에게 전달 할 수 있으므로 찬성합니다.

소방공무원은 일의 특성상 현장경험의 노하우가 필요합니다. 정년 연장이 된다면 다년간 경험이 풍부한 많은 선배들로부터 현실적이고 경험에서 우러나오는 노하우를 배울 수 기회가 많아집니다.

현재도 일부소방서에서는 신임 소방공무원들이 현장경험이 풍부한 선배들로부터 현실적이고 경험에서 우러나오는 노하우를 배울 수 있도록 일대일 멘토링제를 운영하여 소방공무원으로의 기본소양과 현장적응능력을 높이기 위해 추진 중이므로 업무향상에 큰 도움이 된다고 생각합니다.

반대입장

저는 소방공무원 정년 연장에 대해 반대를 합니다. 그 이유는,

첫째, 청년 고용률이 하락되면 청년취업률이 심각하므로 소방공무원 정년 연장에 대해 반대합니다.

'10년간 청년일자리, 인구보다 더 빨리 줄었다'는 기사를 본적이 있었습니다. 통계청 자료에 따르면 청년층 15~29세를 대상으로 조사한 결과 인구 감소는 65만4,000명이었는데 반면 취업자 수 감소의 경우 74만9,000개가 되었다합니다. 이 자료에서처럼 청년실업문제는 우리사회의 이슈로 대두되고 있는데, 소방공무원 정년이 연장된다면 신규 채용은 줄어들 것이고 그에 따라 청년취업률이 더 심각해질 것이기 때문에 반대합니다.

둘째, 체력적으로 많이 힘든 소방 일을 정년에 임박한 소방관들이 효율적으로 해내기 어렵다는 생각으로 반대합니다.

소방장비 및 복장에 무게만 20kg 이상이며 근무 강도와 직무 위험성이 높은 업무로 체력적인 부분이 많이 차지하고 있는 상황에서 정년에 임박한 소방관들이 담당할 체력이 허락되지 않다고 생각합니다. 또한 정년연장이 되면 현장 인력의 노쇠화가 심해져 국민에게 제대로 된 서비스를 제공할 수 없게 되며 그로 인해 시민의 만족도가 떨어지므로 소방공무원 정년연장에 대해 반대합니다.

셋째, 소방공무원 정년연장으로 조직 내에 인사·승진 적체 현상이 발생하므로 반대합니다.

정년이 연장이 되면 장기 근속자의 비율이 늘어날 것이고 그에 따라 승진이나 인사에 있어서 적체현상이 빚어질 수 있습니다. 이러한 현상은 조직의 분위기나 업무 의욕을 떨어뜨릴 수 있는 부정적 영향을 미칠 수 있습니다.

036 공무원 노조에 대해 당신의 생각은 어떤가? 꼭 필요한 것인가?

질문 의도

- 공무원의 공직수행이 일반근로와 다름을 설명해야 한다. 공무원 노조는 합법이지만, 면접관들은 노조에 가입할 수 없는 사람들임을 명심하고, 공무원의 단체행동권이 현행법상 제한되고 있는 점에 대한 자기 의견을 분명히 설명한다.
- **공무원 노조 가입 제한이 되는 대상**
  6급 이하 공무원의 가입을 원칙적으로 하나, 6급 이하라도 민간부문의 '사용자의 이익대표자'에 해당하는 자, 업무특수성을 고려 공공안정질서 유지를 위해 공권력을 행사하는 등 업무를 수행하는 공무원은 노조 가입을 제한한다.

공무원노동조합의 찬성의 근거	공무원노동조합 반대의 근거
• 공무원의 이익을 표명하기 위해 필요하다. • 참여의식의 고취시키고 귀속감을 충족 시킨다. • 공무원 노조를 통해 하의상달 의사표현을 할 수 있다. • 공무원 조직의 질적 향상을 이룰 것이다. • 결국 보수나 복지가 향상될 것이므로 부패방지에 공헌할 것이다.	• 공무원은 영리를 추구하는 사기업과는 달리 공익을 추구하는 국민의 봉사자이다. • 공무원은 법을 지키고 실행하는 조직으로 근로조건이나 보수 역시 법령에 정해진 것을 따라야 한다. • 민간조직 보다 정부조직은 국민의 생활에 압도적인 영향을 미친다. • 정부의 의사결정권은 사기업에 비하여 광범하게 분산되어 있으므로 교섭대상의 확인이 불분명하다.

답변 사례

사례 1

공무원도 넓은 의미에서 근로자이므로 노동조합의 설립, 행동이 자유스러워야 하는 것은 당연합니다. 하지만 공무원은 국민전체의 종사자로서 공공의 이익을 위하여 성실히 근무하여야하기 때문에 일반 근로자와는 다르게 취급될 수 있는 부분이 있다고 생각합니다.

현재 공무원에게는 단결권과 제한적인 단체교섭권은 허용하고 있지만 단체행동권은 금지하고 있습니다. 이는 단체행동권까지 인정하게 되면 공익을 해 할 수 있기 때문입니다. 그러므로 단체행동권을 규제한 것은 타당성이 있다고 생각됩니다.

사례 2

공무원은 말 그대로 국민들의 심복이고 국가행정서비스의 전달자입니다. 봉사와 친절한 서비스 정신이 최우선이라고 믿습니다. 파업 같은 극단적인 쟁의행위는 안 되지만 공무원의 고충이나 의견을 정부당국에 전달할 수 있는 통로 차원에서 하위직 중심의 노조를 부분 인정하는 것은 필요하다고 생각합니다.

037 소방공무원의 공무원 노조 가입에 대한 찬성/반대 토론

🔒 질문 의도

- 매년 집단 면접에 출제되는 빈출 문제이다. 찬성/반대 의견 모두 숙지하고 말하기 기법에 맞추어 발표하도록 한다. 현행 공무원직장협의회의 설립·운영에 관한 법률(공직협법)은 6급 이하 일반직 등 공무원이 공무원 직협을 만들 수 있다고 규정하고 있지만, 경찰과 소방 직종은 예외로 하고 있다. 직협은 공무원들의 복무상 권익을 보호하기 위해 기관별로 결성된 협의기구로, 단결권과 단체 협의권을 갖는다. 일반 노조와 달리 단체행동권은 없다.

🔒 답변 사례

■ 찬성입장

저는 소방공무원의 공무원 노조 가입에 찬성합니다. 그 이유는
첫째, 소방공무원도 노동자이므로 공무원 노조 활동과 가입은 노동자의 당연한 권리이기 때문입니다.
둘째, 국민들도 우리나라 소방 장비와 근무환경이 열악한 것을 알고 있습니다. 이러한 열악한 근무조건에 대해 소방공무원이 단체로 목소리를 낸다면 처우 개선이 훨씬 용이할 것이라고 생각합니다.
이는 결국 국민의 안전과 생명을 지키는 소방서비스 질의 향상을 가져올 것입니다.
셋째, 사기업과 같이 단체행동권을 인정하는 것까지 무리라고 생각합니다.
하지만 소방 근무환경개선과 처우 개선 등을 위한 단체교섭권과 단결권만은 보장되어야 한다고 생각합니다.

반대입장

저는 소방공무원의 공무원 노조 가입에 반대합니다. 그 이유는

첫째, 공무원은 국민으로부터 위임받은 업무이므로 공무에 대한 파업권 또한 엄밀히 따지면 국민에게 있다고 생각하기 때문입니다.

둘째, 공무원 노조설립은 현행법 위반하는 행위입니다.

셋째, 공무원 노조가 허락되고 노조의 파업이 이루어질 경우 국민전체가 피해를 입게 될 것이기 때문에 공무원 노조 가입은 적절하지 않다고 생각합니다.

넷째, 공무원의 존재 이유는 국민 전체를 위해 봉사하고 국민의 이롭게 하기 위한 것이 목적이므로 개개인의 이익을 충족하기 위한 노조활동은 공무원 취지와 맞지 않기 때문입니다.

하지만, 현재 열악한 소방공무원의 근무환경 개선과 처우개선에 대한 요구를 할 수 있는 적절한 창구가 마련되어야 한다고 생각합니다.

038 직장협의회에 대해 알고 있는가?

질문 의도

- 공무원직장협의회는 공무원 사회의 대화 통로이자 직장 민주화와 공직사회 개혁을 위한 기반 단체로서 그 중요성이 강조되어왔다. 그러나 그동안 소방공무원과 경찰공무원은 현행법의 제한으로 공무원 직장협의회에 가입할 수 없었다. 열악하고 위험한 환경에서 일하지만 이에 대한 고충사항을 털어놓을 기회를 얻지 못하고 개선점에 대해 논의할 통로가 없기에 소방·경찰공무원들은 공무원직장협의회에 가입할 수 있도록 법률 개정의 과정을 거쳐 2020년 6월부터 소방공무원도 직장협의회 가입이 가능해 졌다.

답변 사례

소방공무원 직장협의회'는 소속 공무원의 근무환경 개선, 업무능률 향상, 고충처리, 기관의 발전에 관한 사항을 협의할 수 있는 공식창구이며, 소방경 이하 소방공무원(3,396명, 약 97% 가입가능 대상)과 6급 이하의 일반직 공무원 및 이에 준하는 공무원이 가입할 수 있는 것을 알고 있습니다.

설립절차는 설립준비 대표자가 총회개최 후 소속 기관장에게 설립사실을 통보하면, 기관장이 설립증을 교부함으로써 설립이 되며, 인사·예산 등 업무담당자를 제외한 소속 직원들은 자유로이 협의회의 가입과 탈퇴가 가능하다고 알고 있습니다.

직장협의회를 통해 소방공무원의 애로사항과 근무환경 개선이 이루어진다면 보다 나은 소방서비스로 국민에게 다가갈 수 있다고 생각합니다.

039 소방 공무원의 계급정년에 대한 찬성/반대 의견을 말해보시오.

🔒 질문 의도

- 계급정년이란 공무원이 일정한 기간 동안 승진하지 못하고 동일한 계급에 머물러 있을 경우, 그 기간이 만료되는 때에 자동적으로 퇴직시키는 제도를 말한다.

  소방공무원법 제 20조에 따른 소방 공무원 계급 정년은 다음과 같다.

1. 연령정년	• 소방령·지방소방령 이상 — 60세
2. 계급정년	• 소방감·지방소방감 — 4년 • 소방준감·지방소방준감 — 6년 • 소방정·지방소방정 — 11년 • 소방령·지방소방령 — 14년

🔒 답변 사례

🔹 찬성입장

저는 계급정년제에 찬성하는 입장입니다.

그 이유는 <u>첫째,</u> **계급정년으로 인하여 꾸준한 자기개발**이 이루어 질것이고 이는 곧 소방조직 전체의 발전에 기여할 것이라고 생각하기 때문입니다.

<u>둘째,</u> **퇴직자가 발생하는 만큼 다른 사람들에게 공직참여 기회가 확대되는 효과** 있습니다.

반대입장

저는 소방공무원 계급정년제에 반대하는 입장입니다.

그 이유는 **첫째,** 계급정년에 해당하는 계급의 경우 승진시험보다는 인사고과 반영이 많은 비중을 차지하는 것으로 알고 있습니다. 그렇기 때문에 자기개발보다는 윗사람에게 잘 보이는 사람이 승진하게 되는 경우가 발생하게 될 것이기 때문에 계급정년 취지에 벗어나는 것이라고 생각합니다.

둘째, 소방감의 경우 인원이 많지 않은데, 계급정년으로 유능하고 전문적인 인력을 놓치게 될 우려가 있기 때문입니다.

셋째, 조기 퇴직에 대한 불안감과 승진 낙오에 대한 우려 때문에 사기 저하가 있을 수 있습니다.

마지막으로 행정 안전성과 연속성이 보장되지 않는 것도 부정적인 면으로 볼 수 있습니다.

따라서 계급 정년에 대한 보완점으로는, 각 계급별 정년 연한 1~2년 정도 감축하는 방법으로 개선해 나가는 방법이 있을 것 같습니다.

040 공무원 연금개혁에 대한 본인의 생각을 말해보시오.

질문 의도

- 공무원 연금개혁이 논란이 되고 있는 상황에서 지원자의 견해를 밝혀야 하는 질문이다. 찬·반의 의견을 묻는 질문이 아니라 단순하게 지원자의 견해를 묻는 것이라면 살짝 피해가는 것도 무방하다. 예를 들어 위 질문을 받았을 경우, "저는 공무원이라는 제 꿈을 이루어 하루 빨리 당당한 대한민국의 일군이 되는 것이 목표였기 때문에 연금개혁에 대해서는 깊게 생각해 보지 않았습니다. 차후 공무원으로서 월급을 받게 된다면 관심을 가지고 심각하게 생각해 보겠습니다." 정도로 답변하는 것도 큰 무리는 없을 듯하다.

아래와 같이 찬·반 의견으로 자신의 뜻을 피력할 경우, **자신의 주장 → 이유 → 하지만 기법**으로 마무리하도록 한다.

답변 사례

찬성입장

저는 공무원 연금 개혁에 찬성하는 입장입니다. 그 이유는 첫째, 평균 수명이 연장됨에 따라 연금 수급자가 증가하게 되고 이에 따라 공무원 연금의 적자 폭이 증가하고 있기 때문에 개혁이 필요하다고 생각합니다.

둘째, 공무원 연금의 적자를 국민의 세금을 동원하여 충당하는 것은 적절하지 않은 방법이기 때문입니다.

셋째, 우리 공무원은 국민의 신뢰에 부응해야 하는 의무가 있기 때문에 공무원 연금 개혁을 통해 국민들이 공무원 연금체계에 대해 신뢰를 하게 되고 이는 결국 우리 공무원에 대한 신뢰로 이어지기 때문입니다.

하지만, 현재 공무원 임금체계는 여타 대기업의 임금보다 현저히 낮고, 다른 경제활동의 제약이 있으므로, 현실에 맞는 임금체계의 변화가 있어야 한다고 생각합니다.

반대입장

저는 공무원 연금 개혁에 반대하는 입장입니다. 그 이유는

첫째, 현재 우리 공무원의 월급은 일반 기업보다 낮은 수준이며, 다른 영리를 목적으로 하는 겸직을 할 수 없는 상황으로 연금까지 줄어든다면 공무원의 사기가 저하될 것이고, 미래에 대한 불안감이 증가할 것이기 때문입니다.

둘째, 연금적자라는 것이 우리 공무원 분야에서만 있는 현상이 아닌데, 공무원 연금만 개혁한다는 것은 형평성에 맞지 않기 때문입니다.

하지만, 공무원은 국민에게 봉사한다는 사명감을 바탕으로 하기 때문에 국민이 공감할 수 있고 신뢰할 수 있는 방법으로 연금을 충당하고 적자를 줄여나가야 할 것입니다.

041 내부고발 제도에 대해 말해보시오.

| 참고자료 | 내부고발자 보호법

① 우리나라의 부패방지법(2002년 1월부터 시행)은 공공기관의 내부 고발자 보호에 대한 내용을 담고 있다.
② 공익신고자 보호법(2018년 11월부터 시행)은 공익을 침해하는 행위를 신고한 사람 등을 보호하고 지원함으로써 국민 생활의 안정과 투명하고 깨끗한 사회풍토의 확립에 이바지함을 목적으로 한다.

질문 의도

- '공익신고제'를 의미하며, 서울시의 OPEN 시스템 (민원처리 온라인 공개시스템)이 좋은 예이다. 내부고발자제도는 '양심선언'이라고도 하며 미국에서는 '휘슬블로어(호루라기 부는 사람)'라고 부르기도 한다.

답변 사례

내부고발제도란 조직 내부의 은밀한 구조적 부패를 없애기 위한 방안으로, 조직 구성원이 내부의 부정부패, 비리, 불법, 비윤리 행위를 알리는 제도를 의미합니다.

서울시의 OPEN 시스템 (민원처리 온라인 공개시스템)이 좋은 예로 볼 수 있습니다.

내부고발제도의 가장 큰 걸림돌은 고발자의 익명성과 신분 보장에 대한 우려입니다. 따라서 내부고발제도의 활성화를 위해서는 고발자를 보호할 수 있는 제도와 법을 적극적으로 활용하여야 하며 고발자에 대한 보상차원의 '신고 인센티브' 제도를 도입하는 것도 좋은 방법이라고 생각합니다.

042 공무원의 구조조정에 대한 견해를 밝히시오.

질문 의도

- 공무원에 대한 관심과 지원자의 소신과 견해를 알 수 있는 질문으로 공무원 지원자로서의 위치에서 답변하기 보다는 현직 공무원이라는 마음가짐과 시각에서 답변하면 무리가 없다. 구조조정에 대한 명확한 찬·반 의견보다는 공익을 우선시하는 공무원의 기본 전제를 바탕으로 지원자 개인의 의견을 말하면 된다.

답변 사례

사례 1

일부 공직자의 품위를 지키지 못하고 공직자로서 적합하지 않은 행위를 한 사람들을 퇴출시킴으로 국민들의 신뢰를 받고 인정을 받는 것은 필요한 일일 것입니다. 하지만 공직의 기강을 흐리는 공무원은 극소수에 불과합니다. 누구나 실수를 하기 마련인데, 다른 여타 사건과 다르게 공무원의 비리를 지나치게 보도하는 언론 보도로 인해 공무원 전체가 개혁의 대상이 되는 것은 잘못된 일이라고 생각합니다.

뿐만 아니라 공익을 우선으로 하는 공무원을 일반 기업의 잣대로 구조 조정 한다면 우리 공무원이 사기는 떨어지고 불안과 불신이 팽배해질 것이며, 이러한 현상의 결과는 결국 국민의 손해로 이어질 것입니다. 현직 공무원 선배님들은 변화하는 민원인들의 다양한 민원 해결을 위하여 각자의 위치에서 자기계발과 전문성을 높이고 있으며, 이를 통해 보다 질 좋은 서비스를 하고 있기 때문에 지금 이 순간에도 우리나라의 행정이 잘 운영되고 있다고 생각합니다.

저는 앞으로 대한민국 공무원으로서 선배님들이 뒤를 따라 현대 사회에 잘 적응하여 전문성을 향상시키고, 국민에게 신뢰받는 공무원이 되겠습니다.

사례 2

기업이 사활을 걸고 구조조정을 통해 어려움을 이겨내는 것과 같이 공무원도 나라의 발전과 고통 분담 이라는 차원에서 어느 정도 변화는 필요하다고 생각합니다. 하지만 공무원을 일반 기업과 똑같은 관점에서 보는 것은 무리가 있습니다. 우선 100만의 공직자들이 대기업의 70%정도에 불과한 임금을 받으면서도, 민원인들의 다양한 민원을 해결하기 위하여 자기 개발과 연수 등 각자의 전문성 향상을 위하여 노력하고 있는데, 이러한 숨은 노력을 우선 감안해야 할 것입니다.

또한 잘못을 저지른 일부 공직자들에 대한 언론의 편파적이고 과도한 보도 때문에 전체 공무원 조직을 개혁의 대상으로 취급하는 것은 문제가 있다고 생각합니다. 따라서 공무원 개혁에 앞서 공무원에 대한 잘못된 인식의 변화가 있어야 하며, 노력하고 헌신하는 공무원에 대한 사기 진작 방안 등이 마련되어야 하다고 생각합니다.

저 또한 공무원이 되어서 국민이 필요로 하는 행정의 전문성을 키울 것이며, 신뢰받는 일꾼이 되기 위하여 노력하겠습니다.

043 소방공무원 당비비 찬성/반대에 대한 의견을 말해보시오.

질문 의도

- 현재 소방공무원의 근무형태와 변화에 대한 지원자의 견해를 묻는 질문으로 각 근무형태에 따른 긍정적인 측면과 부정적인 측면을 고려해 본다.

답변 사례

찬성입장

저는 소방공무원 당비비 근무체계에 대해 찬성을 합니다. 그 이유는,

첫째, 당비비 근무형태는 현장 근무 중인 현 소방공무원들이 가장 선호하는 근무형태이기 때문입니다.
2017년 7월 설문조사에 따르면 현직 소방 공무원의 70% 정도가 당비비를 선호한다는 통계 조사가 있습니다. 따라서 당비비로 근무형태를 개선하여 소방공무원의 업무 효율성을 높여야 한다고 생각합니다.

둘째, 소방공무원의 업무 피로도를 회복할 수 있는 적합한 근무형태이기 때문입니다.
여러 연구를 통해 입증된 사실을 놓고 볼 때 21주기 교대근무는 불규칙한 근무주기로 생활 리듬이 일정치 않아 피로도가 높다고 알려져 있습니다. 앞으로 당비비로 근무하게 된다면 근무는 24시간, 근무 후 피로와 수면 부족을 해소할 수 있는 48시간의 휴식이 보장되고 출·퇴근 시간 감소와 규칙적인 생활 리듬을 가질 수 있어 피로회복이 원활하고 이로 인해 소방공무원의 외상 후 스트레스 장애 및 업무 스트레스를 해소할 수 있습니다.

<u>셋째,</u> **근무 대기 시간을 줄일 수 있습니다.**
현재 9주기(주주주야비야비야비)로 운영하는 전북과 전남을 제외한 나머지 시·도에서는 21주기 근무방식을 택하고 있습니다 일선 소방공무원들에 따르면 현행 21주기 근무(주주주주주비비/야비야비야비당/비야비야비당비)방식은 직장 출·퇴근이 월 17~19회로 당비비 근무체계보다 7~9회 가량이 많아 잦은 근무교대로 인한 대기시간도 증가하는 형태를 보이고 있습니다. 따라서 당비비로 전환이 된다면 교대로 인한 근무 대기 시간의 감소효과가 있을 수 있습니다.

<u>넷째,</u> **업무 연계성이 높아진다는 긍정적 측면이 있습니다.**
현재 21주기 근무방식은 근무일에서 1개 팀은 5일간 상호간 교대근무를 하지 않아 교대근무자간 업무의 연계성이 떨어지는 경우도 많습니다. 따라서 당비비로 근무하게 된다면 교대 근무의 연계성을 높일 수 있을 것입니다.

<u>다섯째,</u> **여가시간 활동이나 자기계발의 기회가 주어진다는 점도 찬성의 이유가 될 수 있을 것입니다.**
당비비 근무는 48시간의 휴식 시간이 주어지므로 이 시간을 활용하여 워라벨을 실현하고 소방업무에 전문성을 확보할 수 있는 재교육이나 자기계발을 충분히 알 수 있을 것입니다.

■ 반대입장

저는 소방공무원 당비비 근무체계에 대해 반대를 합니다. 그 이유는,

<u>첫째,</u> **업무피로도가 상승될 수도 있기 때문에 저는 반대합니다.**
일반적으로 일일 근무시간은 평균 8시간입니다. 24시간 연속으로 근무할 경우 일반적인 근무시간보다 3배 정도 초과하여 근무를 하게 되므로 오히려 피로도가 높아질 우려가 있고 이러한 피로도는 현장 업무에 지장을 줄 수 있습니다.

<u>둘째,</u> **전체 소방 업무에 적용하기가 어려운 부분이 있습니다.**
불을 끄는 경방 업무의 경우 당비비의 근무 체계를 선호하지만 출동 자체가 많은 구급 업무는 체력적 부담이나 업무 과중 등 부작용이 생기게 되고 그에 따른 피로도가 높아질 수밖에 없을 것입니다. 따라서 단순히 선호도에 따라 당비비를 결정할 일은 아니라고 생각합니다.

<u>셋째,</u> **당비비 근무형태의 효과성이 증명되지 않았기 때문입니다.**
소방은 대국민 최접점에서 국민을 위해 존재하는 조직이기 때문에 당비비 근무체계로 인한 안전사고나 대국민 서비스 질 문제 등 검증되지 않은 현실이기 때문에 신중을 기해야 할 것입니다.

<u>넷째,</u> **48시간의 긴 휴식 시간이 생긴다면 소방 업무 본업 이외의 다른 일을 할 우려가 있습니다.**
소방공무원의 겸업 금지의 의무가 있지만 결국 개인시간이 많아지게 되면 소득활동이나 기타 공무원 품위에 적합하지 않은 행동을 시도하는 등의 부정적 결과가 초래될 수 있습니다.

<u>다섯째,</u> **휴식이 길어지다 보면 업무에 대한 연속성이 단절되고 마음이 해이 해 질 수 있습니다.**
소방 업무는 국민의 재산, 신체보호 및 안전을 책임지게 되는데 현장을 긴 시간 떠나서 있다 보면 업무 복귀해서 적응하는데 시간이 더 소요될 것이고, 집중도 하락으로 원활한 업무 수행이 이루

어지지 않을 수도 있다고 생각합니다.

<u>마지막으로,</u> **출동이 잦은 구급업무는 당비비의 어려움이 있어서 제외하고 타 업무에 당비비를 적용해서 실시한다면, 조직 내 위화감이 생길 수 있습니다.**

당비비 적용으로 부서별 차등적 근무형태가 생기게 되고 조직의 불협화음을 키울 수 있으므로 통일된 근무체계가 필요하다는 견해를 가지고 있습니다.

| 참고자료 | 소방청 발표자료

> 2017년 2월부터 소방청(당시 국민안전처)은 2~3년간 당비비(3조 1교대, 당번-비번-비번) 근무체계를 시범적으로 인천과 경기, 강원 등 10개 지자체 일부 소방서와 안전센터, 구조대 등을 중심으로 이뤄, 현업 인원의 약 4.9%인 1,700여 명 정도 운영하고 있다.

044 현장소방(외근)과 행정소방(내근) 분리에 대한 의견을 말해보시오.

질문 의도

- 소방서 근무형태를 보면 기본교육을 받고 소방서로 발령을 받으면 외근근무(119안전센터 근무)와 내근직(행정직 근무)로 나누어 근무 한다. 외근이라고 하면 쉽게 생각해서 출동을 하는 소방관을 의미하며, 내근이라고 하면 출동을 안 하는 행정업무를 보는 소방관이라고 생각하면 된다.
  내근직 근무하는 소방관들은 교대 근무 없이 주간근무(09시~18시하며)를 하며 외근직 즉 현장소방공무원은 교대 근무 형태로 업무를 한다.

답변 사례

찬성입장

저는 현장소방과 행정소방 분리에 대해 찬성을 합니다. 그 이유는,
<u>첫째,</u> 이미 외국 사례에서 성공적인 결과를 보고 있는 제도이기 때문에 우리나라에 적용하는 것에 무리가 없다고 생각합니다.
유럽지역의 이탈리아소방은 "현장소방과 행정소방"으로 분리되어 있습니다. 애초부터 공무원으로 채용 될 때, 일반직의 행정소방공무원은 현장소방공무원의 보조이며, 현장소방은 소방공무원

(소방관)으로 공채됩니다. 현장소방공무원이 업무 수행하다가 신체상 소방업무를 수행할 수 없을 때는 조건에 맞추어 행정소방(일반직)으로 전직할 수 있으며, 하나의 소방서에서 "행정소방은 일반직", "현장소방은 소방직으로 근무합니다." 우리나라도 이탈리아 소방과 같이 행정소방, 현장소방 분리한다면 소방에 큰 발전이 있을 것이라고 생각하기 때문에 저는 찬성합니다.

<u>둘째,</u> 소방 본연 업무에 충실할 수 있기 때문에 찬성합니다.
현재 우리나라 소방 조직은 현장대원들이 현장업무 뿐만 아니라 행정업무도 병행하고 있습니다. 현장업무를 처리하는 것만으로도 시간부족과 인력부족 등의 문제로 많은 문제를 겪고 있는 것이 현실입니다. 이러한 현실에서 현장소방과 행정소방이 분리된다면 소방 본연의 현장 업무에 더욱 충실할 수 있기 때문에 국민 만족도도 상승할 것입니다.

<u>셋째,</u> 소방 업무의 전문성을 향상시킬 수 있기 때문에 저는 찬성합니다.
외국 사례처럼 행정소방 인원은 행정 전문 일반 공무원을 채용하고 현장 소방공무원은 현장성을 반영한 전문 인력으로 채용한다면 각 분야의 전문성을 살려 더욱 신속하고 정확한 행정과 일처리가 이루어질 것입니다.

<u>넷째,</u> 현재 소방 조직보다 승진의 기회가 공평하게 이루어질 것이기 때문에 찬성합니다.
현장소방에서 근무하는 소방공무원은 소방사(9급)로 공채되어 30여년 넘게 평생동안 근무해도 대부분 6급이 안 되는 계급으로 퇴직하는 것으로 알고 있습니다.
하지만 화재현장에서 화재진압, 구조, 구급경험이 부족한 소방청, 각 시도 소방본부, 소방서의 행정소방공무원은 현장소방부서의 소방공무원과 비교하여 소방심사근무평정(가점)을 잘 받을 수 있으며, 승진의기회가 많은 편이므로 승진이 불균형하게 이루어지고 있다고 생각합니다. 따라서 현장과 행정 소방이 분리된다면 고른 승진의 기회가 주어질 것이고 현재 구조에서 발생할 수 있는 승진 비리를 사전 차단할 수 있는 방법이라고 생각하기 때문에 현장 소방과 행정 소방에 분리에 대해 찬성합니다.

<u>다섯째,</u> 소방조직의 발전을 가져올 수 있습니다.
현재 우리나라 군조직도 장병과 군무원 제도로 이원화 운영되고 있습니다. 현역 군인은 국방을 책임지는 훈련과 전시태세 준비에 전념하고 있으며 이에 필요한 행정은 군무원들이 하고 있는 것으로 알고 있습니다. 이에 따라 군인은 본연의 국방수호에 집중할 수 있고 군무원 또한 자신의 행정 능력을 적절히 발휘하여 전체적인 군 조직의 발전을 도모하고 있는 것처럼 우리 소방 조직도 현장과 행정 분리로 지금보다 나은 발전을 가져올 수 있다고 생각합니다.

반대입장

저는 현장소방과 행정소방 분리에 대해 반대를 합니다. 그 이유는,
<u>첫째,</u> 전형적인 탁상행정이 이루어질 가능성이 있기 때문입니다.
현장감 없는 행정 관료인 비전문가가 조직 설계를 주도한다면, 소방 현장에 대한 이해와 경험이

전무 할 가능성이 있고 그에 따라 현장감 없는 탁상행정이 이루어질 가능성은 상승될 것이고 국민의 안전에도 심각한 문제가 발생할 가능성이 있습니다. 따라서 저는 현장소방과 행정소방 분리에 반대합니다. 인력을 적재적소에 투입하여 재난에 대응할 수 없다고 생각하기에 반대합니다.

둘째, 대형 재난 대응에 문제가 발생할 수 있습니다.

현재 소방 조직은 하나의 통일된 명령체계로 운영이 되고 있는데 현장과 행정이 분리된다면 국가의 재난이나 대형사고 발생 시 서로 의견이 충돌이나 정책과 현실의 괴리에서 오는 부적절함이 생기게 되고 이는 결국 즉각적인 대처 능력에 차질을 가져 올 가능성이 있습니다.

셋째, 현장소방과 행정소방이 분리보다는 전체적인 인력충원이 먼저 이루어져야 한다고 생각하기 때문에 저는 반대합니다.

현재 소방의 가장 큰 문제는 인력부족과 장비부족 등의 어려움을 겪고 있는데, 이러한 상황에서 내근직 외근직을 분리하기 보다는 전체적인 인력을 충원하여 보다 원활한 국민 서비스 제공을 해야 할 것입니다.

045 선거나이 낮추는 것에 대한 의견을 말해보시오.

🔒 질문 의도

- 2019년 12월 27일 공직선거법이 개정되어 제21대 국회의원 선거부터는 18세인 사람까지 선거권이 주어졌다. 다만, 국민투표권, 주민소환투표권, 주민투표권은 해당 규정이 개정되지 않아 여전히 19세부터 선거권이 주어진다.
  따라서 공직선거법의 선거연령이 만18세 낮추어 국회의원선거를 비롯하여 모든 선거에 적용됨에 따라 2022년 대선과 지방선거에도 만 18세부터 선거를 할 수 있다.

🔒 답변 사례

찬성입장

저는 선거나이를 낮추는 것에 대해 찬성을 합니다. 그 이유는,

첫째, 국민의 의무인 국방의 의무가 만18세부터입니다.

선거권의 문제는 국방의 의무와 연결되어서 이해되어왔습니다. 그리스의 경우도 전쟁에 참여하

는 남자들에게만 투표권이 부여되었고, 로마의 경우에도 전쟁에 참여하는 평민들에 대한 권리부여의 명목으로 투표권이 부여가 되었습니다. 한국사회에서 가장 핵심적인 의무중 하나인 국방의 의무는 만 18세부터인데, 마찬가지로 가장 핵심적인 권리인 참정권은 19세부터라는 것은 맞지 않다고 생각하여 선거나이를 낮추는 것에 대해 찬성합니다.

둘째, 전 세계적인 추세가 참정권 연령제한을 낮추는 추세입니다.
OECD국가 중 만18세 이상 투표권을 인정하지 않는 나라는 대한민국뿐이라는 것을 들 수 있습니다. 전 세계적인 추세가 참정권의 연령 제한을 낮추는 추세인데 반해 민주주의가 비교적 성숙된 우리나라의 경우 연령 제한이 지나치게 높다는 의견이 강합니다.

셋째, 선거는 민주주의 제도의 꽃입니다. 빨리 민주주의를 배울 수 있는 기회이기 때문에 찬성합니다.
선거만큼 민주주의 제도 학습에 좋은 기회는 없습니다. 민주주의 사회에서 민주주의 원리를 학습하는 것만큼 중요한 것은 없기 때문에 더 많은 사람들에게 조금이라도 더 빨리 민주주의의 핵심제도중 하나인 선거를 경험하게 하는 것은 중요합니다. 그 결과로 전 세계적으로 선거권 연령하한선이 점점 더 낮아지는 추세에 있으며, 영국의 경우 16세까지 논의가 되고 있는 상황입니다.

넷째, 성인으로 인정받는 시점이 대학교 입학시점이므로 선거나이를 낮추는 것에 찬성합니다.
일반적으로 20세에 대학에 입학한 대다수가 만 19세 제한을 받을 경우 참정권에 제약이 생기게 됩니다. 만18세로 낮추면 현행 교육제도에 비추어 성인으로 인정되는 대학생들의 투표권이 거의 보장이 된다는 것이 역시나 주요 근거 중 하나입니다. 미국은 이미 1971년부터 선거나이를 18세로 낮췄습니다. 현행법상 18세는 자신의 의사대로 취업과 결혼을 할 수 있고, 8급 이하의 공무원이 될 수 있으며 병역과 납세의 의무도 지는 나이입니다. 그러므로 선거나이를 낮추는 것에 대해 찬성합니다.

반대입장

저는 선거나이를 낮추는 것에 대해 반대를 합니다. 그 이유는,

첫째, 18세 청소년의 정치적 판단능력이 미흡하기 때문에 반대합니다.
미성년자는 정치적·사회적 시각을 형성중이며 경험부족으로 인해 의사표현이 왜곡될 우려가 있습니다. 그러므로 미성년자는 아직 미성숙하다는 점을 강조 드립니다.

둘째, 선거에 주의를 빼앗기다 보면 치열한 입시경쟁에서 낙오될 수 있습니다.
선거권이 고3에게 주어질 경우 학교와 교실 등 교육현장이 정치현장이 될 수 있으며 교육현장이 정치적인 소용돌이 빠져들면서 정치장화 선거장화 될 수 있는 부작용이 생길 수 있다고 생각합니다. 선거 연령을 하향했을 때 부작용을 어떻게 최소 할 것인지 등에 대한 대책마련이 먼저 되어야 하며 헌법에 명시했을 때 만약 선거연령을 다시 개정 해야하는 경우에 또 국민투표를 해야 하는 일이 생길 수 있기에 헌법에 반영하기보다 법률상으로 규정하는 게 바람직하다고 생각합니다.

<u>셋째,</u> 타국과 다른 우리나라의 여건이 다르므로 반대합니다.

선거연령을 다른 나라와 단순 비교해서는 안 된다고 생각합니다. 왜냐하면 폴란드와 우리나라를 제외한 경제협력개발기구(OECD) 국가 대부분이 선거연령을 만18세로 규정하고 있습니다. 그러나 우리나라는 만18세가 대부분 고3인 반면 프랑스나 호주는 이미 고등학교를 졸업한 나이입니다. 따라서 선거연령 하향은 학제개편과 연계해 고민할 필요가 있습니다. 다른 국가들과 사회·교육적 환경이 다르다는 점을 명심 해야합니다.

046 로봇세 부과에 대한 의견을 말해보시오.

질문 의도

- 로봇세란 로봇의 노동에 대해 부과하는 세금으로 지금까지 논의된 내용으로는 로봇을 소유한 사람이나 기업으로부터 로봇이 만들어 내는 부가가치에 대하여 세금을 징수하는 방식이다.

답변 사례

찬성입장

저는 로봇세 부과에 대해 찬성을 합니다. 그 이유는,
<u>첫째,</u> 로봇세로 부과한다면 급속한 노동자들의 실업 속도를 어느 정도 늦출 수 있기 때문입니다.
4차 산업을 맞이하여 인공지능을 접목시킨 기계의 발달로 가장 우려되는 부분은 생산현장의 자동차로 인한 노동시장의 축소 내지 노동자들의 대량 실업일 것입니다. 따라서 산업현장의 자동화 즉 노동자의 노동을 대신하는 생산 라인 로봇에게 세금을 부과한다면 과도한 자동화가 억제 될 것이고 대량 실업도 늦춰질 것이라고 생각합니다.
<u>둘째,</u> 사람의 노동력을 대체하므로 세금 또한 사람 대신 대체하여 부과하여야 한다고 생각합니다.
로봇은 산업현장에서 생산에 기여를 하게 됩니다. 기존 비전문 노동자들이 일을 로봇이 대신하게 되는데, 즉 사람의 역할을 로봇이 대신한다고 가정한다면 사람이 의무적으로 수행해야 하는 부분 또한 로봇에게 강제적으로 부여할 필요가 있기 때문입니다.
<u>셋째,</u> 로봇세는 일자리 감소 및 실업문제의 해법 될 수 있기 때문에 찬성합니다.
로봇세를 통해 세수확충을 이루고, 이를 통해 실직자 재교육, 근로자 기술연수 확대, 실업수당

등 사회적 안전망을 구축할 수 있습니다. 로봇세 도입을 통한 추가 세원을 바탕으로 대량의 실직자에 대한 지원 사업을 실시하여 대량 실직 문제는 해결이 가능하다 생각하며, 로봇세 도입이 대규모의 실업난 해소에 이바지한다고도 생각합니다.

넷째, 로봇세는 소득 불평등의 심화를 억제하고 감소시키는 역할을 수행합니다.
각기계층의 경제전문가들은 4차 산업혁명 때 소득 불평등이 더욱 심화될 것이라고 말합니다. 로봇세를 부과하여 마련된 세금을 활용하여 사회복지정책을 실시해 일정부분 해결이 가능하다는 것이며, 이렇듯 로봇세는 소득불평등 문제, 자본집중화 문제를 일정부분 해소할 수 있다고 생각합니다.

반대입장

저는 로봇세 부과에 대해 반대를 합니다. 그 이유는,

첫째, 세금은 안정적인 시장에 부과되는 것이 바람직하므로 로봇세 도입에 반대합니다.
조세 정책은 그 규모와 상관없이 해당 시장에 큰 영향을 줍니다. 그러므로 조세정책을 시행하기 전에 해당 시장의 안정성 여부에 대해 면밀하게 분석해야 하며, 이러한 잣대로 비추어 볼 때 로봇세 도입은 타당하지 않다고 생각합니다.
로봇 시장은 이제 막 걸음마를 뗀 아기처럼 계속해서 성장하고 있는 매우 활동적인 시장입니다. 그렇기에 세금을 부과하는 로봇세는 부적절한 정책이며, 시기상조인 행정절차라고 생각합니다.

둘째, 로봇세를 도입하면 로봇산업이 위축될 것입니다.
아직 기술 개발 단계에 있는 로봇산업에 세금을 부과한다면, 기업들은 소극적으로 투자하게 될 것입니다. 이렇게 되면 관련 기술자들은 연구 개발에 보다 적극적으로 투자하는 다른 국가로 떠나는, 소위 '두뇌 유출', '자본 유출' 현상과 이에 따른 사회적 문제들이 발생합니다.
이는 로봇산업 전반에 먹구름이 끼는 것과 마찬가지인 격이며 매우 큰 문제이며, 기업의 생산 의욕과 기술 혁신에 대한 의지를 감소시킨다고 생각합니다.

셋째, 무분별하게 로봇세를 도입하면 오히려 사회적으로 혼란을 야기할 수 있습니다.
아직 우리 사회는 로봇에 대한 정의조차 정확히 내리지 못한 상태입니다. 로봇에게 시민권을 부여하자는 이야기가 나온 유럽이나 로봇선진국인 일본과 같은 나라에서도 로봇세 도입에 대해서는 미온적인 태도를 취하고 있습니다.
현 시점에서 로봇 기술이 어느 정도까지 발전할지 아무도 예측할 수 없기 때문입니다. 훗날 로봇이 로봇을 고용하고, 로봇이 기업을 만들 수도 있습니다. 정부가 규제하고자 하는 산업이 어떻게 발전하고 변화할 것인지 예측할 수 없는 현 상태에서 로봇세를 신설하는 것은 옳지 않다고 생각합니다.

넷째, 과세 형평에 어긋나는 부분을 들어 반대 의견을 제시하겠습니다.
현재 은행 자동인출기나 항공기 탑승권 발급 기계 등도 인간의 노동력을 대체하는 기계라고 할 수 있습니다. 그런데 기존의 이런 자동화 기계에는 과세를 하지 않으면서 로봇세를 부과하는 것은 과세형평에 맞지 않습니다.
마지막으로 일자리 창출이 될 수 있기 때문에 로봇세를 부과하여 기술 발전을 늦출 필요가 없기 때문입니다.
맨 처음 로봇세에 대한 여론은 급속한 기술발달로 인한 비전문 노동자들의 대량 실업을 우려해서입니다. 하지만 인류 역사상 새로운 기술이 발전할 때마다 그에 따른 생산이나 기타의 산업도 동반 성장한 것이 인류의 역사라고 생각합니다. 따라서 기계화가 이루어진다면 그에 따른 새로운 일자리 창출의 기회가 될 수도 있다고 생각합니다.

047 물의를 일으킨 연예인 복귀에 대한 의견을 말해보시오.

질문 의도

- 연예인은 대중들의 관심과 사랑으로 활동을 하며 경제적 이득을 얻는 사람으로 '공인'의 범주로 볼 수 있다. 이는 곧 사회적 책임감과 영향력을 어느 정도 인지하고 행동하여야 한다는 의미를 갖는다. 따라서 연예인이 사회적으로 물의를 일으키는 행위는 일반인의 잘못보다 파장이 클 수 밖에 없고 이에 따른 더 막중한 책임감을 가져야 할 것이다. 결국 연예인의 사회적 물의는 자신들의 경제 활동을 책임졌던 대상에 대한 배신행위로 간주될 수 있으므로 연예인 자신들은 억울하더라도 법적 처벌과는 별개로 사회적 처벌이 이루어 질 수밖에 없을 것이다.

답변 사례

찬성입장

저는 물의를 일으킨 연계인 복귀에 대해 찬성을 합니다. 그 이유는,
첫째, 연예인도 직업이며, 누구나 직업선택의 자유가 있습니다.
죄를 지었고, 충분히 처벌 받았다면 그들이 평생 해온 연예인이라는 직업을 못하게 하는 것은 가혹할 뿐만 아니라 어디에도 법적인 근거가 없기 때문에 충분한 처벌 후에 복귀를 하는 것에 찬성합니다.

둘째, 인간은 누구나 실수를 할 수 있기 때문입니다.

한 번의 실수를 용서하지 못하는 사회라면 누가 정당하게 살아갈 수 있겠습니까? 적당한 처벌을 통해 사회의 정의를 바로잡는 것도 필요하지만, 그것보다 더 중요한 것은 잘못한 사람을 용서하고 반성해 사회에 필요한 존재로 일할 기회를 주는 것도 올바른 사회라 할 수 있습니다.

셋째, 사회적 물의를 일으켜서 방송에 나오더라도 판단은 시청자의 몫이니 복귀를 못하게 하면 안 된다고 생각합니다.

반대입장

저는 물의를 일으킨 연계인 복귀에 대해 반대를 합니다. 그 이유는,

첫째, 연예인들은 시청자에게 큰 영향을 주는 직업이기 때문에 물의를 일으킨 연예인의 연예계 복귀는 시청자의 범죄 인식이 저하 될 수 있다.

연예인들은 옷, 음악, 행동으로 시청자들에게 막강한 영향력을 끼치는 직업이다. 때문에 그들이 사회적 물의를 일으킨 후 잦은 방송복귀는 시청자들 더 나아가 성인뿐만 아니라 청소년들에게 조차도 "범죄를 저질러도 잘 먹고, 잘 살 수 있다."는 인식을 심어줄 수 도 있어 사회적 물의를 일으킨 연예인에게 노출 시켜서는 안 된다고 생각합니다.

048 최저 임금 인상에 대한 의견을 말해 보시오.

질문 의도

- 최저임금이란 국가가 노사 간의 임금결정과정에 개입하여 임금의 최저수준을 정하고, 사용자에게 이 수준 이상의 임금을 지급하도록 법으로 강제함으로써 저임금 근로자를 보호하는 제도를 말한다. 코로나19 여파로 심각한 경영난을 겪고 있는 만큼 2021년 최저시급 인상을 두고 경영계와 노동계의 팽팽한 의견 대립이 있었지만 최종 2021년 최저임금은 1.5% 인상된 8,720원으로 최종 결정되었다.

답변 사례

찬성입장

저는 최저임금 인상에 찬성하는 입장입니다. 찬성하는 이유로는

첫째, 저임금 노동자들의 생활수준을 보전할 필요가 있기 때문입니다.
현 물가상태에 맞춰 저임금 노동자들의 생활수준을 보전할 수 있는 최저임금이 제공되어야 한다고 생각합니다. 저임금 근로자들의 생활수준 보장을 위한 임금이라는 것이 최저임금의 실제 의미이기 때문입니다. 따라서 최저임금 인상이 모든 노동자의 임금을 인상시키는 것이 아니고, 저임금노동자들의 임금을 최저수준으로 맞춰주자는 것이기 때문에 모든 기업이 임금에 대한 부담이 높아지는 것은 아니라고 생각합니다. 또한 중소기업의 경우 정부가 부분적인 지원책을 제공하여 부담을 덜어준다면 최저임금 인상에 대한 실효성이 증대될 것입니다.

둘째, 저소득층 소비증대로 인한 분수효과를 기대할 수 있습니다.
롱테일법칙에서처럼 소득 하위 80%의 소득증대로 인한 소비활성화가 전체 경제활성화에 기여할 수 있을 것입니다. 전체인구의 대부분이 사실 중하위 소득계층이기 때문에 이들의 소비증대가 경제를 활성화 시킬 수 있는 원동력이 될 것입니다.

셋째, 기업의 생산성 증대에 긍정적인 영향을 미칠 것으로 기대됩니다.
최저임금이 인상될 경우 그에 따른 비용을 상쇄하기 위해서는 기업입장에서는 생산성 향상을 위해 노력할 것입니다. 이를 통해 우리나라 전체 생산성이 향상될 수 있고, 국가경쟁력 제고에도 힘이 될 수 있을 것입니다.

반대입장

저는 최저임금 인상에 반대하는 입장입니다. 반대하는 이유로는

첫째, 최저임금 인상으로 인한 인건비 상승은 소상공인과 자영업자들에게 부담으로 작용하게 될 것이고 이로인해 고용을 줄이는 선택으로 이어져 실업률이 증가할 수 있습니다.
또한 코로나사태로 인해 일부 자영업자들은 기업 생사의 갈림길에 놓여 있는 상황에서 최저임금의 인상은 이중부담이 될 것입니다. 더군다나 정부의 재원이 이미 고용안전지원금과 긴급재난지원금 등으로 많이 소모된 상태이기 때문에 정부의 여력도 부족한 상황입니다. 정부의 재원은 세금으로 충당되기 때문에 결국에는 국민의 세금 부담이 늘어 정책자체의 실효성이 낮을 수 있습니다.

둘째, 물가상승의 가능성입니다.
최저임금이 인상되면 그만큼 기업입장에서는 비용을 상쇄하기 위해 판매제품의 가격을 높이는 방향으로 이어질 가능성이 있습니다. 즉, 물가가 상승하여 국민들에게 부담이 될 수 있고, 이

또한 최저임금 인상에 대한 효과를 기대할 수 없게 된다는 것입니다.

셋째, 코로나19로 인해 사람들이 소비를 줄이거나 소비자체를 못하는 상황이기 때문에 최저임금인상으로 인한 소비활성화가 연결될지는 미지수이기 때문에 소득주도정책의 실현가능성은 낮다고 생각합니다.

또한 글로벌 경기 침체와 내수시장에 대한 불안정성 등을 통해 소비보다 저축을 많이 하게 되면서 돈이 시장에서 돌지 못할 가능성이 큽니다. 따라서 소비진작보다는 생산 안정을 추구하여 경쟁력을 높이는 것이 더욱 필요한 시점이라고 생각합니다.

049 멀티 소방관에 대한 의견을 말해보시오.

질문 의도

- 멀티소방관은 화재진압, 구조, 구급, 소방차운전 등 다양한 기능을 모두 수행할 수 있는 전천후 소방관으로 관련 분야의 자격증을 3가지 이상 가지고 있는 소방관을 말한다.

| 참고자료 | 임금피크제의 유형

> '멀티소방관제'는 경기도소방재난본부에서 2007년 7월 처음 도입한 제도다.
> 소방관 한 명이 한 분야를 담당하던 기존과 달리 구급과 구조, 운전과 화재진압 등 다양한 기능(멀티)을 갖추도록 한 것을 말한다. 이 때문에 화재 진압 대원에게 1급 대형운전면허 취득을 독려하거나 '멀티소방관 선발대회'를 열기도 했다. 현재는 장비 조작훈련이나 자격증 취득 등의 형태로 유지되고 있다. 최근엔 인천 본부에서도 해당 제도와 관련한 교육을 실시했다.

답변 사례

찬성입장

저는 멀티소방관제에 대해 찬성을 하는 입장입니다. 그 이유는,

첫째, 부족한 소방 인력을 채울 수 있기 때문입니다.

현재 소방 인력이 상당한 부족한 가운데 있습니다. 멀티소방관제로 인해 한 명의 소방공무원이 구조, 구급, 운전 등 다양한 능력을 겸비하게 된다면 결국 한 사람이 1인 3역을 하게 되는 것이므로 인력이 부족한 부분을 어느 정도 보완할 수 있다고 생각하기 때문입니다.

둘째, 제가 찬성하는 이유는 업무 효율성이 증가할 것이기 때문입니다.

멀티소방관은 결국 화재, 구조, 운전 등 다양한 업무를 할 수 있는 훈련과 능력을 갖추게 될것이므로 현장 상황이 어떻게 전개되더라도 즉각적인 대응을 할 수 있다고 생각하는데 이점은 우리 소방의 업무 효율성을 극대화 할 수 있다고 생각합니다.

셋째, 멀티 소방제는 소방 공무원의 개인적 노력과 능력향상에 도움이 될 것이라 예상하기 때문에 찬성합니다.

업무를 하다보면 자기계발이나 개인적 발전을 위한 시간을 할애하기가 매우 어려울 것 같습니다. 이러한 상황해서 멀티소방제로 인해 도전의식과 또한 소방 전문성에 직접적인 영향을 미치는 다양한 기능 습득을 위해 노력하는 소방공무원이 많아질 것이라 생각합니다. 이는 결국 소방공무원 개인적 전문성과 능력향상에 도움이 될 것이고 우리 소방조직의 발전에도 도움이 된다고 생각합니다. 하지만, 현장의 인력이 부족한 상황에서 멀티소방관이 되기 위한 과정은 또 다른 업무 과중이나 스트레스 요인이 될 수 있다고 생각합니다. 따라서 소방 인력 충원이 우선적으로 해소되어야 할 것이며, 멀티소방관으로서 전문성을 인정받은 소방대원들에게는 그에 합당한 대우를 해 준다면 조직과 동료들에게 동기부여가 될 수 있다고 생각합니다.

반대입장

저는 멀티소방관제에 대해 반대를 하는 입장입니다. 그 이유는,

첫째, 멀티소방제의 비효율성 때문입니다.

실제 현재는 멀티소방관은 장비조작훈련 증가 등을 통해 그 맥락을 유지하고 있는 것으로 알고 있습니다. 그 결과 숙달된 운전요원에게만 주던 대형 특수차량을 비 숙련자가 운전하는 일까지 생기고 있는데 이는 결국 소방인력의 부족함을 증명하는 임시방편이며, 한 사람이 자신의 전문분야 외에도 에너지를 분산하게 되므로 이러한 부분은 업무 효과나 효율성 하락에도 영향을 미칠 것입니다.

둘째, 일선 소방관들이 업무 부담이 있습니다.

멀티 소방제는 한 소방대원이 자신의 전문 분야에서 실력을 발휘하는 것에 비해 다양한 소방 업무의 전반적인 부분을 소화해야 하기 때문에 소방대원들의 업무 과중도와 피로도 상승이 우려되기 때문에 저는 멀티 소방제에 반대하는 입장입니다.

셋째, 제가 반대하는 이유는 소방 현실과 맞지 않기 때문입니다.

멀티 소방제는 전문 분야가 화재진압이라도 운전자가 없으면 운전을 해야 하고, 구급대원이 없으면 구급활동을 해야 하는 방식입니다. 일선 소방관들은 자신의 전문분야가 아닌데도 짧은 교육 후 해당 자리를 메워야 하니 부담을 느낄 수밖에 없고 또한 전문성이 분산되기 때문에 안전이나 기타 문제 발생의 또 다른 원인이 될 수 있습니다.

넷째, 소방업무가 이루어지는 위급하고 위험한 현장에서 활용가치가 떨어지기 때문에 저는 반대합니다. 현장은 순간에 목숨이 좌우되는 곳인데 이를 자격증이나 교육만으로 보충할 수 없을 뿐 만 아니라, 현장에서는 실질적인 경험이 가장 중요한데, '멀티 소방제'는 현장에서의 경험과 노하우보다는 교육과 자격증이 중요시되기 때문에 실제 현장 대응 능력에 대한 의구심이 남아 있습니다.

다섯째, 진정한 전문성에 확신을 할 수 없기 때문입니다.

2011년 한국화재 소방학회 논문지에 발표된 '소방공무원의 업무숙달기간에 관한 연구(이창섭)'에 따르면, 이론적으로 신규직원이 화재와 구급 등 일반 업무(범용)의 모든 분야에서 교육을 받고, 이를 숙련되게 구사하기 위해 필요한 기간은 총 12년 5개월로 조사되었습니다. 한 소방관이 완벽한 '멀티소방관'이 되기 위해서는 이론적으로만 약 12년의 시간이 필요하다는 얘기 인데, 현재 소방교육은 구조, 구급 등 각종 이론 교육을 다 합해서 24주인데 그나마도 매우 짧은 것이 사실입니다. 짧은 교육으로 현장에 투입되고, 단시간 안에 교육과 자격증으로 멀티소방관으로서 업무를 맡게 된다는 것인데 이는 시간적으로 턱없이 부족하며, 한 소방대원이 화재, 구조, 운전 등의 모든 분야에 전문성을 갖추기에는 다소 무리가 있기 때문에 저는 반대하는 입장입니다.

따라서, 한 명의 소방대원에게 다양한 업무를 소화하기를 바라는 '멀티소방' 보다는 소방인력 충원, 소방 복지 개선 등을 통해 우리 소방대원들이 업무에 집중할 수 있는 환경이 제공된다면 국민들에게 질 높은 소방 서비스를 제공할 수 있을 것이라 생각합니다.

050 정보공개 제도가 무엇인가?

질문 의도

- 정부가 시행하고 있는 행정에 대한 관심도와 이해도를 알 수 있는 질문이다.

답변 사례

정보공개 제도란 국민의 알 권리를 인정하고 보다 폭넓은 행정 서비스를 제공하고자 1998년 실시된 제도로서 국가의 공공기관에서 관리하고 있는 정보와 기록 등에 대하여 국민이 정보공개를 청구한 경우 심사를 거쳐 열람·사본·복제 등의 방법으로 공개하는 것을 의미합니다. 정보공개 제도를 실시함에 따라 국민들은 행정에 대한 관심과 참여도가 높아지게 되고 국민의 권리와 이익을 보호하는 효과가 있습니다.

051 세월호 이후 수학여행 소방관 동승에 대한 의견을 말해 보시오.

질문 의도

- 2014년 4월 16일 인천에서 제주로 향하던 여객선 세월호가 진도 인근 해상에서 침몰하면서 승객 304명이 사망한 대형 참사다. 검경합동수사본부는 2014년 10월 세월호의 침몰 원인에 대해 ▷화물 과적, 고박 불량 ▷무리한 선체 증축 ▷조타수의 운전 미숙 등이라고 발표했다. 이후 2017년 3월 '세월호 선체조사위원회 특별법'이 합의되면서 세월호 선조위가 출범했고, 이에 세월호 인양과 미수습자 수습·수색 등이 이뤄졌다. [네이버 지식백과]

답변 사례

2014년 9월 세월호사건 이후부터 서울시와 서울시 교육청은 협약을 맺어서 서울소방본부에 119구조대원들이 학교에 동승해서 안전을 책임지고 있습니다.

소방본부는 지난 2015년 10월 상주터널 내 화재사고 시 수학여행에 동승한 119대원의 활약으로 큰 인명피해를 방지한 사례를 본보기로 도내 초등. 특수학교의 수학여행에 119대원이 동승해 학생들의 안전 확보와 유사시 신속한 대응으로 피해를 최소화하는 119안심 수학여행 시책을 펼치고 있습니다.

수학여행에 동승하는 119대원의 주요역할은

① 수학여행 출발 전 화재대피, 교통안전, 심폐소생술 교육
② 숙소 안전시설 확인
③ 탑승 버스 안전 확인
④ 안전사고 시 긴급구호 및 부상 학생 응급처치 등을 현장에서 수행합니다.

따라서 우리 소방관들은 119안심 수학여행 동행으로 학생들과 버스 운전자의 안전의식 고취와 안전 불감증 해소로 안전문화 정착에 한발 더 앞서갈 수 있다고 생각합니다.

하지만, 현실적으로 어려운 것은 우리 소방관의 인력난이 있을 수 있습니다.

따라서 수요에 맞는 적절한 소방인원을 충원한다면, 위급한 상황에서 학생들의 안전에 더욱 더 만전을 기할 수 있을 것이라고 생각합니다.

052 임금피크제가 무엇인가?

질문 의도

- 임금피크제는 워크셰어링(work sharing)의 한 형태로 미국·유럽·일본 등 일부국가에서 공무원과 일반기업체 직원들을 대상으로 선택적으로 적용하고 있으며, 한국에서는 2001년부터 금융기관을 중심으로 이와 유사한 제도를 도입해 운용하고 있다.

| 참고자료 | 임금피크제의 유형

◎ **고용연장형** : 정년 퇴직자를 계약직으로 재고용하지만 정년 이전부터 임금 조정
◎ **정년보장형** : 현재의 정년을 보장하지만 정년 이전 일정 시점부터 임금 조정
◎ **정년연장형** : 현재의 정년을 연장하는 조건으로 정년 이전부터 임금 조정

답변 사례

'일자리를 나눈다.'는 뜻의 워크셰어링의 한 형태로 근로자가 일정 연령에 도달한 시점부터 임금을 삭감하는 대신 근로자의 고용을 보장(정년보장 또는 정년 후 고용연장)하는 제도로, 기본적으로 정년보장 또는 정년연장과 임금삭감을 맞교환하는 제도라 할 수 있습니다.

임금피크제의 **장점은**
첫째, 근로자가 회사를 도중에 그만두는 일이 줄어들게 됩니다.
둘째, 정년 이후에도 상당 기간 일을 할 수 있으며, 회사로서는 노사 갈등을 피하고 보다 싼 비용으로 훈련된 인력을 확보하는 게 가능해집니다.
셋째, 정부로서는 고령화에 따른 인력 부족 문제를 해결하고, 사회 보장 비용 부담도 줄일 수 있습니다.
넷째, 한 직종에서 오랜 기간 일을 한 고령층의 풍부한 경험과 노하우를 살릴 수 있다는 장점이 있습니다.

이에 반해 임금피크제의 **단점으로는**
첫째, 조직의 활력이 저하될 것입니다.
둘째, 나이가 많아졌다는 이유만으로 임금이 줄어드니 열심히 일해야겠다는 생각이 적어져 노동 의욕이 감소하고 생산성이 떨어지게 됩니다.
셋째, 근로자는 줄어든 임금만큼 퇴직할 때 정산되는 퇴직금도 줄어들게 됩니다.

053 탄력근무시간제에 대한 귀하의 생각은 어떤지 말해보시오.

질문 의도

- 탄력근무 시간제란 근무시간을 자율적으로 선택해서 출퇴근하는 제도로서, 일반적으로 집중근로시간(보통 10시~16시)을 전후로 2~3시간을 탄력적으로 정하도록 하는 것을 말한다. 탄력근무시간제에 대한 효과와 보완점을 제시하도록 한다.

답변 사례

탄력근무 시간제의 장점으로는
첫째, 자기계발의 시간을 활용할 수 있다는 것입니다.
두 번째 효과로는 근로에 집중할 수 있는 시간에 업무를 처리하게 됨으로 업무능률을 향상시킬 수 있다는 것입니다.
세 번째 효과는 출·퇴 근시 교통 혼잡을 피할 수 있고 이로 인한 시간과 비용을 절약하는 효과가 있습니다.
탄력근무 시간제의 활성화를 위해서는 출·퇴근을 자율에 맡긴 만큼 이 제도를 활용하는 개개인이 양심껏 업무시간과 사생활을 관리하여 업무 효과성을 높여야 할 것이며, 조직은 근무환경과 조직문화의 개선 노력이 지속되어야 할 것입니다.

054 공무원성과제에 대한 의견을 말해보라.

질문 의도

- 공무원성과제는 노동·공공·교육·금융 등 4대 분야의 구조개혁과 함께 '공무원 임금체계를 능력과 성과에 따라 결정'하는 것으로 현재 S-A-B-C로 평가하는 공무원들의 업무 성과 평가를 더욱 세분화해서 업무 성과가 우수한 1~2% 공직자에게 SS등급을 주는 방안이다. SS등급을 받으면 기존 S등급 성과급보다 50%를 더 지원하는 동시에 C등급을 받은 최하위 인원은 토출시키는 제도를 말한다. 기존에는 연공서열제(연차가 쌓임에 따라, 즉 경력이 늘어남에 따라 정비례하여 월급이 상승하는 것)가 정착되어있었다. 이제 사기업과 같은 평가체계를 도입함으로써 공무원들의 매너리즘을 타파하고 경쟁력을 강화 시킨다는데 그 취지가 있다.

답변 사례

찬성입장

성과관리에서 가장 중요한 것은 '잘하는 사람과 못하는 사람을 구분해 내는 것'으로
<u>첫째,</u> **이는 일을 잘하는 사람은 마땅한 보상을 받는 것이 당연하고 못하는 사람은 이를 계기로 더욱 분발해야 하는 것이기 때문에 찬성합니다.**
<u>둘째,</u> **유독 공무원 집단의 임금 체계는 보수적이기 때문입니다.**
성과급제는 이미 기업이나 교육계 등 대부분 분야에서 채택하고 있는 제도이며 오히려 공무원 임금체계 개편은 늦은 감이 있습니다.

반대입장

<u>첫째,</u> **공정한 평가를 위한 지침이나 기준이 명확하지 않다는 것입니다.**
예를 들면 '행정업무 기준으로 평가를 할 것인지?', 또 과연 '공무원의 모든 업무를 객관적으로 수치화 할 수 있느냐?'는 것입니다.
<u>둘째,</u> **국민들에게 피해를 줄 수 있는 부분이 발생할 수 있습니다.**
공무원성과제는 행정업무에 기업의 경영을 도입하겠다는 것인데, 객관적인 기준이 없는 평가에서는 당연히 실적 평가가 될 것이고, 실적 올리기로 인한 피해는 고스란히 국민들에게 돌아갈 것입니다.
<u>셋째,</u> **시장경제의 원리가 공직원리와 맞지 않는 부분이 있습니다.**
이익추구의 시장원리를 도입한 성과가 강조된다면 국민을 복지를 최우선으로 하는 공직원리에 부정적인 결과가 초래될 가능성이 있습니다.
시장경제의 원리에서 실적 위주로 빚어지는 독점, 부실공사, 경쟁사 죽이기 등 사회에 악영향을 미치는 비윤리적 기업 활동이 공공부문에서 일어날 가능성이 있기 때문에 저는 공무원성과제에 반대합니다.
<u>마지막으로</u> **소방조직에서는 사기가 저하될 수도 있습니다.**
소방조직은 내근과 외근이 나누어져 있고 업무 특성이 서로 상이하여 서로 다른 평가 기준을 적용할 필요가 있습니다. 업무의 특성을 반영하지 않은 성과지표를 적용할 경우 소방공무원의 사기와 업무의욕이 저하될 수 있기 때문에 반대합니다.

055 여성 지원자의 체력 가산점에 대한 찬·반 의견을 말해보시오.

🔒 질문 의도

- 2019년 1월 1일 기준 여성소방공무원의 비율은 현원(4만9,072명)의 8.8%(4,327명)를 차지하고 있다. 소방청은 앞으로 2020년까지 소방공무원의 여성 비율을 10% 늘릴 계획에 있으며, 남성에 비해 현저히 낮아 형평성 논란이 이는 여성 소방공무원의 채용 체력검정 기준은 현행 남성의 50~80% 수준에서 90%까지로 높일 계획에 있다.

🔒 답변 사례

▶ 찬성입장

저는 여성 지원자의 체력 가산점 부여에 대해 찬성을 하는 입장입니다. 그 이유는,
첫째, **여성은 남성과 달리 신체조건이 다르기 때문입니다.**
신체조건이 다른 상황에서 동일하게 체력 시험이 치러진다면 여성의 합격률은 현저히 낮을 것이라고 생각합니다. 그렇다면 그에 따른 여성 지원자의 또 다른 피해라고 볼 수 있으므로 여성 지원자의 체력 가산점 부여는 정당하다고 생각합니다.
둘째, **여성소방공무원 선발 비율이 적기 때문에 찬성합니다.**
여성소방공무원은 선발 인원도 남성에 비해서 적고 커트라인도 높기 때문에 필기시험을 대비하는 것부터 큰 어려움이 있습니다. 그렇기에 여성 지원자의 비율을 남성지원자와 맞추기 위해서 체력 가산점을 부여하는 것이 합당하다고 생각합니다.

▶ 반대입장

저는 여성 지원자의 체력 가산점 부여에 대해 반대를 하는 입장입니다. 그 이유는,
첫째, **형평성에 어긋나기 때문입니다.**
여성이라는 이유만으로 체력 가산점을 부여 받는 것은 형평성에 어긋난 것이라고 생각합니다. 남자가 군대로 인한 학력 단절 및 사회 단절로 사회 진출이 여성의 두 배나 늦어지고 있는 상황에서 여성만을 위해 체력 가산점을 부여한다는 것은 이 또한 엄연한 성차별이라고 생각하기에 형평성 문제로 인해 체력 가산점 부여에 대해서 반대합니다.
둘째, **재난은 여성과 남성을 가리지 않기 때문입니다.**
재난을 대비하기 위해서는 여성 체력 기준 상향을 해야 한다고 생각합니다. 여성지원자라고 체력 가산점이 부여된다면 큰 재난이 발생되었을 경우 현장 구조 활동에 어려움을 겪을 수 있기 때문에 여성지원자의 체력 기준을 남성지원자와 동일하게 할 필요까지는 없지만, 기준이 좀 더 강화되는 것도 괜찮다고 생각합니다.

056 공무원 시험 신원 조사가 옳다고 생각하는가?

질문 의도

- 국가공무원법 제33조에 의한 공무원 결격사유는 다음에 해당한다.

> 다음 각 호의 1에 해당하는 자는 공무원에 임용될 수 없다.
> 1. 금치산자 또는 한정치산자
> 2. 파산자로서 복권되지 아니한 자
> 3. 금고 이상의 형을 받고 그 집행이 종료되거나 집행을 받지 아니하기로 확정된 후 5년을 경과하지 아니한 자
> 4. 금고 이상의 형을 받고 그 집행유예의 기간이 완료된 날로부터 2년을 경과하지 아니한 자
> 5. 금고 이상의 형의 선고유예를 받은 경우에 그 선고유예 기간 중에 있는 자
> 6. 법원의 판결 또는 다른 법률에 의하여 자격이 상실 또는 정지된 자
> 7. 징계에 의하여 파면의 처분을 받은 때로부터 5년을 경과하지 아니한 자
> 8. 징계에 의하여 해임의 처분을 받은 때로부터 3년을 경과하지 아니한 자

답변 사례

찬성입장

저는 공무원 시험 신원조사에 찬성합니다. 그 이유는,

첫째, 시험 응시자 범죄경력, 수사, 수배 조회자료에 대해 확인이 필요하기 때문입니다.
공무원 시험 응시 후 합격이 된다면 범죄자 유무를 가려낼 수 있으며, 지원자들의 서류를 분석하고, 범죄의 경력과 고등학교 때의 생활기록부 등을 확인하여 지원자들의 인성과 자질을 정확하게 평가할 수 있는 척도 또한 될 수 있으므로 신원조사는 필요하다고 생각합니다.

둘째, 공무원은 국민의 신뢰를 바탕으로 한 청렴의 의무가 있기 때문입니다.
공무원의 6대 의무 중 '청렴의 의무'가 있습니다. 이는 공무원의 자세 중 가장 중요한 의무로 꼽을 정도로 청렴할 의무가 중요하므로 간접적으로 사례, 증여 또는 향응을 받은 이력을 확인해야 하므로 신원 조사는 옳다고 생각합니다.

반대입장

저는 공무원 시험 신원조사에 대해 반대를 합니다. 그 이유는,

첫째, 개인의 사생활 자유 및 비밀을 침해할 우려가 있기 때문입니다.
공무원 시험을 응시한다고 해도 개인의 사생활 보호는 필요하다고 생각합니다. 그렇기 때문에

공무원 시험 신원조사를 위해 수집되는 개인정보항목 중 범죄경력, 수사, 수배 조회자료에 대해서만 신원조사가 이루어지고 나머지 신원조사는 사생활 보호로 인해 불필요한 조사라고 생각합니다.

둘째, 법령의 근거 없이 이뤄진 신원조사 결과는 합법적이지 않기 때문입니다.

실례로 최종 합격자 명단 공개 후 대학시절 한총련 집회에 참가해 기소유예처분을 받은 이유로 최종 합격자 명단에서 제외가 된 사례가 있었습니다. "군인·군무원 등 공무원 임용예정자 등에 대한 신원조사는 국정원법을 근거로 하는데 국정원법에 따른 신원조사는 개인의 사생활 자유 및 비밀을 침해할 우려가 있어 그 대상을 엄격하게 제한해야 한다"며 "신원조사 대상으로서 단순히 공무원 채용 공개경쟁시험 응시자까지 포함해 확장 해석하는 것은 허용되지 않는다고 봐야 한다"는 판시를 근거로 공무원 시험 응시 대상자까지 신원조회를 실시하는 것은 과도하므로 공무원 채용 예정자 혹은 공안직 등 특수 분야로 엄격히 한정해서 실시해야 한다고 생각합니다.

057 여성 소방공무원 현장 활동에 대한 의견을 말하시오.

질문 의도

- 2015년 국민안전처에 따르면 전체 소방 공무원 가운데 여성 인력은 2006년 1,332명에서 2014년 2,700여명으로 2배 이상 늘었다. 여성 소방관의 비율도 2006년 4.8%에서 지난해 6.7%로 늘어났다. 점차 여성 소방공무원 비율이 늘어나는 이유는 무엇보다 소방공무원채용 임용령에 여성공무원을 일정부분 채용한다는 규정이 있기 때문이다.

  여성 소방공무원들의 지원률도 매년 높은 수준을 기록하고 있다. 서울시 소방방재본부에 따르면 지난해 서울시 소방공무원 소방분야 여성 10명 모집에 총 283명이 지원해 28.3대 1의 경쟁률을 기록했다. 이는 남성 공무원 경쟁률 10.97대 1의 2배를 넘어서는 수준이다. 구급분야 여성인력도 13명 모집에 224명이 몰려 17.23대 1의 경쟁률을 나타냈다. 6.56대 1인 남성인력 경쟁률의 2배를 넘어섰다.

답변 사례

찬성입장

저는 여성 소방공무원의 현장 활동에 대해 찬성하는 입장입니다. 그 이유는

첫째, 여성 소방공무원도 채용기준을 통과하고 소방 업무에 적합하다고 판단되어 임용되었기 때문에 자격에 문제가 없기 때문입니다.

둘째, 여성 특유의 섬세하고 세심함을 바탕으로 구조대상자에게 더 세밀한 작업을 할 수 있고, 친근한 이미지로 다가갈 수 있기 때문입니다.

셋째, 남녀의 성향이 다르므로 어느 정도 서로 보완할 수 있는 부분들은 장점화 시킬 수 있을 것이기 때문에 찬성합니다.

하지만, '체력적인 부분에서 부족하지 않을까?'라는 우려가 많은 만큼 여성 소방공무원 스스로 현장업무를 감당할 수 있도록 체력관리에 노력을 기울인다면 여성도 부족함이 없을 것이라고 생각합니다.

반대입장

저는 여성 소방공무원의 현장 활동에 대해 반대하는 입장입니다. 그 이유는

첫째, 남성에 비해 체력적으로 약하기 때문에 같이 현장에 나갈 경우 동료가 부담이 될 수가 있습니다.

둘째, 현장업무는 구급뿐만 아니라 화재진압 등 몸을 써야 하는 일이 많기 때문에 남자에 비해 육체적인 불리함을 극복할 수 없기 때문입니다.

셋째, 소방업무 특성상 교대업무를 하게 되는데 기혼여성의 경우 양육과 가사를 병행하기 어려울 것이기 때문입니다.

하지만, 여성 특성에 맞는 적절한 업무배치를 함으로서 남자 소방공무원과 서로 협조하고 보완한다면 효율적인 일처리가 이루어질 것이라고 생각합니다.

058 남성 지원자의 군 가산점제 도입에 대한 의견을 말해보시오.

🔒 질문 의도

- 군 가산점 제도의 정식 명칭은 '군 복무 보상제도', '군 복무 가산점제도'이다. 군 복무를 마친 대한민국 남성과 여성에게 7급, 9급 공무원 시험이나 공기업 시험 응시자에게 복무 년수 만큼의 혜택 또는 가산점이 적용되는 제도를 가리킨다.

🔒 답변 사례

▪ 찬성입장

저는 남성 지원자의 군 가산점 제도에 찬성합니다. 그 이유는
<U>첫째,</U> 한창 젊은 나이에 나라를 위해 일정 기간 의무를 다한 것에 대한 보상으로 취업 시 군 가산점을 주는 제도는 군 복무자들의 권리라고 생각합니다.
<U>둘째,</U> 군 복무에 대한 적절한 보상제도가 마련된다면 종종 사회문제로 대두되는 병역기피 현상을 감소할 수 있을 것이기 때문입니다.
<U>셋째,</U> 남성이 군에서 보내는 시간동안 자기개발이나 개인의 이득을 포기하고 오로지 국방의 의무를 이행하는 희생 아닌 희생을 하는 동안 여성은 계속해서 학업이나 자기개발 등을 이어가기 때문에 사회진출의 기회를 남성보다 빨리 잡을 수 있습니다. 이러한 **불균형에 대한 보상으로 취업 시 군 가산점제를 인정해 주는 것은 마땅하다고 생각합니다.**
<U>넷째,</U> 군인들의 사기를 위해서도 군 복무에 대한 제도적 보상이 필요합니다.
군인에게 가장 필요한 것이 군에 대한 자부심과 사기라고 생각하는데, 제대군인에 대한 국가적 차원의 보상제도가 마련된다면 군의 사기는 한층 상승 될 것이기 때문입니다.
<U>다섯째,</U> 형평성에 어긋나기 때문에 저는 군 가산점에 찬성합니다.
군 가산점 제도가 남녀차별이라는 의견이 있는데, 군복무를 남성에게만 의무를 다하라고 하는 것 또한 남녀평등에 어긋난다고 생각합니다. 하지만, 현재 군 가산점제도는 위헌 판결을 받은 상태이므로 군 가산점제도의 재도입에 대한 정당성과, 사회적 합의가 먼저 이루어져야 하는 부분도 간과해서는 안 된다고 생각합니다.

▪ 반대입장

저는 남성 지원자의 군 가산점 제도에 반대합니다. 그 이유는
<U>첫째,</U> 남성의 군복무는 보상받아야 되는 사항이 아니라 대한민국 남성이라면 당연해 해야 되는 의무이기 때문입니다.

우리가 교육이나, 납세의 의무를 지킨다고 어떠한 보상을 따로 받지 않듯이 국방의 의무에 대한 차별적 제도는 필요하지 않다고 생각합니다.

<u>둘째,</u> 이미 공무원 시험에서는 군필자에 대하여 호봉을 인정하여 월급을 지급하고 있는 것으로 알고 있습니다. 현재 공무원조직에서는 경제적인 보상이 이루어지고 있기 때문에 군 가산점과 호봉 두 가지의 혜택을 주는 것은 부당하다고 생각합니다.

<u>셋째,</u> 군 복무를 할 수 있는 비장애인과 장애로 인하여 군 복무를 할 수 없는 사람간의 갈등과 차별의 문제가 발생할 수 있기 때문에 저는 반대합니다.

<u>넷째,</u> 군 가산점 제도를 공무원 채용에만 적용 시킬 경우 일반 취업 대상자들에게는 혜택이 돌아가지 않으므로 형평성에 어긋난다고 생각합니다.

하지만, 남성의 국방 의무에 대한 보상체계가 필요하다면 제대 군인의 군 가산점 제도보다는 군 월급을 현실화 한다든지 하는 여러 가지 대안을 마련하는 것도 좋다고 생각합니다.

059 소방공무원 휴무일 때 대민 봉사 같은 활동을 나가는 것에 해 찬성/반대 의견을 말해 보시오.

질문 의도

- 우리나라 헌법 제7조 제1항은 "공무원은 국민 전체에 대한 봉사자이며, 국민에 대하여 책임을 진다"고 규정하고 있다. 그 만큼 공무원의 국민에 대한 정신자세를 중요하게 여기고 있다.

답변 사례

찬성입장

저는 휴무일에 봉사활동 하는 것에 대해 찬성하는 편입니다. 그 이유는

<u>첫째,</u> 헌법 7조에 '공무원은 국민 전체에 대한 봉사자이며, 국민에 대하여 책임을 진다'라고 명시되어 있을 만큼 **소방공무원으로서 언제나 국민을 위해 봉사를 실천하는 것이 사명이기 때문입니다.**

<u>둘째,</u> **봉사는 국민에게 신뢰를 얻을 수 있는 방법이기 때문입니다.**

봉사는 누구나 할 수 있는 일이기는 하지만, 실천하기는 매우 어려운 부분입니다. 휴일을 통해 봉사를 한다면 그 봉사 대상은 우리 국민이며, 소외 계층을 돌보며 따뜻한 마음을 실천한다면

국민들도 우리 소방조직에 힘을 실어주고 믿음을 줄 것이기 때문에 봉사는 반드시 해야한다고 생각합니다.

셋째, 소방공무원은 국민의 모범이 되어야 하기 때문입니다.
공무원이 아닌 일반인도 다양한 분야에서 자신의 봉사활동을 하고 있습니다. 소방공무원이야 말로 국민에게 모범을 보이며 공동체 의식과 타인에 대한 이타심을 보여주어야 진정한 소방관이라고 할 수 있을 것입니다. 따라서 소방공무원의 봉사는 필수라고 생각합니다.

반대입장

저는 휴무일에 봉사활동 하는 것에 대해 반대하는 편입니다. 그 이유는,

첫째, 업무 피로도가 과중되기 때문입니다.
소방공무원은 여타 공무원과 달리 교대업무가 주를 이루고 있으며, 업무 환경도 힘들고 어려운 것이 현실입니다. 따라서 휴일은 개인적 휴식을 취하고 피로를 풀어야 업무 집중력이 높아질 것인데, 이렇게 쉬어야 하는 휴일에 봉사활동을 한다면 업무 피로를 풀 기회가 사라지고 이로 인해 피로는 업무에 지장을 줄 수 있습니다.

둘째, 자발적인 봉사가 참의미가 있다고 생각하기 때문에 강제적인 휴일 봉사활동에는 반대하는 입장입니다.
휴일 봉사를 하게 된다면 조직 차원에서 집단적으로 실행될 가능성이 많습니다. 이 경우 자원하는 마음보다는 주변의 눈치나 조직 분위기 때문에 참석할 가능성이 있을 것입니다. 이렇게 억지로 하는 봉사는 참봉사라 할 수 없습니다.

셋째, 소방업무에 책임을 다하는 것이 봉사를 실천하는 것이라고 생각하기 때문에 '굳이 휴일에 봉사까지 할 필요가 있을까?'라는 의문이 들어서 저는 반대합니다.
제 생각에 타인을 위해 목숨을 걸고 생명을 구하는 것은 최고의 헌신이며 봉사라고 생각합니다. 이러한 헌신의 대표가 소방공무원의 업무인데, 이는 곧 자신의 맡은 소방 일에 최선의 책임을 다할 때 도달할 수 있고 소방업무가 곧 헌신이고 봉사라고 말할 수 있습니다.
따라서 휴일에 쉬고 피로를 관리하는 것 또한 업무의 일환이고 업무를 통한 봉사를 실천하는 방법이라고 생각합니다.

060 공무원 연금과 국민연금의 통합에 대한 찬성/반대 의견을 말해보시오.

🔒 질문 의도

- **국민연금**이란 정부가 직접 운영하는 공적 연금 제도로, 국민 개개인이 소득 활동을 할 때 납부한 보험료를 기반으로 하여 나이가 들거나, 갑작스런 사고나 질병으로 사망 또는 장애를 입어 소득활동이 중단된 경우 본인이나 유족에게 연금을 지급함으로써 기본 생활을 유지할 수 있도록 하는 연금제도를 말한다. 국민연금은 공적 연금으로서 가입이 법적으로 의무화되어 있기 때문에 사(私)보험에 비해 관리운영비가 적게 소요되며, 관리운영비의 상당 부분이 국고에서 지원되므로 사 보험처럼 영업 이익을 추구하지 않는다. 현행 국민연금 제도는 부담과 급여의 수준이 일정 기간 불완전 균형을 이루는 수정 적립 방식을 채택해 운용하고 있다.

공무원연금이란 공무원 및 그 유족을 위한 종합사회보장 제도로 1960년 시행에 들어갔다. 현행법상 퇴직급여 및 유족급여는 공무원 본인이 납부하는 기여금과 국가 및 지방자치단체가 부담하는 연금부담금을 재원으로 한다. 매년 기여금과 연금부담금으로 해당 연도 급여비를 충당하지 못할 경우 부족분을 전액 정부가 내도록 했다. 장해연금이나 유족보상금 등 재해보상 급여 및 퇴직수당에 대해서는 전액 사용자로서 정부나 지자체가 부담한다.

공무원이 내는 기여금은 기준 소득월액(월 평균 과세소득)의 6.7%다. 여기에다 매칭펀드 형식으로 정부(또는 지자체)가 6.7%를 내준다. 이 같은 기여금은 2012년부터 7%로 높아진다.

[네이버 지식백과]

🔒 답변 사례

■ 찬성입장

<u>첫째,</u> 연금 수령액의 격차가 너무 크기 때문입니다.
현재 국민연금 수령액에 비해 공무원연금의 수령액 차이는 6배 정도라고 합니다. 아무리 보험률이 높더라도 공무원연금은 너무 많이 받는 구조이기 때문에 이러한 수령 연금차를 줄이는 방법 중 하나가 연금통합 운영이라고 생각합니다.
2018년 국민연금공단과 공무원연금공단이 국회에 제출한 국정감사 자료에 따르면 지난해 공무원연금 퇴직급여 수급자 41만9968명은 1인당 월평균 240만 원을 받았습니다.
최고액 수급자는 전직 헌법재판소장으로 매달 720만 원을 받고 있다고 합니다.
반면 지난해 국민연금 전체 수급자 469만 명의 월평균 연금액은 38만6000원에 불과했습니다. 공무원 연금의 6분의 1 수준입니다. 최고액 수급자는 월 204만5550원을 받아 공무원연금 평균 수령액에도 못 미쳤습니다. 또한 월 200만 원 이상 국민연금을 받는 사람은 전국에 9명뿐이라는 자료가 있었습니다.

둘째, **공무원 연금의 보전금에 대한 부담을 줄일 수 있다고 생각합니다.**
공무원연금은 정부가 2조원 정도를 보전금으로 충당하고 있는데, 국민연금과의 통합이 이루어진다면 부족한 재정을 국민연금에서 충당할 수 있고 이 경우 결국은 세금으로 보전되는 부분을 감소시킬 수 있으므로 전체 국가연금충당 부채에 대한 부담감 또한 줄어들 것입니다.

셋째, **일본을 모델로 삼는다면 성공적인 통합을 이룰 수 있다고 생각합니다.**
일본의 경우 2015년 공무원연금과 후생연금을 통합하여 운영하고 있습니다. 이것을 모델로 하여 우리나라도 국민연금과 공무원 연금을 통합한다면 조직 운영에 소요되는 예산을 절감할 수 있을 뿐만 아니라 연금 간 격차로 인한 갈등을 해소할 수 있을 것이라 생각합니다.

마지막으로 **연금의 형평성에 문제가 있기 때문입니다.**
공무원 연금은 국민연금이 누리지 못하는 공무원연금만의 혜택이 있는데, 그 대표적인 것이 퇴직수당만큼 비중을 차지하고 있는 정부 보전금입니다. 공무원연금이 보험료를 더 많이 내고 퇴직금과 함께 받기 때문에 더 많이 받는 게 당연하지만 정부 보전금 비중이 적지 않다는 점은 국민연금 가입자들과의 형평성에 맞지 않는 부분이 있으므로 통합 운영하여 동일한 혜택이 돌아가도록 해야 합니다.

반대입장

첫째, **국민연금과 공무원 연금을 통합하게 된다면 세대 간 연금의 연속성이 떨어질 수 있습니다.**
공무원연금은 1960년 도입되어 올해 58년이 되었고, 반면 국민연금은 1988년 제도를 도입해 올해 30년째입니다. 두 제도의 세대 차이는 무려 28년이나 나고 있으며, 이들 연금의 평균 가입기간은 각각 23년, 33년으로 최소 가입기간과 평균 가입기간 모두 10년 정도 차이가 나는 것이 현실이므로 세대 간 납입 격차로 인한 연속성에 불균형이 초래될 것입니다.

둘째, **통합 시 기존 가입기간에 대한 차이가 발생하게 되는데, 이 경우 차액을 국가가 전액 연급지급을 부담해야 하는 등 국가의 부담이 현재보다 늘어날 가능성이 큽니다.**
공무원연금은 정부가 2조원 정도를 보전금으로 충당하고 있지만 국민연금은 현재 기금운용수익금(29조원)만으로 현 수급자에게 연금(23조원)을 지급할 수 있을 정도로 재정상태가 양호합니다. 만약 국민연금과 공무원연금을 통합하면 그 부족분을 국민연금 기금이 메워야 합니다. 따라서 통합보다는 별도 운영 체제를 이어가는 것이 좋다고 생각합니다.

셋째, **연금의 목적과 기능상의 차이가 현저하기 때문에 통합에 무리가 있다고 생각합니다.**
두 제도 모두 국가가 운영하는 공적연금제도이긴 하지만, 공무원연금은 직업공무원제의 확립을 위해 인사정책적인 차원에서 도입한 제도로서 노후소득보장 뿐만 아니라 공무상 재해에 대한 보상, 후생복지사업 등을 포괄하는 기능을 수행하고 있습니다. 또한 공무원연금에서는 선거직에 재임용 시 연금을 전액 제한하는 등 공직의 특성을 감안한 제도입니다.

반면, 국민연금은 일반 국민의 기본적인 노후소득보장을 수행하는 순수사회보장제도입니다. 이처럼 연금의 대상, 도입취지, 기능이 서로 다른 조직을 통합한다면 여러 가지 부정적인 측면이 발생할 수 있다고 생각합니다.

<u>넷째,</u> **외국의 사례를 들어 통합 보다는 현재처럼 각기 독립된 연금으로 운영하는 것이 효율적이라고 생각합니다.**

사회보장 선진국이라 할 수 있는 미국, 독일, 프랑스 등 많은 나라에서도 국민연금과는 별도로 직업공무원을 위한 연금제도를 실시하고 있는 현실로 미루어보아 무리한 통합보다는 사회보장 선진국의 모형을 따라가는 것도 괜찮다는 생각을 가지고 있습니다.

<u>마지막으로,</u> **두 조직 간의 재정 격차나 너무 크기 때문에 통합한다면 한 쪽이 손해를 볼 수 있는 구조라서 저는 통합에 반대합니다.**

2041년까지 지급할 기금을 보유하고 있는 국민연금과 2조원의 정부 보전금 지원을 받는 공무원연금이 통합된다면 당연 국민연금이 막대한 손해를 보는 구조이기 때문에 섣부른 통합보다는 장기적인 계획을 두고 국민연금과 공무원연금 보험료율이 유사하게 되는 구조가 마련된 후에 통합 논의를 해야 한다고 생각합니다.

061 공무원 연금 줄이는 것에 대한 생각을 말해보시오.

질문 의도

- 2019년 4월 정부 발표에 따르면 국가부채가 눈덩이처럼 불어났다고 한다. 지난 한 해 동안에만 126조9000억 원(8.2%) 늘어나 1682조7000억 원에 달한다. 공무원과 군인연금 충당부채가 전체 증가분의 74.2%인 94조1000억 원이나 급증한 탓이다. 공적연금부채는 무려 939조9000억 원으로 총 국가부채의 55.9%를 차지했다. 나랏빚의 절반 이상이 퇴직 공무원과 군인들 노후 대비에 들어가는 셈이다.

답변 사례

■ 찬성입장

저는 공무원연금 감소에 찬성하는 입장입니다. 그 이유는

<u>첫째,</u> 공무원연금과 국민연금의 형평성이 맞지 않기 때문에 공무원 연금 수령액을 어느 정도 줄여야

한다고 생각합니다.

현재 공무원 연금 국민연금의 보험료률은 공무원 연금이 2배 정도 많은데 수령액은 국민연금 수령액의 6배가 넘는 부분에 있어서 많은 국민들의 불만이 있는 것으로 알고 있습니다. 따라서 국민연금과의 형평성을 고려하여 일부 줄이는 것도 국민들과의 갈등을 해결할 수 있는 방법이라고 생각합니다.

<u>둘째,</u> 공무원연금을 줄인다면 국가부채가 감소할 수 있습니다.

공무원연금은 재원이 부족할 경우 국가보전금으로 충당하고 있는데 2019년 현재 공적연금부채는 국가부채의 56%정도를 차지할 정도로 막대하다는 보도를 접한 경험이 있습니다. 결국 공적연금부채는 국민이 세금으로 감당하게 되는데, 공무원으로서 국민의 부담을 덜어주는 차원에서라도 연금감소를 감수하는 것이 공무원의 자세라고 생각합니다.

<u>셋째,</u> 같은 공무원 연금 내에서도 형평성에 어긋나는 부분이 있기 때문에 연금 줄이는 것이 마땅하다고 생각합니다.

공무원 연금은 2015년 개혁 이후 매년 8.5%를 적립하고 있으며, 2020년에는 9%까지 올라가는 반면 군인연금은 2013년 개혁 때 7%를 유지하고 있습니다. 그럼에도 불구하고 연금수령액은 군인연금이 더 많습니다. 적게 내고 더 많이 가져가는 구조입니다. 따라서 공무원연금의 형평성을 이룰 수 있는 제도개선이 이루어져야 할 것입니다.

반대입장

저는 공무원연금 감소에 반대하는 입장입니다. 그 이유는

<u>첫째,</u> 국민연금과의 연금수령액 6배 차이 비교는 애초부터 적합한 비교가 아니라고 생각합니다.

공무원연금은 공무원이라는 특정 조직에 맞추어진 제도로 국민연금보다 10년 이상 앞서 기금이 조성되었고 국민연금은 개인이 4.5%, 정부가 4.5%를 부담하는 형식이라면 공무원 연금은 개인이 9% 정부가 9%를 내기 때문에 더 많이 받는 것은 당연한 것입니다.

따라서 기여금의 정도를 따지지 않고 연금 수령액만으로 판단하여 형평성을 주장하는 것은 다소 무리가 있다고 생각합니다.

<u>둘째,</u> 이미 공무원연금은 개혁이 이루어진지 얼마 되지 않은 상태에서 연금감소가 다시 이루어지는 것은 공무원의 사기를 저하시킬 수 있기 때문에 저는 현 상태 유지가 되어야 한다고 생각합니다.

2015년 공무원연금 개혁으로 인해 60세 수령에서 65세 수령으로 바뀐 것이 불과 3년 정도 지난시점에서 다시 연금이 감소된다면 이는 공무원들이 업무의욕을 떨어뜨릴 수 있다고 생각합니다.

<u>마지막으로,</u> 연금충당부채는 국가채무처럼 국가가 갚아야 할 확정된 채무가 아니라 재정 투명성을 높이기 위해 산정하는 추계치일 뿐 이를 국민세금으로 충당해야 하는 빚으로 간주하는 것은 잘못된 인식이기 때문입니다.

공무원 연금 충당부채란 공무원 연금과 군인 연금에 가입한 공무원·군인이 퇴직할 때 지급하기

위해 미리 쌓아둔 부채로 장래 지급할 연금을 현재 가치로 평가해 산출한 것으로 향후 70년 이상 동안 공무원 연금 지급에 들어갈 돈을 환산한 금액입니다
연금 충당부채는 재직 공무원들이 매월 납부하는 기여금과 정부 부담금 등 연금보험료 수입으로 충당되고 있는데 회계연도 국가결산 보고서상 드러나는 회계법상의 오류를 그대로 보고해 국민과 공무원 모두를 불안하게 하고 있는 것은 잘못입니다.

062 셧다운 제도에 대한 찬성/반대 의견을 제시해 보시오.

질문 의도

- 셧다운 제도란 만 16세가 안 된 청소년의 게임 이용시간을 제한하는 제도를 말한다. 밤 12시부터 새벽 6시까지 여섯 시간 동안 청소년이 게임을 할 수 없게 했다. 서비스제공사업자가 강제로 접속을 끊어야 한다. 여성가족부가 2011년 11월 시행했고, 계도를 거쳐 2012년부터 단속했다. 문화체육관광부도 2012년 7월 1일 이른바 '선택적 셧다운 제도'를 시행했다. 심야로 고정한 여성가족부의 셧다운 방식과 달리 부모가 자녀와 함께 적절한 게임 이용 차단 시간을 정하게 했다. 청소년의 지나친 게임 몰입을 막는 게 핵심이다. 그러나 두 기관이 셧다운 제도를 각각 들고 나오는 바람에 이중 규제 논란이 일었다. 셧다운 제도의 나이 인증 체계와 폐지하기로 한 인터넷 이용자 본인 확인제의 규제 상충 현상도 빚었다. 게임 이용자의 자유와 행복추구권을 침해한다는 지적까지 나왔다. [네이버 지식백과]

답변 사례

찬성입장

저는 셧다운 제도에 대해 찬성합니다. 그 이유는

첫째, 청소년의 수면권과 학습권이 신장되기 때문입니다.
청소년들의 수면권을 빼앗아가는 다양한 원인들 중 온라인 게임이 과도한 학교 외 사교육 시간보다 많은 비중을 차지합니다. 셧다운 제도가 실시된다면 게임이나 오락을 즐기는 밤 시간에 수면을 취하게 될 것이므로 정상적인 수면권 확보를 위해서는 셧다운 제도가 시행되어야 한다고 생각합니다.

둘째, 균형적인 성장이 보장되기 때문입니다.
인터넷 게임에 중독 시 시간과 관계없이 게임을 하는 경향이 높습니다. 그로 인해 성장이 되어야 하는 정상적인 시기에 성장이 멈출 수 도 있습니다. 따라서 학생들의 건전한 생활과 건강을 유지할 수 있으며 개인의 게임시간을 조절하기 위해서 셧다운 제도는 시행이 되어야 한다고 생각합니다.

반대입장

저는 셧다운 제도에 대해 반대합니다. 그 이유는,
첫째, 셧다운 제도는 청소년의 행복추구권을 침해하기 때문입니다.
행복 추구권이란 헌법상 기본권 중 하나로 안락하고 만족스러운 삶을 추구할 수 있는 권리, 고통이 없는 상태나 만족감을 느낄 수 있는 상태를 실현할 수 있는 권리로 정의됩니다. 셧다운 제도는 청소년들이 게임할 권리를 제한해 행복을 추구할 수 있는 권리를 침해한다고 볼 수 있습니다. 그러므로 셧다운 제도에 대해 반대를 합니다.

둘째, 셧다운 제도의 효과성이 확실하지 않기 때문입니다.
대부분의 학생들이 부모님의 주민등록 번호를 접속하여 셧다운 제도에 걸리지 않습니다. 또한 온라인 게임이 아니더라도 CD게임 등 셧다운 제도에 적용되지 않는 게임을 한다면 게임중독을 막는 것은 쉽지 않다고 생각합니다. 따라서 건전한 온라인 게임의 지도와 가이드라인 등을 제시해 주는 것이 셧다운 제도 실시보다 효과적이라고 생각합니다.

셋째, 셧다운 제도는 우리나라 게임업계의 발전에 피해를 줄 수 있기 때문입니다.
우리나라는 세계 최고의 IT강국입니다. 또한, 어느 나라 보다 게임 수출액이 많은 나라가 우리나라입니다. 그러나 셧다운 제도를 시행한다면 게임 산업계에 큰 해를 입힐 수 있으며 프로게이머 양성에 있어서도 상당한 걸림돌이 될 수 있다고 생각합니다. 그렇기 때문에 셧다운 제도 시행에 대해 반대합니다.

063 주 52시간 근무시간 도입에 대한 찬성/반대 의견을 제시해 보시오.

🔒 질문 의도

- 52시간 근무제란 주당 법정 근로시간을 기존 68시간에서 52시간 (법정근로 40시간 + 연장근로 12시간)으로 단축한 근로제도이다. 이에 따라 종업원 300인 이상의 사업장과 공공기관은 2018년 7월 1일부터 '주당 근로시간 52시간'이 시행되었다. 다만 공무원은 이 제도에 적용되지 않는다.

🔒 답변 사례

■ 찬성입장

저는 52시간 근무제에 찬성하는 입장입니다. 찬성하는 이유로는

<u>첫째,</u> **52시간 근무제의 장점 중 가장 크게 체감할 수 있는 것 중 하나가 워라밸이라고 생각합니다.**
2019년도에 '번아웃증후군'이라는 단어가 문제 현상으로 등장할 만큼 직장인의 일과 삶의 균형은 사회적으로도 보건적으로도 중요하다고 할 수 있습니다. 52시간 근무제 도입으로 번아웃 증후군 해소 및 직장인들의 삶의 질이 올라가고 우리나라가 고질적으로 겪고 있는 육아문제 및 야근으로 인한 건강관련 문제도 점진적으로 해결될 수 있을 것입니다.

<u>둘째,</u> **시간당 생산성의 향상을 말씀드리고 싶습니다.**
근로자의 휴식시간을 보장해준다면 근로자가 업무에 집중하여 역량을 최대한 발휘할 수 있게 되고 의미없는 야근을 줄여 더 밝은 기업문화 속에서 근로자의 자율성 확대 및 효율성이 증대될 수 있습니다.

<u>셋째,</u> **새로운 일자리 창출을 기대할 수 있습니다.**
주52시간 근무제가 시행되면 대부분의 회사의 업무량은 그대로인데 일하는 시간이 줄어들게 되므로 생산성 유지를 위한 고용증가가 예상됩니다. 또한 직장인들의 여가시간이 증가됨에 따라 여행, 레저 산업의 활성화로 인한 새로운 일자리 창출 또한 기대해 볼 수 있습니다.

■ 반대입장

저는 52시간 근무제 도입에 반대하는 입장입니다. 반대하는 이유로는

<u>첫째,</u> **임금의 감소로 직원들이 경제적 어려움을 느낄 수 있기 때문입니다.**
시간외 수당을 받지 못해 수입 감소로 이어질 수 있고 오히려 실질적인 근무의 강도만 높아질 수 있다고 생각합니다. 기업 입장에서는 근로시간이 단축되는 경우 추가로 인력을 채용해야 성과를 유지할 수 있는데 그러기에는 인건비의 부담이 커질 수밖에 없습니다. 이러한 인건비 부담을

덜기 위해 월급을 매년 동결하거나 줄어들게 될 가능성이 클 것입니다.

둘째, 임금의 감소뿐만 아니라 이러한 인건비 부담을 줄이기 위해 정규직처럼 양질의 안정적인 일자리가 아닌 파트타임, 비정규직 위주의 일자리만 많이 늘어날 가능성이 있습니다.

불안정한 일자리로 인해 서민들은 고용 불안을 극복하기 위해 투잡을 하는 사람들이 증가하는 등 오히려 52시간 근무제의 원래 취지였던 일과 삶의 균형이라는 목적을 저해할 우려가 있다고 생각합니다.

셋째, 명확한 기준의 부재로 혼란이 야기될 수 있습니다.

출장, 거래처와의 식사, 회식 등의 시간의 어느 정도까지를 근무시간에 포함할 수 있는지 등의 명확한 기준이 없다는 점은 현장의 혼란을 불러올 수 있다고 생각합니다.

넷째, 기업 경쟁력의 약화를 가져올 수 있습니다.

건설 및 소프트웨어 개발 등 짧은 기간 안에 퍼포먼스를 내야 하는 업종의 경우 근로시간 단축으로 인해 오히려 기업 경쟁력을 약화 시킬 수 있다고 생각합니다.

064 카풀앱 도입에 대한 찬성 반대 견해를 말해 보시오.

🔒 질문 의도

- 카풀서비스란 카풀(carpool)은 car(차)와 pool(모으다)의 합성어로, 목적지의 방향이 비슷한 사람들끼리 한 대의 승용차로 함께 이동하는 것을 의미한다. 최근 애플리케이션 '카카오T카풀' 서비스 도입으로 택시업계의 생존권 침해의 우려가 있어 카카오서비스와 택시업계 사이의 첨예한 대립이 발생한 바 있다.

🔒 답변 사례

💬 찬성입장

저는 카풀앱 도입에 찬성하는 입장입니다. 찬성하는 이유로는

첫째, 승차난을 해결하여 승객의 편의가 증진될 수 있습니다.

자료에 따르면 2018년도 9월을 기준으로 택시 호출 수는 20만5천 건인 반면 공급되는 택시는 5분의 1에도 못 미치는 3만 7천대였고 심야시간의 호출은 13만 건인 반면 운행 중인 택시 수는

3분의 1 수준인 4만 1천대에 불과했습니다. 카풀 서비스의 도입이 된다면 소비자는 선택할 수 있는 교통수단이 늘어나게 되고, 또한 승객과 운전자가 같은 목적지를 공유하기 때문에 승차난 문제가 해결되어 승객의 편의가 크게 증진될 것입니다.

둘째, 승객과 카풀 운전자의 경제적 이익이 커집니다.
최근 택시 기본요금은 3,000원에서 3,800원으로 인상되었고, 심야 시간은 3,600원에서 4,600원으로 인상되는 등 시민들의 주머니 사정을 힘들게 하고 있습니다. 카풀 서비스는 이러한 요금 문제에 훌륭한 대안이 될 수 있습니다. 카풀 서비스의 운전자는 운행료 중 일정 부분의 수수료만 지급하기만 하면 되기 때문에 매월 일정한 금액을 택시회사에 납입해야 하는 택시기사에 비해 저렴한 가격으로 운행료를 산정할 수 있습니다. 또한 승객 뿐만 아니라 운전자 역시 소유한 차량의 빈 공간을 활용하여 소정의 이익을 얻을 수 있습니다.

셋째, 교통량 감소 등 사회적 효용이 큽니다.
카풀서비스는 자원의 소유자가 사용하지 않는 물건이나 서비스 등 유휴 자원을 타인과 공유함으로써 효율을 높이고 수익을 얻을 수 있는 공유경제의 일종입니다. 공유경제는 자원의 절약을 대표적인 장점으로 가지고 있습니다. 또한 운전자는 새로운 소득을 얻을 수 있어 이는 내수활성화와 연결될 수 있고 카풀 서비스가 활성화된다면 차량의 개인소유가 감소함에 따라 교통량 역시 감소하여 승용차 운행비용 및 교통혼잡비용이 절감될 수 있습니다. 이에 더해 최근 문제가 되고 있는 대기오염 문제의 해결에도 기여하여 온실가스 감축 및 미세먼지 저감효과로 이어질 수 있습니다.

반대입장

저는 카풀앱 도입에 반대하는 입장입니다. 반대하는 이유로는

첫째, 택시산업이 위축되어 택시운전사의 생계가 위협받게 됩니다.
카풀 서비스가 활성화되면 그보다 가격이 높은 택시산업은 쇠퇴할 가능성이 높습니다. 택시기사들은 마지막 생계수단으로 택시 운전을 선택한 고령층 노동자들이 타 직업군에 비해 현저히 많은 만큼 소득의 감소는 곧 생계에 큰 위협이 됩니다. 또한 법인택시 운전자들은 일반적인 월급제가 아니라 사납금제, 즉 최저임금에 크게 못 미치는 기본급을 받는 대신 하루에 벌어들인 운행 수익금 가운데 일정한 금액(사납금)을 내고 나머지를 개인 수익으로 가져가는 형태고 급여를 받고 있습니다. 이로인해 2019년 서울시 통계에 따르면 법인택시 운전자의 평균 월 급여는 1년 미만 122만원, 1년 이상 2년 미만은 129만원밖에 되지 않는 것으로 나타났습니다. 따라서 카풀 서비스의 도입으로 인해 최저 수준의 소득조차 보장되지 않고 있는 택시기사들의 생계는 더욱 치명적인 위기에 빠질 것이 분명합니다.

둘째, 승객의 안전을 보장할 수 없습니다.
2018년 중국에서 중국판 우버 '디디추싱'을 이용한 스튜어디스 여성이 운전자에 의해 성추행 당

한 후 살해당하는 사건이 발생하였습니다. 운전자는 부친의 신분증을 이용해 운행해왔다는 사실이 밝혀져 충격을 주었습니다. 카풀 서비스 업계에서는 모바일앱을 통해 운전자를 관리할 수 있고, 운전 자격 조건을 까다롭게 하여 안전을 보장할 수 있다고 주장합니다. 그러나 '디디추싱'의 사례는 승차공유의 안전상 허점을 적나라하게 보여준다고 할 수 있습니다. 현재 개인택시 자격증을 취득하기 위해서는 법인택시회사에 취업하여 3년간 무사고로 운행을 해야 하고, 각종 범죄경력 등의 결격사유가 없어야 합니다. 이렇듯 조건을 까다롭게 구성하여도 택시를 이용한 범죄는 매해 끊이지 않고 있는 실정입니다. 그렇다면 이보다 그 조건이 완화될 카풀 서비스의 경우 범죄의 수단으로 악용될 가능성이 더욱 높을 수밖에 없을 것입니다.

<u>셋째,</u> 카풀 서비스의 도입없이 현재의 문제점을 해결할 수 있다고 생각합니다.

출퇴근시간대와 심야시간대의 승차난, 승차거부 및 불친절 등 택시업계가 그간 좋지 못한 모습을 보여왔던 것은 사실입니다. 그러나 이와 같은 문제점은 카풀 서비스가 도입되지 않더라도 해결될 수 있다고 생각합니다. 우선 택시기사의 불친절, 승차거부 등의 서비스 문제는 택시기사들의 자정을 통해 해결 될 수 있고, 이번 카풀 서비스 논란을 거치며 택시업계에서 자성의 목소리가 나오며 실제 연간 3만 건이었던 불친절 신고가 1만 8천 건으로 줄어들기도 하였습니다. 또한 한국교통연구원에 따르면 전국에 25만여 대의 택시차량이 있는데 정부는 이중 9만대가 공급과잉이라고 판단하여 감축하고 있는 실정이지만 출퇴근시간대와 같이 수요가 폭발적으로 증가하는 때에 공급이 따라가지 못하는 모순적인 상황이 발생하고 있습니다. 이러한 문제는 택시 3부제, 혹은 4부제와 같이 택시 운행을 3일에 혹은 4일에 한번 씩 쉬게 하는 제도 등을 해당 시간대만큼은 유연하게 적용하는 등의 조치로 대처할 수 있을 것입니다.

065 소년법 나이 하향조정에 대한 찬성/반대 의견을 제시해 보시오.

질문 의도

- 소년법이란 반사회성을 띠고 있는 미성년자에 대해 그 환경의 조정과 성행의 교정에 관한 보호 처분을 하고 형사처분과 관련해 특별 조치를 함으로써 미성년자의 건전한 육성을 기하기 위해 마련된 법률이다. 여기서 말하는 미성년자는 19세 미만의 자를 말하며, 10세 이상부터 14세 미만의 자를 소년보호 대상으로 하고 있다.

답변 사례

찬성입장

저는 형사미성년자 나이 하향 조정에 찬성하는 입장입니다. 찬성하는 이유로는

첫째, 범죄의 흉포화와 청소년 관련 범죄의 증가를 막을 수 있기 때문입니다.
현대사회 속에서 여러 매체를 통해 다양한 범죄 형태에 쉽게 노출되어 흉포해지는 청소년 범죄와 더불어 처벌받지 않는다는 점을 악용, 상습범죄와 재범률이 증가하고 있기 때문입니다. 경찰청 발표에 따르면 촉법 소년 범죄율은 2012년 37%, 2013년 41%로 꾸준한 증가추세이며, 촉법 소년 범죄 건수는 연간 1만 건 내외로 최근 강도, 성범죄, 방화 등 강력범죄 비율이 증가하고 있기 때문입니다.

둘째, 소년범의 경우 죄의식을 찾아보기 힘든 경우가 다수인데, 강력범죄 중 성범죄 비율이 만 13세의 나이에서 70% 이상 벌어진다는 사실은 형사미성년자의 연령을 1~2년만 낮추어도 큰 효과를 볼 수 있다고 생각합니다.

셋째, 악용의 사례를 줄 일 수 있습니다.
촉법 소년이 현 형법을 악용하여 본인이 형사처벌 대상이 되지 않는다는 인식하에 또래 집단에서 범죄 습성을 형성하고, 상습적인 범죄를 저지르기 쉬운 점이 있는데, 나이를 하향 조정한다면 이러한 악용의 사례를 감소시킬 수 있다고 생각합니다.

넷째, 현재 형법의 처벌대상은 1953년 제정된 법으로 경제성장과 인터넷 발달에 따른 청소년의 정신적·신체적 성장과 발달 수준이 1953년에 비해 월등히 우수하기 때문에 현 시대에 맞추어 그 나이를 조정할 필요가 있다고 보기 때문입니다.

따라서 현재 청소년 범죄 중 성범죄가 차지하는 비율이 높으니 지금 시행하고 있는 형식적인 성교육보다는 조금 더 현실적인 성교육을 통해 성범죄 예방에 힘쓸 필요가 있습니다. 또한 아동의 눈높이에 맞는 범죄 예방 만화나 영상을 개발하여 범죄 관련 교육을 강화할 필요가 있을 것 같습니다.

반대입장

저는 형사미성년자 나이 하향 조정에 반대하는 입장입니다. 반대하는 이유로는

첫째, 성장기 청소년에게 범죄의 모든 책임을 지는 것은 가혹하다고 생각합니다.
성장하는 단계에 있기 때문에 앞으로 변화될 기회와 가능성이 많음에도 불구하고 범죄로 인한 낙인효과로 인해 인생의 기회를 빼앗을 수 있기 때문입니다. 판단능력과 책임의식이 부족한 청소년기 범죄는 사회공동체의 책임이며, 이를 청소년 개인의 범죄로 보는 시각은 가혹하기 때문에 현재 형법상의 미성년자 나이를 유지하는 것이 맞다고 생각합니다.

둘째, 청소년 특성상 처벌보다 교화가 중요한 시기이며 처벌만능주의의 부작용이 우려되기 때문입니다.
청소년을 평생의 낙오자로 낙인하는 국가적 처벌보다 이들에게 중요한 건 무엇이 옳고 그른지를 판단하도록 돕는 교화와 개선이 더욱 효과적이기 때문입니다. 처벌은 결국 반성보다는 반항심과 적대감을 불러오고, 장기적으로는 더 큰 범죄를 초래할 것이기 때문입니다.

셋째, 강력한 처벌로서의 해결보다 청소년 범죄의 원인 제거가 우선시 되어야 할 것입니다.
청소년 범죄의 원인은 여러 매체를 통해 불건전, 폭력적 내용 노출로 인해 감정 억제 능력, 사회성 결여 등이 발생하게 되는데 불건전한 매체에 청소년이 접근할 수 없도록 해야 하며, 성장기부터 감정 조절 능력이나 사회성을 함양할 수 있는 학습을 제공한다면 범죄 후 법적 처벌보다는 예방 효과를 높일 수 있다고 생각합니다.

따라서 만약 하향 조정이 불가피하다면, 증가하고 있는 청소년 범죄에 대응하여 강력한 처벌을 위한 하향 조정보다는 현재 처벌받지 않는다는 인식을 개선하고 경각심을 주기 위하여 형사미성년자 나이를 하향 조정해야 할 것입니다.

아울러 사건 발생 시 사건의 중대성, 사회적 인식 등에 따라 형사 처벌을 우선적으로 고려하기보단 보호처분 및 교육을 통한 개선을 우선적으로 고려해야 할 것입니다.

066 공무원 정년을 65세로 연장하는 것에 대한 찬성/반대 의견을 말해보시오.

질문 의도

- 공무원의 경우 **일반직공무원의 정년은 60세, 교육공무원 정년은 62세, 국립대학 교수는 65세이다.** 경찰, 소방, 군인 등은 계급정년이 있어 만 60세 이전에 퇴직할 수도 있으며, 일반직공무원의 경우는 2013년부터 직급별로 달랐던 정년을 만 60세로 통일하였다.

답변 사례

찬성입장

저는 소방공무원 정년 연장에 대해 찬성을 합니다. 그 이유는,
첫째, 평균수명이 100세로 늘어난 시점에 그만큼 신체상의 건강이 예전에 비해 더 일을 할 수 있다고 생각되어 찬성합니다.

근로자 정년 연장 해외 사례를 보면 스페인 같은 경우엔 67세, 영국과 미국은 정년을 아예 없애는 추세입니다. 기대수명은 국가 경제 뿐만 아니라 고령층 개개인의 경제적 문제를 가중시킬 수 있으며, 고령화가 심해지는 현시점 선진국에 앞장서서 정년 연장이 필요하다고 생각이 듭니다.

둘째, 퇴직 후 연금개시 시점인 65세 까지의 경제적인 어려움이 발생할 수 있으므로 저는 정년 연장에 찬성합니다.

2022년부터 공무원 연금법 개정에 따라 퇴직 시 받던 연금을 65세에 받게 됩니다. 따라서 퇴직 후 5년 정도는 소득이 발생하지 않게 되므로 경제적인 어려움을 겪게 됩니다. 따라서 소득보전 방안이 먼저 마련이 되어야 할 것입니다.

셋째, 다년간 조직에서 쌓은 업무노하우를 후배들에게 전달할 수 있으므로 찬성합니다.

소방공무원은 일의 특성상 현장경험의 노하우가 필요합니다. 정년 연장이 된다면 다년간 경험이 풍부한 많은 선배들로부터 현실적이고 경험에서 우러나오는 노하우를 배울 수 있는 기회가 많아집니다.

현재도 일부소방서에서는 신임 소방공무원들이 현장경험이 풍부한 선배들로부터 현실적이고 경험에서 우러나오는 노하우를 배울 수 있도록 일대일 멘토링제를 운영하여 소방공무원으로서의 기본소양과 현장적응능력을 높이기 위해 추진 중이므로 업무향상에 큰 도움이 된다고 생각합니다.

반대입장

저는 소방공무원 정년 연장에 대해 반대를 합니다. 그 이유는,

첫째, 청년 고용률이 하락되면 청년취업률이 심각하므로 소방공무원 정년 연장에 대해 반대합니다.

'10년간 청년일자리, 인구보다 더 빨리 줄었다'는 기사를 본 적이 있습니다. 통계청 자료에 따르면 청년층 15~29세를 대상으로 조사한 결과 인구 감소는 65만 4000명이었는데 반면 취업자 수 감소의 경우 74만 9000개가 되었다 합니다. 이 자료에서처럼 청년실업문제는 우리사회의 이슈로 대두되고 있는데, 소방공무원 정년이 연장된다면 신규 채용은 줄어들 것이고 그에 따라 청년취업률이 더 심각해질 것이기 때문에 반대합니다.

둘째, 체력적으로 많이 힘든 소방 일을 정년에 임박한 소방관들이 효율적으로 해내기 어렵다는 생각으로 반대합니다.

소방장비 및 복장의 무게만 20kg 이상이며 근무 강도와 직무 위험성이 높은 업무로 체력적인 부분이 많이 차지하고 있는 상황에서 정년에 임박한 소방관들이 담당할 체력이 허락되지 않다고 생각합니다. 또한 정년연장이 되면 현장 인력의 노쇠화가 심해져 국민에게 제대로 된 서비스를 제공할 수 없게 되며 그로 인해 시민의 만족도가 떨어지므로 소방공무원 정년연장에 대해 반대합니다.

셋째, 소방공무원 정년연장으로 조직 내에 인사·승진 적체 현상이 발생하므로 반대합니다.
정년이 연장이 되면 장기 근속자의 비율이 늘어날 것이고 그에 따라 승진이나 인사에 있어서 적체현상이 빚어질 수 있습니다. 이러한 현상은 조직의 분위기나 업무 의욕을 떨어뜨릴 수 있는 부정적 영향을 미칠 수 있습니다.

067 중대 범죄자의 신상 공개에 대한 찬성/반대 견해를 말해보시오.

질문 의도

- 특정강력범죄의 처벌에 관한 특례법(8조의2, 피의자의 얼굴 등 공개)에 따라 해당 기준 충족 시 피의자의 얼굴 등 신상을 공개하는 것을 말한다. 2009년 강호순 연쇄살인사건 이후 흉악범의 얼굴을 공개해야 한다는 여론이 높아지면서 2010년 4월 해당 규정이 신설됐다. 신상정보 공개의 타당성 여부는 총 7명으로 구성된 신상정보공개 심의위원회의 판단에 따라 결정된다.

답변 사례

찬성입장

흉악범의 얼굴공개에 대해서 찬성하는 입장입니다. 그 이유는

첫째, 사회적 안전망이 우선시되어야 하기 때문입니다.
연쇄살인과 아동성폭력과 같은 반인륜적·반사회적 범죄의 경우에는 피의자의 자백과 명확한 증거가 드러났다면 반인륜적 범죄자의 인권보다는 사회적 안전망이 더 우선시되어 여죄와 사건 전후의 행적에 대한 제보효과를 얻을 수 있도록 수사 단계에서 얼굴 공개를 하여야 한다고 생각합니다. 더 나아가서 이와 같이 혐의가 명확하고 흉악범죄인 경우 피의자의 초상권보다 국민의 알 권리와 언론의 보다 자유가 우선한다고도 생각이 듭니다.

둘째, 우리나라의 경우 국내법상 피의자 신상공개의 관한 법률이 존재하기 때문입니다.
특정강력범죄의 처벌에 관한 특례법에 의거 이름, 얼굴공개 시 요건 4가지가 충족되어야 합니다.
① 범행수단의 잔인성, 중대한 피해 발생
② 충분한 증거
③ 공공의 이익

④ 피의자가 청소년인 경우 해당되지 않습니다.

공개 시기는 구속영장이 발부된 바로 뒤로 정했으며, 충분한 증거가 확보된다면 구속 영장 전이라도 공개 가능한 것으로 명시하고 있습니다.

셋째, **국민의 알권리가 있기 때문입니다.**

민주주의적 개념에 의하여, 국민의 올바른 판단을 돕는 알권리를 위해서라도 신상 공개는 중요하다고 생각합니다.

넷째, **재범 방지를 위해서입니다.**

복역 후 신상정보가 알려지지 않은 경우 모르고 접근하여 피해를 당하는 불상사를 막을 수 있고, 특히 성범죄와 같으 재범률이 높은 범죄의 경우 미연에 범죄 발생을 예방할 수 있다고 생각합니다.

다섯째, **여죄 파악을 위해서 필요하다고 생각합니다.**

가해자의 얼굴 및 신상정보를 공개함으로써 아직 밝혀지지 않고 남은 죄를 알아낼 수 있기 때문입니다.

마지막으로 범죄에 대한 경각심을 일으키는 효과가 있기 때문에 저는 흉악범 신상공개에 찬성하는 **입장입니다.**

반대 입장

저는 흉악범의 얼굴공개에 대해서 반대하는 입장입니다. 그 이유는 연쇄살인과 아동성폭력 등 반인륜적·반사회적 범죄자가 처벌되는 것은 당연하다고 하면서도, 가해자의 얼굴 공개는 자칫 사건의 본질과는 무관한 분풀이나 호기심의 대상이 되어 **이중처벌의 위험성**이 있을 수 있기 때문입니다.

공개 대상자의 기본권과 형이 확정되기 전까지는 **무죄추정을 받는다는 원칙에 위배**되고 나아가서 범죄자 뿐만 아니라 그 가족에게까지도 고통을 가중시킬 수 있다는 점에서 얼굴공개는 신중하게 접근해야 될 것으로 생각합니다.

반대 입장에 추가해서 말씀드리자면 **사회적응의 기회를 박탈할 가능성**이 있습니다. 형벌을 모두 마치고 온 수형자는 얼굴이나 신상 공개에 따른 주변인의 배척을 당할 우려가 있고 이에 따라 사회에 적응할 수 있는 모든 수단을 배제시키는 것이 될 수 있습니다.

또한, **공개대상에 대한 기준이 모호**하다는 것입니다. 흉악범의 신상을 공개할 때 잔인성, 죄질, 공공이익의 기준이 애매한 것이 사실입니다. 마지막으로 범죄자의 신상을 공개한다고 해서 **근본적인 범죄율 감소에는 영향을 미치지 않음**으로 실질적 형량을 증가하는 것이 더 바람직하다고 생각하기 때문입니다.

068 아동 체벌금지법에 대한 찬성/반대 토론을 해 보시오.

🔒 질문 의도

- 현행 민법 제915조는 부모가 자녀를 보호 또는 교양하기 위하여 필요한 징계를 할 수 있다고 규정하고 있다. 그러나 훈육(징계)을 이유로 한 부모의 체벌이 아동학대로 이어져 사회적 문제가 되고 있다. 2020년은 부모의 아동학대가 사회적 이슈로 떠오를 정도의 사건이 연이어 발생하게 됨에 따라 2020년 지난 4월 법무부 산하 '포용적 가족문화를 위한 법제개선위원회'는 민법 제915조 징계권 조항을 삭제하도록 하는 내용을 법무부에 권고했다. 법무부는 이 권고를 받아들여 지난 8월 민법 일부개정법률안을 입법예고하고 법제처 심사와 차관회의 등을 거쳤다.
개정안을 보면 우선 제915조 징계권 조항을 삭제했다. 자녀에 대한 '필요한 징계' 부분을 삭제함으로써 자녀에 대한 체벌이 금지된다는 점을 명확히 했다. 활용되고 있지 않은 '감화 또는 교정기관에 위탁' 부분도 삭제했다.

🔒 답변 사례

📋 찬성입장

저는 아동체벌금지법에 찬성하는 입장입니다. 찬성하는 이유로는

첫째, 아동학대가 훈육이라는 이름으로 방치되고 있기 때문입니다.
민법 제915조 징계권의 내용을 살펴보면 친권자는 그 자를 보호 또는 교양하기 위하여 필요한 징계를 할 수 있고, 법원의 허가를 얻어 감화 또는 교정기관에 위탁할 수 있다고 밝히고 있습니다. 그러나 부모의 징계권으로 인해 많은 아동들이 훈육을 가장한 학대를 당하고 있으며, '훈육'이라는 이름하에 드러나지 않은 학대는 더 많을 것으로 예상됩니다. 2017년 국내 아동학대 신고건수는 3만 4169건이었고 그 중 부모로부터의 학대가 76.8%를 차지하였습니다. 흔히 화제가 되곤 하는 어린이집·학교 교사로부터의 학대는 부모의 1/5이 채 되지 않는 수준입니다. 한 해 평균 아동학대로 숨지는 아이가 30명, 하루 평균 67명의 아이가 학대를 당하고 있는 지금, 법이 아동학대의 핑계가 되어서는 안 될 것입니다.

둘째, 개정을 통해 아동학대에 대한 국민인식을 개선할 필요가 있다고 생각합니다.
2017년 12월 보건복지부에서 시행한 '아동학대에 대한 국민인식 조사'에서 국민의 76.8%가 자녀의 훈육을 위해 체벌이 필요하다고 생각하는 것으로 나타났습니다. 하지만 이런 인식은 자녀에 대한 올바른 훈육이 아닌 '체벌의 정당성'을 부여하고, 결국 '부모가 자녀를 마음대로 할 수 있다'는 생각에 이르게 만듭니다. 민법 개정은 부모의 체벌이 정당한 것이 아닌 학대이며, 어떤 상황에서도 매를 들어선 안 된다는 것을 사회 구성원에게 인식시킬 수 있는 가장 효과적인 방법이나 최소한의 장치가 될 것입니다.

셋째, 체벌은 아이 교육에도 도움이 되지 않기 때문입니다.
최근 많은 연구에서 '체벌이 도움이 되지 않는다'는 결과가 꾸준히 발표되고 있습니다. 손바닥으로 엉덩이나 팔다리를 때리는 정도의 가벼운 체벌도 아이들의 공격 성향을 높이고, 인지 장애 등 부정적 행동을 초래한다는 연구 결과도 있습니다. 무엇보다 많은 경우의 체벌은 '합리적이고 이성적인 판단'보다 순간적인 부모의 '감정' 때문에 이루어지는 경우가 많습니다. 처음에는 훈육의 목적에서 시작했다가도 점점 감정이 섞이게 되는 경우가 생기는데 이러한 체벌은 자녀에게 상처를 남기고, 교육에도 도움이 되지 않을 것입니다.

반대입장

저는 아동체벌금지법에 반대하는 입장입니다. 반대하는 이유로는

첫째, 가정의 문제에 정부가 과도하게 개입해선 안 된다고 생각하기 때문입니다.
부모의 자녀 체벌을 금지한다는 것은 정부가 부모의 훈육 방법을 제한한다는 의미입니다. 가정에는 저마다 자녀 교육에 대한 철학이 있게 마련입니다. 그런데 국가에서 가정에 개입하며 이를 강제하는 것은 과도한 개입으로 오히려 올바른 가정교육을 방해하게 될 우려가 있습니다. 훈육에 국가의 감시를 받는다면 법의 눈치를 보느라 적절한 훈육을 하기 어려워지게 되고 부모와 자녀사이 마저 멀어져 인성교육을 제대로 받지 못하는 아이들이 늘어나게 될 것입니다.

둘째, 가정교육에 대한 자유권을 침해하는 부분이 있기 때문입니다.
아동 학대는 극소수에 불과합니다. 학대받는 아동이 많다고는 하지만 전체 아동, 청소년에 비하면 그 수는 매우 낮습니다. 보건복지부에 따르면 국내 전체 추계아동인구 846만명 중 부모에 의한 아동학대는 17천건이었습니다. 천 명 당 2.03명, 전체 아동 인구의 0.2의 아동이 부모로부터 학대를 당하고 있는 것입니다. 물론 한 명의 아동이라도 학대를 당해선 안되지만 자격이 없는 0.2%의 부모 때문에 99%의 부모가 잠재적 아동학대 가해자로 간주되고, 가정교육에 대한 자유권을 침해받아서는 안 될 것입니다.

셋째, 체벌의 기준과 범위가 모호한 점이 있습니다.
현재 정부에서는 부모의 체벌에 대해 '사회 통념'이라는 기준을 이야기 합니다. 하지만 등짝을 한 대 찰싹 때린다거나, 꿀밤 때리기와 같은 상대적으로 가벼운 체벌부터, 무릎 꿇고 앉아있기, 손들고 서있기와 같은 간접 체벌까지 그 기준을 어디에 둘 것인지 분명하지 않습니다. 이 모두를 금지할 경우 부모가 자녀를 훈육할 수 있는 수단은 마땅한 대안 없이 극단적으로 제한될 우려가 있습니다.

069 수술실 CCTV 설치 의무화에 대한 찬성/반대 토론을 해 보시오.

질문 의도

- 수술실 내 CCTV를 경기도의료원, 안성병원을 대상으로 시범운영 한 결과 2018년 10월부터 2019년 4월까지 총 1,192건의 수술 중 791건의 수술에서 CCTV 촬영 동의가 있어 동의율은 66%였다.

답변 사례

찬성의견

저는 수술실 CCTV 설치 의무화에 대해 찬성하는 입장입니다. 그 이유로는

첫째, 수술 과정에서 벌어지고 있는 불미스러운 사건을 예방할 수 있습니다.
기존의 사건들에서 보면 환자가 수술과정에서 겪는 성추행이나 성희롱 등이 사회적으로 물의를 일으킨 사건이 많습니다. 따라서 수술실 CCTV가 설치된다면 이러한 수술실 내 불미스러운 사건을 예방할 수 있을 것입니다.

둘째, 유령수술이나 대리수술을 근절시킬 수 있습니다.
병원의 의료기기를 납품하는 영업사원들이 의사를 대신하여 수술을 하는데도 환자는 마취상태였기 때문에 이러한 심각함 범죄를 모르고 지나가는 경우가 발생하여 사회적으로 문제가 되었던 사건들이 있습니다. 따라서 수술실 내 CCTV 설치가 의무화 된다면 자격 없는 영업사원의 대리수술은 없어질 것이고 이는 환자의 최소한의 권리를 보장받을 수 있는 방법이 될 것이기 때문입니다.

셋째, 의료사고 발생 시 정확한 증거자료를 얻을 수 있습니다.
대부분의 의료사고는 피해자가 의료적 지식이 없기 때문에 사고에 대한 인지도 드물고 논쟁이 되어도 그것을 의료사고로 증명하기가 매우 어렵습니다. 또한 현행법상 의사가 수술과정에서 의료과실로 인해 환자에게 피해가 발생한 경우 현행 민사소송법은 입증책임을 환자에게 부담하게 하고 있으며, 우리나라는 소송과정에서 소지하고 있는 증거를 전부 제출하도록 하는 증거개시제도가 없을 뿐만 아니라, 진료과정상 모든 자료를 의사가 가지고 있어 환자는 증거자료를 확보할 수 없게 되어 있습니다. 만약 수술실 내 CCTV 설치가 된다면 추후 발생할 수 있는 의료사고의 명확한 증거로 작용할 것이기 때문에 의료 분쟁에서도 효과가 높을 것입니다.

넷째, 환자의 알권리가 있기 때문입니다.
수술이라는 것은 환자 자신의 생명과 건강에 직결되는 매우 중요한 과정입니다. 그런데 마취상태로 수술이 진행되어지고 있으므로, 정작 본인의 몸에 어떠한 과정이 진행되고 있는지 알지 못한다는 것은 가장 기본적인 권리를 보장받지 못하는 상황이기 때문에 수술실 내 CCTV를 설치하여

수술 당사자인 환자 본인의 알권리를 충족할 필요가 있다고 생각합니다.
마지막으로, 시범운영 결과 부작용이 나타나지 않고 있기 때문입니다.
최근 경기도 시범운영 결과 부작용이 별로 나타나지 않고 있으며 수술실에 CCTV를 설치한다면 정직하게 최선을 다해 수술한 의사는 손쉽게 의료과오 분쟁에서 벗어날 수 있고, 환자도 수술과정의 알 권리를 통해 자신의 안전을 확보할 수 있어 오히려 의사와 환자의 신뢰가 더 높아질 것이라고 생각하고 있습니다.

반대 입장

저는 수술실 CCTV설치에 반대하는 입장입니다. 그 이유로는
첫째, 의료진의 심리적 부담이 있을 수 있습니다.
수술 장면을 녹화하게 되면 의사나 간호사들은 자신의 행동이 관찰되거나 누군가 보고 있다는 생각을 가지게 될 것이므로 심리적 압박을 느낄 수 있습니다. 결국 이러한 부담은 예민한 수술에 영향을 줄 수도 있을 것이고, 결국 환자를 더욱 부정적인 결과로 이끌 수 있는 위험 부담이 있을 수 있다고 생각합니다.
둘째, 굳이 수술실 내부에 설치를 하기 보다는 수술실 문 앞에 설치하는 방법도 있기 때문입니다.
수술 장면을 녹화하기 보다는 수술실 문 앞에 설치한다면 출입하는 사람을 구별할 수 있고, 결국 대리 수술 등의 문제를 예방 할 수 있을 것입니다.
셋째, 환자나 의료진의 신상이 유출될 우려가 있습니다.
환자는 수술하는 도중 거의 옷을 입지 않고 있기 마련인데, 이 경우 녹화된 영상이 외부로 유출된다면 환자에게도 큰 문제가 될 수 있고 의료진의 개인 신상이 유포 될 수도 있습니다.
넷째, 전 세계적으로 수술실 CCTV 설치 운영을 법률로 강제하는 나라가 없기 때문입니다.
의사협회는 미국 일부 주에서 수술실 CCTV 설치 운영을 위한 입법 활동이 있지만 우리나라처럼 미국의사협회의 강력한 반대로 좌초되거나 어려움을 겪고 있는 것이 현실이기 때문입니다.

다만, 현 상황에서의 보완책으로는
1. 촬영 시 환자 동의 필수
2. 환자 수술 부위를 정밀하게 촬영하는 것이 아닌 수술실 내부 상황을 알 수 있는 촬영
3. 촬영 영상은 임의로 볼 수 없어야 하며 의료법에 규정된 목적으로만 열람 가능
4. 수술실 CCTV 설치 외 수술실 내 의료사고 피해 방지책 마련 등의 전제 조건이 있어야
5. 법령을 만들기 전에 수술에 참여하는 의료진의 도덕성과 윤리성이 선제되어야 한다.
6. 수술실 내의 사건을 자유롭게 고발할 수 있는 내부고발 의식이 필요하다는 견해를 말씀드릴 수 있겠습니다.

070 '민식이법' 내용과 개선되어야 하는 부분에 대하여 본인의 견해를 제시하시오.

🔒 질문 의도

- 1. 배경 사건
    2019년 9월 충남 아산의 한 어린이보호구역(스쿨존)에서 교통사고로 사망한 김민식 군(당시 9세) 사고 이후 발의된 법안으로, 2019년 12월 10일 국회를 통과해 2020년 3월 25일부터 시행됐다.

  2. 시행 법안 내용
     ▷ 도로교통법 : 어린이보호구역 내 신호등과 과속단속카메라 설치 의무화
     ▷ 특정범죄 가중처벌 등에 관한 법률 개정안 : 어린이보호구역 내 안전운전 의무 부주의로 사망이나 상해사고를 일으킨 가해자를 가중 처벌하는 내용

종전에는 스쿨존 내 13세 이하 어린이 교통사고 시 사망 여부와 관계없이 5년 이하 금고 또는 2000만원 이하 벌금이었다. 하지만 민식이법을 계기로 사고 시에는 1년 이상 15년 이하 징역 또는 500만원 이상 3000만원 이하 벌금, 사망 시에는 무기 또는 3년 이상 징역으로 처벌이 대폭 상향됐다.

🔒 답변 사례

민식이법 내용은 어린이보호구역 내 신호등과 과속단속카메라 설치 의무화를 담고 있는 법으로 어린이보호구역 내 안전운전 의무 부주의로 사망이나 상해사고를 일으킨 가해자를 가중 처벌하는 내용입니다.

어린이 보호구역 내 어린이 교통사고에 대한 처벌수준이 상향되면서 생긴 대표적 쟁점으로는 개정된 처벌수준의 적정성에 대한 논란으로 과실(위법)의 경중에 따라 처벌수위가 달라져야 하는데 가벼운 과실에 대한 최저 처벌 수준(법정형의 하한)의 적정성과 관련한 검토가 필요하다는 논란이 이어지고 있습니다.

따라서 개선점으로는

첫째, 어린이 보호구역의 범위를 명확히 하는 등 보호구역의 지정 및 운영에 적극적인 노력과 운영방법 개선이 검토돼야 합니다.

어린이 보호구역과 관련한 법령에 이 구역의 시점과 종점(해제)을 알리는 표지나 도로표시의 신설과 함께 적정 위치에 각 표지를 설치하는 주체와 의무를 규정하는 등 스쿨존을 분명하게 인식할 수 있는 조치도 필요하다고 생각합니다.

둘째, 어린이보호구역(스쿨존) 내 교통사고를 무겁게 처벌하는 이른바 '민식이법'을 도입을 계기로 경찰의 교통사고 조사능력을 높여야 한다고 생각합니다.

경찰의 교통사고조사가 신뢰받지 못하면 교통사고 관련 법·제도가 제대로 실현될 수 없기 때문입니다.

전국 교통사고 중 경찰에 신고·접수된 교통사고가 약 21만7000건 수준인데 전문조사관은 2020년 2월 기준 335명에 불과하다고 지적했다. **전문조사관 1인당 약 648건의 교통사고를 조사해야 한단 계산**이 제시되는 바 관련 전문 인력의 충원도 필요할 것 같습니다.

친절한 추쌤의
소방공무원 면접

02 개별면접 질문

001 성장 과정을 포함한 자기소개를 1분 동안 해보시오.

🔒 질문 의도

- 지원동기, 장점과 함께 면접에서 빠지지 않고 나오는 질문이다. 자기 탐색을 바탕으로 미리 준비하여 열정 있게 답변하여야 한다. 가급적 장점, 지원동기, 포부가 어우러진 자기소개를 하기 권한다. 지원 동기, 장점, 자기소개를 한꺼번에 질문하기보다는 한두 가지 질문을 하게 되므로, 세 가지가 어우러진 자기소개를 준비해 두었다가, 각 각의 질문을 받게 되었을 때 좀 더 확장해서 답변하면 좋을 것이다.

🔒 답변 사례

안녕하십니까? 수험번호 12345 ○○○입니다. 저의 부모님께서는 저에게 '먼저 사람이 되어야한다'고 가르치셨습니다. 학교성적 보다 올바른 인성을 가지는 것을 우선으로 하였고, 이런 가르침은 저의 건강한 정신의 밑거름이 되었습니다. 대학 동아리 활동에서 다양한 사람들과 만나고, 여행과 봉사활동을 통해 단체 활동에 잘 어울리는 사람으로 성장하였습니다. 졸업 후 개인적 이득을 위한 삶보다는 나라와 다수의 이익을 추구하는 삶에 관심을 가지게 되어 공무원에 지원하게 되었습니다. 저의 장점인 성실함과 봉사 정신을 바탕으로 더 나은 사회를 만들어 나가는 일을 하는 공무원으로 공익을 위해 일을 한다는 투철한 책임감을 가지고 성실하게 임하겠습니다.

002 공무원에 지원하게 된 동기는 무엇인가?

🔒 질문 의도

- 지원동기에 대한 질문은 면접에서 빠지지 않고 나오는 질문이다. 자기 탐색을 바탕으로 미리 준비하여 열정 있게 답변하여야 한다. 공무원의 업무는 일반 기업체의 업무와 다르게 국민의 행복과 편익을 1순위로 하기 때문에 투철한 사명감과 봉사정신이 필요하다. 따라서 공무원이 자신의 성격과 맞는지, 어떤 각오로 지원하게 되었는지, 본인의 의지를 보여주는 것이 좋다. 공무원에 대한 막연한 정의나 이미지 보다는 자신의 구체적인 경험이나 공무원 결정에 경향을 미친 인물을 표현하여 구성하는 것이 좋다.

🔒 답변 사례

저는 남다른 주인정신을 가졌습니다. 저의 주인 정신이 빛을 발한 대표적인 사건은, 군 생활 중 태풍피해 복구로 ○○ 지역에 대민지원 활동을 나갔었을 때였습니다. 태풍 피해를 당한 마을의 일이 마치 저의 집일처럼 느껴져서, 쉬는 시간에도 쉬지 않고 주민들을 도와 왔으며, 피곤한 줄도 모르고 며칠 지원활동에 최선을 다하였습니다.

그 때, 저희의 도움으로 희망을 갖는 주민들을 보면서, 평생 남들에게 희망을 주는 사람이 되고 싶다는 생각을 하게 된 것이 지금의 소방공무원을 지원한 동기가 되었습니다.

지역의 주민을 가족처럼 여기며, 국가의 일을 내일처럼 여기는 주인정신으로 무장하여, 국민의 생명과 재산을 지키는 데에 누구보다 앞장서서 노력하는 소방 공무원이 되고 싶습니다.

003 공무원을 선택함에 있어 무엇을 가장 중요시 하였는가?

🔒 질문 의도

- 공무원 선택에 대하 기준을 통해 지원자의 직업관, 가치관등을 알 수 있는 질문으로, 식상한 답변(정년에 대한 안전성, 연금에 대한 언급)은 피하도록 한다.

🔒 답변 사례

공무원을 선택하면서 가장 중요하게 생각한 것은 '내가 누구를 위해 일하는가?'라는 개인적인 물음에 대한 답이었습니다. 이러한 물음을 스스로 던지면서 나라와 국민을 위해 일한다는 생각이 들 때마다 가슴이 설레는 것을 느끼게 되었고 제가 공무원을 선택한 가장 중요한 이유가 되었습니다.

004 소방공무원이 많이 힘들고 위험천만한 직업인데 근무할 수 있는가?

🔒 질문 의도

- 지원동기를 다시 한 번 확인하는 차원의 질문이며 소방업무에 대한 이해도와 의지를 파악할 수 있는 질문이다. 자신의 간절함과 진심 어린 마음을 표현하도록 한다.

🔒 답변 사례

면접관님 말씀처럼 소방 업무가 많이 힘들고 위험하다는 것 잘 알고 있습니다. 하지만, 저희가 최선을 다해 화재진압을 하고 각종 재난 현장에 가장 먼저 출동해서 위험에 처한 국민의 생명과 재산을 지켜줄 것이라는 믿음을 국민 여러분은 가지고 있다고 생각합니다. 따라서 누군가는 그 일을 해야 한다면 그 누군가가 제가 되었으면 좋겠습니다.

005 자신의 장·단점에 대해 말해 보시오.

🔒 질문 의도

- 지원동기 못지않게 자주 출제되는 문제이다. 자신을 가장 적극적으로 PR할 수 있는 질문이므로 자기 탐색을 바탕으로 미리 답변을 준비하여야 한다. 장점은 2~3가지로 답변하고, 단점은 1가지 정도만 답변한다. 단, 단점은 치명적이거나 극복 불가능한 것을 말하면 부정적 평가를 받을 수 있다. 따라서 단점을 말할 때는 극복방법과 극복하기 위해 노력하고 있다는 것을 피력하여야 한다.

🔒 답변 사례

저의 가장 큰 장점은 적극적인 성격과 끈기입니다. 저는 일이나 사람을 대할 때 열정을 가지고 적극적인 자세로 임하는 편입니다. 그래서 일의 성과가 높은 편이고, 주위 사람들에게 성실하고 성격 좋다는 말을 자주 듣습니다. 공무원의 꿈을 이루기 위해 일과 수험 생활을 병행하는 고된 시간이었지만 경제적 자립과 필기 합격이라는 기쁨을 누릴 수 있었던 것은 저의 장점인 끈기가 밑바탕이라고 생각합니다. 저의 단점은 지나친 적극성 때문에 다른 사람의 어려운 일을 그냥 지나치지 못해서, 해결하려다 보니 맡겨진 일에 차질이 생기는 경우가 발생하게 되었습니다. 이 점을 극복하기 위하여 일의 순서를 정해 놓고, 우선 맡겨진 일을 처리하고 난 후 다른 사람의 문제에 관심을 기울이려고 노력하는 중입니다.

006 자신의 장점을 '성실'이라고 했는데 공직생활을 하면서 어떻게 적용될지 말해 보라.

질문 의도

- 자기소개나 장점 답변에 이어진 추가 질문으로, 공무원으로서의 기본자세와 향후 본인이 어떠한 태도로 공직에 임할 것이지 표현하는 것이 좋다.

답변 사례

제가 지금 이 자리까지 올 수 있었던 것은 제 꿈을 향해 성실하게 달려온 결과라고 자부할 수 있습니다. 군 시절 성실한 복무 태도로 대대장님의 표창을 받은 경험처럼 공무원이 되어서도 저에게 맡겨진 업무나, 민원은 최선을 다하여 해결하도록 하겠습니다. 저의 성실함이 곧 국민에 대한 봉사와 책임이라는 각오로 업무에 임할 준비가 되어 있습니다.

007 남들이 본인을 평가할 때 좋은 점은 무엇이고 나쁜 점은 무엇이었나요?

질문 의도

- '자신이 자신을 어떻게 생각하고 있는가?' 혹은 '자신의 장·단점에 대해 말해 보라'에 해당하는 일차원적 질문에서 확장된 것으로 주변인들로부터 받은 평가에 대한 답변을 통해서도 지원자의 성격과 행동을 파악할 수 있다.

답변 사례

좋은 점은 성실하다는 점이고 나쁜 점은 생각이 많다는 것입니다. 어떤 일이 맡겨지면 끝까지 해내는 것과 무슨 일이든 제일처럼 해내는 모습을 보고 성실하다는 평가를 받는 편입니다. 다만, 일을 잘 해내려고 하다 보니 많은 생각을 하는 편인데, 주위에서는 이러한 저의 모습을 보고 걱정을 많이 한다고 평가하는 것 같습니다. 이러한 주변의 걱정을 덜기 위해 혼자서 걱정하기보다는 부모님이나 주변사람들에게 조언을 구하는 것으로 걱정거리를 덜고 있습니다.

008 타인이 자신의 단점에 대해 충고할 때 어떻게 대처했는가?

🔒 질문 의도

• 대인관계 속에서 발생할 수 있는 장면에서의 대처 능력과 지원자의 수용성을 파악할 수 있다.

🔒 답변 사례

연구소 근무시절 저의 단점인 생각이 많은 점에 대해 담당 교수님이 일의 경중을 먼저 생각하는 것이 먼저라는 것을 충고해주셨습니다. 그 후 저는 담당 교수님의 충고를 명심하여 생각에 앞서 일의 경중을 먼저 생각하려는 노력을 하고 있습니다.

009 자신의 인생관은?

🔒 질문 의도

• 지원자의 성향과 가치관을 파악할 수 있는 질문이다. 지원자의 답변을 파악하여 공무원 업무와 조직에 적합한 사람인지 평가가 이루어진다. 자신의 경험과 연결하여 구체적으로 답변하는 것이 바람직하다.

🔒 답변 사례

인생관은 마법의 긍정 마인드입니다. 자수성가 하신 부모님을 본받아 군 전역 후 독립하여 학비와 생활비를 벌었습니다. 그러다보니 부모님의 지원을 받으며 공부하는 친구들이 부러울 때도 있었습니다. 그러나 '나보다 더 힘든 사람도 있을 것이고, 그 사람들은 더 힘들게 학업과 일을 병행할 수도 있겠다.'는 생각에 그에 비하면 나는 행복한 사람이라고 마인드컨트롤 하였습니다. 이러한 긍정마인드를 통해 환경은 힘들었지만 장학금까지 받으며, 즐겁게 일과 공부를 병행할 수 있었습니다. 현재는 친구들에게도 이러한 방법을 전수해 주기도 합니다.
앞으로 공무원으로써의 생활에도 분명 위기는 닥칠 것이며 저는 이러한 위기를 긍정마인드를 통해 극복할 준비가 되어 있습니다.

010 생활신조가 있다면?

질문 의도

- 생활신조는 좌우명이나 인생관과는 조금 다르다. 좌우명과 인생관은 삶을 살아가는 동안 행동에 영향을 미치는 정신적 가치관이라고 한다면, 생활신조는 일상생활에서 지켜야할 자신과의 약속이라고 할 수 있다. 이러한 생활신조는 개인의 일상과 대인관계 등에 영향을 미친다. 좌우명이나 인생관도 마찬가지지만, 생활신조도 '항상 긍정적으로 생각하자 / 밝게 웃자 / 도우며 살자 / 항상 새롭게'처럼 긍정적인 성향의 것을 표현하기 바란다.

답변 사례

저의 생활신조는 "더불어서 함께 살자"입니다.
4남매라는 요즘 흔하지 않는 다자녀 가정 속에서 성장한 저는 형제애와 가족애가 남다른 편입니다. 이렇게 어렸을 때부터 부모님으로부터 "함께"하고 "양보"하라는 가르침을 받고 자란 결과 배려심을 바탕으로 한 공동체적 삶에 관심을 가지고 제가 속한 조직에서 "더불어서 함께 살자" 하는 생활신조를 가지게 되었습니다.

011 자신의 신념을 말해보세요

질문 의도

- '신념'이란 각 개인이 가진 심적 상태로 '굳게 믿는 마음'을 의미한다. 이는 지원자의 행동이나 언행에 영향을 미칠 뿐만 아니라 전 인생에 걸쳐 행동의 중심이 되기도 한다. 따라서 지원자의 행동양식이나 대인관계 등의 모습을 예상할 수 있는 질문이라 할 수 있다.

답변 사례

제가 가진 강한 믿음의 하나라고 할 수 있는 것은 "포기하지 않으면 원하는 것을 이룰 수 있다."입니다.
저는 사람이 살아가면서 세워진 목표나 꿈은 중간에 포기하거나 놓지 않는 한, 언젠가는 반드시 이루어진다는 굳은 신념을 가지고 있습니다. 저는 어린 시절부터 소방공무원에 대한 꿈을 가지고 있었지만, 형편상 곧바로 도전하지 못했습니다. 하지만 꿈을 포기하지 않았고, 늦은 나이지만 지금 이 자리까지 올 수 있었던 것은 늘 가슴에 소방공무원에 대한 목표를 가지고 있었기 때문이라고 생각합니다.

012 본인의 가족관계에 대해 말해보세요.

질문 의도

- 지원자의 성장과정과 성격에 영향을 미친 주변 환경에 대한 파악으로 지원자를 평가하기 위한 질문이다. 주변 인물을 표현할 때는 마땅한 역할(예를 들면 평생 자식을 위해 헌신하신 아버지는~~)이나, 외형적인 (예를 들면 보기에는 남자처럼 생기는 외모와는 다르게 어머니는~~) 등의 표현 보다는 인물이 지닌 장점을 표현하는 것이 바람직하다.

답변 사례

책임감이 강하신 아버지와 성실하신 어머니 그리고 저와 집안의 활력소인 남동생 이렇게 4인 가족입니다.

013 친구관계에 대해 말해 보시오.

질문 의도

- 지원자의 성장과정과 성격에 영향을 미친 주변 환경에 대한 파악으로 지원자를 평가하기 위한 질문이다.

답변 사례

초등학교 때부터 같이 성장하고 힘들 때 서로 위로하면서 지내온 형제 같은 친구들이 있습니다. 그 친구들은 제가 수험생활을 할 때도 옆에서 언제나 용기와 힘을 주었으며 제가 어려운 일이 생기면 언제든지 달려와 줄 친구들입니다.

014 가장 존경하는 사람은?

질문 의도

- 일반적인 상황에서 가장 존경하는 사람을 꼽으라면 대다수의 사람들이 '부모님'을 말한다. 이는 자연스럽고 진실 된 답변이다. 간혹 면접 상황에서 이 질문에 스스로 짐작하여 다른 인물을 답변하는 경우가 있는데, 그다지 바람직하다고는 할 수 없다. 이 질문에 대다수의 사람들이 '부모님'이라고 답변하기 때문에 '부모님 외에 존경하는 인물을 누구냐?'라고 묻기 때문이다. 자신이 존경하는 인물로 부모님을 표현할 때는 '자식을 위해 무조건적으로 희생해서', '애정으로 키워주셔서'식의 부모의 역할에 대해 말하기 보다는 구체적인 성격이나 인품을 표현하는 것이 좋다. 이는 면접관은 지원자가 표현하는 인물을 지원자와 동일시하는 경향이 있기 때문이다. 아울러 부모님에게 물려받은 점을 자신도 갖추었다고 강조하는 것이 긍정적인 답변의 방향이다.

답변 사례

저는 아버지를 존경합니다. 20년 넘게 버스운전을 하고 계신 아버지는 하루도 결근하는 일이 없이 성실하시고 자신의 일에 대한 열정을 가지고 계시기 때문입니다. 아버지께서는 자신의 버스에 타고 내리는 승객분들께 항상 웃으시며 먼저 인사를 건네곤 하십니다. 아버지의 성실함과 열정을 본받은 저는 매사에 최선을 다하여, 공무원으로서 열정을 가지고 행정업무를 할 자신이 있으며, 민원인에게 먼저 웃으며 다가갈 수 있습니다.

- **추가질문 : 소방 공무원 중에 존경하는 사람이 있는가?**

답변 Tip

> 전체 소방공무원에 대한 존경의 마음을 먼저 표현하고 개인적 사연이 있는 소방 공무원을 뒤에 표현하도록 한다. 예를 들면,

답변 사례

지금도 현장에서 국민의 생명과 안전을 위해 헌신하고 계신 소방 선배님들 모두를 존경합니다. 특별히 기억에 남는 분은 2018년 동물 구조 활동 중 불의의 사고로 순직하신 아산 소방서 故김신형 소방장님과 문새미, 김은영 선배님을 닮고 싶습니다. 저 또한 앞으로 국민이 원하는 소방 서비스를 최선을 다해 제공하고 싶습니다.

015 부모님을 제외하고 가장 본받고 싶은 사람은?

🔒 질문 의도

- 흔히 '**존경하는 인물이 누구냐?**'고 물어 보는 질문과 같다. 질문에 대한 답변은 거의 모든 지원자가 '부모님'이라고 대답하기 때문에 부모님을 제외하고 존경하는 인물이 누구냐는 질문을 한다. 따라서 부모님을 존경하는 분명한 이유를 갖고 있어야 하며, 부모님 외의 존경하는 대상과 이유를 준비해야 한다. 본받고 싶은 롤 모델이 있다는 것은 자신이 희망하는 자아상을 드러내는 것이다. 존경하는 사람이 누구인지를 통해서 지원자의 성향을 알아보고자 함이다. 자신의 롤 모델을 말하면서 합격 후 어떻게 하겠다는 포부를 밝히는 것도 좋다.

🔒 답변 사례

제가 가장 존경하고 본받고 싶은 분은 고등학교 2학년 때의 담임선생님입니다.

선생님께서는 학생들을 열정적으로 가르치셨고 제가 힘든 시기를 보낼 때 끊임없는 관심을 가져 주셨으며, 상담하면서 좋은 이야기도 많이 해주셨던 분입니다. 인격과 성격 형성에 가장 중요한 10대 시절에 저에게 가장 큰 영향을 주셨으며 힘든 시절 아낌없는 격려와 지원을 해주신 그분의 마음 씀씀이를 본받고 싶습니다. 제가 공무원이 되면 선생님을 본받아 작은 일도 소홀히 넘어가지 않고, 지역 주민들의 작은 민원까지 들어주는 마음 씀씀이를 갖고 열심히 일할 것입니다.

✏️ 답변 주의사항

> 현재 활동 중인 연예인이나 경제적으로 성공한 사람, 면접관이 한 번에 알아들을 수 없는 외국의 유명한 사람 등은 피하는 것이 좋다.

016 수험기간은 얼마나 되며 수험생활에서 느낀 점은?

🔒 질문 의도

- 본 질문은 두 가지를 알아보려는 것이다. 하나는 수험기간을 얼마나 짜임새 있고 성실하게 보냈는가 하는 계획성과 성실성을 통해서 자기관리능력과 실천력의 정도를 보려는 것이다. 또 하나는 공무원 지원이 자기의 적성·전공과 연계되어 있었는가 하는 것을 통해서 직업선택의 중요성을 인식하고 있는가와 공무원시험을 보려는 진정 이유를 들어보고 싶은 것이다.

답변 사례

저는 2년여 동안의 공무원 수험 생활을 하였습니다. 처음에는 타인과의 경쟁으로 생각되어 그 타인에 맞추어서 계획을 세우고 실천하는 비능률적인 경쟁을 했었는데, 시간이 지나면서 진정한 경쟁은 자기와의 싸움이라는 것을 알게 되었습니다.

장기간을 견뎌야하는 시험에서 참고 앉아 있어야 하는 것도 자기와의 싸움이고, 권태감에서 벗어나야 하는 것도 자기였으며, 순간순간 찾아오는 부정적·소극적 생각에서 벗어나 자신감을 갖게 하는 것도 자기였습니다. 하지만 이렇게 장기간동안 견딜 수 있었던 것은 제 꿈에 대한 열정과 규칙적인 생활습관과 변함없는 실천력 때문인 것 같습니다.

017 소방공무원이 되면 가장 하고 싶은 일과 소방조직의 개선점은 무엇이라 생각하나?

질문 의도

- 소방공무원으로서의 합격 후 계획과 평소 소방조직에 대한 관심을 알 수 있는 질문이다.

답변 사례

먼저 초임공무원으로써 어느 부서든지 열심히 일 할 준비가 되어있습니다.

다만, 저에게 선택의 기회가 주어진다면 저의 강인한 체력과 차분함을 발휘할 수 있는 화재 재난·재해현장에서 국민의 생명과 신체를 보호할 수 있는 구조 업무를 하고 싶습니다.

그리고 소방조직의 개선할 점은 예산부족으로 인한 노후장비를 사비로 장비를 구입하는 것과 소방업무방해에 대한 처벌이 미약한 점, 소방 수요에 비해 소방대원이 부족하다고 생각이 듭니다. 따라서 국가직 전환이 하루빨리 이루어져야 한다고 생각합니다.

018 소방조직의 개선점 중 장비의 노후화를 말했는데 그럼 장비의 노후화를 해결하기 위한 방안은 무엇인가?

🔒 질문 의도

- 지원자의 답변에 따른 추가질문으로 당황하지 말고 본인의 견해를 차분히 설명한다.

🔒 답변 사례

및 노후 소방차량 교체 사업비가 우선 확보가 되어야 한다고 생각합니다. 이 경우 가장 문제가 되는 것은 예산인데, 지금 각 지방 재정 상태에 따라 장비의 질도 많은 차이가 있는 것으로 알고 있습니다. 따라서 국가직 전환을 통해 예산 확보 및 향상된 장비 개선을 이루어야 할 것입니다. 소방공무원 개인으로는 장비 관리를 철저히 하여 화재 및 사고 발생 시 제 기능을 발휘할 수 있도록 해야 한다고 생각합니다.

019 소방관은 뭐라 생각하는가?

🔒 질문 의도

- 막연한 질문일 수 있으나 소방공무원으로서의 사명감이나 태도를 파악할 수 있는 질문이다.

🔒 답변 사례

소방관은 국민의 수호신 같은 존재라고 생각합니다. 모든 국민은 자신이 위험에 처해 있을 때 가장 먼저 우리 소방관을 떠올릴 것입니다. 따라서 우리 소방대원들은 화재 진압, 자연 재해 대응 및 위급한 상황에서 국민의 재산과 생명을 보호하는 책임에 부족함이 없도록 항상 훈련하고 노력하여 사명감으로 무장되어 있어야 한다고 생각합니다.

020 소방공무원으로서 가장 중요한 덕목은 무엇인가?

🔒 질문 의도

- 공무원으로서의 정신자세는 업무 태도와 다양한 장면에서 드러나게 되어 있다. 따라서 소방공무원으로서의 바람직한 자세를 답변하도록 한다.

🔒 답변 사례

저는 소방공무원으로서 가장 중요한 덕목은 성실함과 강인함이라고 생각합니다. 왜냐하면 소방공무원이 성실함을 지니고 있어야 본인에게 맡겨진 업무를 수행해 낼 수 있고 또한 시민들에게도 모범이 되기 때문입니다. 소방관이 강인함은 화재, 재난, 재해 및 그 밖의 위급한 상황에서 국민의 생명과 신체 재산을 보호하는 업무를 해야 하는 공무원이기 때문에 누구보다 건강한 체력과 강인함이 필요하다고 생각합니다.

021 소방공무원을 선택 할 때 누구와 상의 한 적이 있습니까?

🔒 질문 의도

- 직업은 본인의 가치관을 실현할 수 있는 좋은 방법이 될 수 있으며 앞으로의 삶에 많은 영향을 미치게 된다. 따라서 직업선택에 있어서는 많은 고민과 다양한 경험을 거치게 되고 본인의 적성과 성격 등을 고려하여 결정을 하게 된다. 이러한 직업과정에서 주변의 도움과 정보를 얻을 수는 있으나 본인의 확고한 의지를 가지고 결정하는 것이 책임감 있는 업무태도를 동반하게 될 것이다.

🔒 답변 사례

어린 시절부터 소방관이 꿈이었기 때문에 누구와 상의를 하기 보다는 자연스럽게 목표를 정하게 된 것 같습니다. 다만 그동안 필기와 면접을 준비하면서 꼭 합격하고 싶은 마음에 가까운 소방서에 방문하여 선배님들과 대화를 한 적이 있었습니다.

022 친한 친구가 와서 청탁을 한다. 어떻게 할 것인가?

질문 의도

- 공직자로서의 청렴과 정직은 국민의 신뢰를 받을 수 있는 방법이며 마땅히 지켜야 하는 공직윤리라고 할 수 있다.

답변 사례

소방공무원은 국민의 신뢰를 바탕으로 쌓이는 조직으로 아무리 친한 친구가 와서 청탁을 한다 하여도 정중히 거절을 할 것입니다. 하지만 친구 입장에서는 서운할 수 있으므로 친구에게는 거절하는 이유에 대해 충분히 설명하도록 하겠습니다. 그러면 친구 또한 이해를 해줄 거라고 생각합니다.

023 자신의 인생에서 가장 중대한 의사결정은 무엇이었으며, 그렇게 결정한 이유는 무엇이었습니까?

질문 의도

- 자칫 본인의 부정적인 경험이나 타인에게 손해를 끼친 행동을 표현할 필요는 없다.
  의사결정이라 함은 지금의 현재 모습을 있게 한 중요 사건을 위주로 가급적 면접상황에 적합한 사건이나 경험을 표현하여 지원자 자신을 어필하도록 한다.

답변 사례

제가 결정한 가장 중대한 의사결정은 소방공무원의 진로선택이었습니다. 그 이유는 화재, 재난, 재해현장에서 불의의 사고로 저와 같은 화상피해를 입는 사람이 발생하게 하지 않겠다는 저 굳은 결심 때문이었습니다.

024 소방공무원을 준비하면서 공부할 때 힘든 점은 무엇인가?

질문 의도

- 최종 합격 후 직접 하게 되는 소방 업무는 생각 이상으로 힘들 수가 있다. 수험생활 동안 어렵고 힘든 상황을 어떻게 극복했는지를 파악하는 것으로 지원자의 향후 적응성이나 업무상 발생할 수 있는 힘든 일에 대한 극복 능력을 파악할 수 있다.

답변 사례

수험생활을 하면서 가장 힘들었던 점은 제가 놓인 상황에 대한 불안감과 두려움에 굴복하지 않는 것이었습니다. 목표가 간절한 만큼 수시로 밀려드는 불안감이 있었지만 그럴 때 일수록 항상 초심으로 돌아가고자 노력하였고 계획적인 공부 방법을 세워 더 많은 시간을 할애하고 수험 생활을 스트레스를 운동이나 산책으로 풀면서 이겨냈던 것 같습니다.

025 살아오면서 힘들었던 경험과 이를 극복한 경험을 말해보세요.

질문 의도

- 최종 합격 후 직접 하게 되는 소방 업무는 생각 이상으로 힘들 수가 있다. 수험 생활 동안 어렵고 힘든 상황을 어떻게 극복했는지를 파악하는 것으로 지원자의 향후 적응성이나 업무상 발생할 수 있는 힘든 일에 대한 극복 능력을 파악할 수 있다.

답변 사례

제가 겪었던 큰 위기는 2017년 상반기 소방공채 체력시험 탈락이었습니다. 그 이후 저는 필기시험과 체력시험 모두를 위한 계획을 세웠습니다. 그리고 그 계획을 꾸준히 실천하였습니다. 그 결과 지금 여기 면접에까지 오게 되었습니다.

> **답변 Tip** ▶ 소방 공무원 수험생활과 관련 없는 힘들었던 경험도 준비할 것
>
> 제가 살면서 가장 힘들었던 순간은 20살 때 고등학교를 졸업하고 지방에 가서 직장생활을 처음 시작할

> 때가 가장 힘들었던 순간인 것 같습니다.
> 처음 타지에서 생활하는 것도 힘이 들었지만 무엇보다도 학교와는 다른 직장생활 분위기에 적응하는 것이 생각처럼 쉽지가 않았던 것 같습니다. 특히 제가 다닌 직장은 아버지뻘 되시는 나이 많은 선배님들이 대부분이었기에 나이어린 저로서는 어떻게 대해야 하는지 고민이 많았습니다.
> 저는 나이 많은 선배 그리고 상사분들과 친해지기 위해 주말에 등산을 함께 가거나 운동 동호회 활동 등에 적극적으로 참여하게 되었습니다. 그 결과 친화력이 생기게 되었고 원만한 대인관계로 인해 업무 능률까지 오르게 되어 인정받는 직장생활을 할 수 있게 되었습니다.
> 직장생활에서 얻어진 적응력과 대인관계 능력은 소방 공무원으로서도 많은 도움이 될 것이라 생각합니다.

026 필기합격하고 면접 전까지의 과정을 이야기 해보시오.

🔒 질문 의도

- 지원자의 성실성과 준비성을 드러낼 수 있는 질문으로 공무원이 되기 위한 과정을 통해 마지막까지 어떠한 노력을 했는지 알 수 있다.

🔒 답변 사례

필기합격이 발표 난 직후, 필기합격 한 동료들과 스터디를 조직하여 면접 준비를 하였습니다. 또한 수험생활 기간 동안 하지 못한 봉사활동을 다니면서, 앞으로 공무원으로서 평생 국민을 위해 봉사하는 제 모습을 그려보기도 하였습니다. 그리고 제가 지원한 직렬에 대해 알아보기 위해 ○○시 교육청에 방문하여 선배님들을 만나 뵙고 궁금한 점을 여쭈어 보기도하고 유익한 조언을 듣기도 하였습니다. 필기 합격의 기쁨이 생생한 가운데 이렇게 면접을 보게 되어 마음이 설레이기도 하고 긴장이 되지만, 앞으로 공무원으로 성실히 일하겠다는 초심을 잃지 않고 매사 최선을 다하는 공무원이 되겠습니다.

027 면접 준비는 어떻게 했습니까?

🔒 질문 의도

- 공무원으로의 준비과정과 자세를 알아보기 위한 질문으로 혼자 준비했다거나, 면접학원을 다녔다는 답변은 바람직하지 않다.

🔒 답변 사례

필기 합격 발표가 난 후 같이 공부하던 친구들과 스터디를 조성해서 함께 연습하였습니다. 인터넷이나 신문 등을 참고한 자료를 서로 서로 공유하며, 최종 합격을 위해 열심히 준비하였습니다.

028 오늘 면접장에 오면서 무엇을 하며 왔나요?

🔒 질문 의도

- 면접의 긴장감을 풀어주고자 하는 면접관의 배려심이 느껴지는 질문으로 솔직한 심정을 이야기 하면 된다.

🔒 답변 사례

많이 긴장이 되기도 하였지만 저는 이번에 꼭 최종합격을 하겠다는 의지를 다지면서 면접장에 왔습니다. 열심히 하겠습니다.

029 당신이 면접관이라면 어떤 질문을 할 것인가?

🔒 질문 의도

- 돌발 상황에서 지원자의 대처능력과 융통성을 알 수 있는 질문으로, 본인이 가장 어필하고 싶은 부분을 말하면 된다. 적극성이나 열정, 발휘할 수 있는 장점과 강점 등을 연관시켜 답변을 하여 자신의 의지를 피력하도록 한다.

🔒 답변 사례

제가 면접관이라면, 공무원에 임하는 각오에 대한 질문을 할 것 같습니다.
저는 소방공무원에 도전하면서 '아무리 힘들고 어렵더라도 사람들을 위험으로부터 구해내고 화마로부터 생명을 지켜내는 자랑스러운 소방관이 되겠다.' 라는 각오를 다져왔습니다. 이러한 각오로 소방공무원으로서 항상 강인한 체력단련에 힘쓸 것이며, 훈련과 연습을 통해 실전에서 인정받을 수 있는 후배가 될 것입니다.

030 면접시험에서 가장 우선해서 어떤 점들을 평가하는 것 같은가?

🔒 질문 의도

- 소방공무원은 다양한 채용 경로와 단계를 거치게 된다. 그 중 면접은 최종단계로서 지원자를 직접 대면하여 평가를 하게 되므로 면접에서만 볼 수 있는 부분을 들어 답변을 하도록 한다.

🔒 답변 사례

면접은 소방 공무원으로서 적합성을 판가름하는 매우 중요한 단계라고 생각합니다. 따라서 면접에서는 소방공무원으로서 필요한 사람 됨됨이 즉 인성과 소방에 적합한 준비생인지를 평가하는 적성, 성실한 태도 등이 평가될 것 같습니다.

031 면접을 보러 오는데 교통사고로 나는 무사하지만 주위의 다른 사람이 위급하다면 어떻게 하겠는가?

🔒 질문 의도

- 상황질문을 통해 지원자의 판단 능력을 볼 수 있다. 다만 위와 같은 질문이라면 면접이라는 간절함과 생명이라는 선택에서 갈등을 할 수 밖에 없을 것이다. 이러한 솔직한 심정을 바탕으로 본인의 태도를 어필하도록 한다.

🔒 답변 사례

저는 제일 먼저 119에 신고하겠습니다. 그리고 뒤이어 면접기관에 전화해서 저의 상황을 말씀드리고 저의 면접을 뒤로 미뤄줄 것을 부탁드리겠습니다. 그리고 119 구급대원이 올 때까지 위급한 주위사람들을 돕겠습니다. 그리고 119가 도착하면 저는 그때 면접장소로 가겠습니다.

032 면접실에 들어오자마자 가장 먼저 눈에 띈 것?

🔒 질문 의도

- 면접은 긴장의 연속이라고 할 수 있다. 이러한 상황에서 지원자의 평정심과 평소 주변에 대한 관심도에 대해 파악할 수 있는 질문으로 면접과 상관없는 질문이라 생각하여 실소를 하거나 당황하는 기색을 보여서는 안 된다.

🔒 답변 사례

긴장이 되었지만 가장 먼저 눈에 띈 것은 면접관님들의 얼굴이었습니다. 인자하게 맞이해주시는 모습을 보고 용기를 얻은 만큼 꼭 좋은 결과로 이어졌으면 좋겠습니다. 열심히 하겠습니다.

033 면접실 안에 설치된 소방장비 및 시설 무엇이 보이는가?

🔒 질문 의도

- 소방공무원 지원자인 만큼 어디를 가든 직무와 연관 된 것에 관심을 가지고 살피며 본연의 자세를 잊지 않는 것이 바람직하다 할 수 있다.

🔒 답변 사례

면접실 들어오면서 긴장이 되었지만, 대기 상황에서부터 자연스럽게 소방관련 장비를 살폈던 것 같습니다. 현재 면접실 안에는 소화기와 스프링클러가 설치되어 있습니다.

034 필기시험에 합격한 소감을 말해 보세요.

🔒 질문 의도

- 필기합격의 기쁨과 노력을 어필하도록 한다.

🔒 답변 사례

고생 끝에 낙이 온다는 말이 생각났습니다. 소방공무원으로 가는 길에 한 발짝 다가갔다고 생각하고 필기시험이 최종합격이 아니기 때문에 체력시험과 면접 준비를 하였습니다.

035 발령이 날 때까지 계획하고 있는 일은 무엇인가요?

🔒 질문 의도

- 최종합격 발표 후 발령까지는 시간이 소요될 수 있다. 소비적인 계획보다는 소방공무원으로서 필요한 자질을 준비하는 계기로 삼는 것이 바람직하겠다.

🔒 답변 사례

발령이 날 때까지 꾸준한 체력관리를 할 것이며 소방공무원으로서의 복무규정에 대해 숙지하도록 하겠습니다.

036 공무원이 되기 위하여 필기 외에 준비한 것이 무엇이 있는지 말해보시오.

🔒 질문 의도

- 공무원에 대한 성실성과 지원 직렬 업무의 이해도 특성에 따른 지원자의 계획성과 준비성을 알 수 있는 질문으로, 실질적으로 자신이 노력한 것을 표현하면 된다.

🔒 답변 사례

저는 공무원에 대한 목표를 세우고 공부를 시작한 이후, 공무원으로서 먼저 시민의 모범이 되어야 한다는 생각으로 사소한 것이지만 무단횡단이나 쓰레기를 버리는 등의 불법행위를 하지 않았습니다. 또한, 제가 지원한 직렬은 교대근무를 하는 업무 특성이 있기 때문에 체력이 중요하다고 생각되어 꾸준한 운동과 체력 단련을 하였습니다. 시민의 모범이 되고 법을 준수하며, 튼튼한 체력으로 맡은 바 업무를 충실히 수행해 낼 준비가 되어 있습니다.

037 조직을 위해 자신을 희생한 경험에 대해 말하세요.

🔒 질문 의도

- 소방 공무원은 타인의 생명과 재산을 지키는 숭고한 일을 하지만, 화재나 사건·사고 현장에서 매우 위험하고 힘든 상황이 많다. 따라서 국민을 위해 희생 봉사하는 마음 없이 소방업무를 감당하기가 힘들 것이다.

🔒 답변 사례

희생까지는 아니지만 남을 위해 배려했던 경험이 있습니다. 대학 시절 조별과제를 진행 하던 중 시험기간과 겹치면서 참여도가 낮았던 적이 있습니다.
제가 조장으로서 시간이 많이 필요한 자료 수집을 맡아서 조별과제를 마무리했었던 경험이 있습니다.

✏️ 답변 Tip

> 면접관이 원하는 희생 경험을 가진 지원자는 많지 않을 것이다. "관련 경험이 없습니다" 하기 보다는 희생과 비슷한 맥락의 봉사 경험이나 타인을 배려했던 경험을 준비하면 될 것이다.

038 친구나 형제자매 사이에서 희생이 요구되는 상황을 경험한 적이 있는가?

질문 의도

- 희생은 나를 버리고 다른 사람을 위해 행동하는 것이다. 희생을 많이 하며 산 삶이라고 해서 지금껏 좋은 삶을 산 것은 아니다. 이러한 경험이 특별히 없는 지원자들은 만약 희생을 요구받을 경우 어떻게 행동할 것인지에 대해 솔직히 답하는 것이 좋다.

답변 사례

몇 년 전 동생이 군에서 제대하고 대학에 복학하면서 부모님께서 저와 동생 두 명의 학비를 모두 마련하기가 버거운 상황이 되었습니다. 장학금을 받을 수도 없었고, 동생도 복학을 미룬다면 부담스러운 상황이라 제가 휴학을 하고 아르바이트를 해서 남은 학기의 등록금을 제 돈으로 냈던 적이 있습니다. 당시 부모님께서 많이 미안해 하셨고 동생도 자신이 휴학을 한 학기 더 하겠다며 말렸지만, 최선의 선택이라는 생각에 지금도 후회하지 않습니다.

답변 Tip ▶ 희생 경험이 없는 경우

> 지금까지 살면서 제게 희생이 요구되는 상황이 있지는 않았던 것 같습니다. 희생이라는 것이 이익을 포기하고 다른 사람을 위해서 생각하고 행동하는 것이라면 저는 감사하게도 아직은 그런 상황에 부딪쳐 본적이 없었습니다. 그러나 만약에 가까운 친구와 가족에게 희생이 요구되는 상황이 발생한다면 저는 제 것을 조금 포기하더라도 소중한 제 주변사람을 도울 것입니다. 제가 나눠 줄 수 있는 부분이 있다는 것은 그만큼 주변 사람들에게 받아온 것들이 많았다는 것이고 희생이란 그것을 다시 돌려주는 것이라 생각하기 때문입니다.

039 봉사활동을 해본 적이 있는가? 봉사란 무엇이라고 생각하는가?

질문 의도

- 공무원의 기본은 봉사 정신이다. 지원자의 공무원 적합성과 태도 등을 알아볼 수 있는 질문이다. 또한 봉사는 자신의 희생이라는 조건이 있어야 하므로 아무나 할 수 없는 일이다. 답변을 할 때는 봉사활동을 하면서 배운 점, 느낀 점을 초점을 두어 말하도록 한다. 주의할 점은 봉사 경험이 없는 경우 간혹 거짓말을 하는 지원자가 있는데 이럴 경우 거짓으로 봉사 경험을 말하는 것보다는 앞으로의 자세를 표현하는 것이 적합하다.

🔒 답변 사례

대학교 시절 저소득층 아이들을 위한 공부방에서 교사로 봉사활동을 한 적이 있습니다. 가정형편이 어려워 사교육을 받지 못하는 아이들을 위해 주요 교과목을 가르쳤는데, 몇 개월 후 한 학생이 눈에 띄게 성적이 올라 함께 기뻐했던 일이 기억납니다. 봉사활동을 하면서 봉사란 남을 위해 하는 것이 아니라 결국은 나를 위한 것이었구나 하는 생각을 했습니다. 다른 사람을 도와주면서 결국은 제 스스로 마음의 풍요로움을 얻었고 정신적으로도 더욱 성숙해진 저를 발견할 수 있었습니다. 앞으로 공무원이 되어서도 지금처럼의 마음가짐으로 평생 봉사하는 자세로 일하겠습니다.

✏️ 봉사 경험이 없는 경우

> 대학 졸업 후 공무원 준비에 최선을 다하느라 따로 봉사활동을 하지 못했습니다. 앞으로 공무원이 되어 그동안 하지 못한 봉사를 대학 때처럼 열심히 하도록 하겠습니다.
> 공무원의 봉사정신은 필수이다. 수험 생활동안 봉사활동 경험이 없다면, 면접을 준비하면서 한번이라도 봉사활동을 할 수 있도록 한다.

040 취미는 무엇입니까?

🔒 질문 의도

- 지원자의 관심분야와 일상생활 관리, 자기계발 의지, 대인관계 등 개인적 성향을 파악할 수 있는 질문으로, 사행성 취미나 도박, 게임, 잠, 쇼핑, 음주 등 부정적이고 나태한 것은 피하는 것이 바람직하다. 다만, 경찰, 소방, 교도관과 같이 체력을 요하고 동료와 같이 업무를 하는 특수한 경우라면 정적이고 혼자서 시간을 보내는 취미보다는 활동적이고 사람들과 함께 하는 운동이나 체력 증진 등의 취미를 권한다.

🔒 답변 사례

저의 취미는 축구입니다. 3년째 축구 동아리에서 활동하고 있으며, 축구를 하면서 승부를 뛰어넘는 동료애와 건강한 체력을 가질 수 있었습니다.

041 최근 읽어본 책이 있는가?

🔒 질문 의도

- 평소 지원자의 독서태도를 통해 지원자의 가치관과 인생관을 알 수 있는 질문이다. 책을 좋아하지 않는다든지, 최근 읽은 책이 없다는 식의 답변은 마이너스이다. 책의 장르, 저자, 내용, 기억에 남는 부분, 느낀 점 등을 표현할 수 있어야 한다.
막연히 읽었다는 답변으로 끝내지 않는다. 작품의 장르, 저자, 내용, 감명 깊었던 부분, 교훈 등을 정리해서 답변할 수 있어야 한다.

🔒 답변 사례

제가 가장 감명 깊게 읽은 책은 백범 김구 선생님의 '백범일지'입니다. 백범일지는 일제 강점기, 조국을 등지고 이국땅에서 민족의 자주 독립과 자유를 애타게 갈구하며 일생을 바친 백범 김구 선생이 자신의 삶을 되돌아보며 정리한 책입니다. 저는 김구 선생의 나라 사랑과 민족 사랑의 정신을 읽으면서 나라와 민족이라는 공동체의 삶에 무관심한 자신을 반성하며 다시 한 번 나라의 소중함과 앞으로 공무원으로서 성실하게 행정을 펼치는 것으로 나라와 국민을 위한 삶을 살겠다는 다짐을 하였습니다.

042 최근에 본 영화는 무엇인가?

🔒 질문 의도

- 지원자의 관심사를 파악하여 성향과 여가시간 활용 등에 대한 정보를 얻을 수 있을 것이다.

🔒 답변 사례

저는 최근에 '신과 함께'라는 영화를 보았습니다. 주인공의 직업이 소방관이었고, 그래서 더 집중해서 볼 수 있었습니다. 보고나서 소방관에 대한 사명감을 더 느낄 수 있었고 삶의 태도를 돌아볼 수 있는 계기가 되었던 것 같습니다.

043 목민심서에 대해 말해보시오.

질문 의도

- 목민심서는 현대 공무원이 갖추고 있어야할 윤리의식과 애민 정신을 담고 있는 다산 정약용의 저서로 도서를 통해 지원자의 공직에 대한 준비성과 기본 태도 등을 알아볼 수 있다. 답변의 마지막 부분에 자신의 생각을 표현하여 공무원으로서 각오를 나타내는 것이 좋다.

답변 사례

목민심서는 각 지방의 관리들이 백성을 다스리는 데 필요한 지침을 제시한 책으로 조선 후기의 실학자 다산(茶山) 정약용(丁若鏞)이 지은 책입니다. 목민심서는 '목민관(원님)이 한 고을에 부임해서 임기를 마치고 떠날 때까지 백성을 돌보고 다스리는 데 마음속의 지침으로 삼아야 할 책'이라는 뜻으로 12개 항목으로 나누어 설명하고 있습니다. 주 내용은 수령의 실천 윤리입니다. 목민관을 임명함이 왜 중요한가, 청렴하고 절약하는 생활을 위한 지침들, 그리고 민중을 우선시하는 봉사 정신이 그 하위항목들입니다. 이런 항목들을 모아서 '애휼정치'라고 부릅니다.

저는 목민심서에서 특히 수령의 청렴을 강조한 '수령이 청렴하지 못하면 백성들은 그를 도둑으로 지목한다.'는 부분에서 공무원으로서의 갖추어야 할 청렴함을 다시 한 번 생각하게 되었으며, 반듯이 국민에게 봉사하는 청렴한 공직자가 되겠다는 다짐을 하였습니다.

044 왜 공무원을 선택했는가?

질문 의도

- 지원자의 직업관과 공무원에 대한 가치를 파악하고자 하는 질문이다. 진정성 있고 솔직한 자신의 공무원 지원 이유를 표현하도록 한다.

답변 사례

저는 직업에 대한 고민을 할 때마다, 이왕이면 보다 많은 사람들을 위해 보람된 일을 하고 싶다는 생각에서 공무원을 꿈꾸었습니다. 많은 직업이 있지만, 저의 성실함과 타인에게 도움을 주고 싶다는 소망을 충족시킬 수 있는 것은 공무원이 최선의 선택이라는 확신이 있었습니다. 저의 열정과 열심을 나라와 국민을 위해 평생 쏟아부을 수 있는 공무원은 저의 오랜 꿈이었기에 선택하게 되었습니다.

045 본인이 합격한다면 어떤 공무원이 되고 싶습니까?

질문 의도

- 공무원이 되고 난 후의 계획과 의욕정도를 알 수 있는 질문으로, 공무원으로서의 자세, 태도가 국가와 국민을 위해 일할 수 있는 준비가 되어 있는지 평가하게 된다.

답변 사례

저는 국가와 국민을 위해 봉사하는 사람으로서 먼저 국민의 소리를 잘 듣고, 국민이 원하는 것이 무엇인지 작은 일도 소홀하게 생각하지 않는 공무원이 되고 싶습니다. 또한 제가 있는 민원실을 찾는 국민들에게 솔선수범하여 먼저 다가갈 것이며, 조직의 발전과 단결을 위하여 청렴을 최우선으로 하는 공무원이 되겠습니다.

046 공무원이란 무엇이라고 생각합니까?

질문 의도

- 지원자가 가지고 있는 공무원에 대한 관념이나 이미지를 알 수 있는 질문으로, 평소에 공무원에 대한 자신의 생각을 소신껏 말하도록 한다.

답변 사례

저는 공무원이란 국가와 국민을 위해 봉사하는 자로써, 누구나 할 수 없는 사명감과 자부심을 가지고 있어야 하다고 생각합니다. 곧 공무원이란 자신의 개인적인 이익보다는 국가와 국민의 공익을 위해 일할 수 있는 명예로운 봉사자라고 생각합니다.

047 평소 공무원이 되면 어떤 점이 좋다고 생각했습니까?

질문 의도

- 평소에 지원자가 공무원에 대해 어떻게 생각하는지 알 수 있는 질문으로 공무원에 대한 이해를 바탕으로 지원하고 있는지 파악할 수 있다. 본인의 구체적인 사례를 들어 표현하면 설득력이 있다. 안정적이라든지 퇴직 후 연금등과 같은 조건보다는 공무원 가치에 맞추어 답변하도록 한다.

답변 사례

공무원이 되면 가장 좋은 점은 다른 직업에서는 느끼지 못할 나라와 국민을 위해 일한다는 보람이라고 생각합니다. 다양한 직업이 있지만 공무원은 명확한 신분을 가지고 나라의 발전과 국민의 평안한 삶에 기여할 수 있는데, 이러한 부분은 다른 직업에서는 느끼지 못할 것입니다.
어려서부터 아버지께서 동네 분들에게 인정을 받는 모습을 보고 자라서인지 저는 공무원이 되면 가장 좋은 점이 아버지처럼 주위사람들을 위해 봉사하고 인정받는 것이라 생각합니다. 아버지께서는 동네일을 자신의 일처럼 여기셨으며, 작은 일이라도 나라와 국민을 생각 하는 마음으로 하시는 것을 보면서 저도 나라와 국민을 위해 일하는 것이 공무원으로서 가장 좋은 점이라는 생각을 하게 되었습니다.

048 공무원의 장점과 단점을 말해보라.

질문 의도

- 공무원직과 조직 대한 이해와 평소에 공무원에 대한 지원자의 생각을 알 수 있는 질문으로 장점은 풍부하게 단점은 치명적이지 않은 것으로 표현한다.

답변 사례

공무원의 장점은 업무의 대상이 국민이라는 점에서 일반 기업체에서는 느낄 수 없는 국민의 요구를 직접적으로 접할 수 있다는 것입니다. 또 다른 하나는 국민의 민원을 해결하는 가운데 다른 직업에서는 느낄 수 없는 남다른 보람이 있다는 것입니다.
단점은 대기업보다 적은 임금이나 겸업을 할 수 없음으로 경제적으로 약간 곤란할 수 있다는 것이지만, 이는 공무원으로서 마땅히 감수 할 수 있는 부분이라 생각합니다.

049 본인이 생각하는 바람직한 공무원상을 말해보세요.

🔒 질문 의도

- '자신이 생각하는 공무원관은 무엇입니까?'과 동일한 질문으로 지원자가 생각하는 공무원이 가져야 할 자세에 대해 묻는 것이다. 일반 사기업과 달리 공무원으로써 갖추어야 할 기본적인 가치관이나 태도를 언급하는 것이 좋다. 따라서 이에 대한 언급과 함께 직무를 성실히 수행하겠다는 의지를 밝혀야 한다. 여기에 추가하여 평소 존경하는 공무원 혹은 바람직한 공무원상의 사례를 언급하는 것도 좋다.

🔒 답변 사례

▶ 사례 1

제가 생각하는 바람직한 공무원은 국가와 국민에 대한 사명감과 훌륭한 직무수행능력, 투철한 봉사정신을 함께 갖고 있는 공무원입니다. 공무원은 박봉과 업무 또한 힘든 것이 현실입니다. 그러나 이러한 상황에서도 국가와 국민을 위해 봉사한다는 공무원의 사명감과, 이를 실천할 수 있는 직무수행능력, 시민들에게 친근하게 다가가 친절하게 대민봉사 할 수 있는 봉사정신을 가진 공무원이 가장 바람직한 공무원이라고 생각합니다.

▶ 사례 2

저는 공무원이라면 기본적으로 국민을 위해 봉사한다는 헌신의 자세와 대한민국공무원이라는 긍지와 자부심을 가지고 있어야 한다고 생각합니다. 특히 국민에게 부름을 받은 심부름꾼으로 청렴하며 공정한 대민 업무의 수행을 위한 전문성과 친절함을 지녀야 한다고 생각합니다.

050 자신이 생각하는 공무원에 대해 말해 보시오.

🔒 질문 의도

- 질문은 국민전체에 대한 봉사자이며 국민에 대하여 책임을 지는 공무원 업무 수행에 있어서 구체적으로 어떤 생각과 자세로 임해야 될 것인가를 묻고 있다. 이것은 공무원이 공익추구의 입장에서 준수

해야 될 가치규범 및 행동규범인 공직윤리가 무엇인가와 관계가 있으며 공직윤리가 구체적으로 나타나면 공무원의 자세가 되는 것이다.

답변 사례

생각하는 공무원은
첫째, 기본적으로 국민을 위해 봉사한다는 자세를 깊이 자각하고 있어야 합니다. 또한 공무원으로서 긍지와 자부심을 가지고 맡은바 임무를 성실히 수행해 나가는 자세도 반드시 갖추어야 한다고 생각합니다.
둘째, 부정부패에 대한 유혹에 빠져들지 않도록 청렴에 대한 생각을 항상 염두에 두어야 하고, 공무원으로서 자신의 몸가짐과 행동에 늘 조심하고 신중하게 행동함으로써 공무원의 품위를 유지해야 한다고 생각합니다.
셋째, 친절하고 공정한 대민업무 수행과 소신에 따른 유연한 업무처리를 통해 국민의 안전과 편의에 신경 써야 한다고 생각합니다.

051 국민들이 원하는 공무원상은 무엇이라고 생각합니까?

질문 의도

- 국민의 입장에서 생각해 봄으로 공무원의 서비스 태도와 국민에 대한 관심, 지원자가 갖춘 소질과 자질을 평가할 수 있는 질문이다.

답변 사례

아무래도 민원에 대한 신속하고 정확한 일 처리를 해주는 공무원을 원할 것 같습니다. 아울러 공무원이라는 경직된 이미지보다는 친절하고 웃는 얼굴로 일처리를 한다면 더욱 더 만족할 것 같습니다.

052 공무원이 되기 전에 자신이 느꼈던 공무원에 대한 인상은 어떠했는가?

질문 의도

- 평소 공무원에 대한 지원자의 평가와 인식을 알 수 있는 질문으로, 부정적인 인상(예를 들면, 공무원 비리, 자살)을 표현한다면 '그런데 왜 굳이 공무원이 되려고 하느냐?' 등의 압박 질문을 받을 우려가 있다. 따라서 긍정적인 인상을 표현하고 앞으로 자신이 공무원이 되었을 때와 연관시켜 마무리를 한다.

답변 사례

요즘 가장 많이 느낀 공무원에 대한 인상은 '친절하다'라는 것입니다. 평소에도 '친절하다'는 생각은 가지고 있었지만, 얼마 전 동사무소를 방문했을 때 제가 잘 모르는 부분을 몇 번이나 설명해 주시던 직원 분을 통해 다시 한 번 '친절하다'는 생각을 하게 되었습니다. 앞으로 저도 ○○의 공무원이 되어 저를 찾아오시는 민원인들이 '친절한 공무원이다.'라는 인상을 가질 수 있도록 하겠습니다.

053 넓은 의미에서 공직자의 윤리란 어떤 것을 말하는가?

질문 의도

- 공직윤리란 정부조직에 종사하는 공무원들이 지켜야 할 윤리 규범으로 공무원이 조직구성원으로서 지켜야 할 직업윤리를 말한다. 공직자로서의 윤리는 업무뿐만 아니라 국민에게까지 미치는 영향이 있으므로 공무원 개개인이 직업 가치관과 높은 윤리의식을 가져야 할 것이다. 우리나라의 공무원에게는 '공무원 윤리 헌장'[1980년 12월 제정·발령]이 밝히고 있는 바와 같이 공무원은 민족중흥에의 선봉자로서 국가에 충성을 다하여야 하고, 국민 전체에 대한 봉사자로서의 책임이 크며, 직무를 수행함에 있어서는 공명정대는 물론 창의(創意)와 성실(誠實)로써 맡은 바 책무를 다할 것이 요구되고 있다.

🔒 답변 사례

공직윤리란 나라의 일군인 공무원이 마땅히 지켜야 할 기본적인 태도라고 생각합니다. 공무원은 일반 기업에 근무하는 사람들과는 달리 나라와 국민의 공익을 위해 일하는 사람들로서 일반인보다 엄격한 행동기준과 윤리의식이 필요하다고 생각합니다. 이러한 엄격한 공직자의 윤리가 바탕이 되었을 때 국민들 또한 우리 공무원을 신뢰할 수 있다고 생각합니다.

054 공무원에게 '공직윤리'가 강조되는 이유는 무엇인가?

🔒 질문 의도

- 공무원에 대한 공직관 중 가장 중요한 덕목이라고 할 수 있다. 면접관은 지원자의 공무원에 대한 이해와 공직 적합성을 평가하기 위하여 다양한 질문을 한다. 따라서 지원자는 공무원이 갖추어야 할 공직윤리에 대한 자신의 확고한 의지를 표현해야 한다.

🔒 답변 사례

공무원에게 공직 윤리가 강조되는 첫째 이유는 공무원은 국민전체에 대한 봉사자이기 때문입니다. 두 번째 이유는 공무원은 일반 사기업과 달리 국민에 대하여 책임을 지는 공익추구의 입장에 서있기 때문에, 공무원으로서 지켜야 하는 행동 규범이 엄격해야 하기 때문입니다. 마지막으로 우리 공무원이 확고한 공직 윤리가 없다면 많은 비리에 연루될 가능성이 있으며, 이러한 경우 그 피해는 공무원 자신 뿐 만이 아니라 국민 전체에게 피해가 가기 때문에 청렴한 공직 윤리가 강조된다고 생각합니다.

055 공직자에게 '청렴성'이 요구되는 이유는 무엇인가?

🔒 질문 의도

- 공무원은 국가와 국민에게 부름 받는 일군으로 국민과의 계약과 약속을 지켜야 국민들로부터 신뢰를 얻을 수 있다. 따라서 공무원은 입직할 당시부터 청렴하고 공정한 태도를 가져야 할 것을 명심해야 함을 표현하면 된다.

🔒 답변 사례

공무원이 청렴하지 못하다면 결국은 비리에 연루되어 그 자신이 먼저 부패의 길로 접어들게 될 것입니다. 이는 결국 우리 사회와 국가 전체의 질서와 안녕을 깨뜨리게 될 것입니다. 따라서 국민에게 부름 받은 공무원의 청렴성은 가장 기본적인 자세이며 나라와 국민을 평안하고 안전하게 하는 중요한 공직 가치라고 생각합니다.

056 당신을 왜 채용해야 하는지 나를 설득해보라.

🔒 질문 의도

- 공무원에 대한 열정과 설득력을 보고자 하는 질문으로, 자신의 의지와 앞으로의 각오를 표현하도록 한다.

🔒 답변 사례

국민에게 봉사하고 헌신할 수 있는 공무원은 제 오랜 꿈이었으며, 열정을 다해 달려왔습니다. 지금 여기까지 최선을 다한 것처럼 앞으로도 대한민국 공무원으로서 봉사하고 성실하게 업무에 임하겠습니다.

면접관님! 제 꿈을 이룰 수 있는 기회를 주신다면, 진정 국민을 위하는 일군을 뽑았다는 자부심을 느끼실 만큼 최선을 다하겠습니다.

057 전공을 통해 어떤 것을 배웠는지 말해보세요.

🔒 질문 의도

- 과거 학업과정에서의 지식적 측면과 학업 태도 등을 통해 지원자의 성실성과 지적 능력을 알 수 있다. 소방 관련 학과라면 다양한 답변이 있을 수 있겠으나 관련 학과가 아닐 경우 답변 준비가 어려울 수 있다. 이 경우 전공학과의 전문 지식을 어필하기 보다는 학업 태도를 어필하는 것이 좋다.

🔒 답변 사례

저는 전공 과정을 거치면서 끈기를 배웠습니다. 그 이유는 실험과목에서 데이터를 도출하기 위해서는 계속되는 실험 반복을 해야 하는데 끈기가 없이는 원하는 실험의 결과를 얻지 못하기 때문입니다. 반복적인 실험전공 과정에서 터득한 차분하고 끈기 있는 성격으로 국민이 만족하는 소방업무를 수행하도록 하겠습니다.

058 자신의 전공과 소방업무와 연관성 있는 부분에 대해서 말해보세요.

🔒 질문 의도

- 과거 학업과정에서의 지식적 측면과 학업 태도 등을 통해 지원자의 성실성과 지적 능력을 알 수 있다. 소방 관련 학과라면 다양한 답변이 있을 수 있겠으나 관련 학과가 아닐 경우 답변 준비가 어려울 수 있다. 이 경우 전공학과의 전문 지식을 어필하기 보다는 학업 태도를 어필하는 것이 좋다.

🔒 답변 사례

끈기라고 생각합니다. 전공을 배우면서 많은 실험을 수행했습니다. 그리고 실험을 하면 데이터를 도출해야 하는데 그 과정에서 끈기가 필요했습니다. 저는 저의 끈기가 국민의 생명과 신체·재산을 보호하는데 큰 도움이 될 것이라고 생각합니다.

059 소방공무원 지원에 대해 부모님의 반대는 없었나요?

🔒 질문 의도

- 소방 업무의 위험성 때문에 의외로 주변인들의 걱정과 반대를 경험하는 지원자가 많다. 반대하는 사람의 입장을 헤아릴 수 있어야 하며 자신의 소방 공무원에 대한 확고한 의지도 표현할 수 있어야 한다.

🔒 답변 사례

저는 충분히 부모님의 걱정을 이해하는 편입니다. 제가 부모님 입장이었어도 많은 걱정을 했을 것입니다. 저 또한 안전한 직업을 원하시는 부모님과 소방관이 되어야만 하는 간절함이 있는 저와의 갈등이 있었습니다. 하지만, 저는 소방관에 대한 열정과 간절함을 부모님께 말씀드리고 설득하여 부모님의 동의를 얻어낼 수 있었습니다. 지금은 부모님 두 분 모두 저의 든든한 응원군이십니다.

060 올해 가장 뿌듯했던 경험은 무엇이 있나요?

🔒 질문 의도

- 지원자의 답변에서 지원자의 가치관이나 삶의 방향성 등을 파악할 수 있는 질문으로 사건에서 느꼈던 삶의 가치나, 다짐 등을 함께 표현하도록 한다. 올해 가장 뿌듯했던 경험에 대한 질문이므로 당연 '공무원 시험에 합격한 것'일 것이다. 간혹 면접상황이어서 잘 보이고 싶은 욕구 때문에 봉사경험이나 타인을 위해 헌신했던 경험을 말하는 경우가 있다. 면접의 분위기를 잘 파악하고, 우선, 당연한 답변이 가장 진실 된 답변임을 상기하여야 한다.

🔒 답변 사례

당연히 지금 이 자리에 있는 것입니다. 공무원 시험에 합격한 것이 올해 가장 뿌듯한 일입니다. 공무원에 대한 간절한 꿈이 있었고, 지금 이 순간을 위해 최선을 다하였기 때문에 필기 합격한 것이 저 자신에게 자랑스럽고 잘한 일 이라는 생각을 하였습니다. 꼭 최종합격해서 이 뿌듯함을 이어가고 싶습니다.

061 자신이 살면서 가장 행복했던 순간에 대해서 말해보세요.

🔒 질문 의도

- 기억이나 경험은 지금 지원자가 보여주는 태도나 감정에 영향을 미친 중요한 사건이라 할 수 있다. 가급적 면접과 이어질 수 있는 소재를 찾도록 하며, 자신의 기여점이나 활약상을 겸손하게 드러내는 것도 괜찮다.

답변 사례

하반기 소방공채 필기시험과 체력시험합격이라고 생각합니다. 이번에 반드시 면접까지 통과하며 꼭 최종합격을 하고 싶습니다.

답변 Tip ▶ 소방공무원 시험 관련외의 행복했던 순간도 준비할 것

> 수험생활 외에 가장 행복했던 순간을 뽑으라면 저는 어머님의 암 완치 판정을 받았을 때가 가장 행복한 순간이었던 것 같습니다. 5년 넘게 항암치료와 식단관리 등 많이 힘들어 하시던 어머니에게 도움을 줄 수 없는 아들이라는 것 때문에 너무 죄송했던 순간이 많았습니다. 오랜 투병생활 중에도 늘 씩씩한 모습을 보여주신 어머니 의지로 완치 판정에 대한 소식을 들었을 때 기쁘고 아들로서의 행복을 느꼈던 것 같습니다.
> 이번에 최종합격하여 소방관으로서의 당당한 아들 모습을 보여드리고 싶습니다.

062 스트레스를 받는 상황과 스트레스를 어떻게 관리하고 있는지 말해보세요.

질문 의도

- 소방공무원 업무는 피로감, 중압감 등 다양한 스트레스에 노출이 된다. 적극적인 스트레스 해소 노력으로 개인의 건강과 업무 효율성을 높일 수 있어야 할 것이다.

답변 사례

평소에 저는 스트레스를 잘 받지 않는 성격이지만, 수험생활을 할 때 목표한 공부 계획대로 공부가 되지 않아 합격에 대한 불안감에 생기고 그것 때문에 스트레스를 받았던 것 같습니다. 저는 이렇게 스트레스를 받게 되면 가까운 운동장을 뛴다든지, 등산을 하면서 마음을 다스리는 방법으로 스트레스를 해소하곤 하였습니다.

063 최근 화가 났던 일은 무엇입니까?

🔒 질문 의도

- 지원자의 경험을 통한 감정 통제능력과 기질을 파악할 수 있는 질문으로, 사회적 이슈나 스캔들보다는 개인 경험을 이야기 하는 것이 좋다. 화가 났을 때의 상황과 대상, 그리고 해결한 구체적인 행동까지 표현하는 것이 좋다.

🔒 답변 사례

면접을 준비하면서 가까운 곳에서 스터디 친구들을 조성할 수가 없었습니다. 할 수 없이 거리가 있는 곳까지 가서 스터디를 하게 되었는데, 처음 가는 길을 잘 몰라서 헤매었을 때 초면인 친구들을 기다리게 한 자신에게 화가 났습니다. 그 이후부터는 삼십분 정도 미리 출발해서 스터디 하는 동안 늦은 적이 없었습니다. 이 일을 계기로 처음방문하게 되는 곳에 갈 때는 버스노선이나 기타 교통편과 위치를 정확하게 파악하는 준비성을 지니게 되었습니다.

064 화가 나면 주로 어떻게 행동을 하는 편입니까?

🔒 질문 의도

- 지원자의 감정 통제능력과 기질을 파악할 수 있는 질문으로, 통제하지 못하거나, 욱하는 성향, 무조건 참는 성향 등의 표현이나 화를 내지 않는다는 답변 등은 바람직하지 않다. 면접관으로서는 어느 정도 답변의 방향을 예상할 수 있는 있는 질문이므로 편하게 자신의 대처방법을 말하면 된다.

🔒 답변 사례

저는 화가 나면 일단 대화를 중단하고 그 자리를 잠시 떠나는 편입니다. 이후 상황에 대해 찬찬히 되짚어보고, 제가 잘못한 상황이라면 먼저 사과하고 대화를 시도하는 합니다. 만약 상대방이 잘못한 것이라는 판단이 서면 제 입장을 문자나 혹은 만나서 다시 한 번 말하고 상대의 입장이 되어 생각해 보려고 노력하다보면 서로 화가 풀리는 경우가 많았습니다.

065 좌절한 경험에 대해 말해보세요.

🔒 질문 의도

- 지원자의 경험 속에서 어려웠던 순간을 어떻게 극복했는지 회복탄력성을 알 수 있는 질문으로 좌절 경험만 이야기하고 답변을 끝맺음하면 안 된다. 좌절, 슬픔, 우울 경험 등은 반드시 사례를 들어 극복한 것으로 답변을 마무리하는 것이 좋다. 대인관계의 어려움 때문에 좌절을 경험했다는 것보다는 어떠한 목표를 달성이나 성과에 초점을 맞춘 경험을 이야기함으로서 설득력을 높일 수 있다.

🔒 답변 사례

제가 영화관에서 아르바이트를 했을 때 손님분들께 제휴카드를 안내하고 실적을 올려야 하는 업무가 주어진 적이 있었습니다. 당시 초임 아르바이트 직원이어서 손님을 대할 때 쑥스럽기도 하고 부담을 준다는 생각 때문에 실적을 올리지 못하였고, 이로 인해 점장님에게 야단을 맞았을 때, 저 자신의 부족함에 좌절감을 느꼈습니다. 이후 저는 지금 이 순간을 극복하지 못한다면 앞으로는 사람을 대하는 일을 할 때 계속 좌절을 할 것이라는 생각이 들게 되었고, 당시 실적이 가장 좋았던 선배의 멘트를 그대로 적어서 연습하고, 이 일은 손님분들께 부담을 주는 것이 아니라 도움을 주는 것이라는 생각으로 적극적으로 권유하여 실적 1위를 한 경험이 있습니다.

066 살아오면서 가장 후회한 일은?

🔒 질문 의도

- 지원자의 과거경험 속에서 어떠한 것을 터득했는지 파악할 수 있는 경험질문이다. 후회한 일에서 깨달은 것과 다시는 같은 행동을 안 하겠다는 자신과의 약속이 포함된 답변을 하여야 한다. 단, 지나치게 치명적인 경험보다는 보편적으로 수긍이 가는 범위내의 경험을 표현해야 한다.

🔒 답변 사례

중요한 선택을 부모님께 미루었던 것이 가장 후회스러운 일입니다. 대학 진학 시 건축가이신 아버지의 권유로 건축학과에 진학하게 되었습니다. 하지만 건축과에서 흥미를 느끼지 못한 저는 방황을 하게 되었고 학업도 시들해졌습니다. 그러다 적성에 맞지 않는 일에 끌려 다니지 말고 내가 진정 열정을 다할 수 있는 일이 무엇인지 생각하게 되었고, 어렸을 때 가졌던 공무원에 대한 꿈을 상기한 저는 곧바로 학업을 포기하고 수험생활을 시작하였습니다. '그 때 나의 길을 내가 선택했다면 몇 년 빨리 공무원에 대한 꿈을 이룰 수 있었을 텐데…….' 하는 후회와 조바심이 나지만, 반드시 공무원이 될 것이라는 확신과 함께 앞으로 제 인생은 제가 선택하고 책임지는 성숙한 사람이 되겠다는 다짐을 하였습니다.

후회한 일이 없는 경우

지금 딱히 후회한 일은 떠오르지 않습니다. 평소 성격이 긍정적이고 아무리 안 좋은 상황에서도 좋은 면을 보려고 하는 편이라서 후회보다는 잘못된 일에서 배우려는 태도를 보여 왔던 것 같습니다.

067 자신이 세운 계획대로 행동했다가 실패한 경험에 대해 말하고 그 이유 그리고 그러한 실패를 어떻게 극복했는지 말하세요.

질문 의도

- 지원자의 경험 속에서 어려웠던 순간을 어떻게 극복했는지 회복탄력성을 알 수 있는 질문으로 실패 경험만 이야기하고 답변을 끝맺음하면 안 된다. 좌절, 슬픔, 우울 경험 등은 반드시 사례를 들어 극복한 것으로 답변을 마무리하는 것이 좋다. 대인관계의 어려움 때문에 실패를 경험했다는 것보다는 어떠한 목표를 달성이나 성과에 초점을 맞춘 경험을 이야기함으로서 설득력을 높일 수 있다.

답변 사례

2017년 상반기 소방직 공채를 위해 체력시험보다는 필기시험을 위한 계획을 세웠었습니다. 그 결과 필기시험은 합격했지만, 체력시험에서는 허리통증으로 불합격한 경험이 있습니다. 그 후 저는 필기시험과 체력시험을 위한 체계적인 계획을 세워 꾸준히 실행했습니다. 그 결과 제가 이곳 면접에까지 오게 되었습니다.

068 지금까지 살아오면서 겪은 가장 큰 사건은?

질문 의도

- 지원자의 과거경험 속에서 어떠한 것을 터득했는지 파악할 수 있는 경험질문이다. '살아오면서 가장 좋았던 사건은 무엇이었나?', '살아오면서 가장 슬펐던 일은 무엇이었나?'와 같은 질문이 출제되기도 한다. 어려움을 어떻게 극복하였는지 표현해야 하고, 좋았던 일은 자신에게 어떤 변화를 가져왔는지까지 답변하여야 바람직하다.

답변 사례

고등학교 시절 IMF 외환위기 당시 아버지의 사업 부도로 경제적으로 어려워졌습니다. 행복했던 가정이 갑자기 경제적으로 어려워지자 정신적으로도 많이 힘들었습니다. 이 후 아버지는 여러 가지 일을 몇 배의 노력으로 도전하셨고, 전업 주부이셨던 어머니도 생업전선에 뛰어 들어야 했습니다. 두 분의 헌신적인 노력으로 경제적 어려움을 극복하는 과정에서 저는 가족의 소중함과 절약하는 습관을 배우게 되었습니다. 그래서 지금도 가족에게 먼저 애정표현을 하고, 지출을 할 때는 몇 번씩 생각해 보고 낭비하지 않는 생활을 하고 있습니다.

069 어려운 문제를 자신의 창의성을 발휘해서 해결한 사례는 무엇이었나요?

질문 의도

- 공무원 평가 항목의 마지막은 창의력 및 발전 가능성으로 지원자의 업무 적극성과 미래 업무 태도를 알 수 있다. 따라서 거창한 창의성 경험을 찾기보다 일상이나 그동안 생활사건 중에서 자신만의 방법이나 생각으로 문제를 해결했던 경험으로 답변하도록 한다.

답변 사례

겨울에 덕유산을 등정하고 하산할 때, 골반에 통증이 왔었습니다. 그때 테이핑요법의 원리를 이용하여 신고 있던 양말을 이용해서 골반부위를 묶어 무사히 하산한 경험이 있습니다.

070 본인은 협동성과 협조성이 있습니까?

🔒 질문 의도

- 어느 조직에서나 팀워크는 중요하다. 특별히 소방조직은 위험한 사건, 사고 현장에서 동료의 도움은 필연적이라 할 수 있으므로 지원자의 평소 협동심을 파악하고자 하므로 구체적인 상황을 곁들여 설득력을 높이도록 한다.

🔒 답변 사례

저는 협동성과 협조성이 있습니다.
대학생 시절 친구와 설악산을 등산한 적이 있습니다. 등산을 하던 도중 날이 어두워져 눈앞이 안 보였을 때, 서로가 서로의 눈이 되어 대피소까지 간 경험이 있습니다.
또한, 대학시절 학교동생과 같이 서로 자취를 하면서 가사분담을 나눠서 생활한 경험이 있습니다. 앞으로 소방의 후배가 되어서도 동료, 선후배와 협력하는 사람이 되도록 하겠습니다.

071 조직생활에서 일어나는 갈등을 경험해 본 적이 있습니까?

🔒 질문 의도

- 본 질문은 일반적으로 사람들은 여러 가지 지위를 동시에 가지며, 또 각각의 지위에는 여러 가지 서로 다른 역할이 부과되기 때문에 역할기대들 간에 긴장이나 갈등이 일어날 수 있는 것은 당연하다는 것을 전제로 하고, 하나의 지위에 여러 가지 역할이 기대되거나 둘 이상의 지위에 따른 역할 간에 모순이 발생함으로써 긴장이 발생하는 유형 중에서 가족, 대학 동아리, 군 경험 갈등과 조직생활에서 일어나는 갈등을 검토해 보고 극복했던 방법과 해결 후 느낀 점, 특히 갈등 관계에 있는 사람과 어떻게 업무를 같이 할 수 있었는가를 구체적인 사례를 들어 말해주면 더 좋다.

🔒 답변 사례

대학 시절 운동 동아리 리더를 할 당시 운동 시간과 각자의 포지션을 정하는 과정에서 동아리 회원 간의 갈등이 심했던 경험이 있습니다. 리더인 저로서도 어떻게 통솔해야 할지 막막했지만, 동아리 회원 전체 야유회를 가지고, 서로의 친밀감을 먼저 형성한 후 대화와 상대방의 입장에서 생각하기 등의 방법으로 팀원 간의 갈등을 해결한 적이 있습니다. 이를 계기로 저는 갈등이 발생할 때 마다 신뢰감을 형성한 후 진솔한 대화를 할 수 있도록 노력을 하게 되었습니다.

072 본인의 '리더십'에 대한 생각을 말해보세요.

질문 의도

- '당신은 평소에 자기에게 리더십이 있다고 생각하고 있습니까?', '진정한 리더십은 어떻게 생긴다고 생각하십니까?', '리더십은 선천적으로 갖는 것입니까, 아니면 후천적으로 형성되는 것입니까?'와 같이 변형되어 출제 될 수도 있다.
  본 질문은 성격유형을 알아보려는 문제이다. 자기의 성격이 리더의 기질이 없다면 없는 그대로 말하면 되고, 자기의 경험상 리더십이 있다고 생각되면 경험을 예로 들어가면서 설명하면 될 것이다.

답변 사례

제가 생각하는 리더란 조직원들과 적극 소통하며 먼저 모범을 보이는 것으로 전체조직원이 팀워크를 이루는 가운데 조직의 목표를 달성할 수 있도록 해야 한다고 생각합니다.
저는 한번 시작한 일에 대해서는 반드시 목표를 달성해야지 중간에서 중단하는 일이 거의 없습니다. 또한 개인적으로 혼자 하는 일보다 여러 사람이 같이 어울려서 하는 집단과업에 더 매력을 느끼고 목표의 설정에서부터 목표달성에 이르기까지 전면에 나서는 편이지만, 같은 동료들의 시기나 질투를 유발시키지 않는 것을 보면 성격적으로 리더의 자질이 조금은 있는 것 같습니다.

리더십이 없는 경우

> 저에게는 리더십보다는 다른 사람을 뒤에서 돕는 능력이 탁월합니다. 이러한 저의 능력은 공무원 조직에서도 상관이나 선배와의 업무를 잘 보필할 수 있다고 생각됩니다. 아울러 앞으로는 팀을 이끌 수 있는 리더십도 기를 수 있도록 노력 하겠습니다.

073 학창시절 리더 역할을 한 경험이 있는가?

질문 의도

- 조직을 이끄는 리더의 자질은 단 시간 내에 형성되는 것이 아니다. 지금까지의 리더 경험을 통해서 지원자의 사회성과 통솔력을 파악하고자 하는 질문이다. 경험과 함께 경험을 통해 느낀 점을 같이 말하는 것이 좋다.

답변 사례

고등학교 시절 학급의 반대표와 대학교 1학년 때 과대표를 맡은 적이 있습니다. 리더 역할을 하면서 어떤 안건에 대한 결정을 할 때 다른 사람의 의견을 청취하고 수렴하여 최선의 방법을 선택하려고 노력했습니다. 어느 조직이든 의견 충돌이 있기 마련이기 때문에 의견이 여러 갈래로 나누어졌을 경우 감정싸움이 생기는 등 어려움도 따랐습니다. 그러나 이런 경험을 토대로 지도력, 친화력, 사회성을 쌓을 수 있었다고 생각합니다. 사람들 간의 갈등 관계를 풀어 나가면서 원활하게 의사소통할 수 있는 방법에 대해서도 배우는 등 값진 인생 공부를 할 수 있었습니다.

074 소방관 책임자 지정은 누가 하는가?

질문 의도

- 소방조직에 대한 이해와 임명권한에 대한 지식을 숙지하도록 한다.

답변 사례

소방청장은 대통령에게 임명권한이 있으며, 소방본부장은 시·도지사 지휘감독을 받지만 국가직 소방공무원으로 소방청장이 임명을 하는 것으로 알고 있습니다.

075 어떤 스타일의 직장 상사가 좋은가?

🔒 질문 의도

- 선호하는 스타일을 통해 지원자의 성격과 인간관계 척도를 파악할 수 있는 질문이다. 공직에 어울리는 스타일의 사람을 표현하도록 한다.

🔒 답변 사례

상사분의 스타일에 상관없이 열심히 배울 준비가 되어 있습니다. 다만, 긍정적인 스타일의 상사분을 만나 일을 한다면 활력소가 넘쳐날 것이며, 힘들고 어려운 소방업무를 이겨내는데 본을 보여주실 것 같습니다.

076 함께 일하고 싶지 않은 상사는 어떤 유형인가?

🔒 질문 의도

- 비선호하는 스타일을 통해 지원자의 성격과 인간관계 척도를 파악할 수 있는 질문이다. 공직에 어울리지 않는 스타일의 사람을 표현하도록 한다.

🔒 답변 사례

원만한 성격으로 사람들과 두루 잘 지내는 편입니다. 다만 함께 일하고 싶은 않은 상사를 꼽자면 약속을 지키지 않는 상사입니다. 왜냐하면 소방공무원은 국민의 신뢰를 가장 중요로 하는 사람으로서 신뢰가 무너진다면 회복할 수 없기 때문입니다.

077 타 부서에서 소방 조직에 간섭할 시 어떻게 대처하시겠습니까?

질문 의도

- 조직생활에서 발생할 있는 상황으로 지원자의 갈등해결 능력과 조직 적응력을 파악할 수 있다.

답변 사례

타 부서에서 우리 소방조직의 업무에 간섭을 한다면 곤란할 것 같습니다. 하지만 간섭을 할 때는 그만한 이유가 있을 것이라고 생각하기 때문에 먼저 타 부서 업무 담당자에 대화를 해 보아야 할 것입니다. 그 이후 부서간의 타협점이나 협의점을 찾는다면 결국 국민을 위한 업무를 추진할 수 있다고 생각합니다.

078 소방공무원의 장점 및 단점에 대해서 말해보세요.

질문 의도

- 지원한 분야에 대한 관심과 이해도를 파악할 수 있는 질문으로 소방조직에서의 사명감과 업무상 발생할 수 있는 어려움 등에 대해 솔직하게 답변하면 된다.

답변 사례

우리소방공무원의 장점은 국민의 생명, 신체, 재산을 보호하는 업무를 수행하여 공공의 안녕, 질서유지 복리증진에 이바지할 수 있는 장점이 있습니다. 두 번째는 국민의 안전과 생명을 책임을 진다는 사명감은 다른 직업에서는 느낄 수 없는 커다란 장점이라고 생각합니다. 이것 외에도 공무원으로서의 안정감이나 국민들로부터 신뢰받는 공무원 신분도 좋은 점인 것 같습니다.
이에 반해 단점은 현장직으로 화재의 재난 재해에 직접적으로 노출되는 위험성이 있는 것입니다. 하지만 소방공무원이라면 이러한 위험한 상황 속에서도 굴하지 않고 자신의 안전을 최우선으로 해서 국민의 생명과 신체, 재산을 보호하기 위하여 노력해야 한다고 생각합니다.

079 소방공무원이 매력적인 이유가 무엇이라고 생각합니까?

질문 의도

- 특정 직업을 선택하는 데는 그만한 이유와 장점이 있기 마련이다. 소방공무원 역시 다양한 장점들이 있겠지만, 소방에서만 가능한 이유를 들어 설명한다면 설득력을 높일 수 있을 것이다.

답변 사례

우리 소방공무원이 매력적인 이유는 화재, 재난, 재해 그 밖의 위급한 상황에서 국민의 생명, 신체, 재산을 보호하는 심장이 뛰는 일이기 때문입니다. 사람의 생명을 구하는 일은 아무 직업에서나 할 수 없는 특별한 일이며 사명감을 느낄 수 있는 소방 본연의 업무이기 때문에 저는 이런 매력적인 소방 업무를 꼭 해보고 싶습니다.

080 소방공무원이 되기 위해 어떻게 했나?

질문 의도

- 자신이 지원한 분야에 대한 노력을 드러낼 수 있는 부분이므로 다른 지원자와 차별화된 준비과정과 노력을 어필하도록 한다.

답변 사례

타 지원자들도 소방공무원이 되기 위하여 많은 노력을 했다고 생각합니다. 저는 소방공무원을 목표로 한 이후 단, 한 번도 다른 곳에 눈을 돌리지 않았을 만큼 일편단심을 유지했을 뿐만 아니라 강인한 체력을 기르기 위해 필기와 체력을 동시에 꾸준히 준비를 하였습니다. 뿐만 아니라 소방관은 다양한 사고 현장에서 국민의 생명을 구할 수 있어야 한다는 생각으로 물 공포증을 이겨내고 라이프가드 자격증까지 취득하였습니다.

081 소방관으로서의 자세(덕목)는 어떤 것인가?

🔒 질문 의도

- 공무원으로서의 정신자세를 파악할 수 있는 질문으로 특별히 소방공무원으로서 업무에 임할 때 본인이 가장 중점적으로 유지해야 하는 마음가짐과 태도를 밝히는 것이 적합하다.

🔒 답변 사례

성실함과 강인함이라고 생각합니다.
왜냐하면 소방공무원이 성실함을 지니고 있어야 본인에게 맡겨진 업무를 수행 낼 수 있고 또한 시민에게도 모범이 되기 때문입니다. 소방관의 강인함은 화재, 재난, 재해 및 그 밖의 위급한 상황에서 국민의 생명과 신체 재산을 보호하는 업무를 해야 하는 공무원이기 때문에 누구보다 건강한 체력과 강인함이 필요하다고 생각합니다.

082 지나가는 소방차를 보며 무슨 생각을 했나?

🔒 질문 의도

- 소방공무원을 준비하는 사람이라면 연관된 모든 사건과 상황에서 소방관과 연결된 생각하기 나름이다. 지나가는 소방차라는 사소한 상황이지만 자신의 간절함을 표현하도록 한다.

🔒 답변 사례

제가 지켜보는 소방차는 "나의 길은 오로지 소방관뿐이다."라는 결심을 다질 수 있는 자극제였습니다. 그리고 하루속히 합격하여 저도 소방차에 타고 국민을 위험에서 구해내고 싶다는 간절함을 가졌던 것 같습니다.

083 소방관 자신의 안전에 대해 어떻게 생각하는가?

🔒 질문 의도

- 국민의 안전과 생명을 책임지는 소방공무원으로서 자신의 안전 또한 확보하는 것 이 중요하다. 무턱대고 자신을 희생할 수 있다는 무모한 답변보다는, 자신과 국민 모두에게 도움이 될 수 있는 방향으로 답변하는 것이 바람직하다.

🔒 답변 사례

소방관의 본연의 업무는 국민의 생명과 재산을 지키는 일일 것입니다. 이러한 본연의 업무를 잘 수행하고, 국민을 지키기 위해서 최우선시 되어야 할 것은 우리 소방관 자신의 안전이라고 생각합니다. 자신의 안전이 확보되어야 더 원활한 구조 활동과 구조 시 발생할 수 있는 돌발 상황에 적절히 대응할 수 있기 때문입니다.

084 구조대원의 안전 확보 원칙은?

🔒 질문 의도

- 다양한 구조현장에서 구조의 목적을 달성하기 위한 기본은 구조대원의 안전 확보라고 할 수 있다.

🔒 답변 사례

소방안전 수칙 제 9조는 '안전 확보의 첫걸음은 강인한 체력에 있으므로 평소 체력단련에 만전을 기하라'입니다.
따라서 평소의 철저한 자기관리를 바탕으로 구조에 부족함이 없는 체력을 유지해야 하며 현장에서 즉각적인 대처를 할 수 있도록 훈련을 통해 전문성을 향상시켜야 합니다.

085 10년 뒤의 나의 모습은?

🔒 질문 의도

- 소방 공무원으로서의 최종 합격이 '끝'이 아닌 시작의 의미를 두어야 할 것이다. 앞으로 공직에 나아와서 계속 발전하는 지원자의 모습을 기대하는 질문으로 자신의 미래에 대한 계획과 공직 태도, 자기계발 계획 등을 파악할 수 있다. 답변을 구성할 때 10년 후 직급이나 계급에 초점을 맞추기 보다는 공직에서의 위치에 중점을 두고 답변하는 것이 좋다.

🔒 답변 사례

10년 뒤 저의 모습은
첫째, 현장경험이 풍부하고 전문성 있는 베테랑이 되어 있을 것입니다.
둘째, 화재, 재난, 재해 및 그 밖의 위험한 상황 속에서 소방관들의 안전을 최우선으로 생각하며 국민의 생명과 신체 재산을 보호하기 위하여 현장을 지휘하는 소방대장이 되어 있을 것입니다.
셋째, 내적, 외적으로 강인하고 소방 관련 지식이 풍부한 소방관이 되어 있을 것입니다.

086 소방 공무원으로서의 10년, 20년, 30년 후의 모습이 어떻게 변화되어 있을지 말해보시오.

🔒 질문 의도

- 소방 공무원으로서 공직에서의 미래를 그려봄으로서 업무에 임하는 태도와 자기계발 등의 노력을 파악할 수 있는 질문으로 나이에 따른 직급을 변화를 말하지 않도록 주의한다.

🔒 답변 사례

앞으로 저는 국민의 생명과 안전을 최우선으로 생각하는 소방관이 될 것입니다.
10년 후 저는 다양한 소방업무를 경험하고 선배님들에게 노하우를 전수받아 소방 업무의 전문성을 갖춘 소방관으로 발전하여 있을 것입니다.
20년 후 저는 소방조직의 중간 위치에서 관리자로서의 리더십을 발휘하여 후배들에게 모범적인 태도와 업무 노하우를 전달하고 있을 뿐만 아니라 상사의 명령에 적극적인 태도로 임하여 조직의 목표달성에 최선을 다하고 있을 것입니다.

30년 후의 저는 소방조직의 책임감 있는 자리에서 지역의 안전 및 소방 조직의 발전을 위한 소방행정 정책을 수립할 뿐만 아니라 후배들로 하여금 인정받고 존경받을 수 있는 선배의 모습을 갖추고 있을 것입니다.

087 만일 떨어지면 어떻게 할 것인가?

질문 의도

- 누구나 면접에 통과하여 공무원으로서 최종합격을 하고 싶을 것이다. 이 질문은 지원자의 공무원에 대한 열정과 면접에서의 의외의 질문에 당황하지 않고 대처하는 능력을 알아볼 수 있는 질문이다. 간혹 몇 번의 실패 경험이 있거나, 합격의 간절함 때문에 울컥하거나 울음을 터뜨리는 지원자가 있는데, 이러한 반응은 면접에서 마이너스 평가를 받는다. 따라서 의연한 태도로 자신의 의지를 표명하도록 한다.

답변 사례

최종 합격에 실패한다는 것을 생각해 보지 않았을 만큼 공무원은 저의 간절한 목표입니다. 이번에 꼭 합격해서 자랑스러운 공무원이 되고 싶지만, 만에 하나 최종 합격을 하지 못한다면, 부족한 점을 보충해서 내년에 다시 이 자리에 오겠습니다. 하지만, 이번에 열심히 준비했고 누구보다 성실히 일할 자신이 있기 때문에 꼭 합격하고 싶습니다.

088 마지막으로 하고 싶은 말이 있는가?

질문 의도

- '이 자리에서 꼭 하고 싶은 말은?', '자신이 왜 합격해야 하는지 마지막으로 면접관을 설득해 보라' 등의 질문과 동일한 질문이다. 면접에서 가장 하고 싶은 말은 지원자 입장에서는 아마도 합격시켜 달라는 말일 것이다. 그러나 이런 말을 직접적으로 하기 보다는 자신이 왜 꼭 합격되어야 하는지, 자신이 왜 공무원이 되고자 하는지의 포부를 강하게 드러내는 것이 좋다.

🔒 답변 사례

제가 현재 가장 원하는 것은 공무원시험에 당당히 합격하는 것입니다. 제 꿈을 이루기 위해 수험생활을 시작했고 이를 위해 지난 2년간 수험생활을 해왔습니다. 오직 제 꿈 하나만을 위해서 온 에너지를 집중시켜서 여기까지 왔습니다. 제 꿈을 펼칠 수 있고 인생의 큰 전환점을 맞이할 수 있도록 기회를 주셨으면 합니다. 지금 이 순간의 초심, 국민을 위해 봉사하고 항상 청렴함을 잃지 않겠다는 이 마음을 간직할 수 있는 공무원이 되겠습니다.

089 다른 사람과 비교해서 자기가 잘 할 수 있다고 생각되는 분야는 무엇인가?

🔒 질문 의도

- 어느 조직이든 우수한 인재를 채용하고자 할 것이다. 본인의 강점을 찾아내어 소방공무원으로서 발휘할 수 있는 부분을 어필하도록 한다.

🔒 답변 사례

저는 원리원칙이 철저히 지켜지는 분야를 잘 할 수 있다고 생각합니다.
그 이유는 대학시절 편의점 야간아르바이트를 할 때에도 결근을 한 적이 없었으며, 연구소 근무 시절에도 원칙을 지켜야한 하는 실험도 큰 문제없이 수행했기 때문입니다. 앞으로 소방관이 되어서도 업무관련 규칙은 물론 공무원으로서도 법을 준수하는 사람이 되어 국민의 신뢰를 받는 사람이 되도록 하겠습니다.

- **추가질문** : 원리원칙 주의자이면 융통성이 부족하지 않나? 조직 생활하다보면 원리원칙 보다 융통성이 필요할 때도 있다. 어떻게 생각하는가?

🔒 답변 사례

예. 면접관님 말씀이 맞습니다. 제가 말씀드린 원리원칙은 어떠한 일을 할 때 반드시 지켜야 하는 부분에 관련해서 말씀드렸습니다. 준수해야 하는 기본적인 것 이외의 대인관계나, 법적 한도 내에서 발휘할 수 있는 융통성 정도는 필요하다고 생각합니다.

090 소방과 경찰 중 어떤 직렬이 더 위험하다고 생각하는가? 그 이유는?

🔒 질문 의도

- 소방과 경찰 공무원은 국민을 위해 다양한 사건과 사고 현장에서 활동을 하게 된다. 제복을 입는 것과 명령체계를 따르는 것 등의 비슷한 부분이 많다.

🔒 답변 사례

국민의 안전을 위해 일하는 경찰도 위험하겠지만, 저는 소방이 더 위험한 직렬이라고 생각합니다. 그 이유는 소방관은 화재, 재난, 재해 및 그 밖의 위험한 상황에 직접적으로 노출되기 때문입니다.

091 어떤 문제에 부딪쳤을 때 혼자 해결하는 편입니까 아니면 여러 사람들에게 이야기 하는 편입니까?

🔒 질문 의도

- 지원자의 평소 행동 양식과 문제해결력을 알 수 있는 질문으로 공직이라는 조직적 특성에 어울리는 답변을 하도록 한다.

🔒 답변 사례

저는 우선 대부분 혼자 해결하려고 노력합니다. 제가 먼저 저의 문제를 객관적으로 파악하고 해결방안을 고심하지만, 제 혼자 힘으로 어렵다거나 해결 방법이 떠오르지 않을 때는 주로 친구나 부모님에게 조언을 구하기도 합니다.

092 업무수행 중 실수를 하게 될 경우 어떻게 하겠습니까?

질문 의도

- 업무 진행과정에서 일어날 수 있는 상황에 대한 대처방법을 묻는 질문으로 평상시 지원자의 책임성과 불리한 상황대처 방법을 통해 진실성을 알 수 있다.

답변 사례

소방 공무원의 업무 실수는 국민의 생명과 안전에 직결되기 때문에 실수가 있어서는 안 될 것입니다. 만약 면접관님 질문과 같은 경우가 발생한다면 우선 저의 실수를 인정하고, 실수 한 부분에 대해서 신속하게 대처하도록 하겠습니다. 제가 해결할 수 있는 실수라면 제선에서 해결하겠지만, 저의 실수를 제가 혼자서 해결할 수 없다면 동료나 상사에게 알리고, 자문을 구하여 시정하도록 하겠습니다. 이후 똑같은 실수가 반복되지 않도록 실수의 경험을 더 좋은 배움의 시간으로 만들도록 하겠습니다.

093 만약 업무를 하면서 실수를 해서 상사한테 좌절할 만큼 큰 꾸지람을 받았다면, 당신은 어떻게 대처하겠는가?

질문 의도

- 평소 좌절이나 어려운 상황에서 지원자의 대처 능력과 자질을 보고자 하는 질문이다. 실수에 대한 변명을 하거나 비생산적인 대처 방안 보다는 차후 업무 상황에서 자신이 보여 줄 수 있는 태도를 어필하는 것이 바람직하다.

답변 사례

당연히 상사분 입장에서는 꾸지람을 할 수 있다고 생각합니다. 따라서 우선 저의 실수를 인정하고 사과하겠습니다. "네. 제가 미처 그 부분은 살피지 못했습니다. 죄송합니다. 가르쳐 주신 사항 시정하도록 하겠습니다. 이번 기회를 통해 많은 것을 배울 수 있었습니다. 앞으로 똑 같은 실수를 반복하지 않도록 하겠습니다."라고 말씀 드리겠습니다. 그리고 더욱 분발하여 다음 기회에 상사에게 저의 능력을 인정받도록 하겠습니다.

094 공무원 월급이 박봉인데 괜찮겠는가?

질문 의도

- 현 시대에서 돈이 가지는 중요성은 크다. 돈을 중요시하는 사람이라면 공무원이 되어서도 처우에 만족하지 못해 중도에 포기하는 상황이 올 수 있고, 현실적으로 공무원이라는 직업이 높은 월급을 보장하지 못하고 위험부담도 있기에 이런 종류의 질문이 나올 가능성은 높은 편이다. 돈보다는 공무원이라는 직업 자체에 매력을 느낀다는 점을 어필하며, 선배들의 마음을 어루만지는 답변이면 금상첨화이다.

답변 사례

네. 저는 평소 검소한 생활습관이 있고, 지금은 제 오랜 꿈인 공무원이 되고 싶은 마음이 간절하기 때문에 괜찮습니다. 하지만, 일반적인 공무원 월급은 사기업에 비해 낮은 편이고, 특히 성과급이나 근무환경이 좋지 않다고 생각합니다.
하지만 특별히 소방공무원은 업무 위험도가 높고 교대 근무 등의 어려움이 있습니다. 따라서 공무원 월급이 어느 정도 현실성 있게 상향조정이 된다면 우리 소방공무원들이 좀 더 높은 사기를 가지고 업무에 임할 수 있을 것 같습니다.

095 공무원의 보수가 민간기업보다 낮은데 공무원을 지망한 이유는?

질문 의도

- 공무원의 장점 중 하나가 퇴직이 보장된다는 안정성이 가장 큰 매력이지만, 면접에서 안정성이나 급여를 언급하는 것을 주의할 필요가 있다. 따라서 사기업에서는 얻을 수 없는 공무원의 사명감과 현실적인 상황을 표현하여 공무원 생활에 잘 적응할 수 있음을 표현하는 것이 좋다.

답변 사례

요즈음 공무원 보수는 중소기업체와 큰 차이가 나지는 않는다는 보도를 접한 기억이 있습니다. 저 또한 대기업에 비해서는 충분한 보수는 아니지만 아끼고 절약한다면 충분한 생활을 할 수 있다고 생각합니다. 제가 공무원을 선택할 때 가장 큰 이유는 민간 기업에서는 맛볼 수 없는 국민과

나라를 위한 일을 한다는 남다른 사명감이 있었기 때문입니다. 국민에게 부름 받은 일꾼이라는 보람과 가치가 있기 때문에 저는 기꺼이 공무원을 선택하였고, 지금 이 마음으로 평생 열심히 일할 준비가 되어 있습니다.

096 첫 월급을 타면 쓸데가 많을 텐데 어디에 쓰겠는가?

질문 의도

- 지원자의 계획성과 경제관념을 파악할 수 있는 질문이다. 거대한 계획 보다는 소소하고 진솔한 월급 사용처를 밝히면 된다. 낭비하는 태도보다는 검소하고 계획성 있는 씀씀이를 통해 긍정적인 인성의 소유자임을 나타내도록 표현하기 바란다.

답변 사례

제 꿈이 실현되어 공무원으로서 첫 월급을 탄다면, 그 동안 저의 수험 생활을 응원해 주신 부모님께 선물을 하고 싶습니다. 또한 그동안 공부하느라 자주 만나지 못한 친구들을 초대하여 맛있는 밥 한 끼 사주고 싶습니다.

097 희망업무(부서)는 무엇입니까?

질문 의도

- 공무원 입직 후 향후 계획을 묻는 질문이다. 지원직렬 부서와 업무에 대해 파악하고 있어야 하며, 자신의 장점을 어필할 수 있는 기회이다.

답변 사례

초임 공무원으로서 어느 부서든지 열심히 할 준비가 되어 있습니다. 다만 저에게 선택의 기회가 주어진다면 저의 강인한 체력과 책임감을 발휘할 수 있는 경방업무를 잘 할 수 있을 것 같습니다.

098 소방근무체계에 대해 아는가?

🔒 질문 의도

- 자신이 지원한 분야에 대한 조직 및 업무이해가 충분했을 때 향후 적응력이 빠를 것이며, 업무에 대한 준비도 갖추었다고 할 수 있다.

🔒 답변 사례

현재 우리 소방근무체계는 일주일은 주간근무, 2주는 야간과 비번 토요일이나 일요일중 하루는 24시간 당번 즉, 3조 2교대 형태인 것으로 알고 있습니다.

099 꽃 심기 등 잡일도 하는데 고급인력으로서 자존심 상하지 않겠는가?

🔒 질문 의도

- 업무의 질적 차이는 존재할 수 있으나 소방조직에서 필요 없는 업무는 없을 것이다. 초임 공무원으로서 다소 이해가 되지 않을 수는 있으나 평소 긍정적인 마인드로 답변을 한다면 면접관을 만족시킬 수 있을 것이다.

🔒 답변 사례

만약 소방서에서 꽃 심기나 그 밖의 잡일이 생긴다면 그것 또한 소방 업무와 국민을 위해 필요한 일이라는 생각을 가지고 있습니다. 따라서 저는 꽃 심기 등 잡일도 업무의 한 부분이라고 생각하고 항상 배우는 자세와 즐거운 마음을 가지고 임하겠습니다.

100 일반적인 윤리나 법을 어길만한 상황에 직면했을 때의 경험에 대해 말하고 그런 상황을 어떻게 극복했는지 말하세요.

🔒 질문 의도

- 지원자의 도덕성과 법에 대한 태도를 파악함으로서 앞으로 공직에서의 정신자세 및 윤리성을 예측할 수 있다. 윤리나 법을 어긴 경험을 말하기 보다는 본인이 이러한 점들을 어떻게 지키고 실천했는지 긍정적인 경험을 이야기하는 것이 바람직하다.

🔒 답변 사례

제가 연구소에서 일할 때, 평소 거래를 하여 안면이 있던 영업사원으로부터 타 회사보다 자사를 통해서만 물품을 구입해달라는 부탁을 받은 경험이 있습니다. 저는 이 상황을 먼저 담당 교수님과 상의했습니다. 그리고 교수님의 조언을 받아 그 상황을 단호하게 대처한 경험이 있습니다.

101 다른 사람의 어려운 부탁을 들어준 경험에 대해서 말하세요.

🔒 질문 의도

- 사회활동을 하면서 주변인들과의 관계는 지원자의 성격과 행동양식을 드러내는 단편이 된다. 따라서 주변인이 처한 어려움에 관심을 가지고 도와준 경험을 답변함으로서 평소 자신의 공동체 의식과 봉사정신을 어필하도록 한다.

🔒 답변 사례

미용실기시험을 준비 중인 친구에게 신부화장모델이 되어 달라는 부탁을 받은 적이 있습니다. 남자로서는 선뜻 들어주기 어려운 부탁이었지만, 저는 기꺼이 친구의 미용실기 시험을 위해서 신부화장모델이 되었던 경험이 있습니다.

102 결혼관에 대해서 말씀해 보세요.

🔒 질문 의도

- 지원자의 향후 인생계획과 이성관, 결혼에 대한 긍정·부정 개념을 파악할 수 있는 질문으로 결혼에 대한 생각은 각자의 선택의 문제이다. 하지만 면접 상황인 만큼 사회 보편적인 구성원의 의식을 가지고 답변하기를 권유한다. 즉 결혼에 대한 부정적 견해나, 편견을 가진 강한 주장을 하게 된다면 면접관으로 하여금 지원자의 치우친 이성관 및 결혼관에 대한 우려를 하게 할 것이기 때문이다.

🔒 답변 사례

결혼은 서로 다른 남녀가 만나 한 가정을 이루는 쉽지 만은 않은 일이라고 생각합니다. 따라서 제가 생각하는 결혼은 부부가 서로 상대의 입장을 이해하고, 배려하며 사랑하는 것이 가장 기본이 되어야 한다고 생각합니다.

103 결혼 후 근무는 어떻게 하겠는가? (여성지원자)

🔒 질문 의도

- '결혼 후의 맞벌이에 대하여 어떠한 기본적인 생각을 가지고 있습니까?', '결혼 후의 맞벌이에 동의하신다면 그 가장 주된 이유는?', '결혼은 동시에 자기계발의 끝이라고 생각합니까?' 등의 유형으로 출제될 수 있다. 본 질문은 결혼 후의 맞벌이가 당연한 것으로 받아들여지는 세태를 반영하고 있는 질문이다. 따라서 맞벌이에 대한 자기의 생각과 그 이유와 장단점을 조리 있게 설명하도록 한다.

🔒 답변 사례

공무원은 제 오랜 꿈이었고 반드시 공무원이 되어서 나라와 국민에게 봉사 헌신하는 생활을 하고 싶었습니다. 그렇기 때문에 결혼 후에도 가정과 저의 일을 병행할 계획입니다. 일과 가정의 병행이 쉽지만은 않겠지만, 가족과 주위의 도움, 그리고 나라 정책으로도 육아에 대한 복지정책이 많이 시행되고 있어서 열심히만 한다면 충분히 가능하다고 생각합니다.

104 만약 결혼 후 직장생활을 그만두라고 강요한다면 어떻게 하겠습니까? (여성지원자)

질문 의도

- '출산이나 양육을 일과 병행하게 되면 힘들 것이다. 이럴 경우 당신은 가정과 일 중에 어떤 것을 선택할 것인가?'와 비슷한 질문으로, 여성지원자들에게 자주 하는 질문이다. 갈등상황에서의 해결방법과 공무원에 대한 열정을 파악할 수 있다. 대화로 상대방을 설득시키고 적절한 타협을 하되, 공무원이라는 직위를 계속 유지하겠다는 단호함도 있어야 한다.

답변 사례

직장을 그만두라는 강요를 듣게 된다면 당황스러울 것 같습니다. 하지만 저는 여성으로서 결혼, 양육 모두 중요한 일이라고 생각합니다. 이에 못지않게 공무원에 대한 저의 열정과 사명감이 크다고 할 수 있습니다. 저의 일을 반대하는 남편에게 일단은 제가 공무원 일을 얼마나 소중하게 생각하는지 솔직하게 이야기하고 대화로 이해를 시키도록 하겠습니다. 남편의 반대하는 입장도 들어보고, 걱정하는 일이 무엇인지, 서로 해결점을 찾는다면 일과 가정 충분히 잘해낼 수 있다고 생각합니다.

105 개인장비가 28kg인데 들 수 있겠느냐?

질문 의도

- 여성지원자에게 출제될 수 있는 문제로, 자신의 각오와 평소 준비성을 드러내도록 한다.

답변 사례

개인장비가 28kg으로 무거울 수 있으나 저의 꾸준한 체력관리와 정신력으로 충분히 들 수 있다고 생각합니다. 믿고 맡겨주시면 위험으로부터 국민의 생명을 구해내도록 하겠습니다.

106 체력이 약해 보이는데 힘든 일도 할 수 있겠는가?

🔒 질문 의도

- 소방업무는 무엇보다 강인함과 체력이 바탕이 되어야 하므로 약해보이는 지원자는 면접평가위원으로서도 신체적인 열악함에 대한 의문을 가질 것이다. 따라서 본인이 작거나 약해보이는 외형을 가졌다면 적극 어필해야 할 것이다.

🔒 답변 사례

네. 면접관님 보시기에 보이는 이미지는 약해 보일 수 있다고 생각합니다. 하지만 보이는 이미지와 달리 '작은 고추'라는 별명을 가질 만큼 당찬 면이 있습니다. 또한 소방공무원으로서의 체력에 대한 중요성을 알고 있어 평소 꾸준한 체력관리를 해오고 있기 때문에 어떤 어려운 일이 있더라도 충분히 저에게 주어진 업무에 대해 임무를 완수할 수 있습니다.

107 결혼하고 애 낳으면 어떻게 대처할 것이냐? (여성인 경우)

🔒 질문 의도

- 업무 외적인 부분이 업무에 미치는 영향도 작다고 할 수 없다. 따라서 소방공무원으로서의 계획도 필요하지만, 결혼이나 양육 후 가정과 업무 사이의 균형을 어떻게 이룰 것인지에 대한 계획을 세우는 것도 필요하다.

🔒 답변 사례

소방공무원은 제 오랜 꿈이었기에 결혼 후 자녀를 출산을 해도 국민에게 봉사 헌신하는 생활을 하고 싶습니다. 출산 후 쉽지만은 않겠지만 가족과 주위의 도움을 받는다면 어려운 시기를 이겨내고 소방조직에서 일과 가정 모두 성공적으로 꾸려던 여성선배님들처럼 두 마리 토끼를 잡을 수 있을 것이라고 생각합니다.

108 부서 내 상사로부터 성희롱을 당했다면 어떻게 처리하겠는가?

🔒 질문 의도

- 미투 운동의 영향으로 면접에서 자주 출제되는 경향이 있다. 조직 내 성관련 사건이 종종 뉴스거리가 되는 현실에서 적절한 대응방법을 숙지하고 있는 것이 좋다. 다만, 성희롱에 관련된 질문이므로 성폭력으로 해석해서 지나치게 흥분되거나 강경한 대응책을 말하지 않도록 주의를 기울여야 한다.

🔒 답변 사례

성희롱은 남녀가 받아들이는 방식의 차이에서 발생한다고 생각합니다. 성희롱적인 발언을 하는 상사는 문제의 심각성이나 받아들이는 사람의 기분을 충분히 생각하지 않고 가볍게 했을 가능성이 있습니다. 따라서 가벼운 말 정도라면 신경 쓰지 않고 농담으로 받을 여유가 필요할 것입니다. 하지만 성희롱으로 느낄 만큼 무례하거나 의도적인 것이라면 거부의사를 밝히고, 추후 동일한 행동을 하지 말 것을 주장하도록 하겠습니다.

109 공무원이 된 후에 대인관계를 어떻게 할 것인가?

🔒 질문 의도

- 대인관계는 어떠한 조직이든 중요하다. 공무원이 되고 난 후 조직 내에서의 대인관계와 일반적 상황에서의 대인관계의 태도를 밝히도록 한다.

🔒 답변 사례

우선 공무원 조직 내에서는 조직의 막내로서 상사님과 선배님을 깍듯이 모시겠습니다. 선배님들로부터 업무를 열심히 배울 것이며, 솔선수범하여 조직의 밝은 분위기를 위하여 항상 웃는 얼굴로 업무에 임하겠습니다. 대외적인 인간관계에서는 항상 공직자라는 신분과 직위를 생각하여 공무원의 품위를 지키는 솔직하고 진실 된 대인관계를 하겠습니다.

110 평소 처음 만난 사람과 잘 어울리는 편입니까?

질문 의도

- 지원자의 성격을 파악할 수 있는 질문으로, 사람 사귀는데 어려움이 있다든지, 낯가림이 심하다는 표현은 좋지 않다. 본인의 성격이 외향적 혹은 내향적 성격인지 솔직한 성격에 맞추어 자신의 대인관계 패턴을 밝히는 것이 바람직하다.

답변 사례

- 저는 사람 만나는 것을 좋아하고 친절한 면이 있어서, 처음 보는 사람에게 먼저 다가가 대화를 시도하는 편입니다. 첫 대면에서 우선 제가 먼저 밝게 인사하고 적극적인 태도로 서로의 관심사를 나눠 보면 어색함도 금방 사라지는 경우가 있습니다. 이러한 성격으로 제가 패스트푸드점 아르바이트를 하면서 먼저 손님에게 인사하고, 한마디라도 더 친절하게 응대한 결과 친절사원에 뽑힌 경험도 있습니다.
- 저는 사람들의 말을 잘 들어주는 편이라 처음 저를 만나는 사람들도 저와 대화하기를 즐기는 편입니다. 저는 저의 이야기를 먼저 하기보다는 상대의 말에 귀를 기울이고 집중하는 태도를 보이는 것으로 처음 만나는 사람과도 별 어려움이 없이 친해질 수 있습니다. 이와 같이 다른 사람의 말에 귀를 기울이고 경청하는 자세로 처음 만나는 사람과 친숙해지는 것처럼 앞으로 공무원이 되어서도 민원인의 소리에 귀를 기울이고 신속 정확하게 업무를 처리하도록 하겠습니다.

111 다른 사람과 갈등상황에 처했을 때, 그것을 해결한 방법에 대해 말하세요.

질문 의도

- 앞으로 여러분이 몸담을 소방 공무원은 개인적 업무 능력뿐만 아니라 동료나 팀이 소방 조직의 전체 공동 목표를 이루기 위해 노력을 해야 하는 조직일 것이다. 조직은 개인의 가치관, 행동 양식 등 서로 다른 사람들의 다양성이 존재하게 되고 이로 인한 의견충돌은 불가피 할 것이다.
  따라서 개인의 문제해결 능력이나 갈등 해결 능력은 조직력과 대인관계 양상까지 파악할 수 있다.

🔒 답변 사례

면접관님 말씀처럼 조직 생활을 하다보면 서로간의 갈등을 있을 수밖에 없다고 생각합니다. 저는 타인과 갈등상황에 처했을 때, 먼저 저 자신을 돌아보는 편입니다. 제가 먼저 고칠 점은 없는지 생각을 하고 갈등의 대상이 되는 사람에게 대화를 먼저 시도하여 상대가 원하는 부분은 무엇인지 혹은 서로 오해하고 있는 부분은 무엇인지를 차분한 태도로 서로의 의견을 조율하면서 갈등을 해결하는 편입니다.

112 조직생활에서 일어나는 갈등을 경험해 본 적이 있습니까?

🔒 질문 의도

- 본 질문은 일반적으로 사람들은 여러 가지 지위를 동시에 가지며, 또 각각의 지위에는 여러 가지 서로 다른 역할이 부과되기 때문에 역할기대들 간에 긴장이나 갈등이 일어날 수 있는 것은 당연하다는 것을 전제로 답변한다. 가족, 대학 동아리, 군 경험 갈등과 조직생활에서 일어나는 갈등을 검토해보고 극복했던 방법과 해결 후 느낀 점, 특히 갈등 관계에 있는 사람과 어떻게 업무를 같이 할 수 있었는가를 구체적인 사례를 들어 말해주면 더 좋다.

🔒 답변 사례

대학 시절 운동 동아리 리더를 할 당시 운동 시간과 각자의 포지션을 정하는 과정에서 동아리 회원 간의 갈등이 심했던 경험이 있습니다. 리더인 저로서도 어떻게 통솔해야 할지 막막했지만, 동아리 회원 전체 야유회를 가지고, 서로의 친밀감을 먼저 형성한 후 대화와 상대방의 입장에서 생각하기 등의 방법으로 팀원 간의 갈등을 해결한 적이 있습니다.
이를 계기로 저는 갈등이 발생할 때 마다 신뢰감을 형성한 후 진솔한 대화를 할 수 있도록 노력을 하게 되었습니다.

113 조직생활에서 당신과 직원들 사이에 갈등이 생길 때 어떻게 대처하겠는가?

질문 의도

- 어느 조직이든 갈등을 피할 수는 없을 것이다. 이와 마찬가지로 소방공무원으로 의 조직생활에서도 서로 다른 성향과 가치관으로 충돌이나 갈등은 발생하기 마련이다. 평소 대인간이 관계에서 일어날 수 있는 갈등과 해결에서의 본인 의지를 표현하도록 한다.

답변 사례

평소 대인관계 갈등을 잘 만들지는 않지만, 조직에서는 어느 정도의 갈등이 존재하는 것도 사실입니다. 저는 동료와 갈등이 발생한다면, 상대를 존중하는 마음으로 대화와 양보 그리고 배려심으로 그 갈등상황을 해결하도록 하겠습니다.

114 합격하면 동기들이 있을 텐데 그들이 나에 대해 불쾌한 감정을 가지고 있다면 어찌 하겠는가?

질문 의도

- 조직에서 발생할 수 있는 부정적인 평가나 적응상의 문제를 들어 지원자의 사회적 기술과 타인과의 관계성을 파악할 수 있는 질문이다.

답변 사례

조직에서 동료들에게 그러한 평가를 받는다면 매우 난처할 것 같습니다. 평소 친화력과 밝은 성격에 그러한 분위기를 만들지는 않겠지만, 만약 질문과 같은 상황이 발생한다면 먼저 제가 스스로 반성하거나 고칠 점이 있는지 저 자신을 살펴보도록 하겠습니다. 그 이후 개인적으로 동료들과 대화를 하도록 하겠습니다. 더 나아가 그들과 화합할 수 있도록 노력을 기울인다면 언젠가는 동료들도 저의 진가를 알아줄 것 같습니다.

115 조직 생활을 할 때 가장 중요한 요소가 무엇이라고 생각하는가?

🔒 질문 의도

- 공직은 개인생활보다는 조직생활에 많은 비중을 차지하게 되어있고, 이에 따라 요구되는 자세가 있다. 조직 특성상 타인과의 관계에서 업무효율성이 창출되기도 한다. 따라서 타인과의 관계성을 비추어 답변하는 것이 바람직하다.

🔒 답변 사례

저는 서로에 대한 신뢰라고 생각합니다. 특별히 소방은 위험한 순간이 많고, 서로 동료 의식을 가지고 자신의 목숨까지 맡길 수 있을 정도의 믿음이 있어야만, 업무는 물론 대인 관계까지 원활히 할 수 있다고 생각합니다.

116 공무원 시험 응시 전에 직장생활을 해본 적이 있습니까?

🔒 질문 의도

- 공무원만 도전해 본 지원자도 있지만, 다른 직장을 다니거나, 직업을 가졌던 지원원자도 있을 것이다. 다른 직업의 경험이 있다면 솔직하게 이야기하고, 과거 경험을 통해 얻어진 것을 토대로 공무원 조직에서 어떻게 활용할 것인지 표현하는 것이 좋다.
  단, 너무 잦은 전업이나, 짧은 기간은 오히려 부정적인 인상을 줄 수 있으니 주의하고, 과거 직장의 단점이나 취약점을 말하기보다는 공무원으로 진로를 바꾸게 된 직접적인 계기나 동기로 마무리를 짓는 것이 바람직하다.

🔒 답변 사례

대학 졸업 후 병원과 약국을 상대로 하는 제약회사 영업을 1년 정도 해본 경험이 있습니다. 활동적이고 성실한 저에게 잘 맞는 경향도 있었지만, 1년 정도 정신없이 뛰다보니 좀 더 보람된 일에 저의 열정을 쏟아 붓고 싶은 아쉬움이 생겨나기 시작하였습니다. 그 즈음 군 시절 경험했던 국가와 국민을 지킨다는 사명감으로 가슴이 설레었던 기억이 떠올랐고, 앞으로 평생 나의 열정과 성실함을 국민을 위해 일할 수 있는 직업에 쏟고 싶은 마음에서 소방공무원에 도전하게 되었습니다.

117 주변의 다른 사람들이 본인을 어떻게 평가하는지 들어 본 적이 있는가?

🔒 질문 의도

- '친구들이 본인을 어떤 사람이고 말하는가?', '본인은 어떤 사람이라고 생각하는가?' 등의 질문과 유사하다. 지원자의 성격과 인성을 알아볼 수 있는 질문으로 '어떤 경우에 그렇게 말하는가? 예를 들어 보아라' 등의 추가 질문이 이어질 수 있으므로 경험을 뒷받침해서 준비하는 것이 좋다.

🔒 답변 사례

저를 오랫동안 보아온 친구는 저를 보고 "너는 법 없이도 살겠다."라는 말을 자주 합니다. 저는 어려서부터 성실함과 책임감이 있어서 맡겨진 일에는 남이 보던 안 보던 알아서 끝까지 해내는 편이었습니다. 편의점 아르바이트를 할 때도 사장님이 계실 때나 안 계실 때나 열심히 일을 하고, 매일 매일 매출 장부를 정리하는 저를 보시고, 사장님께서는 "사장보다 더 정직하고 성실하다."라는 평가를 받았던 경험이 있었습니다.

118 상사가 너무 많은 일을 시킬 때 어떻게 행동할 것인가?

🔒 질문 의도

- 업무상황에서 발생한 상황질문으로 지원자의 업무태도와 긍정성을 파악할 수 있을 것이다. 지시를 받는 입장에서 상황을 해석하기 보다는 지시를 내리는 상대의 입장을 고려해 본다면 면접관을 만족시킬 수 있을 것이다.

🔒 답변 사례

상사가 많은 업무량을 지시하는 경우는 제가 그 일을 잘 해낼 수 있다는 신뢰를 가지고 업무 지시를 한다고 생각합니다. 따라서 업무를 빠르게 해 낼 수 있는 절차나 방법 등을 선배님들께 여쭈어 보고, 배워서 맡겨진 일을 해내도록 하겠습니다.
다만, 업무량이 너무 많아 팀의 업무진행에 방해가 되는 상황이라면 이러한 어려움을 상사에게 보고하여, 팀 업무가 원활히 진행될 수 있는 다른 방법을 찾을 수 있어야 한다고 생각합니다.

119 상급자가 내가 일하고 있는데 본인의 일을 떠넘긴다. 어떻게 할 것인가?

질문 의도

- 업무상황에서 발생한 상황질문으로 지원자의 업무태도와 긍정성을 파악할 수 있을 것이다. 지시를 받는 입장에서 상황을 해석하기 보다는 지시를 내리는 상대의 입장을 고려해 본다면 면접관을 만족시킬 수 있을 것이다.

답변 사례

상급자시라면 제가 바쁘게 일을 하고 있는 것을 하고 있을 것입니다. 그럼에도 불구하고 자신의 일을 맡겼을 때는 일이 시급을 다투는 일이거나 중요한 일이어서 시키신다고 생각합니다. 따라서 상사의 일을 도와주고 제가 해야 하는 일은 야근을 해서라도 마치도록 하겠습니다.

- 추가 질문 : 상사가 바쁘거나 중요한 일이어서가 아니라 그냥 게을러서 자신의 일이 하기 싫어 당신에게 시키는 것이라면 어떻게 할 것인가?

답변 사례

소방업무를 게을리 하는 상사는 없을 것이라고 생각하지만, 만약 질문의 경우라 해도 저는 상사의 일까지 배울 수 있는 좋은 기회라고 생각하고 제가 할 수 있는 한 해보도록 노력하겠습니다.

120 소방공무원이 되어서 회식을 하다가 상급자가 술을 마시고 모욕을 줬다면 어떻게 할 것입니까?

질문 의도

- 상황대처 능력은 앞으로 소방공무원으로서의 업무 외에도 다양한 상황에서 필요할 것이다. 상사의 태도에 대해 지나치게 즉각적이고 불만스러운 대처 보다는 상황과 관계를 고려한 대처방법을 제시한다면 지혜로운 답변이 될 것이다.

🔒 답변 사례

회식자리에서 상사분이 저에게 모욕을 주셨다면 그것은 진심이 아니라고 생각합니다. 다만 술자리를 빌어 자신의 마음을 빗대어 표현하실 수도 있기 때문에 저 자신의 반성할 부분을 돌아보는 계기로 삼겠습니다. 하지만 지나친 모욕적인 언사는 주변인들로 하여금 상사의 이미지나 소방조직에 대한 이미지에 악영향을 끼칠 수도 있다고 생각합니다. 따라서 회식이 끝나고 저의 상황이나 기분에 대해 허심탄회하게 말씀드리고 풀 것 같습니다.

121 나이가 좀 많은데 잘 적응할 수 있겠는가?

🔒 질문 의도

- 타 지원자에 비해 나이가 많은 경우 사회생활 경험, 조직에서의 동료관계 등으로 지원자의 적응력과 조직 생활 태도를 파악하고자 한다.

🔒 답변 사례

면접관님 말씀처럼 입직하면 제가 나이가 많아 걱정하실 수도 있습니다. 하지만, 철저한 자기관리 능력으로 지금도 강인한 체력을 가지고 있으며, 그동안 다양한 사회생활에서 얻어진 적응력이나 대인관계 능력이라면 앞으로 소방공무원으로서도 인정받으며 잘 적응할 수 있을 것 같습니다.

122 나이가 많아 보이는 데 자신보다 어린 상사를 만난다면 어떻게 지낼 것인가?

🔒 질문 의도

- 사회경험이나 경력이 있는 지원자 중에 평균 지원나이보다 상위에 있는 사람에게 주어지는 질문이다. 조직 내에서의 인간관계, 예절, 적응력을 파악할 수 있는 질문으로 겸손한 초임 공무원으로서의 마음가짐을 표현하도록 한다.

🔒 답변 사례

저보다 나이가 적더라도 직책에 합당한 대우를 할 것이며, 조직체의 일원으로서 상사의 지시에 성실하게 따를 것입니다. 직책은 조직의 이익을 위하여 나이에 관계없이 업무 능력과 경험에 따라 적합하게 배치된 자리입니다. 우리 사회가 나이를 중시하기는 하지만, 나이가 많다고 상사, 어리다고 부하직원이라는 공식은 사실 매우 비효율적입니다. 공무원도 조직이고, 저는 나이보다는 위계질서에 따른 명령에 복종하고 선배와 상사로 깍듯이 대할 것입니다.

123 본인보다 나이가 어린 상사와 근무할 수도 있다. 의견충돌이 있을 경우 어떻게 해결하겠는가?

🔒 질문 의도

- 사회 구성원간의 갈등이나 의견충돌 시 대처하는 지원자의 행동 양식으로 조직 내에서의 윤리의식, 인간관계, 예절, 적응력을 파악할 수 있다.

🔒 답변 사례

나이가 어리더라도 상사로서 깍듯이 대접하고 업무 지시를 따를 것입니다. 업무 진행과정에서의 의견 충돌이 있을 경우 먼저 상사의 의견을 존중하고 신입 공무원으로서 배운다는 자세로 임하겠습니다. 혹시라도 제 의견을 피력할 기회가 주어지다면, 상사가 미처 놓친 부분이라든지, 미흡한 부분에 대해서는 정중하게 제 의견을 말씀드리고 상사의 결정에 따르겠습니다.

124 현재 교대 근무도 하지만 시간 맞교대 하는 곳이 많은데 근무에 대해서 어떻게 생각합니까?

🔒 질문 의도

- 3교대 근무방식은 중앙(소방청)의 시책으로 점점 확대되고 있으나 아직도 인력 부족으로 인해 맞교대를 하는 곳도 있다.

🔒 답변 사례

시간 맞교대가 업무 시 필요하다면 당연히 해야 한다고 생각합니다. 컨디션이나 체력관리를 철저히 하여 어떠한 근무형태라도 적응할 수 있도록 하겠습니다.

125 상관이 부당한 명령을 한다면 어떻게 대처하겠는가?

🔒 질문 의도

- 명령체계에 따르되 도덕적인 소신을 가지고 직무를 수행하려는 태도를 보여주는 것이 좋다. 또한 부당과 불법의 구분을 알고 있어야 한다. 하지만 면접 시에는 불법, 부당한 명령에 대한 답변은 불법적인 명령과 동일하게 해석하여 답변하는 것이 바람직하다.

🔒 답변 사례

조직생활에서는 당연히 상명하복관계가 생기는 것이고, 위계질서 또한 필요하다고 생각합니다. 따라서 상사의 명령이나 지시는 반드시 따라야 할 것입니다. 그러나 부당하고 적법하지 않은 지시는 공무원 조직뿐 아니라 사회 정의 실현에도 크게 해를 미칠 것입니다.
따라서 저는 상사분을 적극 설득하여 합법적이며 정당한 지시로 다시 받아 이행할 것입니다.

• 추가질문 : 상사의 부당한 지시에 대한 거부절차를 말해 보십시오.

 질문의도

상급자의 위법한 명령에 복종하는 행위는 범법행위에 해당하는 사항임을 명심한다. 이 질문은 업무 대처 능력과 지원자의 공직관을 파악할 수 있는 질문으로 업무상 절차를 숙지하고 있는 것이 도움이 된다.

🔒 답변 사례

부당한 지시를 한 상급자에게 서면 또는 이에 상당하는 방법(이메일 등)으로 소명하는 것으로 당사자의 인적 사항, 지시 내용, 불복종 이유 등을 기재한 소명서를 제출하고 지시에 따르지 않을 수 있습니다.

• **추가질문** : 그래도 부당한 지시가 계속 될 경우는 어떤 절차가 있습니까?

🔒 질문 의도

- 위 질문의 후속 질문으로 업무 대처 능력과 지원자의 공직관을 파악할 수 있는 질문으로 업무상 절차를 숙지하고 있는 것이 도움이 된다.

🔒 답변 사례

그래도 부당한 지시가 계속되는 경우에는, 그 위 상사에게 보고하여 추후 발생할 수 있는 조직에서의 문제를 막도록 하겠습니다.

126 상사가 커피 심부름이나 복사 심부름을 시키면 어떻게 할 것인가?

🔒 질문 의도

- 신입 공무원으로서 자세를 묻는 질문으로, 여성지원자에게 자주 출제된다. 처음부터 단호하게 거부하기 보다는 배우는 자세로 조직의 분위기와 업무의 연장선상에서 임하는 태도로 답변하는 것이 긍정적 인상을 줄 수 있다.

🔒 답변 사례

네. 커피 심부름이나 복사 역시 업무의 한 부분으로 생각하고 즐거운 마음으로 하겠습니다. 제가 타드리는 커피를 드시고 상사분께서 업무에 집중할 수 있다면 그것은 결국 사무실 전체 분위기를 좋게 하는 효과가 있을 것이라 생각합니다.

• **추가질문** : 업무 외에 사소한 일을 지시하는 것인데 부당하다는 생각은 들지 않는가?

 질문의도

> 조직에서 지원자의 적응성이나 마음태도를 파악할 수 있는 질문으로 업무만 강조하지 않도록 하며 지원자의 사회성이나 대인관계 능력 등 긍정적 부분을 어필할 수 있는 답변으로 응답한다.

답변 사례

저는 업무에 미치는 요소 중의 하나가 조직분위기나 동료 관계라고 생각을 하고 있습니다. 따라서 업무와 사소한 일을 구분하기 보다는 업무에 방해가 되지 않는 상황이라면 주변 상사와 동료를 위해 제가 할 수 있는 마땅한 일이라고 생각하여 할 수 있는 한 열심히 하고 싶습니다.

127 직장상사가 사적인 일을 시킨다면 어떻게 할 것인가?

질문 의도

- 조직에서 발생할 수 있는 장면이나, 공무원이라는 신분과 조직 내 구성원과의 관계를 고려한 답변을 준비한다.

답변 사례

상사분이 사적인 일을 시켰을 때는 그 만한 이유가 있을 것이라고 생각합니다. 저를 믿고 부탁을 한 것이기 때문에 할 수 있는 한 부탁을 들어주겠습니다. 하지만 소방공무원으로서 본연의 업무에 충실한 것이 우선이기에 업무시간에는 업무에 충실할 것이고, 상사분의 사적인 부탁은 제 개인적인 시간이나 업무가 끝난 후에 도와드리는 것이 좋을 것 같습니다.

128 상사의 명령이 자신의 의견과 다를 경우에는 어떻게 할 것인가?

질문 의도

- 공무원 조직에서의 위계질서와 자신의 주관을 어떻게 조화시키고, 조율해 나가는지 알아보고자 하는 질문이다.

답변 사례

조직에서는 서로의 의견이 충분히 다를 수 있다고 생각합니다. 만약 상사와 저의 견해가 다르다면 우선 저의 의견을 상사분께 말씀드려보도록 하겠습니다. 그 다음 제 의견을 들으신 후에도 상사가 자신의 의견을 고수하신다면 상사의 경험과 노하우를 높이 사서 따르도록 하겠습니다.

129 부서 내 상사가 납득하기 힘든 지시를 한다면 어떻게 대처하시겠습니까?

질문 의도

- 공무원 조직에서의 위계질서와 자신의 주관을 어떻게 조화시키고, 조율해 나가는지 알아보고자 하는 질문이다.

답변 사례

상사가 납득하기 힘든 지시를 내린다면, 당연히 그만한 이유가 있을 것으로 생각하고 업무지시에 따르겠습니다. 부하직원으로서 업무의 경험이 많은 상관의 적법한 지시를 따르는 것은 당연한 것이라고 생각합니다. 만약 감당하기 힘든 업무 지시라면 동료나 선배님들께 조언을 구하여 효율적으로 업무를 진행해 나가도록 하겠습니다.

130 말이 안 통하는 상대를 만났을 때 어떤 전략으로 상대를 설득하는 방법은 무엇인가?

질문 의도

- 충돌이나 갈등 상황에서 문제를 해결할 수 있는 방법에서 대화를 빠질 수 없는 도구일 것이다. 하지만 지나치게 소극적이거나 대화를 회피하는 개인적 특성과 상황 때문에 대화가 불가능할 수도 있을 것이다. 이러한 상황에서 어떻게 적극적인 대처를 할 수 있는지 지원자의 대인관계 유형과 사회적응력 등을 파악할 수 있다.

답변 사례

말이 안 통하는 상대를 만났을 때 저는 주도적인 대화를 시도하기 보다는 일단 한발 물러서서 상대의 입장에서 말이 안 통하는 이유를 생각해 보았습니다. 보통 말이 통하지 않는다는 것은 상대의 의견이 강력하거나 서로 친화력이 떨어지는 경우가 많다고 생각합니다. 따라서 저는 저의 의견을 양보하거나 상대와 공통의 관심사나 취미 등을 공유하는 것으로 친화력을 먼저 쌓게 되면 자연스럽게 대화가 통하게 되고 설득력이 높아지는 것 같습니다.

131 만약 고참자가 은근히 청소하라고 시켰는데, 나의 업무와 겹쳤을 때 어떻게 하겠습니까?

질문 의도

- 답변이 예상되는 뻔한 질문이므로 너무도 뻔해서 당황할 필요가 없다. 예컨대 '휴일 근무에 대하여 어떻게 생각하는가?', '지방으로 발령이 난다면 어떻게 하겠는가?', '상사가 커피 심부름을 시킨다면 어떻게 하겠는가?' 등의 질문들이 이에 해당하는 것들인데 이러한 것들은 주관적인 질문이고 답 역시 부정적으로 답하기 어려운 뻔한 것이므로 편안하게 답변하도록 한다.

답변 사례

조직에서 상사의 지시는 중요하고 따라야 한다고 생각합니다. 하지만 질문처럼 업무적인 일 외의 지시와 업무가 겹친 경우라면, 우선 상사에게 사정을 말씀드리고 맡겨진 업무를 신속하게 처리한 후 청소 지시를 이행하겠습니다.

132 공무원들이 비리에 관련되는 이유가 무엇이라고 생각하는가?

질문 의도

- 지원자의 공직관과 공무원으로서의 자질을 파악할 수 있는 질문으로 객관적인 태도를 유지하되 공무원 지원자의 입장보다는 자신이 현직 공무원이라는 가정 하에 답변한다면, 면접관의 심기를 불편하게 하지 않는 선에서 바람직한 답변을 할 수 있을 것이다.

🔒 **답변 사례**

공무원이 비리에 관련되는 이유는 각종 인·허가업무 등 뇌물수수의 기회가 존재하고 있는 상황에서 민원인들의 거센 유혹이 공무원의 비리를 유발시키는 가장 큰 원인이라고 생각합니다. 또한 조금씩 개선되고는 있지만 아직까지는 비현실적이라고 할 수 있는 임금체계도 이유가 될 수 있습니다. 다른 한 가지는 일부 공무원의 비리를 확대 보도하는 언론의 영향으로 전체 공무원을 불신하는 국민의식도 한 몫 한다고 생각합니다. 이러한 국민들의 불신을 신뢰로 바꾸기 위해서는 우리 공무원 개개인이 철저한 도덕성과 청렴함으로 무장하여야 한다고 생각합니다. 이를 위해 정기적인 교육과, 현실적 임금체계 변화, 업무의 투명성 등을 실천해야 할 것입니다.

133 국민들이 공무원 사회가 부패했다고 여기는 이유에 대해 본인의 생각을 말해보라.

🔒 **질문 의도**

- 지원자의 공직관과 공무원으로서의 자질을 파악할 수 있는 질문으로 객관적인 태도를 유지하되 공무원 지원자의 입장보다는 자신이 현직 공무원이라는 가정 하에 답변한다면, 면접관의 심기를 불편하게 하지 않는 선에서 바람직한 답변을 할 수 있을 것이다.

🔒 **답변 사례**

어느 조직이건 실수와 잘못된 행위는 있을 수 있다고 생각합니다. 그럼에도 불구하고 공무원이 국민에게 지탄을 받는 이유는 국민은 일반인보다 공무원에게 보다 높은 도덕성과 윤리의식을 요구하기 때문입니다. 다른 하나는 극소수의 일부 부패한 공무원에 대한 언론의 집중보도로 인하여 국민들의 인식이 나빠지고 있기 때문입니다. 우리 공무원이 국민들로부터 신뢰를 받기 위해서는 언론은 공정한 보도를 통해 국민의 의식이 변화할 수 있도록 해야 하며, 공무원 개개인의 노력 또한 필요하다고 생각합니다.

134 공무원의 비리에 관한 자신의 생각을 말해 보시오.

🔒 질문 의도

- 본 질문은 공무원의 비리는 사회의 근간을 흔드는 치명적 사항이므로 공무원이 되고자 하는 사람의 비리에 대한 시각을 통해서 앞으로의 공무원의 자세를 짚어보려는 것이다. 따라서 본 문제에서는 공무원 비리의 본질을 먼저 검토해보고 비리가 발생하는 원인을 자신의 생각을 통해서 밝히고 그 방지대책을 거론하면 되겠다.

🔒 답변 사례

① **공무원 비리의 본질** – 공무원은 국민전체에 대한 봉사자로 국민에 대하여 책임을 지는 자이므로 공무수행과정에서 준수해야 될 가치규범 및 행동규범인 공직윤리가 있는데, 공무원의 비리는 이러한 공직윤리 중 특히 규범의 준수와 청렴, 검소 의무에 대한 위반으로 나타난다고 여겨집니다.

공무원은 공직을 수행함에 있어서 규범의 범위 내에서 합법적으로 처리하여 모범을 보여야 하는데 이를 위반하는 것도 비리의 일종이고, 또 공무원도 한 사람의 인간이기 때문에 많은 욕망을 느끼고 욕망의 유혹을 받게 될 것인데, 이러한 욕망이 청렴을 유혹하게 될 것이므로 평소의 검소함이 생활화되어 이러한 유혹에서 벗어날 수 있게 하도록 노력해야 될 것입니다.

② **공무원 비리의 발생원인** – 공무원 비리의 근본적인 문제는 정신자세로 가치관의 문제인 것 같습니다. 공무원도 한 사람의 인간이기 때문에 많은 욕망을 느끼고 욕망의 유혹을 받게 될 것인데, 이러한 욕망이 공무원은 청렴해야 한다는 청렴의무를 유혹하여 비리를 저지르게 된다고 생각합니다. 그런데 이러한 욕망은 옛날과 달리 절대적인 빈곤에서만 오는 것은 아니고 상대적인 빈곤에서 오는 경우가 더 많다는 생각이 듭니다.

따라서 공무원이 이러한 욕망에서 벗어나려면 평소에 검소함이 생활화되어 지나친 욕망에서 벗어나야 한다고 생각합니다. 또 다른 한 가지 원인은 공무원 비리는 극소수에 해당하는 것인데, 이러한 몇 안 되는 공무원의 비리 관련 기사를 집중보도하는 언론으로 인해 공무원 비리가 확대 해석되는 면도 있다고 생각이 듭니다.

③ **공무원 비리에 대한 자기의 견해와 방지대책** – 공무원의 비리가 문제가 될 때마다 공무원 사회는 곱지 않은 눈길을 받게 되는데, 이러한 눈길을 피하려고만 해서는 안 된다고 생각하며, 있는 사실은 인정하여 반성하고 나아가서 방지대책을 강구하여야 한다고 생각합니다.

한국인의 직업의식은 직업 활동 그 자체보다 경제나 위신과 같은 외적 가치에 더 비중을 두고 있기 때문에 직업을 통하여 부와 권력을 추구하려는 의식이 강한데, 이러한 직업의식이 비리의 온상으로 작용하는 것이므로 끊임없는 가치관의 교육 또는 재교육을 통해서 공무원의 의식 변화 및 직업윤리의 강화를 촉구하여야 할 것입니다. 그리고 이러한 비리의 근저에는 미래에 대한 불확실성이 도사리고 있는 경우가 많으므로 공무원의 복지보장과 공무원 보수의 현실화로 생활 안정을 보장해주는 한편, 엄격한 상벌제도의 실시로 비리에는 엄격한 징벌이 가해진다는 의식이 심어지도록 해야 할 것이라고 생각합니다.

135 상급자 또는 동료의 비리를 알게 되었다면 어떻게 할 것입니까?

질문 의도

- 공무원 조직 내에서 발생할 수 있는 상황 질문으로 지원자의 정직성과 공직 윤리, 상황판단 능력을 평가할 수 있는 질문이다. 조직의 특성에 대한 이해와 명확한 공직관을 어필해야 한다. 다만 조직 특성을 무시한 극단적 방법이나 면접에 어울리지 않는 표현은 삼가는 것이 좋다.

답변 사례

만약 제가 상사나 동료의 비리를 목격했다면 먼저 그 행위가 명백히 법에 어긋나는 것인지 확인을 하도록 하겠습니다. 그리고 그 비리로 인해 조직과 국민에게 피해를 주는 상황이라면 본인의 행동에 대해 스스로 책임질 수 있도록 강력히 설득하도록 하겠습니다.

- **추가질문 : 만약 설득했는데도 불구하고 비리가 계속된다면 어떻게 할 것인가?**

질문 의도

- 지원자가 공직의 청렴성이나 도덕성에 명확한 행동 기준을 가지고 있는지 다시 한 번 확인하고자 하는 추가질문이다. 공직자로서의 비리행위나 불법 행위에 대한 대처방법과 과정을 숙지하도록 한다.

답변 사례

제가 동료에게 자신의 잘못에 대한 책임을 질 수 있는 기회에 대해 설득했음에도 불구하고 비리 행위를 계속한다면, 추후 동료나 조직에 더 큰 문제를 야기할 수 있다고 생각합니다. 따라서 마음은 안타깝지만 위 상사분께 보고하여 시정되도록 하겠습니다.

136 공무원 '원 스트라이크 아웃'에 대해 말해봐라.

질문 의도

- 공무원의 비리는 국민의 피해와 직결되는 부분이 있으며, 공직의 신뢰를 무너뜨리는 절대 해서는 안 되는 행위로서, 공무원 조직에서는 법령을 마련하여 적극적인 부정부패 척결에 심혈을 기울이고 있다.

답변 사례

2009년 2월부터 서울시에서 처음 도입되어 시행한 것으로 원 스트라이크 아웃이란 특정 공무원의 청탁 비라가 드러날 경우 직위를 바로 해제하거나 퇴출시키는 제도를 의미합니다. 이는 공직자로서의 청렴을 유지하게 하는 것 뿐 만이 아니라 국민들의 신뢰를 얻기 위해서는 마땅히 지켜야 하는 것이라고 생각합니다.

137 공무원은 정치적으로 중립이어야 한다고 하는데 이유는?

질문 의도

- 공무원 신분과 관련된 질문으로, 공무원의 의무는 신분상 한계에 의해 즉 공무원이라는 지위 때문에 발생하는 의무로 정치적 중립을 들 수 있다. 공무원은 정당이나 그 밖의 정치단체의 결성에 관여하거나 이에 가입할 수 없음을 인지하고 답변하여야 한다.

답변 사례

공무원은 정치적 중립을 유지함으로 정치적 간섭에서 벗어나 공공 행정의 안전성과 전문성을 가지게 되고 이를 토대로 국민에게 서비스할 수 있기 때문에 정치적 중립의 의의가 있다고 생각합니다.

138 개인생활을 희생할 수 있습니까?

질문 의도

- 공직에 임하는 자세와 향후 근무태도를 파악할 수 있는 질문으로 소방공무원으로서의 희생은 피할 수 없는 현실일 것이다.

답변 사례

공무원은 앞으로 제가 평생을 몸담고 국민에게 봉사하겠다는 다짐으로 선택한 것이기 때문에 저의 희생으로 국민이 안전해 진다면 마땅히 개인생활을 희생해야 한다고 생각합니다.

139 공직생활과 개인생활 중 어느 것이 더 중요하다고 생각합니까?

질문 의도

- 지원자의 공직에 대한 견해와 직업관, 사고방식, 공직에 대한 태도 등을 평가할 수 있는 질문으로 단순하게 어느 한 쪽을 선택해서 압박질문을 받지 않도록 절충안을 제시하는 것이 바람직하다.

답변 사례

공무원 지원자로서 저는 공직생활이 우선이라고 생각합니다. 공무원은 앞으로 제가 평생을 몸담고 국민에게 봉사하겠다는 다짐으로 선택한 것이기 때문입니다. 하지만 개인생활이 안정적이지 못하다면 공직생활도 원활하게 해 낼 수 없다고 생각합니다. 이런 의미에서 개인생활과 공직생활 모두 중요하다고 생각하며, 앞으로 공무원이 되어서도 공직과 개인생활을 조화롭게 이루어나가도록 하겠습니다.

140 선약이 있는 비번 날에 비상근무가 생겼다. 어떻게 하겠는가?

🔒 질문 의도

- 근무시간 외에 근무해야 하는 경우가 생겼을 때 공무원의 사적 이익과 어떻게 조화를 이룰 것인가가 문제이다. 공무원 업무가 공공성이라는 특수성이 내포되어 있음을 염두에 두어야 한다. 본 질문은 공무원의 직무전념의무의 범위와 관계되는 질문이다. 공무원은 직무수행을 위해서 근무시간 및 직무상의 주의력을 집중하여 직무에 전념하여야 한다.

🔒 답변 사례

사적인 약속은 미리 전화 등 연락 가능한 신속한 방법으로 양해를 구하고 비상근무에 응하겠습니다. 그 이유는 공무원이 비 근무시간에 사적인 약속이 있다고 하여도 공무원은 자기의 공직에 공공성이라는 특수성이 내포되어 있고, 공무원의 비상근무는 사적인 업무보다 우선한다고 생각하기 때문입니다.

141 당신이 일요일에 선약이 있는 상태인데도 상사는 일요일까지 출근해서 일을 하고 월요일까지 보고해 달라고 지시하면 어떻게 할 것인가?

🔒 질문 의도

- 지원자의 주관적인 판단과 답변을 통하여 지원자의 업무 자세를 알 수 있는 질문이다. 부정적으로 답변하기 어려운 질문이므로 고민하거나 당황하기 보다는 지원자로서의 마음자세를 표현하면 된다.

🔒 답변 사례

선약이 있는 상태이지만 상사분께서 업무지시를 그렇게 하신다면, 급한 업무일거라 짐작이 됩니다. 따라서 저는 선약 대상자에게 양해를 구하고 맡겨진 업무를 수행하여 조직의 업무달성에 차질이 없도록 최선을 다할 것입니다.

142 사적인 약속과 공적인 업무에서 어떤 것을 먼저 할 것인가?

🔒 질문 의도

• 공익과 사익의 충돌로서 지원자의 공직에 대한 자세를 파악할 수 있다.

🔒 답변 사례

고민은 되겠지만, 저는 공익을 우선시 하겠습니다. 그 이유는 공무원은 나라와 국민을 위해 일하는 공공성이라는 특수성이 있기 때문이며 공무원이 공익을 최우선으로 하였을 때 국민의 만족도가 상승될 것이기 때문입니다. 다만, 사적인 약속은 미리 전화 등 연락 가능한 신속한 방법으로 양해를 구하여 주변사람들의 서운한 마음을 살피도록 하겠습니다.

143 이웃주민이 본인에게 도움을 요청한다고 가정했을 때, 본인은 소방관으로서 어떻게 대처하겠는가?

🔒 질문 의도

• 근무 외의 생활태도를 파악하여 지원자의 인성과 공직자로서 적합한 태도를 지녔는지 알 수 있다. 근무 외의 생활상에서도 마음 근본을 소방 공무원에 맞추고 행동하는 것이 공직자로서의 기본 태도라 할 수 있다.

🔒 답변 사례

저는 국민을 도와주고 지키고 싶어 소방 공무원에 도전하였습니다. 따라서 언제나 주변인들에게 관심을 가지고 생활할 것이며, 만약 면접관님 질문처럼 일사에서 이웃 주민이 저에게 도움을 요청했을 때에는 소방관의 신분을 밝히고, 기꺼이 이웃주민에게 다가가 필요한 도움을 드리겠습니다.

144 주민과 마찰이 생기면 어떻게 하겠습니까?

질문 의도

- 본 질문은 공무원이 업무의 특성상 지역 주민들과는 공적이든 사적이든 접촉이 빈번하다 보니 자연히 이해의 대립이 있을 수 있을 수 있는데, 이러한 대립을 어떻게 풀어나갈 것인가가 핵심사항이다.
  ① 자기의 견해를 계속 주장하거나
  ② 생각을 바꿔서 동조하거나
  ③ 절충안으로 설득력을 발휘해서 상대방을 자기 견해에 동조시키거나 문제를 해결하는 방법이 있을 것이다.
  여기서는 설득력이 필요했던 상황은 어떤 것이고, 왜 설득이 필요하고, 설득의 논리는 무엇이며, 상대방의 반응은 어떠했는지가 검토되어야 하겠다.

답변 사례

실무에 임하다보면 충분히 공적이든 사적이든 갈등이 발생할 수 있다고 생각합니다. 그럴 경우라면 일단 주민들에게 업무의 특성을 설명하여 타협안을 찾도록 하겠습니다. 대립이 지속되면 자기나 상대방 모두에게 이익이 되지 않음을 강조하여 절충안을 통해, 공감을 얻어내고, 신뢰와 믿음이 전달될 수 있도록 주민에 대한 배려심을 가지고 절충과 타협을 하도록 노력하겠습니다.

145 술 취한 취객이 여성소방 구조대원을 성폭행하려 한다. 당신은 어떻게 하겠는가?

질문 의도

- 주취자는 판단력이 흐려져서 이성적인 행동을 할 수 없음으로 현장에 출동한 구조대원으로서는 다양한 돌발 상황에 대한 능동적이고 신속한 대처 능력을 발휘할 수 있어야 할 것이다.

답변 사례

우선 여성소방 구조대원의 신변을 보호하기 위해 취객을 다른 장소로 이동시켜 분리를 시킨 후 취객에게 물 한잔을 주고 이성을 찾을 수 있도록 진정을 시키겠습니다. 진정이 되지 않는다면 주취자 자신도 난동을 부리다 부상을 위험에 노출되게 되므로 강제적인 제압을 해야 할 것입니다. 이후 법적으로 처벌될 수 있도록 절차를 밟도록 하겠습니다.

146 센터에서 혼자 근무 시 술에 만취된 자가 와서 행패를 부린다면 어떻게 할 것입니까?

🔒 질문 의도

- 주취자는 판단력이 흐려져서 이성적인 행동을 할 수 없음으로 현장에 출동한 구조대원으로서는 다양한 돌발 상황에 대한 능동적이고 신속한 대처 능력을 발휘할 수 있어야 할 것이다.

🔒 답변 사례

먼저 우선 주취자가 진정할 수 있도록 대화를 시도하고 술이 깨는데 필요한 음료나 물 등을 제공하겠습니다. 주취자가 센터를 찾았을 때는 취중이긴 하나 할 말이 있거나 하소연을 할 상대가 필요했으리라 생각합니다. 따라서 진정할 때 까지 말을 들어주고 이후 가족이나 가까운 지인에게 연락해서 귀가를 시키도록 하겠습니다.

주취자를 대응할 때는 정상적인 심신상태가 아니므로 그 점을 염두에 두고 강압적이나 인격 모독성 언행을 삼가고 공손한 언행을 사용하도록 하겠습니다. 또 시종일관 주취자의 말을 수긍하는 자세와 공감하는 태도를 견지하면서 주취자의 인격에 손상이 가지 않도록 대우해야 한다고 생각합니다.

만약 혼자의 힘으로 제재가 어려우면 비상벨을 이용하여 동료 소방관이 도움을 요청하겠습니다. 다음으로 주취자가 우리 소방관을 폭행하거나 센터 내 기물을 파손한다면, 주취자의 행동 수위에 따라 처벌(형사 및 경범죄 처벌법 등)이 가능하면 의법 조치를 하여 법의 엄중함를 보일 필요도 있을 것 같습니다.

147 소방공무원이 재산등록을 하는데 왜 재산 등록을 하는가?

🔒 질문 의도

- 공직자윤리법 제3조 및 시행령 제3조에 따라 정무·선출직공무원, 4급 이상 공무원, 지방자치단체장, 지방의회의원, 교육감, 교육위원, 법관, 검사, 대령 이상 장교, 공기업의 장, 공직유관단체 등의 재산등록 의무자에 해당한다. 특수 분야 경찰·소방·국세·관세 공무원은 7급 이상 공무원도 재산등록 의무자에 포함된다.

답변 사례

공직자윤리법에 근거해 공직자의 부정부패를 막기 위해서라고 생각합니다.
공직을 이용한 재산취득 규제 등을 규정함으로써 공직자의 부정한 재산증식을 막고 공무집행의 공정성을 확보해 공직자 윤리 확립을 위해 재산등록을 한다고 생각합니다.

148 현재 가장 이슈되고 있는 사회문제 무엇이 있는가?

질문 의도

- 공직자라면 국민의 삶과 현재 사회이 문제성에 대해 민감성을 갖추고 있어야 한다. 평소 지원자의 관심분야와 자신의 견해를 피력하는 능력을 파악할 수 있는 질문이다.

답변 사례

가장 이슈가 되고 있는 사회문제로는 음주운전 차량으로 사망한 故윤창호 씨와 PC방 살인사건으로 촉발된 음주감경 및 심신미약과 관련된 사회적 대응과정이라고 생각합니다.
그동안 음주로 인한 각종 사건사고가 많았으나 음주나 정신문제로 인한 심신미약을 인정하는 사례로 처벌수위가 낮아 지속적으로 문제가 있었으며 그로 인해 많은 이들이 피해를 입고 있다고 생각합니다.
누구나 이런 피해를 입을 수 있다는 생각에 국민들의 불안감은 커져 가고 있으며 이를 해결하기 위해서는 음주나 심신미약으로 인해 발생된 사고에 대해 처벌수위를 높여야 하는 법제도가 개선되어야 한다고 생각합니다.

149 공무원의 음주운전에 대해서 어떻게 생각하는가?

질문 의도

- 음주운전에 대한 사회의 부정적인 견해와 처벌이 강해지고 있다. 음주운전에 대한 경각심과 공직자로서의 자세를 밝히도록 한다.

답변 사례

음주운전은 공무원뿐만 아니라 어느 누구도 해서는 안 되는 일이라고 생각합니다. 공무원은 일반 민간인보다 엄격한 준법의식이 요구되며 국민의 모범이 되어야 하는 사람들로서 음주운전을 한다면 이는 공무원 개인의 문제가 아니라 전체 공무원이 비난의 대상이 되기 때문에 절대 해서는 안 된다고 생각합니다.

- **추가질문 : 점심을 먹는 자리에서 어쩌다 술을 조금 마시게 되었다. 음주 측정을 해도 걸리지 않을 정도이고 상사가 운전을 하여 사무실에 복귀하자고 한다면 어떻게 할 것인가?**

질문 의도

- '친구가 음주운전을 하려고 한다.' 등과 같이 다시 한 번 지원자의 음주운전에 대한 태도를 알고자 하는 추가질문으로 일반 시민과 다른 공직자로서의 윤리적 태도와 높은 도덕심을 파악할 수 있는 질문이다. 지원자의 음주운전에 대한 강력한 태도를 다시 한 번 어필하도록 한다.

답변 사례

먼저 업무 중 점심시간이라면 가급적 술을 마시지 않도록 할 것입니다. 만약 약간의 술을 마셔서 음주 측정에 걸리지 않는 정도의 음주라도 저는 운전을 하지 않도록 하겠습니다. 사무실 귀소는 택시나 대리운전을 하는 것이 바람직하며 공직자로서의 태도라고 생각합니다.

150 공무원이 음주운전을 한 것은 품위유지에 어긋나는 것인가?

질문 의도

- 공무원 직위에 따른 품위유지의 의무에 대한 이해와 음주운전에 대한 지원자의 단호한 태도를 평가할 수 있는 질문이다.

🔒 답변 사례

네. 당연히 음주운전은 공무원의 품위에 어긋나는 행동입니다. 공무원이 음주운전을 한다는 것은 공무원으로서 마땅히 지켜야 할 의무를 저버린 것이며 음주운전은 자신뿐만이 아니라 타인의 생명까지 위협하기 때문입니다.

151 만약 여러분이 상급자가 된다면 업무능력이 탁월한 사람을 부하직원으로 뽑을 것인가, 아니면 인성이 훌륭한 사람을 뽑을 것인가?

🔒 질문 의도

- 질문은 자신의 주관적인 견해를 요구하는 문제이므로 객관적인 정답을 기대하지 않아도 되는 문제이다. 따라서 공무원이 조직이라는 점을 의식하면서 자기의 입장을 정립하면 될 것이다. 업무능력인지 인성인지를 선택하는 문제이지만, 자신이 선택한 다른 쪽의 의견도 첨가하여, 추가질문을 받지 않도록 하는 답변이 좋다.

🔒 답변 사례

- 만약 제가 상급자가 되어 부하직원을 선발하게 된다면 인성이 훌륭한 사람을 뽑을 것입니다. 그 이유는 첫째, 공무원이라는 직업의 특성상 업무 능력도 중요하지만 인성이 좋지 않다면 각종 부정부패에 빠져들기 쉽고, 이는 차후 공무원 조직 전체에 상당한 피해를 초래 할 수 있다고 생각하기 때문입니다. 둘째, 업무능력은 어느 정도의 시간과 자신의 노력이 있다면 점차 나아질 수 있고 현장 경험 등을 통해 보완될 수 있을 것으로 짐작합니다. 그렇기 때문에 공무원은 청렴한 인성과 맡겨진 업무에 대해서는 반드시 완수해 내는 책임감 또한 갖추고 있어야 합니다.
- 저는 업무능력이 탁월한 부하직원을 선택하겠습니다. 그 이유는 조직의 공동 목표를 달성하거나 업무 성과를 내기 위해서는 업무능력이 우선시 되어야 하기 때문입니다. 또한 일 잘하는 공무원이 많을 때 우리 국민의 삶이 행복하고 발전할 수 있기 때문에 공무원의 업무능력을 필수라고 생각하고 있습니다. 다만, 제가 상급자로서 부하직원의 부족한 인성적 부분이 발견된다면 먼저 모범을 보이고 조직에서 잘 어울릴 수 있도록 도움을 주고 싶습니다.

152 근무하다보면 타지방으로 발령이 나는 경우가 발생할 수 있다. 어떻게 할 것인가?

🔒 질문 의도

- 공무원 지원에 대한 열정과 향후 근무 적응성 등을 파악할 수 있는 질문으로, 근무지 이동에 대한 이해와 이를 긍정적으로 받아들인다는 마음의 자세를 표현하는 것이 좋다.

🔒 답변 사례

근무 시 인사발령에 대한 불만을 표시내기 보다는 또 다른 지역에 가서 새로운 일을 배울 수 있는 기회라고 긍정적으로 생각하겠습니다. 저는 어디를 가서나 적응을 잘 하는 성격으로 지방으로 발령이 난다고 해도 잘 적응하고 열심히 할 준비가 되어 있습니다.

153 앞으로 몇 년 동안이나 근무할 수 있겠습니까?

🔒 질문 의도

- 준비과정을 거쳐 합격한 것도 매우 중요한 일이지만, 면접 장면에서는 앞으로의 자세를 보여주는 것도 간절함을 어필할 수 있는 방법이다.

🔒 답변 사례

몇 년 동안 근무를 하겠다고 생각을 한 적은 없습니다. 저는 국민들을 위해서 희생을 할 수 있을 때까지 근무를 하고 싶습니다.

154 ○○에서 근무 하다가 몇 년 뒤에 연고지로 발령신청 해서 가실건가요?

🔒 질문 의도

- 지원처와 연고지가 다를 경우 앞으로 합격 후 지원한 곳에서 얼마나 일할 것인지 면접관으로서는 확인하고 싶을 것이다.

🔒 답변 사례

연고지라고해서 발령신청을 해서 가지는 않을 것입니다. 이미 이곳에 지원했을 때는 평생 일할 각오로 지원하였고, 저에게 간절한 소방공무원의 꿈을 이루게 해준 지역민을 위해 현재 제가 근무하는 곳에서 최선을 다하는 것이 도리하고 생각하고 있습니다.

155 집에서 멀리 떨어진 곳에 발령 받는다면 어떻게 할 것인가?

🔒 질문 의도

- 입직 후 근무태도를 파악할 수 있는 질문으로 간절함을 어필하도록 한다.

🔒 답변 사례

집에서 멀리 떨어진다 하더라도 어디든지 보내주시면 기꺼이 가서 업무 수행을 할 준비가 되어있습니다. 제가 하고 싶었던 소방공무원을 하는 것이기에 지역에 상관없이 열심히 할 준비가 되어 있습니다.

156 공무원과 자신이 어떤 면에서 맞는다고 생각하는가?

🔒 질문 의도

- 공무원이 갖추어야 할 조건을 정확히 알고 있는 지를 묻는 질문이다. 공무원으로서의 봉사정신과 청렴함, 책임감 등 공무원이 지녀야 하는 기본자세를 자신의 성격에 맞춰 자연스럽게 대답하면 된다.

🔒 답변 사례

저는 다른 사람을 도울 때 가장 큰 보람과 뿌듯함을 느끼는 편입니다. 또한 어려운 사람을 잘 지나치지 못합니다. 그런 일을 옆에서 지켜보면 때로는 당사자보다 속상하고 억울한 마음에 먼저 나서서 해결하는 경우가 많았습니다. 이러한 저의 성격이 공무원으로서 국민을 위해 봉사하고 상황이 어려운 민원인에게 도와주는 업무에 잘 맞는다고 생각합니다.
특히 저는 사회의 한 구성원으로서 이 사회에 기여하는 일을 하며 살아가고 싶다고 생각해 왔습니다. 그래서 저는 책임감과 사명을 갖지 않고서는 하기 힘든 공무원 업무를 제 천직으로 삼고 싶습니다.

157 공무원이 된다면 공직생활을 어떻게 해나갈 생각인가?

🔒 질문 의도

- 비교적 자주 출제되는 질문으로 지원자의 공직에 대한 자세와 마음가짐을 알 수 표현한다. 공무원으로서의 마땅한 공직윤리를 강조하며, 자신의 각오를 말한다.

🔒 답변 사례

공무원으로서 가장 중요한 덕목은 청렴과 사명감이라고 생각합니다. 저는 대한민국 공무원이라는 사명감으로 권리보다는 의무를 먼저 생각하고, 청렴을 최우선으로 여기며 민원인의 불편을 해소하는 적극적이고 친절한 행정 서비스를 실천하도록 하겠습니다.

158 소방공무원과 같은 조직 사회에서 조직에 적응하기 위해서 어떤 노력을 해야 한다고 생각합니까?

🔒 질문 의도

- 소방공무원이 되면 혼자보다는 조직 구성원들과의 교류를 하며 업무를 하게 될 것이다. 대인관계 능력이나 조직 적응력이 결여된다면 조직 생활이 힘들어 질 것이다. 본인이 강조하고 싶은 적은 능력으로 답변하도록 하여 추가질문에 대한 대비를 하는 것이 바람직하다.

🔒 답변 사례

조직에 적응하기 위해서는 남의 의견을 잘 받아들이고 소통하려는 노력이 필요하다고 생각합니다. 또한, 제가 먼저 다가가 친화력을 쌓겠으며 소방공무원은 혼자가 아닌 팀워크를 중요시 생각하므로 제 개인적인 의견이 아닌 여러 사람의 의견을 맞춰 원만한 인간관계를 이끌어가겠습니다.

159 공직자로서의 보람은 무엇이라고 생각하는가?

🔒 질문 의도

- 공무원 업무와 가치에 대한 개인적 의견이나 공무원에 대한 이해도를 파악할 수 있는 질문으로 일반 기업과는 다른 부분을 어필하도록 한다.

🔒 답변 사례

무엇보다도 한 개인을 위해 일하는 것이 아닌 공익을 위해 일한다는 사명감이 가장 큰 보람일 것 같습니다. 아울러 어려운 주민에게 행정으로 적절한 도움을 주고 민원 서비스를 했을 때의 뿌듯함이 클 것이라 생각합니다.

160 현직 소방인들을 보며 실망했을 경우는 어떤 경우가 있는가?

🔒 질문 의도

- 지원자로서의 소방조직에 대한 애정과 평소 느낀 바를 파악할 수 있는 질문으로 진실성을 바탕으로 소방공무원의 모습을 그리도록 한다.

🔒 답변 사례

저는 현직에 계신 소방선배님들을 보고 실망을 한 적은 없습니다. 오히려 자신의 몸을 사리지 않고 희생하시는 모습을 보고 저 또한 그런 후배가 되고 싶다는 마음만 있습니다.

161 공직자의 올바른 자세와 버려야 할 자세는 무엇이 있는가?

🔒 질문 의도

- 공직자로서 갖추어야 적합한 태도와 지양해야 할 태도에 관한 질문으로 적합한 태도에 대한 답변이 지양해야 할 태도의 답변보다 많도록 한다. 즉 올바른 자세는 3~4가지 정도로 답변하고 버려야 할 자세는 1~2가지로 답변한다.

🔒 답변 사례

제 생각에 공직자의 올바른 자세로는 청렴함, 공익우선의 의식, 국민에게 봉사하는 마음이 있어야 하며, 공직자로서 버려야할 자세까지는 생각해 보지 않았으나, 민원인의 입장에서 보면 법에 대한 이해가 부족한 경우가 많으므로 공무원이 아무리 친절해도 불만족스러울 수 있다고 생각합니다. 따라서 항상 친절한 태도를 유념한다면 국민들의 신뢰 또한 높아질 것입니다.

162 상사나 동료 공무원이 뇌물을 받는 현장을 목격했을 때 어떻게 대처하겠는가?

질문 의도

- 공직자의 청렴성과 조직 내에서 일어날 수 있는 상황에서 부당한 일을 원칙을 지키면서 어떻게 유연하게 대처할 수 있는지 알 수 있는 질문이다. 뇌물이라는 것은 특별한 편의를 제공하는 조건하에 부당한 금품을 주고받는 행위로, 청렴도가 중요한 공무원이 반드시 피해야 할 행위다.

답변 사례

상사나 동료 공무원이 뇌물을 받는 것을 목격했다면 우선 본인에게 제가 이 사실을 알고 있다고 알리겠습니다. 그리고 스스로 뇌물 받은 사실을 자수하라고 충고하여 당사자 스스로 일을 해결하도록 기회를 주겠습니다. 하지만 그렇게 하지 않을 경우, 원칙상 제가 직접 이 사실을 더 윗선의 상사에게 알려 잘못된 행동을 바로잡도록 하겠습니다.

163 야근을 하던 도중에 동료가 일찍 퇴근하면서 시간외 수당을 받기 위해 함께 야근한 것으로 처리해 달라고 한다면 어떻게 하겠는가?

질문 의도

- 공직자의 윤리와 조직 내에서 일어날 수 있는 상황에서 부당한 일을 원칙을 지키면서 어떻게 유연하게 대처할 수 있는지 알 수 있는 질문이다. 조직 안에서 발생할 수 있는 상황이므로 초반에 강력하게 내부고발이나 상부의 보고보다는 동료 스스로 해결할 수 있는 기회를 주는 방향으로 답변하는 것이 바람직하다.

답변 사례

저는 동료의 부탁이 부정한 행동임을 알리고 스스로 반성할 수 있도록 기회를 주겠습니다. 그리고 추후 또 다른 잘못을 저지르지 않도록 상관에게 스스로 자신의 잘못된 행동을 보고하고 시정할 수 있도록 권하겠습니다.

164 할머니가 도와주어서 고맙다고 음료수를 사들고 왔다. 어떻게 하겠는가?

질문 의도

- 답변을 명확하게 하기에 다소 혼란이 있을 수 있는 질문이다. 단호히 거절한다면 어르신에 대한 예의 어긋나게 될 뿐만 아니라 딱딱한 공직자의 이미지를 전달하여 융통성 없게 비칠 수 있다. 하지만 덜컥 받는다고 답변한다면 추가질문이나 압박질문이 이어질 수 있다. 이 경우 공직자로서의 청렴한 자세를 어필하는데 방해가 될 것이다. 따라서 할머니의 입장을 고려하면서 공직자로서의 청렴을 내비칠 수 있는 현명한 답변을 하도록 한다.

답변 사례

할머니께서 고마움을 전달하고자 하는 진심을 충분히 이해할 수 있습니다. 하지만 저는 할머니의 음료수를 받기보다는 거절하겠습니다. 그 이유는 민원을 해결하는 것은 공직자로서의 당연히 해야 할 일이며, 작은 것 하나에 청렴한 모습을 보이는 것으로 공직 전체의 신뢰를 쌓을 수 있다고 생각하기 때문입니다.

따라서 저는 할머니에게 마땅히 해야 하는 일을 했을 뿐임을 공손히 말씀드리고, 전달해 주신 음료수는 오시느라 고생하신 할머니에게 돌려드리며 '음료수 드시고 조심히 돌아가세요. 할머니 덕분에 더욱 힘내서 일할 수 있게 해주셔서 감사합니다.'라고 인사하도록 하겠습니다.

- **추가질문**: 공무원은 친절한 태도를 강조한다. 작은 음료수 하나도 받지 않는 것은 국민에게 불친절하고 융통성 없는 공무원이란 핀잔을 들을 수도 있다. 이러한 부분은 생각해 보지 않는 것인가?

질문 의도

- 압박질문을 통해 지원자의 상황대처 능력과 의사소통 능력을 파악할 수 있다. 따라서 면접관의 견해를 어느 정도 받아들이되 공직에서의 청렴한 태도를 강조하는 것이 바람직하다.

답변 사례

네. 면접관님 말씀이 맞습니다. 음료수를 거절하면 당연 할머니 입장에서는 거절에 대해 불친절하거나 마음이 상할 수 있다고 생각합니다. 할머니께서 그러한 서운함이 느껴지지 않도록 더욱 친절한 태도로 저의 입장을 말씀드려야 할 것입니다. 그러면 당장은 섭섭할 수 있으나 결국 우리 공무원의 청렴한 태도를 더욱 믿어주실 것 같습니다.

165 민원인이 직원회식이라도 하라고 돈 봉투를 놓고 갔다면 어떻게 할 것인가?

🔒 질문 의도

- 위 '할머니가 도와주어서 고맙다고 음료수를 사들고 왔다. 어떻게 하겠는가?' 질문에서 확장된 질문이다. 이 질문은 업무 상황에서 벌어질 수 있는 상황 관련 질문으로 지원자의 공직에 대한 태도와 청렴성을 알 수 있다. 단순한 호의와 구분하여 대가성 있는 뇌물의 가능성을 염두에 두고 답변하여야 하며, 지원자의 업무 태도에 대한 확고한 자세를 표현해야 한다.

🔒 답변 사례

저는 정중하게 거절하며 돈 봉투를 돌려주겠습니다. 만약 제가 자리에 없는 사이나, 모르는 사이 놓고 갔다면 상관에게 보고하고 클린센터에 맡기도록 하겠습니다.

166 당신이 대민업무를 맡게 된다면 어떤 마음가짐으로 일하겠는가?

🔒 질문 의도

- 본 질문은 국민전체의 봉사자라는 의미를 구체화시키는 업무 시험장 중의 하나인 대민업무에 대해서 묻고 있는데, 우선 대민업무의 핵심과 이를 원만하게 처리하기 위해서는 어떠한 마음가짐이 필요한가를 검토해 보고, 대민업무가 자기 성격과 잘 부합되는지 여부를 검토해 보고 적합하면 훌륭하게 해낼 수 있다고 말씀드리고 적합지 않으면 이 업무를 효율적으로 해낼 수 없다고 솔직하게 말씀드리고 적응하도록 최선을 다하겠다고 답변하면 된다.
'대민업무의 핵심은 무엇이라고 생각하십니까?', '대민업무는 서비스의 시험장으로 생각되는데 해낼 자신이 있습니까?', '공직업무와 자기 성격과의 관계를 생각해본 적이 있습니까?' 연관된 질문의 답변 방향이다.

답변 사례

(1) **대민업무의 핵심** - 대민업무는 국민 또는 주민과 직접 상대하는 업무로, 공직 수행의 현장에서 국민과 직접 상대하여 민원인의 요구사항을 해결해 주는 현장성의 성격을 갖습니다.

(2) **대민업무 공무원의 자세**

① 성실·근면해야 한다.

공무원은 자신의 업무가 국민 전체의 이익과 관계가 있음을 깊이 깨닫고 맡은 일을 성실·근면하게 처리하여 국민들의 신뢰를 얻어야 합니다.

② 친절하게 봉사해야 한다.

공무원은 특정한 개인 또는 집단(정당)에게만 충성하고 봉사하는 자가 아니라 전체국민의 이익을 위해서 존재하고 활동하는 자로서 그 행위에 대해서 국민에게 책임을 져야 합니다.

③ 청렴하고 검소해야 한다.

공무원도 한 사람의 인간이기 때문에 많은 욕망의 유혹을 받게 될 것인데, 이러한 욕망이 청렴을 유혹하게 될 것이므로 평소 검소함의 생활화로 이러한 유혹에서 벗어나야 할 것입니다.

④ 양심에 따라 공정한 업무수행을 해야 한다.

공무원이 국민의 신뢰를 얻고 국민에게 책임을 다하려면 공무원의 업무수행이 공정하게 행하여져야지, 자기의 이익 및 특정한 개인 또는 집단의 이익을 위해서 행하여지면 이것은 곧 국민의 신뢰를 져버리는 것입니다.

(3) **자기 성향과 대민업무와의 관계**

① 적합한 경우 : 대민업무 공무원은 업무의 최일선에서 다양한 사회계층의 욕구를 수렴·조정하는 역할을 하기 때문에 대인관계가 유연해야 하고, 대립되는 이해관계를 조정·설득하는 능력이 필수적일 것입니다. 저는 평소 성격 명랑하고 친근감이 있어 원만한 대인관계를 유지할 수 있으며, 대립 상황을 원만하게 조정하려는 저의 생활태도가 대민업무의 처리에는 아주 적합하다는 생각이 들었습니다.

② 부적합한 경우 : 저의 평소 성격이 조용한 편이기 때문에 대인관계에서 제 표현을 하기보다는 타인의 말을 먼저 듣는 편입니다. 민원인 입장에서 보면 먼저 설명하고 적극적으로 다가서지 않는다는 생각이 들 수 있겠지만, 차분히 들어주고 끝까지 집중하는 태도에서 신뢰를 얻을 수 있다고 생각합니다. 여기에서 그치지 않고 앞으로는 먼저 다가가서 적극적인 태도를 보이는 것까지 민원업무에 적응하도록 하겠습니다.

167 시민이 말도 안 되는 이유로 계속적으로 민원을 제기한다면 어떻게 하겠는가?

질문 의도

- '민원인과 마찰이 일어나면 어떻게 하겠는가?', '까다로운 민원인을 어떻게 처리할 것인가?', '악성민원인이 인신공격성 발언을 하며 소리 지르고 행패를 부린다면 어떻게 할 것인가?' 와 같이 출제 될 수 있다. 본 질문은 민원인을 설득하는 방법과 자세를 묻고 있는 것이다. 그중에서도 문제의 본질은 막무가내에 있다. 말도 안 되는 이유인가는 다분히 주관적이기 때문에 공무원과 민원인이 처해 있었던 상황에 따라서 많이 다를 수 있다는 생각이 든다. 그리고 민원인이 계속적으로 민원을 제기하는 것은 대개 복잡한 행정절차를 잘 모른다거나 내용이 어려워서인 경우가 많을 것이므로, 이 점을 공무원이 이해하고 국민전체의 봉사자로서 봉사한다는 마음가짐을 갖고 인내심을 살려서 설득하면 대부분 해결되리라고 생각한다.
'그래도 안 되면 어떻게 하겠습니까?' 라는 식의 압박질문이 들어와도 당황하지 않고 끝까지 침착하게 대응하겠다고 하는 것이 바람직하다.

답변 사례

- 우선 복잡한 내용과 절차를 민원인에게 설명해서 이해시키기 위해서는, 민원인의 마음을 먼저 헤아리는 것이 필요하다고 생각합니다, 그 후 민원인의 진정이 되면 내용과 절차를 설명하겠습니다. 민원인의 요구 사항이 적법하고 도와 줄 수 있는 것이라면 적극적으로 도와 줄 것입니다. 우리 공무원의 처리가 옳고 당당하다면 의연하게 대처할 수 있을 것입니다.
- 민원인은 생활하면서 공무원의 협조가 필요해서 찾아온 국민입니다. 따라서 민원인은 공무원의 친절봉사를 받아야 하는 당사자이고, 협조 받을 사항은 민원인이 생활상 꼭 필요한 것으로 반드시 해결해야 되는 것이며 공무원만이 그것을 처리할 수 있기 때문에 공무원에게 필요한 여러 가지를 요구하는 것은 당연합니다. 사실 민원인이 말도 안 되는 이유로 계속적으로 민원을 제기하는 것은 내용 및 복잡한 행정절차를 자세히 모르기 때문에 경우에 따라서 무리한 요구를 하는 사람이 있겠지만 이런 사람이 결코 대다수라고는 생각되지 않습니다.
물론 공무원도 사람이고 언제나 이성적·합리적으로만 판단해서 업무를 처리하는 사람은 아니고, 상황 여건에 따라서 변할 수 있는 평범한 사람이기 때문에 감정에 치우칠 수는 있습니다. 그러나 공무원은 언제나 국민 전체에 대한 봉사자라는 점을 되새겨볼 필요가 있다고 생각됩니다.

168 업무종료 후 민원인의 요청이 있으면 어떻게 대응할 것인가?

🔒 질문 의도

- '당신은 민원인의 요청을 어느 정도까지 수용할 수 있는가?, 공무원은 민원인에 대하여 어느 정도까지 당당할 수 있을까?, 민원인의 요청이 지나치다고 생각될 때 어떻게 대처할 것인가?' 관련 질문을 기억하자. 이러한 질문은 공무원의 친절봉사의무의 진정한 의미는 무엇이고, 민원인의 요청은 어디까지 들어주는 것이 공무원의 대민의무와 배치되지 않는지, 또 근무시간 외의 공무원의 사생활 보장은 존중되어야 하는 것은 아닌지 등이 문제가 될 것 같다. 따라서 먼저 공무원은 복무규범에 따라 국민에 봉사하여야 한다. 복무규범 속에는 근무시간의 시작과 종료도 포함된다. 그러므로 업무종료 후에 민원인의 요청을 거부했다고 해서 법적으로는 문제될 것은 없지만, 국민에 대한 봉사자라는 점에서는 공무원이 어떠한 대응을 해야 할 것인가는 한번 검토해볼 필요가 있을 것 같다.

🔒 답변 사례

비록 업무시간이 끝난 상태라 해도, 제가 처리할 수 있는 민원이라면 민원인을 돕겠습니다. 그것은 공무원이 국민전체의 봉사자라는 상징적 의미가 강하기 때문에 실제로는 공무원의 복무규정에서 여러 의무로 구체화 되고 있으며, 국민에 대한 친절봉사의무도 그 중 하나라고 생각합니다. 그러나 친절봉사의무가 민원인으로 하여금 무한한 요청을 해도 좋다는 것은 아니기 때문에 일정한 한계가 있으며, 특히 근무시간 외에서는 공무원의 사생활이 보장되어야 한다는 점에서 논의가 될 수 있을 것 같긴 하지만, 무리한 부탁이 아니라면 신속히 처리하고 퇴근하겠습니다.

169 민원인이 법에 위배되는 일을 요청할 때 어떻게 대처할 것인가?

🔒 질문 의도

- 본 질문은 공무원에게는 공직자의 자세에 어긋나는 행동을 해서는 안 된다는 공무원으로서의 의무가 있고 이 의무에 위배되는 경우 행정책임이 뒤따르며 이러한 책임에서 벗어나기 위해서는 의무위배의 유혹을 거부할 수 있는 용기가 필요하다는 점과 이것이 공무원의 자세에 부합하고 국민의 봉사자로서의 책무를 다한다는 것을 부각시켜야 한다.

🔒 답변 사례

공무원은 민원인이 법에 위배되는 업무를 처리해주도록 요청받았을 때 자기는 공무원으로서 공직을 수행함에 있어서 법이 허용하는 범위 내에서 공익적 입장에서 업무를 처리해야 된다는 마음가짐을 먼저 해야 됩니다.
다음으로 민원인에게 민원인의 요청은 법의 범위를 벗어난 요청으로 부당하고 자기의 권한을 벗어난다는 점을 민원인이 이해할 수 있도록 차근차근히 설명해야 됩니다.

170 민원인이 막무가내로 따지고 욕설한다면 어떻게 할 것인가?

🔒 질문 의도

- 다양한 민원인의 태도에 대응해야하는 공무원은 국민에 대한 친절 봉사의 의무를 다하여야 한다. 민원인의 태도가 상식에 어긋나거나 납득이 가지 않더라도 공무원으로서의 기본자세를 잊으면 안 된다.

🔒 답변 사례

우선 화가 난 민원인이 진정 되도록 물 한 잔을 권하겠습니다. 그리고 계속 민원 창구에서 소란을 피울 경우 다른 민원인에게 방해가 될 수 있으므로 조용한 곳으로 모시고 가서 화가 난 이유를 들어 보겠습니다. 민원인의 민원이 제가 해결할 수 있는 것이면, 적극적인 자세로 해결하여 국민의 신뢰를 얻도록 하겠습니다.

171 시민이 늦게 출동했다고 화를 낼 경우 어떻게 대처하겠는가?

질문 의도

- 출동 시 발생할 수 있는 민원으로 출동한 소방 공무원의 입장에서 답변하기 보다는 시민의 입장을 고려하여 답변하는 것이 바람직할 것이다.

답변 사례

시민의 입장에서는 우리가 아무리 빨리 출동하더라고 기다리는 시간이 길다고 느끼실 것 입니다. 따라서 시민이 출동이 늦었다고 화를 낸다면 사과를 드리고 바로 사고현장을 확인하고 해결하겠습니다, 그 후에 시민에게 늦게 도착한 자초지종을 설명하도록 하겠습니다.

172 민원인이 화가 나서 담당자인 본인을 제쳐두고 상급자와의 독대를 요구한다면 어떻게 하겠습니까?

질문 의도

- 다양한 민원인의 태도에 대응해야하는 공무원은 국민에 대한 친절 봉사의 의무를 다하여야 한다. 민원인의 태도가 상식에 어긋나거나 납득이 가지 않더라도 공무원으로서의 기본자세를 잊으면 안 된다.

답변 사례

우선 민원인을 진정시키겠습니다. 그러고서 민원인의 입장에서 민원인의 요청을 생각해 보겠습니다. 제가 역지사지의 마음으로 민원인에게 다가가서 진실된 태도로 대한다면 민원인의 태도도 달라질 것이라고 생각합니다.

173 나이 드신 두 분이 갑자기 당신이 근무하고 있는 동 주민 센터에 찾아오셔서 배가 고프다고 밥을 달라고 한다면 어떻게 하시겠습니까?

질문 의도

- 업무 상황에서 발생할 수 있는 상황에 대한 질문으로 적절한 상황 대처 능력과 민원 해결 범위에 대한 지원자의 의견을 파악할 수 있다. 다만 일시적인 금전적 도움이 일회적 식사 해결 방법 제시는 다소 부적절한 답변이므로 아래의 답변을 참고로 한다.

답변 사례

만약 질문과 같은 대상자분들이 동 주민 센터에 찾아오는 경우가 발생한다면 저는 주위에서 급식을 제공하고 있는 기관에 연락을 하여 그곳에서 식사를 할 수 있도록 연결해 드리겠습니다.

174 현장 발령받아서 제일 먼저 해야 할 일이 무엇인가?

질문 의도

- 지원 직렬의 특성과 공무원으로서 업무 준비 태도 등 초임공무원으로서 갖추어야 할 기본자세를 표명하도록 한다.

답변 사례

초임공무원으로서 가장 먼저 관련 법령 숙지와 해당 업무 규칙을 숙지하는 것으로 업무의 공정성과 청렴성을 갖추도록 하겠습니다. 아울러 소방업무에서의 팀웍을 이루기 위해 조직의 막내로서 선배님들에게 먼저 다가가고, 조직의 일을 찾아서 먼저 움직이는 부지런한 후배가 되어 빠르게 녹아들도록 하겠습니다.

175 소방의 계급체계를 아십니까?

🔒 질문 의도

- 조직에 대한 이해도를 파악할 수 있다.

🔒 답변 사례

소방공무원은 국가소방공무원과 지방소방공무원이 있으며,
국가소방공무원은 총 11계급으로 소방총감, 소방정감, 소방감, 소방준감, 소방정, 소방령, 소방경, 소방위, 소방장, 소방교, 소방사가 있습니다.

176 어디까지 승진하고 싶습니까?

🔒 질문 의도

- 신입 공무원으로서의 자세도 중요하지만 조직 안에서의 목표와 계획에 대해 미래의 청사진을 그려보는 것도 바람직하다. 직급을 강조하면 자칫 승진을 우선시 하는 사람으로 비춰질 수 있으므로 우선 근무에 임하는 태도를 밝히도록 한다.

🔒 답변 사례

우선 열심히 업무를 배워 국민에게 도움이 되는 소방관이 되고 싶습니다. 이러한 자세로 업무를 한다면 승진은 자동으로 따라 온다고 생각합니다.

177 수학 여행단을 태운 관광버스가 교통사고가 났을 때 어떻게 할 것인가?

🔒 질문 의도

- 교통사고 현장에서의 구조 활동 계획과 대처 방안을 제시하도록 한다.

🔒 답변 사례

교통방해가 되지 않으며 2차사고가 발생하는 않도록 안전한 곳으로 차를 이동 시킨 후 환자 발생 시에는 긴급 119와 112에 신고 후 기다리는 동안 환자의 구조 활동을 합니다.
수학여행 버스의 경우 교통사고가 발생하면 많은 학생이 다칠 수도 있고 추가 사고로 확대될 수 있는 것을 방지하기 위해 난폭운전과 대열운행을 하지 않아야 합니다.

178 소방공무원이 직업인데 견딜 수가 있는가? 근무하다가 다른 직렬로 가려고 하지 않는가?

🔒 질문 의도

- 면접 상황에서 면접관들은 지원자의 확고한 의지를 확인하고자 할 것이다.
  근무 중 다른 직업을 선택하거나 타 직렬로 옮겨 가겠다는 지원자를 뽑아줄 면접관은 없을 것이다.

🔒 답변 사례

소방공무원은 제가 꿈꿔오던 직업입니다. 그렇기 때문에 다른 직렬로 가는 생각은 전혀 하지 않았으며 아무리 힘든 일이 있어도 그만큼 보람된 일이기에 견뎌낼 자신이 있습니다.

179 소방공무원으로 어떤 근무자세로 임할 것입니까?

질문 의도

- 앞으로 공직에서의 태도와 소방공무원으로서의 자세를 말하도록 한다.

답변 사례

소방관은 다른 사람들의 생명을 구조하는 일로 한 번의 실수가 돌이킬 수 없는 일이 되어 버리기 때문에 아무나 할 수 없는 일이라고 생각합니다. 그러므로 꾸준한 체력관리로 강인한 체력을 만들 것이며, 화재 현장에서 불을 진압하기 위해 뛰어들 수 있는 용기와 봉사정신을 발휘하겠습니다.

180 현장에서 요구조자를 포기해야 되는 상황이 발생할 수도 있는데 이때 어떻게 하실 건가요?

질문 의도

- 구조의 최종목적은 요구조자의 생명과 안전을 지키는 것일 것이다. 하지만 현장 상황상 매우 어려운 경우에 놓이게 되고 결국 목적한 바를 달성할 수 없는 안타까운 현실적 문제가 발생할 수 있다. 이런 경우 지원자의 대응방법과 자세를 통해 소방공무원으로서의 사명감을 파악할 수 있다.

답변 사례

만약 그러한 상황이라면 요구조자를 구해야할 지 고민이 될 것 같습니다. 하지만, 단 1%라도 요구조자의 생명을 구할 수 있는 가능성이 있다면 포기하지 않고 요구조자를 구하도록 하겠습니다.

181 소방관으로써 현장에서 어떤 자세를 가져야 되나요?

🔒 질문 의도

- 소방업무상 발생할 수 있는 장면들은 일반적인 상황과는 확연히 다를 것이다. 이에 따라 사건을 받아들이는 개인 간의 차이도 발생하게 된다. 본인의 적극적인 대처 자세를 표현할 수 있도록 한다.

🔒 답변 사례

상황 대처 능력과 신속하게 일을 처리하는 자세가 필요합니다. 왜냐하면, 위급상황 시 빠른 상황 판단과 신속한 대처능력이 생명과 직결되기 때문입니다. 또한 비상시에는 동료와 함께 단합하는 협동심과 소방차량 및 각종 진화장비에 대한 철저한 준비와 안전의식이 요구됩니다.

182 소방공무원 발령 후 자신과 소방 업무가 맞지 않는다는 생각이 들면 어떻게 하겠습니까?

🔒 질문 의도

- 합격 후 현장 업무를 하다보면 생각했던 것과는 다르게 자신과 적합하지 않을 수도 있다. 좌절되는 순간에서의 극복 태도와 앞으로 소방조직에서의 적응성을 파악해 볼 수 있는 질문이다.

🔒 답변 사례

현장에서 위급한 상황에 처한 사람들을 구조하고 했을 때 가장 보람을 느끼고 제가 좋아하면서 흥분의 감동을 느낄 수 있는 일을 하려고 소방공무원 지원에 결심을 하였습니다. 이렇게 원하던 소방공무원이기에 소방 업무가 저와 맞지 않을 것이라는 생각은 들지 않습니다. 다만 면접관님 질문과 같이 소방업무가 맞지 않는 상황이 온다면 저보다 먼저 소방업무를 했던 선배님들에게 조언을 구해 보겠습니다. 그리고 지금 이 순간의 간절함을 기억해 낸다면 충분히 이겨낼 수 있을 것이라고 생각합니다.

183 화재현장에서 나는 멀쩡하고 다른 대원들이 다쳤다면 어떻게 하겠는가?

질문 의도

- 지원자의 위기관리 능력과 대처 방안에 대한 답변을 통해 소방 업무의 적합성을 파악할 수 있는 질문으로 동료에 대한 마음과 본연의 업무 처리에 대한 태도를 가지고 답변을 하도록 한다.

답변 사례

먼저 화재현장에서 저는 멀쩡하지만 다른 대원들이 다쳤다면 안타까움을 금할 수 없을 것입니다. 우선 다친 대원들의 안전도 중요한 만큼 안전한 곳으로 옮긴 후 응급처치를 받을 수 있도록 하겠습니다. 이후 저는 신속히 화재현장에 달려가 동료들의 몫만큼 요구조자를 구출하도록 하겠습니다.

184 화재현장 및 재난 재해현장에서 끔찍한 상황을 보게 될 텐데 어떻게 대처할 것인가?

질문 의도

- 소방업무상 발생할 수 있는 장면들은 일반적인 상황과는 확연히 다를 것이다. 이에 따라 사건을 받아들이는 개인 간의 차이도 발생하게 된다. 본인의 적극적인 대처 자세를 표현할 수 있도록 한다.

답변 사례

소방업무 특성상 일반적이지 않은 상황에 처하게 되는 경우가 많이 발생할 것이라 생각합니다. 만약 끔찍한 상황을 보게 된 후 그 경험 때문에 일상에 어려움이 생긴다면 먼저 선배님들이 끔찍한 장면을 겪고 난 후 어떻게 극복할 수 있었는지 선배님들의 조언을 구해보도록 하겠습니다. 또한 제가 알기로는 우리 소방관들의 외상 후 치료를 위해 다양한 심리 안정 프로그램이나 상담 등이 제공되고 있는 것으로 알고 있습니다. 이러한 제도를 적극 활용하여 빠른 시일 안에 회복할 수 있도록 개인적인 노력을 하도록 하겠습니다.

185 화재 또는 건물 붕괴로 소방관들의 순직 소식을 들을 때 기분은 어떤가요?

🔒 질문 의도

- 2019년 4월 정부는 '연도별 소방공무원 순직 및 공상자 현황'을 통해 순직 및 공상자의 합계는 2008년 346명에서 2017년 10년 사이 604명으로 두 배 가까이 뛰었다고 발표한 바 있다.

🔒 답변 사례

소방관들의 안타까운 순직 소식을 들을 때마다 마음이 무겁습니다. 국민의 안전을 수호하는 소방관이 계속적으로 순직한다는 것은 안전한 국가와 국민을 지향하는 국가 이미지를 훼손할 뿐만 아니라 현장 소방관들의 의욕도 저하되는 일입니다. 따라서 앞으로 소방관 순직사고가 발생하면 순직에 대한 정확한 원인파악과 전문가의 의견 등을 포함한 검토가 이루어져야 하며, 이를 토대로 소방관의 안전을 확보할 수 있는 다양한 매뉴얼들이 마련되어야 한다고 생각합니다.

186 화재가 나는 건물에 들어갈 수 있겠는가?

🔒 질문 의도

- 화재현장은 소방공무원을 가장 필요로 하는 현장이다. 지원자가 앞으로 하게 되는 업무에 대한 태도와 마음가짐을 파악할 수 있다.

🔒 답변 사례

화재가 난 건물에 들어간다는 것은 소방관으로서는 마땅히 해야 하는 일이라고 생각합니다. 초임 소방공무원으로서는 두렵기도 하고 망설여지기도 하겠지만, 안전장비 착용과 평소의 훈련이 잘 되어있다면 화재현장에서 제몫을 다 할 수 있을 것이라고 생각합니다.

187 본인이 현장지휘관이다. 그러나 죽음이 보이는 현장에서 요구조자를 눈앞에 두고서 부하 직원에게 명령을 내려야 한다. 당신은 어떠한 명령을 내릴 수 있겠는가?

질문 의도

- 다양한 상황에서 선택이 요구되는 질문이다. 본인이 책임을 지고 있는 업무에서 동료의 생명과 요구조자의 생명 사이에 선택을 하게 된다면 누구를 선택할 것이지, 그 이유가 무엇인지를 밝히도록 한다.

답변 사례

만약 그러한 상황이라면 당연 상사로서 내려야 할 명령에 고민이 될 것 같습니다. 하지만, 단 1%라도 요구조자의 생명을 구할 수 있는 가능성이 있다면 부하 직원에게 요구조자의 구조를 명할 것입니다. 또한 상사로서 명령을 따르는 부하직원의 안전 확보를 위해 최선의 노력을 기울여 부하직원의 생명이 위협받는 일이 없도록 할 것입니다.

이렇게 구조 명령을 하는 이유는 우리 소방관의 주 업무는 화재, 재난, 재해 또는 그 밖의 위험한 상황 속에서 국민의 생명과 신체, 재산을 보호하는 것이 최우선이기 때문입니다. 이에 못지않게 소방관의 안전을 지키는 것 또한 중요한 일이므로 요구조자의 생명은 부하직원이, 부하직원의 안전은 상사인 제가 책임지도록 하겠습니다.

188 불 속에서 아이가 울고 있다. 넌 들어가면 죽는데 어떻게 하겠는가?

질문 의도

- 망설여지는 상황이 아닐 수 없다. 소방관의 사명감이 요구조자를 구조하는 것이기는 하나 본인의 생명 또한 결코 가볍게 여겨서는 안 될 것이다.

답변 사례

죽을 수 있는 상황이라면 저도 사람인지라 고민이 될 것입니다. 하지만 저의 고민에 앞서 불 속에서 울고 있는 아이가 있다면 소방관으로서 제 몸이 먼저 반응할 것 같습니다.

189 눈앞에 요구조자가 있고, 난 아무장비도 없다. 구하러 가면 죽는다. 구하러 가겠는가?

질문 의도

- 위 질문과 비슷한 상황에서의 선택적 문제이다. 위 질문과 다른 답변까지 활용해 보도록 한다.

답변 사례

망설임 없이 위험에 처한 국민을 구하는 것이 당연할 것입니다. 하지만 소방관으로서의 생명도 소중하기 때문에 저는 119에 먼저 신고하고, 주변의 도구를 활용하여 구조대가 올 때까지 요구조자를 구하도록 노력 해보도록 하겠습니다.

190 화재현장에서 본인이 생각해도 도저히 들어갈 상황이 아닌데, 상관이 들어가라고 하면 어떻게 할 것인가?

질문 의도

- 상황 제시형 질문으로 상사와 의견이 상충되는 장면에서 지원자의 의도를 파악하고자 하는 질문이다. 일반적인 상황에서의 의견 충돌과 다른 화재 현장에서 발생한 의견충돌 상황임을 반영하여 답변하도록 한다.

답변 사례

화재현장은 돌발 상황과 많은 변수가 존재하므로 제가 판단한 장면이나 상황을 상사에게 보고를 하도록 하겠습니다. 저의 보고를 들으신 후에도 상관이 진입 명령을 내리신다면 상관은 저보다 현장경험이 풍부하고 더 정확한 판단을 할 수 있기 때문에 명령에 따라 진입하여 마땅한 업무를 수행하도록 하겠습니다.

191 화재가 발생하여 붕괴 위험이 있는 건물 내에 애타게 구조를 기다리고 있는 사람이 있다. 무리한 건물 진입 시 자칫 안전사고가 발생할 우려가 있는 상황에서 지휘관이 인명구조를 지시한다면 당신은 어떻게 행동하겠는가?

질문 의도

- 화재 현장은 돌발 상황이 발생할 수 있는 변수가 존재한다. 이러한 상황에서 상사의 지시에 어떻게 응하느냐는 본인의 생명과 현장의 안정성을 회복하는데 영향을 미치게 될 것이다. 상사의 지시에 단편적으로 따르겠다고 하기 보다는 화재현장의 상황을 고려한 답변을 하도록 한다.

답변 사례

상사의 지시에는 따르는 것이 마땅하다고 생각합니다. 다만 화재 현장은 돌발 상황이 수시로 변화는 특징이 있으므로 상사분이 미처 파악하지 못한 위험성을 없는지 확인 후 보고를 올리겠습니다. 제 의견을 들으신 후에도 투입명령이 내려진다면 그 때는 상사의 풍부한 업무 경험과 노하우를 믿고 즉시 명령에 따르도록 하겠습니다.

192 화재 현장에서 가장 우선 고려되어야 할 사항은 무엇입니까?

질문 의도

- 화재현장은 매우 위험하고 다양한 돌발 상황이 발생할 수 있는 변수가 존재한다. 출동한 소방관으로서의 최우선적 가치를 생각하고 답변하도록 한다.

답변 사례

화재현장에서 가장 우선 고려되어야 할 사항은 우리 소방관 자신의 안전과 요구조자의 구명입니다.

193 화재 진압 도중 입구가 무너져서 나갈 방법이 없다 어떻게 하겠는가?

🔒 질문 의도

- 소방공무원은 위기의 순간에서 국민의 생명과 재산을 지키는 수호자 역할을 한다. 하지만 무엇보자 우선시 되어야 하는 것이 소방관들의 안전이며 위기의 순간에 자신을 지킬 수 있는 위기대응 능력과 기술을 갖추고 있어야 할 것이다.

🔒 답변 사례

첫째, 고립사실을 알려야 합니다. 무전기 또는 큰소리로 고립상황을 주변에 알리고 현 위치를 대원들이 파악할 수 있도록 벽이나 구조물을 규칙적으로 두드립니다.

둘째, 빛이 들어오는 방향이나 소방 사이렌 소리가 나는 방향이 출입구일 가능성이 크므로 가급적 이동로로 이동을 하거나 가까운 곳에서 고립을 알린 후 구조를 기다리겠습니다.

194 현재의 부서에서 벗어나 타 소방센터 발령이 나서 소방차의 책임자가 되었을 경우 출동 시 소방차가 고장이 났다면 어떻게 할 것입니까?

🔒 질문 의도

- 국민을 위하는 업무에 대한 태도는 차별이 없겠으나, 부하직원과 책임자의 무게는 차이가 있을 수 있다. 문제해결 능력과 임기응변 능력을 나타내도록 한다.

🔒 답변 사례

우선 제가 소방차의 책임자가 되었다면 절대 고장 난 차를 방치해 두지 않고 상시 점검을 하여 즉각적인 출동 상태를 갖추어 놓았을 것입니다. 하지만, 질문과 같은 경우라면 위 상사분께 보고하여 더 이상의 문제가 확대되거나 화재 진압에 차질이 빚어지지 않도록 가까운 소방서에 지원요청을 해야 할 것 같습니다. 아울러 앞으로는 다시는 동일한 실수가 일어나지 않도록 더욱 철저히 업무에 임해야 할 것입니다.

195 출동했는데 소방차에 물이 없다면 어떻게 할 건가요?

질문 의도

- 화재 현장에서 물을 확보할 수 있는 방법과 자신의 평소 근무태도를 드러내도록 한다.

답변 사례

평소 철저한 점검으로 소방차에 물 없이 출동하는 일은 없도록 해야 합니다. 만약 질문과 같은 상황이라면 인근 소화전을 찾아 소방용수를 확보하는 작업을 가장 먼저 하여 소화전에 호스를 연결해 물을 공급받아 화재 진압을 할 것입니다.

196 화재발생 소방차 출동 시 중앙선 넘어가서 사고 나면 누구 책임인가?

질문 의도

- 업무 상 발생할 수 있는 다양한 경우 중 하나로, 신속한 출동을 하다보면 교통법규를 위반하고 출동에 임할 수 있으며, 일어나서는 안 되겠지만 부득이하게 사고와 이어질 수도 있을 것이다.

답변 사례

제29조 제1항은 "긴급자동차는 제13조제3항에도 불구하고 긴급하고 부득이한 경우에는 도로의 중앙이나 좌측 부분을 통행할 수 있다."라고 규정하고 있습니다. 하지만 공무 특성상 긴급한 출동 때문에 불가피하게 중앙선 침범이나 신호위반 등 '교통사고처리 특례법'상 11대 중과실을 범할 경우 공소가 제기돼 운전자가 공무를 수행한다 해도 민·형사의 책임을 져야 하는 문제가 있습니다. 그로 인해 현행 법령 미비로 인해 긴급자동차 운전자의 경우 교통사고에 대한 심적 부담을 느끼고 응급출동 관련 공무수행 의지가 위축되고 있는 문제가 있으므로 면책관련 규정을 개선하는 방안 마련이 시급하다고 생각합니다.

197 소방공무원 평균 수명은 얼마이며 이유가 뭐라고 생각하는가?

🔒 질문 의도

- 업무의 위험도와 스트레스가 많은 직렬로 타 공무원에 비에 건강과 수명에 열악한 편이다.

🔒 답변 사례

소방공무원의 평균 수명은 69세로 일반인보다 10년 짧다고 합니다.
그 이유는 화학적 유해 물질이 방화복에 그대로 남아있어 건강에 해로우며, 또한 불규칙적인 식습관과 스트레스로 인해 일반인보다 평균수명이 짧은 원인이라고 생각합니다.
이러한 안타까움을 해소하기 위해 소방공무원들의 건강을 도모하고 근무환경을 개선할 수 있는 노력과 관심이 필요하다고 생각합니다.

198 유흥업소에 점검을 나갔는데 피난통로가 없거나 소방시설이 설치되어 있지 않은 업소가 많을 텐데 이럴 땐 어떻게 하겠는가?

🔒 질문 의도

- 다중이용 시설은 칸막이 설치 및 불법 구조변경 등 고질적 안전무시 관행이 존재하고 있으며, 화재 시 대형화재나 인명피해로 이어질 수 있으므로 철저한 점검이 필요하다.

🔒 답변 사례

만약 그런 경우라면 불법 구조변경 및 비상구 폐쇄 등 위반행위에 대해서는 과태료 등 법에 따라 엄중한 처벌을 해야 할 것이며, 관할 소방서장의 권한 하에 원상복구 명령을 내려야 합니다.
또한 평소 정기적인 점검뿐만 아니라 수시 점검을 통해 안전에 대한 인식을 고치시킬 필요가 있으며, 다중 시설의 경우 많은 사람들이 이용하는 부분에 따라 소방·건축·전기·가스분야 합동으로 점검을 실시하는 것이 안전도를 확보할 수 있는 한 방법이라고 생각합니다.

199 후배가 승진이 빨라 직장상사가 될 때는 어떤가?

질문 의도

- 조직생활 내에서의 상황을 통해 지원자의 수용성과 조직생활 능력을 파악할 수 있는 질문이다.

답변 사례

물론 후배가 먼저 승진이 빨라 직장상사가 된다면 속상한 마음도 있겠지만 직책은 조직의 이익을 위하여 나이에 관계없이 업무능력과 경험에 따라 적합하게 배치되는 자리라 생각합니다. 따라서 승진이 빠르게 된 이유는 분명히 있을 것이라고 생각을 하며 직장상사가 된 후배에게 합당한 대우를 할 것이며, 조직체의 일원으로서 상사의 지시에 성실하게 따르겠습니다. 또한 그 누구보다 성실히 임하여 더 발전하는 저 자신을 만들도록 노력도 하겠습니다.

200 공직사회에서의 내부·외부 고객은 누구라고 생각하는가?

질문 의도

- 공무원으로서의 서비스 마인드를 드러내도록 한다.

답변 사례

공지사회에서의 내부고객은 소속직원이며 외부고객은 국민이라고 생각합니다.
따라서 저는 조직 내에서나 외부 민원인을 만날 때 항상 친절하고, 책임을 다하는 모습을 보이도록 할 것입니다.

201 교통사고 시 처리방법?

🔒 질문 의도

- 2019년 국토교통부 발표에 따르면 2018년 한해 총 교통사고 건수는 217,148건으로 OECD 평균 2배를 넘는다.

🔒 답변 사례

교통방해가 되지 않으며 2차사고가 발생하는 않도록 안전한 곳으로 차를 이동 시킨 후 환자 발생 시에는 긴급 119와 112에 신고 후 기다리는 동안 환자의 구조 활동을 합니다

202 메르스 사태 때 소방 공무원이 할 수 있는 일은 무엇이 있는가?

🔒 질문 의도

- 메르스코로나바이러스에 감염에 의한 바이러스 질환으로 2012년 4월부터 사우디 아라비아 등 중동 지역을 중심으로 주로 감염자가 발생한 급성 호흡기 감염병이다.
메르스를 일으키는 코로나 바이러스(corona virus)는 이전까지 사람에게서는 발견되지 않았던 새로운 종류의 바이러스로, 명확한 감염원이 확인되지 않았으나 박쥐나 낙타 등 동물에 있던 바이러스가 사람에게 이종 감염되었을 가능성이 제기되고 있다.

🔒 답변 사례

메르스 비상대책반을 메르스 의심환자 이송을 위해 전담 구급차를 각 소방서별로 운영을 하고 보호복, 마스크 등 개인 보호 장비 지급과 구급대원 감염관리 강화, 보건소와의 협업을 통한 메르스 의심환자를 이송할 수 있습니다.

203 소방업무에는 무엇이 있습니까?

질문 의도

- 소방관으로서 해야 하는 업무 파악은 기본이다.

답변 사례

다양한 업무가 있지만 대표적인 소방업무를 말씀드리자면 화재진압, 화재예방, 구조. 구급업무, 소화활동, 화재조사, 재난관리 등이 있습니다.

| 참고자료 | 소방공무원의 업무

소방기본법에 따르면 소방 공무원은 화재를 예방, 경계하거나 진압하고 화재, 재난, 재해 그 밖의 위급한 상황에서의 구조구급활동 등을 통하여 국민의 생명, 신체 및 재산을 보호함으로써 공공의 안녕 및 질서 유지와 복리증진에 이바지함을 목적으로 한다.
그 밖에
소방공무원의 지원업무로는
- 산불에 대한 예방, 진압 등 지원활동
- 자연재해에 따른 급수, 배수 및 제설 등 지원활동
- 집회, 공연 등 각종행사 시 사고에 대비한 근접대기 등 지원활동
- 화재, 재난, 재해로 인한 피해복구 지원활동
- 119에 접수된 생활안전 및 위험제거 활동
- 군, 경찰 등 유관기관에서 실시하는 훈련지원 활동
- 소방시설 오작동 신고에 따른 조치 활동
- 방송제작 또는 촬영관련 지원활동 등이 있다.

204 소방관서에서 하는 사업은 진압 예방 외에 무엇이 있는가?

질문 의도

- 소방관으로서 해야 하는 업무 파악은 기본이다.

답변 사례

진압 예방 외에는 구조, 구급 및 현장 대응을 합니다. 그리고 안전의식 제고를 위한 대국민 홍보 등 예방활동도 실시하고 있습니다.

205 소방력은 무엇인가?

질문 의도

- 지원자의 준비 자세와 지식적인 측면을 평가할 수 있는 질문이다.

답변 사례

소방력의 3요소는 인력, 장비, 소방용수입니다.

206 소방 업무 차량 종류에 대해 알고 있는가?

🔒 질문 의도

- 지원자의 준비 자세와 지식적인 측면을 평가할 수 있는 질문이다.

🔒 답변 사례

지휘본부차는 모든 재난 사고 현장에 출동한 소방대의 활동을 전체적으로 지휘하는 이동지휘본부 역할을 하게 됩니다. 현장지휘관과 진압조사담당관들이 지휘업무를 수행하며, 각 건물 현황과 각종 통신 지휘 장비가 적재 되어 있습니다.

① 대형 소방 펌프차는 화재진압이 주목적으로 사용되는 차량으로 화재진압에 필요한 물과 특수소화약재, 소방호스, 화재진압장비, 진압대원이 사용하는 개인 안전장구 등 여러 가지 장비가 적재되어 있습니다.

② 중형소방 펌프차는 화재진압이 주목적으로 사용되는 차량으로 화재진압에 필요한 물과 특수소화약재, 소방호스, 화재진압장비, 진압대원이 사용하는 개인 안전장구 등 여러 가지 장비가 적재되어 있고 좁은 이면도로 진입에 용이하다.

골목길 등 협소한 재난현장 진입을 주목적으로 사용되는 차량으로 화재진압에 필요한 물과 특수소화약재, 소방호스, 화재진압장비, 진압대원이 사용하는 개인 안전장구 등 장비가 적재되고 물 사용량이 제한적이다.

③ 소방펌프차는 화재현장 등에 원활한 소방용수 공급을 지원하는 차량으로 많은 물과 지원 장비를 적재하고 있다. 또한 시민비상급수지원, 국가방역시 물공급, 최근에는 강설시 제설기구를 장착하여 도로제설작업에 운용되고 있다.

④ 굴절차는 고층건물과 대규모 구조물 재난 시 화재 진압이나 인명 구조가 가능한 장비로 사다리 높이 27m형, 33m형 등 여러 종류가 있으며 바스켓과 화재진압용 방수포가 설치되어 고공구조, 진압이 가능합니다.

⑤ 고가사다리차는 고층건물과 대규모 구조물 재난 시 고공 화재 진압이나 인명 구조가 가능한 장비로 사다리 높이 52m, 거리 12M 까지 전개가 가능하며, 상부에 무인조종 방수포가 있어 진압대원 없이 고공진압이 가능한 것으로 알고 있습니다.

⑥ 조연차는 노란색이 이색적이며, 조명과 연기배출을 복합적으로 실시할 수 차량으로 재난현장에 조명을 지원하고, 체류되어 있는 유독, 유해가스 등을 배출, 재난현장에 필요한 전기 공급이 가능한 지원차량입니다.

⑦ 대형 화학차 1안은 사회가 산업화 되면서 특수한 화재가 발생 빈도가 증가함에 따라 일반적인 화재는 물이나 소량의 소화약제로 소화가 가능하나, 유류, 화공약품, 특수가연물, 금속착화

화재 등 특수한 화재 시 물을 사용하면 화재가 진압되지 않고, 확대가 될 수 있습니다. 화학차는 화재 연소물의 종류에 따라 적정한 소화약재(가스계, 포말, 분말)를 분출하여 진화를 합니다.

⑧ 화학차 2안은 유류, 화공약품, 특수가연물, 금속 화재 등 특수한 화재가 발생 시 사용하며 연소물 종류에 따라 적정한 소화약재(가스계, 포말, 분말)를 분출하여 진화를 합니다.
화학 임명 구조차는 위험생화학물질누출, 가스, 방사능 누출 시 사고지역내로 진입하여, 위험물질 성분 분석과 대응, 제독, 오염에 노출된 인명을 구조하는 첨단 장비를 탑재하고 있습니다.

⑨ 구조버스는 119구조대의 소규모 구조현장에서 신속한 인명 구조 활동에 쓰이는 장비로 소형화된 구조장비를 주로 적재하여 기동성과 접근성 필요할 때 운용되고 있습니다.

⑩ 구조공작차는 119구조대 주력 인명구조용 차량으로 재난, 재해 현장에서 가장 많이 쓰이는 장비로 크레인, 유압구조장비, 중량물구조장비, 화재구조장비, 첨단전자장비 등을 적재하여 구조현장 중추적 역할을 수행합니다.

⑪ 특수구급차는 일선 소방서의 보편적인 구급차로 긴급환자를 응급구조사가 처치를 하면서 의료기관으로 이송하는 것을 주목적으로 하는 차량이며 응급처치용 산소호흡기, 인공소생기, 흡인기, 의료약품 등과 환자운반용 들것이 적재되어 있습니다.

207 자연재난, 사회재난을 구분해서 말해보시오.

🔒 질문 의도

- 자연재해는 가뭄, 대화재, 전염병, 지진, 태풍, 해일, 홍수 등의 자연현상으로 인하여 일어나는 갑작스러운 재난을 말하며 사회재난이란 화재나 붕괴, 폭발 등 인재로 인해 국가기반체계가 무너지는 경우를 말한다. 2019년 3월 국회는 '재난 및 안전관리 기본법 재정'을 통해 미세먼지는 자연재난이 아니라 사회재난으로 지정되었다. 미세먼지는 기후 변화보다는 화석연료와 차량운행 등 인적 요인에 따른 원인이라고 봤기 때문이다. 미세 먼지가 재난으로 지정되면서 국가나 지방자치단체가 필요하다고 판단되면, 재난지역을 선포할 수도 있다.

🔒 답변 사례

자연재해는 가뭄, 대화재, 전염병, 지진, 태풍, 해일, 홍수 등의 자연현상으로 인하여 일어나는 갑작스러운 재난을 말하며, 사회재난이란 화재나 붕괴, 폭발 등 인재로 인해 국가기반체계가 무너지는 경우를 말합니다.

208 4차 산업 혁명을 소방직에 어떻게 적용할 수 있는지 예를 들어라.

🔒 질문 의도

- 4차 산업혁명은 인공지능, 로봇기술, 생명과학이 주도하는 차세대 산업혁명을 말한다. ▷1784년 영국에서 시작된 증기기관과 기계화로 대표되는 1차 산업혁명 ▷1870년 전기를 이용한 대량생산이 본격화된 2차 산업혁명 ▷1969년 인터넷이 이끈 컴퓨터 정보화 및 자동화 생산시스템이 주도한 3차 산업혁명에 이어 ▷로봇이나 인공지능(AI)을 통해 실제와 가상이 통합돼 사물을 자동적, 지능적으로 제어할 수 있는 가상 물리 시스템의 구축이 기대되는 산업상의 변화를 일컫는다. [네이버 지식백과]

🔒 답변 사례

4차 산업혁명은 IT기술이 우리 사회 전반적인 분야와 융합된 형태로 발전하게 되는데 소방 조직에서는 현재 무인비행장치 즉 드론을 활용하여 실종자 수색, 재난현장 지휘관제, 재난현장과 시설물 안전 점검 등에서 활동 할 수 있습니다.

> |참고자료| 소방청 발표 드론 활용 보도
>
> 소방청(청장 정문호)은 화재·구조 등 재난현장에서 소방 무인비행장치(드론)를 체계적으로 활용하기 위해 '소방 무인비행장치 운용 규정'을 제정하여 4월 1일부터 시행한다고 밝혔다.
> - 소방 무인비행장치(드론)는 2013년 11월 중앙119구조본부에서 처음 도입되었고, 전국에 112대가 운용 중이다. 현재 운용되고 있는 활용 분야는 산악지역이나 내수면 실종자 수색, 초고층건물 인명검색, 재난현장 지휘관제, 열화상 카메라를 이용한 조난자 탐색 및 동물포획 등에 제한적으로 활용되었다.
> ※ 운용현황(1,824회) : 화재 170회, 구조 241회, 훈련 등 1,413회

209 연소란 무엇을 말하는가?

🔒 질문 의도

- 소방 전공 질문이며 화재 원리를 파악할 수 있는 질문이다.

🔒 답변 사례

물질이 연소한다는 것은 화학반응의 일종으로 발열과 발광을 수반하는 산화반응을 뜻합니다. 즉, 물질이 다른 곳에서 점화(點火)에너지를 받고 산소와 화합하여 산화반응을 일으켜 점화에너지 이상의 열에너지를 발생하여 다른 물질로 변화하는 것입니다.

210 연소의 3요소란?

🔒 질문 의도

- 소방 전공 질문이며 화재 원리를 파악할 수 있는 질문이다.

🔒 답변 사례

연소의 3요소는 가연성물질(가연물), 산소공급원, 점화에너지를 의미합니다.

211 백 드레프트에 대해 설명해 보시오.

🔒 질문 의도

- 화재 진압 시에 발생하는 상황에 대한 이론적 배경지식에 관련된 전공질문으로 출제 빈도가 높다.

🔒 답변 사례

백 드래프트란 밀폐된 공간에서의 화재 시 산소가 부족한 상태로 있다가 다량의 산소가 갑자기 공급되었을 때 발생하는 불길 역류현상으로 화염이 폭풍을 동반하여 산소가 유입된 곳으로 갑자기 분출되기 때문에 폭발력 또한 매우 강합니다.

이는 화재진압을 하는 소방관이나 실내에서 화재를 피해 대피하는 사람들에게 아주 위험한 상황에 이르게 하는 요인이 되므로, 화재 시 유의해야 합니다. 실제로 화재가 난 실내의 공기가 줄어들어 외부와의 기압차로 연기가 문틈으로 빨려 들어가거나 문이나 창문이 뜨거워지는 등의 징후는 백 드래프트 현상이 일어날 가능성을 나타내므로 함부로 문을 열거나 하는 행동은 삼가야 합니다. 이때는 화재가 난 건물의 옥상이나 지붕을 뚫어 공기보다 가벼운 가스를 먼저 빼내거나 출입문의 문을 천천히 열면서 물을 뿌려 불길이 되살아나는 것을 방지하는 것이 화재 진압을 빠르게 할 수 있는 방법입니다.

212 플래시오버에 대해 설명하시오.

🔒 질문 의도

- 화재 진압 시에 발생하는 상황에 대한 이론적 배경지식에 관련된 전공질문으로 출제 빈도가 높다.

🔒 답변 사례

화재로 발생한 열이 주변의 모든 표면과 물체들이 연소되기 쉬운 상태에 이르렀을 때 순간적으로 강한 화염을 분출하면서 내부 전체가 한꺼번에 타오르는 현상을 말합니다.

즉, 화재 현장의 가구나 인테리어, 기타 가연성 물질이 복사열에 의해 높은 온도로 가열되면, 이들이 열분해 되어 가연성 가스를 내 뿜게 되고 이 가스는 대개 뜨거운 열기를 타고 올라가 천장 쪽에 모여 있게 됩니다. 많은 가스가 축적된 상태에서 가스의 온도가 발화점을 넘는 순간 모든 가스가 거의 동시에 발화하며 맹렬히 타는 현상을 의미합니다.

이러한 현상이 일어나는 이유는 실내 화재에서는 산소가 부족하여 연료가 다 타지 못하고 불완전 연소하게 되고 타지 못한 연료는 열기에 의해 천장에 쌓이게 되며, 화재가 진행되면서 실내의 온도가 점점 올라가게 되고 결국 천장의 연료 연기에 불이 붙게 되는 것이 원인입니다.

213 '패닉현상'은 무엇을 말하나?

🔒 질문 의도

- 소방관은 매우 위험하고 급변하는 화재현장과 사고 현장에서 인명구조 활동을 하게 된다. 그리고 매 시간마다 최선의 선택과 결정이 요구되는 상황에 직면하게 된다. 따라서 소방조직은 그 누구보다도 한 치의 실수를 허용치 않는 조직이라 할 것이다. 바로 각종 재난현장에서 가장 먼저 대응하는 이들이기 때문이며, 실수는 곧바로 국민들의 생명과 재산피해로 직결되기 때문이다.
  소방관과 마찬가지로 각양각색의 사건 현장에서 사람들은 예상하지 못한 공포에 노출이 될 것이며 이러한 상황에서 고립감과 두려움은 패닉현상으로 이어져 이성적 판단을 어렵게 만든다.
  화재현장에서 건물의 피난유도등과 비상구의 역할은 한치 앞도 볼 수 없는 어둠과 유독가스 속에서 숨 막히는 패닉 상태에 빠진 요구조자들에게 매우 중요한 역할을 하게 될 것이다.

🔒 답변 사례

패닉이라 함은 예상하지 못한 공포 상황과 맞닥뜨리게 되었을 때 이성적 판단이 마비되어 외부로부터의 구조를 기대할 수 없다는 절망감으로 도주나 회피 행동을 하는 것을 말합니다. 이러한 행동은 개인적으로 나타날 수도 있지만 군중이 한꺼번에 패닉 상태에 빠지는 경우도 있습니다. 건물의 화재, 여객선의 침몰, 적군의 갑작스런 공격 등에 따른 수습하기 어려운 대혼란 등을 예로 들 수 있으며 경제공황기에 나타나는 사회적 혼란도 패닉현상으로 설명할 수 있습니다.

최근에는 매스컴의 영향에 의해 실제 발생하지 않은 가공된 사건에 대하여 직접 접촉하지 않는 여러 개인이 공통으로 느끼는 정서가 패닉현상으로 유발되는 경우도 있습니다.

개인이 공포상황에서 느끼는 패닉상태는 몸을 움직일 수 없거나 본능적으로 움직이기를 거부하는 등 안전한 동작으로 움직일 수 있다는 것을 자각하지 못하게 됩니다. 현재 자신이 처한 상황을 파악하는 능력이 일시적으로 마비된 채 동작이 둔해지고 겁에 질리게 되면 사고의 위험이 높아질 수밖에 없습니다.

이런 상황에서는 스스로를 진정시키는 기술이 필요한데, 예를 들면 어떤 것이 공황을 일으키는 원인인지를 차분히 알아낸 후 그 상황에 맞도록 극복해야 합니다. 안전한 동작이 어떤 것인지를 차분히 생각해내야 하고 잠시 동작을 멈추고 아주 느리고 깊게 심호흡을 하면서 숨을 내쉴 때마다 불안도 함께 내보낸다는 이미지를 머릿속으로 그리는 것이 도움이 될 것입니다. 또한 중요한 것은 동료들이 가까이에서 전폭적인 신뢰와 격려를 보탬으로써 해낼 수 있다는 자신감을 심어주면서 공포를 극복하도록 해야 합니다.

이런 화재 현장이나 사건 현장에서의 패닉상태를 극복하기 위해서는 우리 소방관들은 흡사한 훈련을 지속적으로 하여 침착한 대응을 할 수 있어야 할 것이며, 일반 국민들 또한 각종 재난 상황에 대처할 수 있도록 평소 안전교육과 체험활동 등을 통해 대비하는 자세가 필요할 것입니다.

214 인명구조 기구에 대해 설명을 해봐라.

질문 의도

- '화재예방, 소방시설 설치 유지 및 안전관리에 관한 법률'에 따라 소방업무에서 필요한 기구를 설치하고 유지 관리 하여야 한다.

답변 사례

인명구조기구는 방화복, 방열복, 공기호흡기, 인공소생기, 방화복 등을 말합니다.
① 방열복은 화재로부터 고온의 복사열을 차단하여 인체를 방호하는 피복으로 방열상의, 방열하의, 방열장갑, 방열두건 및 속복형 방열복(상하의 일체형)등으로 이루어져 있습니다.
② 방화복은 화재진압 등의 소방 활동을 수행할 수 있는 피복을 말합니다.
③ 공기호흡기는 화재로부터 발생한 유독가스로부터 인명을 보호하기 위하여 용기에 압축한 공기를 저장하여 두었다가 필요시 마스크를 통해 호흡을 이용토록 하는 호흡기구입니다.
④ 인공소생기는 호흡부전상태에 빠진 사람에게 인공호흡을 시켜 환자를 구급하거나 보호하는 기구입니다.

215 소방의 날이 언제인지 아는가?

질문 의도

- 소방 공무원 지원자라면 당연 숙지해야 하는 날이다.
  소방의 역사는 고대에서 시작하고 조선시대 경국대전에는 '금화'로 명시되어 있다고 한다. 세종 8년(1426년) 2월에는 '병조' 아래 '금화도감'을 설치하였는데 '금화도감'이 최초의 소방관이라고 볼 수 있다. 1948년 정부가 수립되면서 정부에서는 불조심 강조 기간을 정하여 11월 1일에 유공자표창, 불조심 캠페인과 같은 기념행사를 하였다. 이후 1991년 소방법을 개정하면서 오늘날의 119를 상징하는 11월 9일로 변경된 것이다.

답변 사례

소방의 날은 11월 9일입니다. 소방의 날을 국가기념일로 지정한 이유는 국민들에게 화재에 대한 경각심과 이해를 높이고 화재를 사전에 예방하게 하여 국민의 재산과 생명을 화재로부터 보호하기 위해서입니다.

216 방재의 날은 아는가?

🔒 질문 의도

● 방재의 날은 재해 예방에 대한 국민의 의식을 높이고, 방재훈련을 효율적으로 추진하기 위해 제정한 날로 자연재해대책법에 의거, 재해예방법에 대한 국민의 의식을 높이고, 방재훈련을 효율적으로 추진하기 위해 제정한 날이다. 행정자치부가 주관부처로서 산하 중앙재해대책본부 및 지역 재해대책본부에서 방재종합훈련을 실시한다.

🔒 답변 사례

방재의 날은 매년 5월 25일로 자연재해에 대한 경각심을 높이고 교육과 홍보를 통해 피해를 최소화하기 위해 제정된 국가기념일인 것으로 알고 있습니다.

217 중앙안전관리위원회에 대해 아는 대로 설명해 보시오.

🔒 질문 의도

● 국가의 재난사태와 안전관리에 전반적인 책임을 다하는 기구로 '재난 및 안전관리기본법'에 의하여 설치되었으며 위원장은 국무총리가 맡는다.

🔒 답변 사례

중앙안전관리위원회는 안전관리에 관한 중요정책의 심의 및 총괄. 조정, 안전관리를 위한 관계 부처 간의 협의. 조정, 그밖에 안전관리에 필요한 사항을 시행하기 위하여 설치된 대한민국 국무총리실 소속의 행정위원회입니다.

218 소화기 종류에 대해 말해보시오.

🔒 질문 의도

- 화재는 무엇보다 그 발생초기에 진압을 하는 것이 가장 중요하며, 화재를 초기에 진압할 수 있는 기구가 소화기이다. 또한 소화기는 화재발생시 건물 내에 있는 사람이 가장 손쉽게 사용할 수 있는 소방기구 중의 하나로서 화재를 초기에 진압하는 데 중요한 역할을 담당한다.

🔒 답변 사례

소화기 종료에는 분말소화기, 이산화탄소소화기, 화론소화기가 있습니다.

① 포말소화기 : 소화기를 거꾸로 흔들면 속에 있는 탄산수소나트륨 용액과 황산알루미늄 용액이 화학 반응을 일으켜 이산화탄소와 수산화알루미늄이 생기는데, 이때 이산화탄소의 거품과 수산화알루미늄의 거품이 공기의 공급을 차단한다. 이 소화기는 목재, 섬유 등 일반 화재뿐만 아니라 가솔린 등의 유류나 화학 약품 화재에 적당하지만 전기 화재에는 적당하지 않다.

② 분말소화기 : 현재 우리나라에서 가장 많이 보급되어 있는 소화기로 인산암모늄이 주성분이며, 방사 된 약제는 연소면의 피복에 의한 질식, 억제작용에 의해 일반화재, 전기화재 등 모든 화재에 효과적이나 소화약제는 다른 종류의 분말 소화약제와는 화학성질이 다르므로 혼합되지 않도록 해야 한다. 이 소화기는 안전핀을 제거하고 손잡이를 누르면 봉판이 파괴되고 이때 압축가스에 의해 약제를 방사하게 된다.

③ 이산화탄소소화기 : 이산화탄소는 고압으로 압축되어 액상으로 용기에 충전되어 있으며, 고압가스 용기를 사용하기 때문에 중량이 무겁고 고압가스의 취급이 용이하지 못하다는 단점이 있으나 소화약제에 의한 오손이 적고 전기절연성도 크기 때문에 전기화재에 많이 사용된다.

④ 화론소화기 : 할로겐 화합물 염화, 메탄 등으로 되어 있는 소화기로서 B, C급 화재에 쓰이고 사용 후 흔적이 없고 방출할 때에 물체에 전혀 손상이 없어 좋은 소화기이나, 가격이 비싸고 최근에는 프레온과 같이 오존층을 파괴하는 물질로 사용이 규제되어 생산량이 크게 줄었다.

⑤ 청정소화기 : 일반, 유류, 전기화재에 모두 적용되고 화론소화기에 비하여 대기 잔존 연수가 낮은 친환경 소화기이다. 소화 능력이 좋고, 무게가 가벼워서 사용이 편리하며 약재에 의한 2차 피해도 없다.

⑥ 투척용소화기 : 무거워서 사용하기 불편한 분말용 소화기의 단점을 보완하여 어린이나 노약자도 사용하기 위해 개발된 소화기로 액체상태의 소화약재가 들어 있어 소화기를 불이 난 곳에 던져주기만 하면 되기 때문에 사용이 편리하다.

⑦ 스프레이형소화기 : 가정상비용, 또는 자동차 비치용으로 최근 사용되고 있는 소화기이다. 가벼운 무게와 누구나 쉽게 조작하기 쉬운 사용방식, 액체형이라 분말 소화기와는 다르게 가루로 인한 2차 오염이 없으며 A,B,C형 화재 모두 가능하기 때문에 초반 화재진압에 유용하다.

219 소화기 사용법에 대해 알고 있는가?

질문 의도

- 화재 초기 진압에 사용되는 것이 소화기이다. 소화기는 화재 종류에 따라 A,B,C로 표시하며 A는 나무, 종이, 섬유처럼 불에 타기 쉬운 가연물에 사용하는 일반 화재용이다.
B는 기름이나 휘발유 등으로 일어나는 유류 화재에 사용할 수 있는 소화기이다.
C는 전기화재용으로 전압기기, 기타 전기 설비에 의하여 발생할 수 있는 화재에 사용이 가능하다.

답변 사례

1. 안전핀을 뽑는다. 이때 손잡이를 누른 상태로는 잘빠지지 않으니 침착하도록 한다.
2. 호스걸이에서 호스를 벗겨내어 잡고 끝을 불쪽으로 향한다.
3. 가위질하듯 손잡이를 힘껏 잡아 누른다.
4. 불의 아래쪽에서 비를 쓸 듯이 차례로 덮어 나간다.
5. 불이 꺼지면 손잡이를 놓는다. (약제 방출이 중단된다.)

|참고자료| 소화기 관리 방법

- 소화기는 눈에 잘 띄고 통행에 지장을 주지 않도록 설치한다.
- 습기가 적고 건조하며 서늘한 곳에 설치한다.
- 가위질하듯 손잡이를 힘껏 잡아 누른다.
- 유사시에 대비하여 수시로 점검하여, 파손, 부식 등을 확인한다.
- 축압식 소화기는 붙어있는 계기의 바늘이 녹색 정상 위치에 있는지 확인만 하면 된다.
- 한번 사용한 소화기는 다시 사용할 수 있도록 허가업체에서 약제를 재충약한다.

220 청정소화약제 종류에 대해 말해보시오.

🔒 질문 의도

- 청정소화약재는 가스계소화기로 2차 피해가 없고 안전하게 사용할 수 있는 소화기로 변전소, 발전소, 병원, 박물관 등 특수시설에 광범위하게 사용이 가능하다.

🔒 답변 사례

청정소화약제는 크게 할로겐화합물계 소화약제와 불활성 가스계 소화약제로 나눌 수 있다.
화재안전기준에 제정된 청정소화약제는 모두 13종이다.
각 약제의 방사시간은 할로겐화합물 약제의 경우 10초 이내이고 불활성 가스 약제의 경우 1분 이내이어야 합니다.

221 분말소화약제에 대해 설명해 보시오.

🔒 질문 의도

- 분말소화 약재는 가장 많이 사용되는 소화기이다. 화재의 종류 A,B,C급 화재 구분에 따른 적용 소화제 내용물은 아래와 같다.

구 분	A급 화재	B급 화재	C급 화재	D급 화재
명 칭	일반 화재	유류, 가스화재	전기화재	금속화재
가연물	목재, 종이, 섬유 등	각종 유류 및 가스	전기기기, 기계, 전선 등	Mg분말, Al분말 등
유효 소화효과	냉각효과	질식효과	질식, 냉각효과	질식효과
적용 소화제	• 물 • 산 알칼리 소화기 • 화액 소화기	• 포말 소화기 • CO_2 소화기 • 분말 소화기 • 화론 소화기	• 유기성 소화기 • CO_2 소화기 • 분말 소화기 • 할론 소화기	• 건조사 • 팽창 진주암

🔒 답변 사례

분말소화기란 불꽃과 반응하여 열분해를 일으키며 이때 생성되는 물질에 의한 연소반응차단(부촉매효과, 억제), 질식, 냉각, 방진효과 등에 의해 소화하는 약제를 말합니다.
전체 4종으로 구분하며 일반적으로 소화기에 사용되는 분말은 제3종 분말(ABC급 적용)을 사용하는 것으로 알고 있습니다.

222 소소심은 무엇인가?

🔒 질문 의도

- '소소심'을 익히면 재난, 위기상황 시 피해와 사망률을 크게 낮출 수 있기 때문에 국민들이 친숙히 여겨 쉽게 익힐 수 있도록 하기 위해 만든 것이다.

🔒 답변 사례

소소심이란 소화기, 소화전, 심폐소생술의 앞 글자를 딴 말입니다.

223 내화구조란 무엇을 말하는가?

🔒 질문 의도

- 내화란 일반적으로 쉽게 타지 않는 것으로서 매우 고온도까지 필요한 강도를 유지하면서 견디는 것을 말한다. 내화구조란 건축법에 따른 건축물의 구조부가 화재 시 일정 시간 동안 구조적으로 유해한 변형없이 견딜 수 있는 성능을 가진 철근콘크리트조 또는 철골철근콘크리트조 등의 구조를 말한다. 여기서 일정 시간이란 건축규모에 따라 사람들이 안전한 곳까지 대피할 수 있도록 하는 1~3시간 정도를 의미한다.
모든 건축물이 내화구조로 건축되어야 하는 것은 아니지만, 사람들이 많이 모여 있는 문화 및 집회시설이나 공동주택, 화재 시 도움을 받아야 하는 등 대피가 곤란한 사람들이 있는 의료시설 등의 경우는 건축규모 등에 따라 건축물의 주요 구조부를 반드시 내화구조로 하여야 한다고 규정하고 있다.
[네이버 지식백과]

🔒 답변 사례

철근콘크리트 구조·벽돌구조·석조·콘크리트 블록 구조 등과 같이 화재에 대해서 가장 안전한 건축구조를 말합니다. 내화구조는 화재로 인해 연소될 우려가 적고, 내부에서 화재가 발생해도 벽·기둥·들보 등 주요 구조부는 내력상 지장이 없어 간단한 수리로 그 건축물을 다시 사용할 수 있어야 합니다.

224 자동제세동기(AED) 사용법을 알고 있는가?

🔒 질문 의도

- 자동심장충격기는 심실세동이나 심실빈맥으로 심정지가 되어 있는 환자에게 전기충격을 주어서 심장의 정상 리듬을 가져오게 해주는 도구로, 의학 지식이 부족한 일반인도 쉽게 사용할 수 있도록 만들어져 있다.
  이미 선진국에서는 사람이 많이 모이는 공공장소에 자동 심장충격기를 비치하고 있으며, 이를 통하여 많은 심정지 환자들의 생존율이 극적으로 증가한 것이 많은 연구에서 밝혀져 있다. 국내에서도 응급의료에 관한 법률에 의해 공공보건의료기관, 구급차, 여객 항공기 및 공항, 철도객차, 20톤 이상의 선박, 다중이용시설에 자동 심장충격기의 설치가 의무화되었다.

🔒 답변 사례

자동 장충격기 사용법
① **전원 켜기** : 전원이 켜지면 자동심장충격기에서 나오는 안내에 따라 행동합니다.
② **패드 부착** : 상의를 벗긴 후 안내 문구와 같이 상체에 패드를 부착합니다. 부착시
  - 상체를 노출시킨 후 우측 쇄골 아래쪽에 패드를 부착합니다.
  - 또 다른 패드는 좌측 유두 바깥쪽 아래의 겨드랑이 중앙선에 부착합니다.
  - 각 패드의 표면에는 부착할 위치가 어디인지 그림으로 표시되어 있으므로 참고하면 좋습니다.

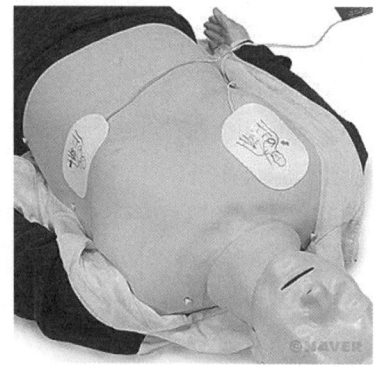

③ **심장리듬 분석** : 패드에 연결된 선을 기계에 꽂고, 심장 분석에 오류가 나지 않도록 환자에게 닿지 않도록 떨어져야 합니다.
④ **심장충격(제세동)** : "모두 물어나세요"라고 외치며 버튼을 눌러 심장충격을 가합니다.
⑤ **심폐소생술 재시행** : 심장충격을 시행한 뒤 지체 없이 가슴 압박을 시행합니다.
⑥ **반복** : 자동심장충격기는 2분마다 심전도를 자동으로 재분석하므로, 그 사이 심폐소생술을 시행하여 환자를 정상화시킬 수 있도록 노력합니다.

225 CPR을 설명해 보시오.

질문 의도

- 심정지의 발생은 예측이 어려우며, 예측되지 않은 심정지의 60~80%는 가정, 직장, 길거리 등 의료시설 이외의 장소에서 발생되므로 심정지의 첫 목격자는 가족, 동료, 행인 등 주로 일반인인 경우가 많다.

  심정지가 발생된 후 4~5분이 경과되면 뇌가 비가역적 손상을 받기 때문에 심정지를 목격한 사람이 즉시 심폐소생술을 시작하여야 심정지가 발생한 사람을 정상 상태로 소생시킬 수 있다.

  기본 소생술은 심정지가 의심되는 의식이 없는 사람을 발견하였을 때, 구조를 요청하고 가슴압박을 시행하며 심장충격기를 적용하는 심폐소생술의 초기 단계를 말하며, 기본 소생술의 목적은 환자 발생 시 전문 소생술이 시행되기 전까지 가슴압박과 제세동기 처치를 시행하여 환자의 심박동을 가능한 빨리 정상화시키는 것이다.

답변 사례

심폐소생술 시행 순서
심폐 소생술은 심정지 이후 4분 이내에 시행되어야 합니다.
① **확인** : 어깨를 두드리며 반응을 확인합니다.
② **신고** : 119 신고 및 자동심장충격기(AED)를 요청하고, 호흡을 확인합니다.
③ **압박** : 강하고 빠르게 분당 30번 압박합니다.
④ **호흡** : 기도를 열고 가슴이 부풀어 오르도록 2회의 인공호흡을 실시합니다.
⑤ **반복** : 가슴 압박과 인공호흡을 30:2로 119 구급대원이 오기 전까지 반복합니다.
⑥ **AED** : 자동심장충격기가 도착하면 기계의 지시에 따라 행동한다.

226 소방시설에는 어떤 것이 있는가?

🔒 질문 의도

- 특정소방대상물의 관계인은 특정소방대상물의 규모·용도 및 수용 인원 등을 고려하여 갖추어야 하는 소방시설을 중앙소방본부장이 정하여 고시하는 화재안전기준에 따라 설치 또는 유지·관리하여야 한다. 특히, 화재발생 시 피해 우려가 높은 다중이용업소에 대해서는 추가로 「다중이용업소의 안전관리에 관한 특별법」에 따른 소방시설, 안전시설 등을 설치·유지해야 한다.

🔒 답변 사례

소방시설에는 소화설비, 경비설비, 피난설비, 소화용수설비 등이 있습니다. 자세한 내용으로는
① 소화설비는 물, 그 밖의 소화약제를 사용하여 소화를 행하는 기구나 설비를 의미하며 소화기, 자동소화장치, 옥내소화전설비, 스프링클러 설비, 물분무 소화설비, 옥회소화전 설비가 포함됩니다.
② 경보설비는 화재발생 사실을 통보하는 기계, 기구 또는 설비를 말하며 단독경보형 감지기, 비상경보설비, 시각경보기, 자동 화재탐지 설비, 비상방송설비, 자동화재 속보설비, 통합감시시설, 누전경보기, 가스누설경보기 등이 있습니다.
③ 피난설비는 화재가 발생할 경우 피난하기 위하여 사용하는 것으로 피난기구, 인명구조기구, 유도등, 비상조명 및 휴대용 비상조명 등이 있습니다.
④ 소화용수설비는 화재를 진압하는데 필요한 물을 공급하거나 저장하는 설비로 상수도 소화 용수설비, 소화수조 저수조 그 밖의 소화용수 설비가 있습니다.
⑤ 소화활동 설비는 화재를 진압하거나 인명구조 활동 등을 위해 사용하는 서리로 제연설비와 연결송수관설비, 연결살수설비, 비상콘센트설비, 무선통신보조설비, 연소방지설비가 포함됩니다.

227 소화용수 설비란?

🔒 질문 의도

- 소방시설에 대한 전공질문으로 화재 발생 시 진압에 직접적인 영향을 미치는 물의 공급과 저장에 관련된 내용을 숙지한다.

🔒 답변 사례

소화용수설비는 화재진압에 필요한 소화용수를 공급하거나 저장하는 설비로 상수도 소화용수설비, 소화수조, 저수조 그 밖의 소화용수설비로 분류 됩니다.

228 LPG와 LNG차이점을 말해 보시오.

🔒 질문 의도

- 자칫 방심했다가는 큰 사고로 이어지는 것이 가스사고이다. 가스사고를 예방하기 위해 2020년까지 모든 LPG 고무호스를 금속배관으로 교체 설치하는 것이 의무화 되었다. 전공지식 질문으로 LPG와 LNG의 다른 점을 숙지하도록 한다.

🔒 답변 사례

LPG는 액화석유가스(Liquefied Petroleum Gas)의 약자입니다.
원유를 항공유, 가솔린이나 등유, 경유, 방카씨유 등으로 정제하는 과정에서 생기며 식당이나 업소에서 사용하고 라이터나 휴대용 가스렌지에 사용합니다.
LNG는 액화천연가스(Liquefied Natural Gas)의 약자입니다.
가스유전에서 그냥 채취하는 것으로 각 가정집에 들어오는 도시가스와 연료, 공장 등에서 난방 및 연료로 사용됩니다.

229 스프링클러에 대해 설명해 보시오.

🔒 질문 의도

- 소방용 초기 화재진압에 기여하는 소방용스프링클러는 현대 건축물에서 이제 필수라고 할 수 있다. 2018년도에 발생한 종로구 여관, 밀양시 세종병원, 11월에는 종로 고시원 화재까지 다중이용 시설에 대한 화재의 심각성이 대두되면서 화재 예방 및 진압의 사각지대로 지적되어온 고시원과 산후조리원 등 숙박형 다중이용업소에 스프링클러 설치가 의무화되었다.
  스프링클러 설치 의무는 신규업소뿐만이 아니라 기존 업소들까지도 소급 적용된다고 한다.

🔒 답변 사례

스프링클러란 화재시의 살수 소화 장치로 화재 발생 시 대량의 물로 화재진압을 하는 초기 소화를 목적으로 하는 시설을 말합니다. 시설의 비용은 가장 높지만 현재로서는 건물의 화재 시 안전을 도모하는 효과적인 시설이라고 할 수 있으며 우리나라는 지난해 서울 고시원 화재를 계기로 기존의 고층 건물 뿐만 아니라 다중이용시설 즉 고시원이나 산후조리원, 복지 시설 등의 설치가 의무화 된 것으로 알고 있습니다.

230 스프링클러 설치 기준에 대해 말해보세요.

🔒 질문 의도

- 소방용 초기 화재진압에 기여하는 소방용스프링클러는 현대 건축물에서 이제 필수라고 할 수 있다. 2018년도에 발생한 종로구 여관, 밀양시 세종병원, 11월에는 종로 고시원 화재까지 다중이용 시설에 대한 화재의 심각성이 대두되면서 화재 예방 및 진압의 사각지대로 지적되어온 고시원과 산후조리원 등 숙박형 다중이용업소에 스프링클러 설치가 의무화되었다.
  스프링클러 설치 의무는 신규업소뿐만이 아니라 기존 업소들까지도 소급 적용된다고 한다.

🔒 답변 사례

스프링클러 설치 기준은
첫째, 문화 및 집회 시설(동, 식물원 제외), 종교시설(주 요구 조부가 목조인 것인 제외), 운동시설(물놀이형 시설은 제외)로서 어느 하나에 해당하는 경우에는 모든 층입니다.
둘째, 판매시설, 운수 및 창고 시설(물류터미널 한정) 바닥면적 합계가 5천 제곱미터 이상이거나 수용인원이 500명 이상인 경우는 모든 층입니다.
셋째, 층수가 6층 이상인 특정소방대상물(건축물)의 경우에는 모든 층입니다.
넷째, 의료시설 중 정신 의료기관, 요양병원(정신병원 제외), 노유자시설, 숙박이 가능한 수련시설, 영유아 보육법 시행규칙에 따라서 600제곱미터 이상이 아니더라도 4층, 5층에 어린이집이 있으면 전 층 스프링클러 설치 의무입니다.

231 연기의 제어방법에 대해 개인적 의견을 말해보시오.

질문 의도

- 화재 시 인명 피해 첫 번째 요인은 대게 연기이지만 이는 불길보다 연기가 먼저 상황을 악화시키는 화재 본래의 성격과 피난을 제 때 못해 연기에 갇히는 상황을 맞으면서 발생하는 것으로 구분할 수 있다. 이처럼 화재 현장에서 불길 못지않게 인명피해에 영향을 미치는 것이 연기이고 이를 제어하는 방법이 필요한 것이다.

최근 건축물은 초고층, 복합건축물의 형태로 날로 높아지고 복잡해진다. 이러한 고층 건물에 화재가 발생하게 되면 상층부 및 건물 전체로 연기를 확산시켜 인명의 손상을 유발한다. 상층부로의 연기 확산의 가장 대표적인 예가 1982년 미국 MGM 그랜드호텔 화재사고와 1971년 크리스마스 아침에 발생한 대연각 호텔의 화재사고라 할 수 있다. MGM 그랜드호텔의 화재는 1층에서 발생하였지만, 연기는 건물 전체로 급속히 확산되었고 사망자의 대다수는 화재 층인 1층으로부터 멀리 떨어진 상부 층에서 발생하였다. 연기 제어의 개념은 화재 인근 및 상층부로의 연기 이동 문제를 해결하는 방법으로부터 연기를 적절히 제어하는 방법까지를 포함한다.

답변 사례

연기를 제어하기 위해서 가장 중요한 것은 건물 전체의 시스템이라고 생각합니다. 연기 제어시스템의 목적은 연기로부터 인명사고 및 재산피해를 줄이고, 소방관의 소방 활동 시 연기로 인한 소방 활동의 저해요인을 해소하기 위함이라 할 수 있다.
화재 발생 시 연기의 유동로가 될 우려가 있는 각 층, 승강로, 계단, 파이프 샤프트 등 모든 부분에 대해 구획화, 희석, 배연, 차연, 연기하강방지, 축연 등 다양한 연기 제어기술을 적재적소에 적용함으로써 시스템의 성능을 확보할 수 있을 것입니다. 이를 위해서는 건축의 설계 단계부터 건축과 소방 전문가가 서로 공조하여 건축물의 배연·제연설비의 자동작동을 위한 성능 개선이 이루어져야 할 것입니다.

또한 설치할 때도 중요하지만 설치 후 정기적이고 꼼꼼한 점검을 통해 화재 발생 시 연기를 제어하는데 오류가 나지 않도록 하는 것도 중요합니다.

연기를 많이 배출하는 건축소재보다는 불연소재를 사용하여 화재 발생 시 근본적인 연기 배출을 감소하는 것도 한 방법이 될 수 있습니다.

현재 소방 조직에서는 우리나라의 고유 제연기준을 재정립하기 위해 소방청이 TF 운영에 돌입한 상태이며, 제연설비 완성을 위해 소방에서는 성능위주 소방 설계를 도입하고 이를 계기로 소방에서 건축의 방화구획까지 볼 수 있게 됐다"는 2019년 2월 발표가 있었습니다.

232 소방방재청장 이름은 무엇입니까?

질문 의도

- 소방조직에 대한 관심도를 드러내도록 한다.

답변 사례

2021년 現 소방방재청장님 이름은 신열우 청장님이십니다.

233 헌법 제1조 제1항을 말해 보세요.

질문 의도

- 당연히 알고 있는 내용이라고 생각하지만, 의외로 답변을 못하는 지원자가 많다. 국민의 한 사람으로서, 공직에 나아가는 지원자로서 기본적으로 숙지하고 있는 것이 좋다.

답변 사례

우리나라 헌법 1조1항은 '대한민국은 민주공화국이다.'이며 2항은 '대한민국의 주권은 국민에게 있고, 모든 권력은 국민으로부터 나온다.'입니다.

234 소방법 제1조는?

🔒 질문 의도

- 소방공무원으로서 업무의 기본을 이루는 법령이며 매년 면접에서 자주 출제되는 질문이므로 숙지하는 것이 좋다.

🔒 답변 사례

소방공무원은 화재를 예방·경계, 진압하고 화재, 재난, 재해 그 밖의 위급한 상황에서 국민의 생명·신체 및 재산을 보호해 공공의 안녕 및 질서 유지와 복리증진에 이바지한다.

235 소방공무원에 관한 법률을 알고 있는가?

🔒 질문 의도

- 소방조직에 대한 관심도와 향후 적용할 수 있는 법적 지식을 갖추도록 한다.

🔒 답변 사례

국가소방공무원과 지방소방공무원의 책임 및 직무의 중요성과 신분 및 근무조건의 특수성에 비추어 그 임용·교육훈련·복무·신분보장 등에 관해 국가공무원법과 지방공무원법에 대한 특례를 규정한 법입니다.

236 공무원의 선서에 대해 아는지?

🔒 질문 의도

- 공직에 임하는 기본자세이므로 숙지하도록 한다.

🔒 답변 사례

공무원의 선서는 '나는 대한민국 공무원으로서 헌법과 법령을 준수하고, 국가를 수호하며, 국민에 대한 봉사자로서의 임무를 성실히 수행할 것을 엄숙히 선서합니다' 입니다.

237 헌법에 나와 있는 공무원의 규정은 어떤 게 있나요?

🔒 질문 의도

- 공직자로서의 자세와 관련 규정을 숙지하도록 한다.

🔒 답변 사례

헌법에 나와 있는 공무원 규정은 보수규정과 복무규정이 있습니다.

먼저 보수규정은 국가공무원의 보수에 관한 사항을 규정함을 목적으로 하고 있습니다. 그 다음 복무규정은 「국가공무원법」 제55조부터 제59조까지, 제59조의2 및 제60조부터 제67조까지의 규정에 따른 국가공무원의 복무에 관한 사항을 규정함을 목적으로 하고 있습니다.

238 연금제도에 대해 말해 보시오.

🔒 질문 의도

- 공무원은 공무원 연금 대상자로 지원자의 일반적인 상식과 사회적 관심을 알 수 있는 질문이다.

🔒 답변 사례

연금제도란 노령 또는 사망에 의한 당사자 및 유족의 생활을 보장하기 위해 국가에서 매년 일정 금액을 지급하는 제도를 의미합니다. 국가에서 시행하는 연금법으로는 국민연금법, 공무원연금법, 군인연금법, 사립학교 교원 연금법 등이 있습니다.

239 공무원은 어떤 의무를 가지고 있는가? (12대 의무)

🔒 질문 의도

- 공무원이 갖추고 있어야할 기본 의무이므로 숙지하도록 한다.

🔒 답변 사례

공무원의 6대 의무는 성실의무, 복종의무, 비밀엄수의무, 친절·공정의무, 청렴의 의무, 품위유지 의무입니다.

🔒 답변 사례

공무원의 4대 금지의무는 직장이탈금지, 영리업무 및 겸직금지 의무, 정치운동의 금지, 집단행동의 금지가 있습니다.

공무원 12대 의무	공무원 6대 의무	공무원 4대 금지의무
1. 성실의무	1. 성실의무	1. 직장이탈금지 의무
2. 법령준수의무	2. 복종의무	2. 영리업무 및 겸직금지 의무

공무원 12대 의무	공무원 6대 의무	공무원 4대 금지의무
3. 복종의무	3. 친절공정의 의무	3. 정치운동의 금지 의무
4. 직장이탈금지의무	4. 비밀엄수의 의무	4. 집단행동의 금지 의무
5. 친절공정의 의무	5. 청렴의 의무	
6. 비밀엄수의 의무	6. 품위유지의 의무	
7. 청렴의무		
8. 품위유지의 의무		
9. 집단행위금지 의무		
10. 영예 등의 수령규제의무		
11. 정치활동금지 의무		
12. 영리업무 및 겸직금지의 의무		

240 공무원 5대 신조는 무엇인가?

질문 의도

- 공무원이 갖추고 있어야할 마음자세로 숙지하도록 한다.

답변 사례

공무원의 5대 신조(信條)

1. 국가(國家)에는 헌신(獻身)과 충성(忠誠)을
2. 국민(國民)에겐 정직(正直)과 봉사(奉仕)를
3. 직무(職務)에는 창의(創意)와 책임(責任)을
4. 직장(職場)에는 경애(敬愛)와 신의(信義)를
5. 생활(生活)에는 청렴(淸廉)과 질서(秩序)를 체질화(體質化)하여 생활(生活) 속에서 구체적(具體的)으로 실천(實踐)한다.

241 공무원 행동강령(공무원의 청렴유지 등을 위한 행동강령)이 무엇인가?

🔒 질문 의도

- 공무원이 지켜야 할 의무와 직무 수행과 관련된 윤리규범에 대한 이해도와 관련 법규에 대한 질문이다. 공무원 행동강령은 부패방지법에 근거하여 대통령령으로 제정, 법적 구속력을 갖춘 공무원 윤리 규범이다.

🔒 답변 사례

공무원행동강령의 주요 내용은 다음과 같다.
① **공정한 직무수행** : 공정한 직무수행을 저해하는 상급자의 부당한 지시에 대한 처리절차, 이해관계직무의 회피절차, 정치인 등의 부당한 요구에 대한 처리절차 등.
② **알선 청탁 등의 금지** : 부당한 인사 청탁과 직위를 이용한 인사개입 금지, 부당한 이익을 얻기 위한 이권개입 금지 등.
③ **부당이득의 수수 금지** : 직무 관련 정보를 이용한 재산상 거래나 투자행위 등의 제한, 직무 관련자로부터 금품 등을 받는 행위 제한 등.
④ **건전한 공직풍토 조성** : 3개월 이상 월 4회(또는 월 8시간)를 초과하는 외부강의 등의 신고, 직무 관련자에게 경조사의 통지금지와 5만 원 초과 경조 금품 수수의 제한 등.

242 공무원의 징계 중 경징계와 중징계에 대해 말해보시오.

🔒 질문 의도

- 공무원이 공무원관계법상의 의무를 위반한 경우 공무원관계의 질서를 유지하기 위해 과하는 제재를 징계라고 한다. 그러나 공무원의 행위가 의무위반에 그치지 않고 사회법익을 침해하거나 타인에게 손해를 발생시킨 경우엔 징계에 그치지 않고 형사상·민사상 책임도 지게 된다. 공무원이 징계를 받게 되는 사유로는
① 국가공무원법 및 동법에 의한 명령에 위반한 경우,
② 직무상의 의무에 위반하거나 직무에 태만한 경우,
③ 체면이나 위신을 손상하는 행위를 한 경우가 있다. 이런 사유가 있으면 징계권자는 반드시 징계의결을 요구해야 하고 징계의결과에 따라 반드시 징계처분을 해야 한다(국가공무원법 제78조).

답변 사례

공무원 징계의 종류에는 파면, 해임, 강등, 정직, 감봉, 견책이 있습니다. 그중 중징계는 파면, 해임, 강등, 정직이 해당 됩니다. 경징계는 감봉, 견책이 있습니다.
징계의 종류 및 효력은 다음과 같습니다.

① **파면** : 공무원 관계로부터 배제 및 5년간 공무원임용 제한
  - 퇴직급여(수당)의 1/2 감액(단, 5년 미만 재직자는 퇴직급여의 1/4 감액)

② **해임** : 공무원 관계로부터 배제 및 3년간 공무원임용 제한
  - 금전 비리인 뇌물·향응수수, 공금 유용·횡령으로 해임된 경우 퇴직급여(수당)의 1/4 감액 (단, 5년 미만 재직자는 퇴직급여의 1/8)

③ **강등** : 1계급 아래로 직급을 내리고, 공무원 신분은 보유하나 3개월간 직무에 종사하지 못하고 보수의 2/3 감액
  - 고위공무원은 3급으로 강등, 연구관 및 지도관은 연구사 및 지도사로 강등
  - 외무공무원은 1등급 강등
  - 교육공무원은 하위직위에 임명
  - 최하위 계급도 강등 가능, 단 별정직공무원에 대해서는 강등 제외('13.12.12부터적용)

④ **정직**
  - 공무원신분은 보유하나 직무에 종사하지 못함
  - 정직기간중 보수의 2/3(연봉적용자는 연봉월액의 7할) 감액
  - 정직기간 및 정직처분 종료 후 18개월간 승진 및 승급 제한

⑤ **감봉**
  - 감봉 기간 중 1/3(연봉적용자는 연봉월액의 4할) 감액
  - 감봉기간 및 감봉처분 종료 후 12개월간 승진 및 승급 제한

⑥ **견책** : 6개월간 승진 및 승급 제한

243 일명 '김영란법'에 대하여 알고 있는가?

질문 의도

- 2011년 6월 당시 국민권익위원장이 공직사회의 기강 확립을 위해 처음 발의한 "부정청탁 및 금품 등 수수 금지에 관한 법률"이 2015년 3월 27일 제정되었고, 1년 6개월의 유예기간을 거쳐 2016년 9월 28일부터 시행되었다. 공무원의 부정부패를 처벌할 수 있는 기준과 대상에 대한 내용을 숙지하도록 한다.

답변 사례

김영란법 즉 "부정청탁 및 금품 등 수수 금지에 관한 법률"은 공직자뿐만 아니라 언론인, 사립학교 교직원, 사학재단 이사진 등까지 아우르는 우리사회 부패의 고리를 끊기 위해 마련된 법률입니다.

244 김영란 법의 주요 내용을 말해 보라.

질문 의도

- 2011년 6월 당시 국민권익위원장이 공직사회의 기강 확립을 위해 처음 발의한 "부정청탁 및 금품 등 수수 금지에 관한 법률"이 2015년 3월 27일 제정되었고, 1년 6개월의 유예기간을 거쳐 2016년 9월 28일부터 시행되었다. 공무원의 부정부패를 처벌할 수 있는 기준과 대상에 대한 내용을 숙지하도록 한다.

답변 사례

금품은 1회 100만원, 연간 300만원을 초과하여 금품을 공직자에게 제공하면 이를 받은 공직자는 물론 금품을 제공한 국민도 같이 형사처분이나 과태료를 부과 받는다는 내용이 있습니다. 또한 직무와 관련해 100만 원 이하 금품을 수수한 경우에는 그 가액의 2~5배에 해당하는 과태료를 부과합니다. 경조사비 등의 상한액에 대한 내용으로는
가. 식사 등 음식료 접대비는 1회 1인당 3만원 이내
나. 설, 추석 등 선물과 공직자와 그 가족 등의 결혼식, 장례식 등의 경조사비는 5만원 이내
다. 단, 농·특산물과 화환에 있어서는 10만원까지 허용하고 있습니다.

245 김영란법 시행의 장·단점을 말해보라.

🔒 질문 의도

- 2011년 6월 당시 국민권익위원장이 공직사회의 기강 확립을 위해 처음 발의한 "부정청탁 및 금품 등 수수 금지에 관한 법률"이 2015년 3월 27일 제정되었고, 1년 6개월의 유예기간을 거쳐 2016년 9월 28일부터 시행되었다. 공무원의 부정부패를 처벌할 수 있는 기준과 대상에 대한 내용을 숙지하도록 한다.

🔒 답변 사례

김영란법 시행의 장점으로는 우리사회의 부정부패를 척결하여 공직자의 청렴도를 높일 수 있는 제도가 마련되었다는 것입니다.

단점은, 첫째 이 법 제5조에 '선출직 공직자, 정당, 시민단체 등이 공익적 목적으로 제3자의 고충민원을 전달하거나 법령개선을 제안하는 경우에는 적용을 배제한다.'라는 내용이 있는데 이는 정치인들에 대한 특혜적 조치라는 비난이 있습니다.

둘째, 사립학교 교직원, 언론인 등 민간영역에까지 규제하는 것은 검찰권 남용이자 위헌이라는 주장이 있습니다. 특히 일부 비판언론에 대한 표적수사 가능성 등 언론자유축소 우려가 제기되고 있습니다.

셋째, 변호사, 의사, 회계사 등 전문직들이 적용 대상에서 제외되어 형평성 논란도 있습니다.

넷째, 마땅히 고마움을 표현해야하는 사회적 상황이 있을 수 도 있습니다. 이러한 상황에 제약이 있기 때문에 우리사회의 '정문화'가 사라진다. 견해들도 있는 것으로 알고 있습니다.

246 전국 소방 1년 출동 건수를 아느냐?

🔒 질문 의도

- 면접에서 자주 출제되는 질문으로 지원자의 소방에 대한 관심을 파악할 수 있는 질문이다.

🔒 답변 사례

2018년 기준 전국 구조출동건수는 총 80만5194건입니다. 이중 생활안전출동건수는 42만 3055건으로 총 출동건수의 절반이 넘는 52.5%에 해당됩니다.

247 대전소방본부가 외상 후 스트레스를 극복하기 위해 실시하고 있는 프로그램에 대해서 알고 있는가?

질문 의도

- 자신이 지원한 소방본부에서 실시하고 있는 심리 프로그램이나 외상 후 스트레스장애 치료 정책에 대한 정보를 파악하여 답변하도록 한다.

답변 사례

우리 대전소방본부에서는 외상 후 스트레스(PTSD)에 대한 우리 소방공무원의 심리안정프로그램을 운영하고 있는 것으로 알고 있습니다.
소방공무원 심리안정 프로그램에는 간이심리검사, 대면상담, 보문산 숲 치유 센터와 산림자원을 활용한 숲 체험 등이 있습니다.

248 국민권익위원회에 대하여 알고 있습니까?

질문 의도

- 국민권익위원회는 부패방지와 국민의 권리보호 및 구제를 위하여 과거 국민고충처리위원회와 국가청렴위원회, 국무총리 행정심판위원회 등 기존 3개의 위원회를 하나로 통합하여 2008년 2월에 출범한 기관이다. 국민권익위원회의 목적에 대하여 이해하고 있어야 한다.

답변 사례

국민권익위원회는 고충민원처리, 부패방지 및 행정심판 기능을 통합하여 국민의 권익 구제 창구를 일원화하고 신속한 원스톱 서비스 체제를 마련하기 위하여 과거 국민고충처리위원회와 국가청렴위원회, 국무총리 행정심판위원회를 통합한 기관입니다.
국민권익위원회의목적은
첫째, 고충민원의 처리와 이와 관련된 불합리한 행정제도 개선하고,
둘째, 부패의 발생을 예방하며 부패행위를 효율적으로 규제함으로써 국민의 권익을 보호하고 행정의 적정성을 확보하며 셋째, 청렴한 공직 및 사회풍토의 확립에 이바지함을 그 목적으로 합니다.

249 119 안심콜 서비스에 대해 설명해 보라.

🔒 질문 의도

- 119안심콜서비스는 2008년 9월부터 시작되어 2018년 12월 기준 45만2156명이 등록되어 있다. 매년 연평균 16% 정도로 신규 등록이 증가하고 있다.
  119안심콜서비스는 구급서비스를 제공받고자 하는 사람(본인 또는 자녀 등 대리인)이 '119 안전신고센터 홈페이지'에 접속(방문)해 안내에 따라 '개인정보(전화번호 등)와 병력, 복용 약물, 보호자 연락처 등' 필수 입력사항을 간편하게 등록할 수 있다.
  등록은 본인뿐 아니라 대리자로 보호자, 자녀, 사회복지사 등도 가능하며, 약관동의와 실명인증이 필요하다.

🔒 답변 사례

질병자, 장애인, 독거노인, 나홀로 어린이, 외국인 등 요구호자에 대한 정보를 사전에 인터넷을 통해 DB화하여 119신고 시, 119출동대가 요구호자의 질병특성 및 상황특성을 미리 알고 출동하여, 맞춤형으로 대응하고 관계자에게 통보하는 것으로, 특히 이동전화 이용시에도 언제 어디서나 위치파악이 가능하여 최근접 119출동대가 신속 출동함으로써 소생률을 높일 수 있는 시스템을 말합니다.

기존	개선
• 천막이 탈출이 용이한 구조일 경우 방염처리 부분은 의무가 아니었음	• 방염 처리를 의무화하고 소방시설법에 따른 방염성능 기준을 적용하도록 함
• 글램핑, 트레일러 사이의 이격 거리 기준이 없었음	• 야영용 시설 사이에 3미터 이상의 거리를 의무화로 변경
• 글램핑 트레일러 내 단독경보형 연기감지기, 누전차단기 설치 의무 없었음	• 일산화탄소 경보기 설치를 의무화로 추가
• 글램핑, 트레일러 내 화목난로 사용에 대한 기준 없었음	• 글램핑, 트레일러 내 화목난로 등 사용을 엄격하게 금지함

🔒 답변 사례

화려하다(glamorous)와 캠핑(camping)의 합성어로, 비용이 많이 드는 귀족적 야영을 뜻하며 캠핑객이 편리하게 이용할 수 있도록 장비와 수박시설 등을 사전에 준비하여 마련해둔 캠핑장을 의미합니다.

250 의식을 잃은 당뇨환자가 처치를 받은 후 의식을 되찾았는데 병원으로 안 가겠다고 떼쓰는 경우 어떻게 할 것인가?

질문 의도

- 구조·구급 현장에서 구조 활동을 거부하는 대상을 만나는 경우나 구조 활동 후 항의하는 시민을 만날 수도 있다는 가정을 하여 답변을 구상하도록 한다.

답변 사례

환자가 병원 이송을 거부하는 데는 이유가 있을 것이라 생각합니다. 따라서 대화를 통해 환자의 입장을 듣고 설득해야 할 것 같습니다. 굳이 병원이송을 하지 않고도 안정을 되찾을 수 있다면 걱정이 없겠지만, 병원 이송이 꼭 필요한 경우라면 강력히 설득하도록 할 것입니다. 만약 환자가 끝까지 거부한다면 가족의 동의를 얻어서라도 병원이송을 하여 추후 발생할 수 있는 위험으로부터 환자를 보호해야 한다고 생각합니다.

251 응급의료센터 개수?

질문 의도

- 구조 활동 후 이송 가능한 관련기관을 숙지하고 있어야 한다.

답변 사례

권역응급의료센터 29개, 중앙응급의료센터 16개 입니다

252 산에서 조난을 당했을 때 구조를 요청하는 방법에 대해서 말해보세요.

질문 의도

- 레저와 스포츠 인구가 많이 늘어나면서 산악에서 발생하는 사고 또한 증가하고 있다. 국민 개개인이 산악 사고에 대한 경각심을 가지고 있어야 하며 사고 시 대처 방안까지 숙지하고 있다면 만약의 상황에 대비할 수 있을 것이다.

|참고자료| 산악구조 통계

2017년 소방청 통계 자료에 따르면 1년간 산악 구조 출동 건수는 9,600건에 달한다.
서울소방청 자료에 의한 서울 산악구조 출동에 관련된 자료는 다음과 같다.

※연도별구조출동(유형별)현황

(기간 2015.~2017.)

구 분	계	세부 유형별					
		실족추락	암벽등반	개인질환	자살기도	일반조난	기 타
총 계	4,518	1,492	77	391	92	667	1,799
2017년	1,445	373	19	106	36	179	732
2016년	1,598	546	30	151	26	259	586
2015년	1,475	573	28	134	30	229	481

출처: 서울소방재난본부

답변 사례

산악 인구 증가에 따른 산악 사고 예방법과 구조 요청방법에 대해 말씀드리겠습니다.
산악사고를 예방하기 위해서는
① 기상정보 및 등산 결로 사전 확인
② 큰 온도차에 대비한 방한복 등 준비
③ 등산 전 가벼운 준비운동
④ 개인용 물통 및 비상식량 준비
⑤ 보호대, 스틱, 휴대용 랜턴 등 준비 사용
⑥ 올바른 신고방법의 안전수칙을 꼭 기억하고 준수해야 합니다.

조난 시 구조 요청 방법은,
첫째, 등반 시 구조요청 연락처를 꼭 챙겨가야 합니다.
둘째, 등반하면서 500m마다 설치된 다목적 위치표지판을 보고 자신의 위치를 수시로 확인해야 합니다.
셋째, 조난 시, 국제적인 구조요청 신호인 '야호'를 외쳐 구조요청을 합니다.

253 화상대처방법을 말해보세요.

🔒 질문 의도

- 구급 대원으로서의 대처 방법과 관련지식을 파악할 수 있는 질문이다.

🔒 답변 사례

1도 화상은 홍반성으로 가벼운 화상이기 때문에 차가운 물로 상처를 씻어줍니다.
2도 화상은 수포성으로 물집을 터뜨리지 말고 차가운 물로 씻어줍니다.
3도 화상은 괴사성으로 바로 병원으로 이송해야 합니다.
4도 화상은 피부탄화로서 열이 뼈까지 도달한 경우입니다. 이 역시 바로 병원에 이송해야 합니다.

254 물렸을 때 응급처치 방법을 설명해 보시오.

🔒 질문 의도

- 구급 대원으로서의 대처 방법과 관련지식을 파악할 수 있는 질문이다.

🔒 답변 사례

가장 현명한 방법은 빨리 병원으로 이송하는 것이 좋겠지만, 응급처치를 해야 하는 경우라면 우선적으로 환자를 안정시킨 후 물린 부위의 움직임을 최소화해서 움직일 때마다 근육의 수축으로 인해 독이 전신에 빠르게 퍼지는 것을 막아야 합니다.
따라서 물린 부위 위쪽을 손가락 한 두 개가 들어갈 수 있을 정도의 여유를 두고 손수건이나 고무밴드로 묶어주어 물린 곳보다 심장과 가까운 부위를 압박하는 것으로 독이 퍼지는 것을 다소 늦출 수 있습니다. 이후 상처부위를 깨끗한 물로 씻은 후 응급처치를 한 후 신속히 병원 이송을 하여 해독제 투여를 한다면 환자의 회복을 도울 수 있을 것입니다.
간혹 입으로 물린 부위를 세게 빨아내는 경우가 있는데 이는 입안이나 식도에 상처가 있을 경우 위험할 수가 있습니다. 이 외에 주의해야 하는 것은 혈액순환을 촉진할 수 있는 술이나 커피 등은 절대 마시지 말아야 하며 뱀에 물린 부위를 칼로 절개하는 행동도 삼가야 합니다.

255 벌에 쏘였을 때 응급처지 방법을 설명해 보시오.

질문 의도

- 구급 대원으로서의 대처 방법과 관련지식을 파악할 수 있는 질문이다.
  일반적으로 벌에 쏘였을 때 국소적인 반응으로 쏘인 부위 주변으로 붓게 된다. 이어서 통증이 나타나게 되며, 대부분 이런 증상이 수일 지속되고 호전되는 것이 보통이다.
  여러 차례 벌에 쏘이게 되면 전신 독성 반응도 나타날 수 있는데, 구역감, 구토, 설사, 어지러운 증상 등이 나타나기도 한다. 일부에서는 아나필락시스 반응이 나타나게 되는데, 혈압이 하강하고 호흡이 힘들어지면서 복통이 나타나게 되고 심한 경우 의식저하와 사망에까지 이를 수 있는 무서운 상황까지 갈 수 있다. [네이버 지식백과]

답변 사례

우선 환자를 추가적인 벌에 쏘임을 막기 위해서 안전한 장소로 이동한다.
이후 벌침을 제거해야 하는데, 신용카드의 모서리로 살살 긁어낸다. 단 무리하게 시도해서는 안 된다. 또한 벌침 끝 부분에 남아 있는 벌독이 몸 안으로 더 들어 갈 수 있기 때문에 손으로는 잡아 뽑지 않는 게 좋다.
벌침을 제거한 후에는 2차적인 감염을 예방하기 위해 비눗물로 상처부위를 깨끗이 세척한다. 이후에 얼음찜질을 시행하여 부종을 감소시키고 부종이 심할 때는 물린 부위를 높게 한 후 안정시키면서 병원으로 이송한다.

256 CPR 하는 이유는?

질문 의도

- 심장은 혈액순환이 정지된 후 4분이 지나면 회복 불가능한 뇌손상이 일어나기 시작하며, 10분부터는 뇌 이외의 다른 장기들도 손상을 입게 된다. 따라서 심정지가 발생하면 늦어도 4분 이내에 심폐소생술을 시작해서 제세동과 병원 치료가 이루어질 때까지 중단 없이 계속해야 환자의 생존율을 높일 수 있다. 이에 응급상황 발생 직후부터 4분까지를 '골든타임'이라고 한다.

🔒 답변 사례

심 정지 후 뇌에 산소공급이 4분 이상 지연되어 발생하는 뇌 손상을 막고자 하는 이유가 가장 큽니다. 갑작스럽게 일어나는 심정지는 예측이 어렵습니다. 가정이나 길거리에서 사고나 응급질 환자가 발생했을 때 가족이나 목격자가 즉시 의식과 호흡을 확인 후 구급차가 현장에 도착할 때까지 심폐소생술을 신속하게 시행하면 뇌손상 없이 회복시킬 수도 있기 때문에 CPR을 하는 것이고, 일반인을 대상으로 CPR 교육을 더 활발히 한다면 심정지 위험에 처한 환자에게 보다 적극적인 도움을 줄 수 있다고 생각합니다.

|참고자료| CPR에서 명심해야 할 DRS ABCD

- **D**anger = 주변의 위험요소가 있는지 확인
- **R**esponse = 환자가 의식이 있는지 확인
- **S**end for help = 도움 요청
- **A**irway = 기도확보
- **B**reathing = 숨 쉬는지 확인
- **C**ompressions = 심폐 소생술 시작
- **D**efibrillator = AED

257 CPR 가슴압박을 30회 하는데 몇 cm가 들어가야 되는지 아는가?

🔒 질문 의도

- CPR은 심정지 환자의 뇌손상 방지 및 정상 회복을 위해 중요한 응급처치법으로 세부 사항까지 숙지하고 있도록 한다.

🔒 답변 사례

압박 깊이는 성인의 경우 약 5~6cm정도로 깊게 두 손 압박을 해야 효과가 있으며 소아는 한 손 압박법이 있고 유아의 경우는 두 손가락 압박법이 있습니다. 성인의 경우 5cm 이상 압박을 해야 하기 압박을 할 때는 체중을 실어 압박을 해야 효과가 있습니다.

258 심폐소생술 흉부압박과 인공호흡의 비율은?

🔒 질문 의도

- CPR은 심정지 환자의 뇌손상 방지 및 정상 회복을 위해 중요한 응급처치법으로 세부 사항까지 숙지하고 있도록 한다.

🔒 답변 사례

흉부압박은 1초에 2회 속도로 30회를 실시하고 기도를 확보한 후 인공호흡 2회를 실시합니다. 환자의 호흡이 돌아올 때까지 계속 실시를 합니다. 최근에는 흉부 압박만으로도 CPR을 하는 효과는 충분히 볼 수 있고 그 사례도 충분히 많기에 굳이 심리적인 부담감이나 불쾌감, 위험부담을 감수하고서 무리하게 호흡을 불어넣지 말고 흉부압박만을 시행하는 것이 좋다는 의견에 따라 인공호흡을 생략하고 흉부압박 위주로 실시하는 것을 권장하고 있는 것으로 알고 있습니다.

| 참고자료 | CPR - ABC 암기법

> 과거에는 ABC 암기법이라고 해서, 기도 확보(Airway)를 먼저 하도록 권장하였지만 최근엔 지침이 변경되어 흉부 압박(Compression)을 먼저 하도록 권장하고 있다. 단 물에 빠져 의식을 잃은 사람은 원래대로 ABC쪽이 더 좋다.
>
> **C : Compression - 흉부 압박**
> 양 쪽 젖꼭지를 잇는 선의 정 중앙을 5~6cm 깊이, 분당 100~120회의 속도로 압박한다.
> 과거에는 기도 확보부터 해야 된다고 교육했지만, 최근엔 흉부 압박부터 시행하도록 지침이 변경되었다. 대부분의 심정지 환자들의 폐 속에는 공기를 갖고 있는 상태기 때문에 폐 속의 산소부터 빠르게 활성화하는 게 골든타임을 유지하는데 더 도움이 된다고 한다. 또한 기존 ABC순서로 하게 되는 경우 기도확보를 제대로 했는지, 어떻게 하는지에 주저하는 경우도 많기 때문에 일단 가슴부터 누르도록 하는 게 거부감이 덜하다고 한다.
>
> **A : Airway - 기도 확보**
> 이마를 젖히고 턱을 들어서 기도를 확보한다.
> 단순히 호흡만 정지된 환자의 경우 기도확보만 해 줘도 자발적인 호흡이 돌아오는 경우가 있다. 기도가 확보되지 않으면 그 다음의 B, 즉 인공호흡이 아무런 소용이 없다.
>
> **B : Breathing - 인공호흡**
> 기도를 확보해도 호흡이 돌아오지 않으면 코를 막고 입으로 숨을 불어넣어 산소를 공급한다.
> 숨을 너무 많이 불어넣을 경우 폐에 문제가 생기거나 여분의 공기가 위로 들어가 구토를 유발해 더 위험해질 수 있다. 괜히 심호흡을 한다거나 하지 말고 가슴이 올라올 정도로만 가볍게 불어주면 된다.

259 일반적으로 성인의 경우 호흡이 심장 정지된 후 몇 분이 경과하면 뇌가 비가역적인 영구손상을 받게 되는가?

🔒 질문 의도

- 심정지시 CPR을 시행하는 이유와 관련 지식을 숙지하도록 한다.

🔒 답변 사례

심장이 멈추고 4분이 지나면서부터 뇌가 손상을 입기 시작해서 10분이 경과되면 뇌의 손상은 회복이 불가능해집니다.

260 소아의 경우 심정지의 주된 원인은 무엇인가?

🔒 질문 의도

- 성인과 소아의 심정지 원인에 대해 구분하여 숙지하여야 한다.

🔒 답변 사례

신생아와 영아에게 심정지의 주요 원인은 호흡부전, 영아 돌연사 증후군 등이지만, 1세가 넘은 1세가 넘은 소아에게서는 심정지의 가장 흔한 원인이 외상입니다.

261 물에 빠진 사람을 보았을 때는 어떻게 해야 하는가?

🔒 질문 의도

- 2018년 행정안전부의 '6~8월 물놀이 사고 현황'에 따르면 물놀이 익사자는 '2015년'은 36명, '2016년'은 35명, '2017년'은 37명으로 나타났다. 2017년 장소별 물놀이 사고 현황은 '하천과 강'이 22명으로 가장 많았으며, 그 다음으로 '바닷가(갯벌·해변)'가 6명, '해수욕장'이 5명, '계곡'이 4명 순으로 통계가 되었다.

🔒 답변 사례

큰소리로 주변 사람들에게 알리고 이를 발견한 사람들은 119 등에 연락해 응급 구조 요청을 해야 합니다. 곧바로 튜브 등의 구조 장비를 던져 물에 뜰 수 있게 해 주는 것도 중요합니다. 튜브가 없는 경우에는 야외용 돗자리를 돌돌 말아 던져 주면 성인 남성 1명은 충분히 지탱할 수 있을만한 부력을 가지고 있으며, 또 물이 1/3정도 들어 있는 생수병 2개와 질소충전이 된 과자봉지도 장시간 동안 물에 뜰 수 있게 해주는 것으로 알고 있습니다.

물에서 사람을 구조해 낸 경우에는 먼저 익수자의 의식이 있는지 확인해야 합니다.

의식이 있다면 우선 체온을 유지해야 하므로 젖은 옷을 벗긴 다음 담요 등으로 몸을 감싸서 체온이 떨어지는 것을 막고, 옆으로 눕혀서 안정을 취하게 한 다음 병원으로 이송하여야 합니다. 만일 의식이 없는 경우라면 환자를 편안하게 눕힌 다음 고개를 옆으로 돌려 기도를 확보하고 빨리 병원으로 이송합니다.

|참고자료| 익수자 구조방법 및 응급조치 요령

1. 사고처리의 절차
수난사고 발생 – 소방서(119)신고 – 사고자 구출(인근주민 도움요청)
※ 소방서(119) 신고와 사고자 구출은 동시에 이루어져야함.

2. 신고요령
1) 신고내용:
   ① 사고일시 및 장소
   ② 사고내용 및 주위상황여건
   ③ 그 밖의 필요한 사항(사고 목격자의 연락처 등)

2) 신고는 어디로? → 119

3. 익수자 구조방법
① 주위의 사람에게 도움을 요청한다.(119신고)
② 가능한 땅에서 손, 나뭇가지, 로프, 스티로폼, 등을 이용하여 익수자를 구조토록 한다.
③ 구조하기 위하여 무모하게 뛰어 들어가지 않는다.
④ 수영에 자신이 있거나 익수자가 의식이 없을 때만 수영으로 접근한다.
⑤ 반드시 익수자 뒤쪽으로 접근하여 뒤에서 끌고 나온다.

4. 유형별 익수자 구조요령
1) 손이 닿는 위치에 익수자가 있을 경우
① 팔을 뻗쳐 구조할 경우 무턱대고 하면 익수자에 딸려 들어가 수중에 빠져 위험을 당할 수가 있으므로 "직각으로 엎드려 균형을 잡고 한 손은 바닥을 눌러 딸려 가지 않게 한 다음 자기 몸이 익수자의 몸과 직각이 되게 한다."(신체고정, 지지)
② 손이 닿는 위치에 익수자가 있을 경우 옆 사람을 붙잡는 것을 피하고 언제나 물가의 단단한 물체를 잡고 뻗은 팔로 익수자의 팔목을 움켜잡고 천천히 잡아당긴다.

2) 손이 미치지 않는 곳에 익수자가 있을 때
① 셔츠, 수건, 옷, 나뭇가지, 혹은 긴 막대와 같은 물건들을 사용하여 팔을 뻗어 미치는 거리를 연장시켜서 익수자가 뻗쳐진 물건의 한쪽 끝을 붙잡게 하여 천천히 안전지대로 끌어들인다.
② 익수자가 구조자를 물속에 끌어들이지 않게 조심한다.
③ 한층 더 먼 곳에 익수자가 있을 때
  - 로프, 튜브, 혹은 무엇이건 뜨는 물건을 던져준다.
  - 던진 물건이 익수자에게 부딪히지 않게 던질 것
  - 물건을 던져줄 수 없을 만큼 먼 거리에 익수자가 있을 경우
  - 보트, 배를 이용하여 익수자에게 가까이 가서 붙잡을 물건을 내민다.

5. 사고 후 조치요령
① 주위의 사람에게 도움을 요청한다.(119 신고)
② 스티로폼, 로프, 막대기 등을 이용하여 익수자를 구조토록 한다. 구조하기 위하여 무모하게 뛰어 들어가지 않는다.
③ 구조 후 의식이 있는 경우에는 흡입물을 토하도록 하고 안정시킨다.
④ 구조 후 의식이 없는 경우 119구급대가 도착할 때까지 인공호흡과 심장마사지를 해주며 체온유지를 해준다.
  ※ 폐 속의 물과 추위 때문에 인공호흡과 흉부압박에 저항을 보일 수 있으므로 보통보다 느린 속도로 심폐소생술을 실시한다.
⑤ 사고현장에 구급차 진입이 곤란한 경우에는 환자를 이동시킨다.

6. 익수자에 대한 인공호흡
① 익수자는(폐나 위 속에 물이 들어서 죽는 것이 아니라) 공기의 부족으로 사망한다. 그러므로 물에 빠진 사람은 의식이 있는 한 수면위로 올라와 숨을 쉬려고 발버둥 치는 것이다. 한편 이물질을 토할 때 기도를

막아 버릴 수도 있다는 것을 알아야 하고 그럴 경우 즉각적인 조처를 취해야 한다.
- 이물질을 즉시 입에서 제거한다.
- 턱이 위를 향하게 머리를 뒤로 제치고 혀가 목구멍을 가로막지 않게 한다.
- 입을 크게 벌려 익수자의 입을 덮는다. 두 손가락으로 익수자의 콧구멍을 쥐고 입 속으로 공기를 불어넣는다.
  - 입을 떼어 공기를 배출시키고, 처음부터 다시 반복한다.
  - 성인일 때는 1분에 약 15회 정도로 힘차게
  - 어린아이일 때에는 비교적 약하게 20회 정도
  - 유아는 입으로 유아의 입과 코를 덮고 약 20회 정도로 약하게 불어넣는다.
  - 공기가 잘 들어가지 않는다고 느껴질 때에는 머리의 자세를 다시 살펴보고 아래턱을 앞으로 잡아당긴다.

물놀이 안전수칙
- 물에 들어가기 전에 준비 운동을 충분히 한다.
- 물에 들어갈 때 심장에서 먼 곳부터 온몸에 물을 적시고 들어간다.
- 식사 직후나 심신이 피로할 때는 수영을 하지 않는다.
- 물에 빠진 사람을 구조하기 위해 무모하게 뛰어들지 않는다.
- 수영금지 구역이나 수심이 깊은 곳에서는 수영하지 않는다.
- 어린아이는 반드시 어른(보호자)이 함께 동행한다.(옆에 있어야 한다.)
- 음주 후에는 수영하지 않는다.

262 어머니와 자식이 물에 빠졌다면 누구를 먼저 구하겠는가?

🔒 질문 의도

- 표면적으로 드러나는 관계의 우선순위 때문에 지원자들이 실수를 하는 질문이다. 관계성을 따지기보다는 구조의 원칙을 상기하여 답변하도록 한다.

🔒 답변 사례

어머니와 자식의 관계를 떠나서 가장 가까운 곳에 있는 사람을 먼저 구하도록 하겠습니다. 왜냐하면, 물에 사람을 빠진 경우 촌각을 다투는 문제이기 때문에 가장 가까운 사람을 먼저 구한 후 나머지 다른 분을 신속하게 구하도록 하겠습니다.

263 물에 빠져 있는 환자를 구조하였다 확인 결과 의식이 없고 호흡도 없다면 언제부터 인공호흡이 시행되어야 하는가?

🔒 질문 의도

- 구급 관련 전공지식을 알 수 있다.

🔒 답변 사례

환자를 물 밖으로 꺼낸 뒤 즉시 시행해야 합니다.
심폐소생술을 먼저 시행 후, 익수로 인한 심정지의 경우, 먼저 기도를 확보하고 인공호흡을 시행해야합니다. 일반적인 심정지의 경우 심장마사지(가슴 압박)만 시행해도 효과가 있으나, 익수의 경우 호흡성 심정지이므로 가급적 인공호흡을 하는 것이 좋습니다. 그리고 심장마사지 30회, 인공호흡 2회 비율로 하면 됩니다.

264 출혈환자의 지혈법은 무엇인가?

🔒 질문 의도

- 구급 대원으로서의 대처 방법과 관련지식을 파악할 수 있는 질문이다.

🔒 답변 사례

멸균된 거즈나 깨끗한 천으로 두툼하게 접어서 상처부위 전체를 덮도록 댄 다음에 손바닥으로 세게 지속적으로 압박합니다. 만약 피가 천 밖까지 스며나오면 천을 떼고 다시하려 하지 말고, 그 위에 새로운 거즈나 천을 대고 처음보다 더 세게, 더 넓은 부위를 압박해주어야 합니다.
팔, 다리에서 출혈이 있을 때는 출혈부위를 환자의 심장보다 높은 부위로 올려 주어야 지혈을 빨리 할 수 있습니다.

265 저산소증에 가장 예민한 인체의 기관은?

🔒 질문 의도

● 저산소증은 호흡기능의 장애로 숨쉬기가 곤란하여 체내 산소 분압이 떨어진 상태로 동맥혈 가스검사를 시행했을 때 산소 분압이 60mmHg 미만이거나 산소 포화도가 90% 미만일 경우를 말한다.

🔒 답변 사례

저산소증에 관련되는 신체기관으로는 심장, 폐, 적혈구, 중추신경계가 있습니다.

① 심장 관련 순환성 질환으로는 심부전이나 쇼크 때문에 발생하며 동맥혈 산소 분압은 대개 정상적이지만 실제 조직에서의 산소 분압은 떨어지게 됩니다.

② 폐 관련 호흡성 질환으로는 관류-환기 불균형에 의한 경우가 가장 흔하고 저 환기에 의해서도 일어납니다. 호흡장애로 인한 대표적인 예가 수면 무호흡증이 있습니다.
   이는 수면 중 10초 이상의 호흡정지가 지속적으로 반복 될 때의 증상을 말합니다. 입안 근육의 탄력 저하나 골격구조의 문제로 인해 상기도가 막히는 경우 호흡이 본인의 의지와는 상관없이 정지됩니다. 이러한 경우 뇌로 가는 산소의 양이 적어져 저산소증을 일으키기 쉽습니다.

③ 적혈구 관련 빈혈성 질환으로는 실제 조직에 산소를 전달하는 혈액 내 헤모글로빈의 농도가 떨어진 경우 혈액 내 산소공급이 원활해지지 못하여 빈혈성 질환으로 나타나게 되는데 이러한 경우 외부에서 추가적으로 산소공급을 해주게 되면 증상이 완화 되지만, 이보다 심한 적혈구와 혈색소가 부족한 경우에는 수혈을 시행해 줍니다.

④ 또한 지속적인 저산소증은 중추신경계의 증상 또는 기분의 변화, 이상행동과 정신착란, 의식의 소실등과 같이 일상생활에 큰 영향을 줄 수 있는 증상을 동반할 수 있습니다.

266 정상 성인의 분당 평균 호흡수는?

질문 의도

- 구급 대원으로서의 대처 방법과 관련지식을 파악할 수 있는 질문이다.

답변 사례

기본적으로 어른은 호흡수가 적고, 어린이나 유아는 어른보다 호흡수가 많습니다. 성인 정상 호흡수는 분당 15~20회 전후(1회에 4초 정도), 신생아는 분당 40회, 유아는 20~30회 정도, 초등학생은 20회 근처입니다.

267 간호사와 구급대원의 차이점은 무엇인가?

질문 의도

- 소방 구급(소방사) 응시자격은 '응급구조사 1급 또는 간호사 자격증을 취득하고 다음의 기관에서 2년 이상 응급의료업무 또는 간호업무 경력이 있는 자'에 해당한다.
  - 응급의료업무라 함은 응급환자에 대한 상담·구조·응급처치 및 이송업무에 종사한 경력이나 응급의료 교육을 강의 한 경력을 의미한다.
  - 간호업무라 함은 상병자나 해산부의 요양상의 간호 또는 진료의 보조목적으로 근무한 경력을 말한다.

답변 사례

소방공무원으로서 간호사나 구급대원 모두 응급상황에서 환자의 상담·구조·응급처치 업무를 담당하게 되는 것은 동일합니다. 간호사 자격증 소지 구급대원의 경우 구급차 탑승했을 경우 의사 오더와 같이 모든 약물 투여를 지시할 수 있는 반면 응급구조사의 경우는 '응급의료에 관한 법률'에 의거하여 1급과 2급으로 분류되며 응급처치에 있어 업무 범위가 14개로 한정되어 있어 실제 의료현장에서 한계가 있다고 볼 수 있습니다.

| 참고자료 | 응급 구조사 1급과 2급의 비교

1. 응급구조사의 주요 업무
응급구조사는 응급환자가 발생한 현장에서 응급환자에 대하여 상담·구조 및 이송업무를 행하며 현장 또는 이송 중에 의사로부터 직접 또는 응급의료통신망에 의한 구체적인지 시를 받아 응급처치를 행하는 업무를 담당한다.

2. 1급 응급구조사 업무 범위
① 심폐소생술의 시행을 위한 기도유지(기도기의 삽입과 기도삽관, 후두마스크 삽관 등을 포함)
② 정맥으로의 확보.
③ 인공호흡기를 이용한 호흡의 유지.
④ 저혈당성 혼수 시 포도당 주입, 흉통 시 니트로글리세린의 혀 아래 투여, 쇼크 시 일정량의 수액 투여, 천식 발작 시 기관지 확장제 흡입 등의 약물 투여.
⑤ 2급 응급구조사의 업무

3. 2급 응급구조사의 업무 범위
① 구강 내 이물질 제거
② 기도기를 이용한 기도 유지
③ 기본 심폐소생술
④ 산소 투여
⑤ 부목·척추고정기·공기 등을 이용한 사지 및 척추 등의 고정
⑥ 외부출혈의 지혈 및 창상의 응급처치
⑦ 심박·체온 및 혈압 등의 측정
⑧ 쇼크방지용 하의 등을 이용한 혈압 유지
⑨ 자동제세동기를 이용한 규칙적 심박동의 유도
⑩ 흉통 시 니트로글리세린의 혀 아래 투여 및 천식발작 시 기관지 확장제 흡입(환자가 해당 약물을 휴대하고 있는 경우에 한함)

268 드레싱을 하는 이유는 무엇인가?

질문 의도

- 구급 관련 전공지식을 알 수 있다.

답변 사례

드레싱은 상처가 난 부위에 세균이 노출되지 않도록 보호해주는 역할을 하기 때문입니다.

269 당신이 봤을 때 환자는 이미 죽은 상태였다 보호자는 처치를 원한다면 어떻게 하겠는가?

질문 의도

- 출동 시 발생할 수 있는 상황질문으로 소방공무원으로서의 기본 소양을 파악할 수 있다.

답변 사례

보호자의 심정을 먼저 헤아리도록 하겠습니다. 그 다음 보호자를 진정을 시키고 환자의 상태에 대해 다시 설명을 하도록 하겠습니다.

270 결핵환자 이송 시 대처방법에 대해서 말해보시오.

질문 의도

- 지원자의 전문지식과 올바른 대처방법에 대해서 파악할 수 있는 질문이다.

답변 사례

가능한 처치를 격리실 안에서 시행하여 환자의 이동을 최소화 합니다. 이후 환자 이동시에는 반드시 환자는 수술용 마스크를 착용하고 환자를 안내하며, 운반하는 사람도 마스크를 착용하도록 합니다. 이때 사람이 많은 곳에서 대기하는 시간은 최소화 시키도록 합니다.

MEMO

친절한 추쌤의
소방공무원 면접

03 연도별 기출 문제

2020년 대전 소방직 기출문제

집단면접

01 공무원 임금삭감으로 재난지원금마련 찬성/반대
02 공무원 SNS 활동 찬성/반대
03 코로나 비대면 등록금반환 찬성/반대
04 코로나 3단계 격상 찬성/반대
05 연예 댓글 폐지 찬성/반대
06 전동킥보드 공공서비스에 대한 찬성/반대
07 노인연령기준을 65세에서 70세 상향 찬성/반대
08 공무원이 문신을 하는 것을 규제 찬성/반대
09 구급차 유료화를 해야 하는지에 대한 찬성/반대
10 코로나 대응 3단계로 격상해야 하는지에 대한 찬성/반대
11 인터넷 댓글 시스템을 없애는 것에 대한 찬성/반대 토론
12 코로나로 인해 국가 세금 부담 증가하였는데 소방관 월급 20% 삭감하는 방안에 대한 찬성/반대 토론
13 수격현상 원인과 피해
14 폭렬현상
15 지하실 화재발생 대처방안
16 플래시오버, 백드래프트 원리와 차이점
17 지하철 화재 발생 시 상사가 AED 사용하지 말고 심폐소생술로 진행하라고 한다면?
   – 그래도 환자가 살아나지 않는다면?
18 소방기본법에 대해 말해봐라
19 CO_2 약제 특징
20 하인리히 법칙
21 지상식소화전과 지하식소화전 특징

22 이산화탄소 소화설비 장단점
23 보호 장비 종류는 무엇인가?

개별면접

01 1분 자기소개
02 성격의 장·단점
03 소방공무원 지원 이유
04 리더십, 성실, 협동심 3개 중 본인이 가장 크게 생각하는 것 선택과 이유 말해봐라
05 내근직과 외근직 중 선호하는 것과 그 이유 말해봐라
06 소방관으로서 가장 필요한 덕목
07 주변에서 본인을 어떤 사람이라고 말하는가?
08 본인이 희망하는 업무는?
09 일반행정 공무원과 소방공무원의 차이점
10 외상후 스트레스(PTDD) 관리 어떻게 할 건가?
11 봉사활동 경험에 대해 구체적으로 말해봐라
12 소방 공무원이 업무 중 소송 받은 것 중에 알고 있는 것을 말해봐라.
13 민원인 상대 어떻게 할 것인가?
14 심폐소생술방법, 자동제세동기 사용법에 대해 말해봐라
15 김영란법 농수산물가격 상향 조정에 대한 견해를 말해봐라.
16 소화기나 단독 경보형 감지기 설치를 하지 않는 가정에 대한 처벌 방안에 대한 생각은?
17 5대 국경일
18 마지막 말

2019년 대전 소방직 기출문제

집단면접

01 친환경에너지 태양열발전시설을 주민들이 반대하는 상황에서 태양열발전시설 설치에 대한 찬성/반대
02 소년법 나이하향 조정에 대한 찬성/반대
03 65세 정년 찬성/반대
04 군대 핸드폰 사용에 대한 찬성/반대

개별면접

01 지원 동기는 무엇인가?
02 화재현장 건물붕괴 위험성이 있는데, 요구조자가 있을 때 어떻게 대처 하겠는가?
03 소방의 덕목을 말해보고 그 중에서 가장 중요한 덕목을 골라봐라
04 골든타임의 중요성과 불법주차와 같은 방해요소가 있는데 이에 대한 해결방안
05 국가직 전환에 대한 개인적인 견해를 말해봐라
06 마지막 말

2018년 대전 소방직 기출문제

집단면접

01 원자력발전 가동에 대한 찬성/반대
02 소방공무원 폭행 시 테이저건 사용 찬성/반대
03 사형제 폐지 찬성/반대
04 북미정상회담으로 남북의 앞으로의 발전 방향
05 소방공무원 당비비 찬성/반대
06 선거나이 낮추는 것에 대한 찬성/반대

[집단면접] 개별추가 질문

01 소방계급에 대해 말하세요.
02 소방요소에 대해 말하세요.
03 주유 중 엔진정지 하는 이유는 무엇인가요.
04 피난구 방향은 무엇인가요?
05 소방이 가지고 있는 3요소에 대해 말하세요.
06 주택화재 시 초기 소화 시설엔 어떤 것이 있나요?
07 연소 4요소에 대해 말해보세요.
08 소방기관을 순서대로 말해보세요.
09 화상의 종류는?
10 11층에 설치되어 있는 소화시설은 무엇인가요?
11 소방서장이 될 경우 가장 먼저 할 일?

개별면접

01 1분 자기소개를 하세요.
02 미투 운동에 대한 본인의 생각은?
03 출동 후 민원인이 소방관에게 폭언과 폭행을 할 경우 대처방안은?
04 제천화재에 대한 본인의 개인적인 생각
05 감명 깊게 본 영화는 무엇인가요?
06 소방공무원이 되어서 하고 싶은 일은 무엇인가요?
07 제연설비란 무엇인가요?
08 나이어린선배 소방관의 부당한 지시를 받았을 때 본인의 대처방안은?
09 선배소방관이 뇌물을 받는 현장을 봤다. 어떻게 하겠는가?
10 봉사활동 경험에 대해 말해보세요.
11 기억에 남는 화재가 무엇이 있는가?
12 소방관으로서 중요한 덕목은 무엇이라고 생각하는가?
13 경방, 구조, 구급, 행정조직 전체적으로 다르다. 조직생활에서 가장 필요한 것이 무엇이라고 생각하는가?
14 마지막 하고 싶은 말을 하세요.

2020년 세종 소방직 기출문제

집단면접

01 세종시 국회의사당 및 청와대 이전에 대한 찬성/반대
02 광화문집회 코로나 강제검사에 대한 찬성/반대
03 코로나로 인한 외국인 입국 찬성/반대

개별면접

01 자기소개 30초
02 자존감이 무너졌을 때 해결방법
03 본인이 돕는 것이 좋은지 타인이 본인에게 도움을 요청하는 것이 좋은가?
04 본인에 생각하는 배려란 무엇이라고 생각하는가?
05 성실이란?
06 최근 기억에 남는 화재
07 공무원이 정치적 중립을 지켜야하는 이유는?
08 진상민원인이 있을 때 대처 방법
09 대형화재 진압한 성과를 상사가 가로챈다면 어떻게 할 것인가?
10 세종시가 행정수도인 것에 대한 본인의 생각 말해봐라
11 팀워크 향상을 위해 무엇을 할 것인가?
12 심정지 환자로 신고 받고 출동했는데 코로나 환자일 경우 어떻게 대처할 것인가?
13 깨진 유리창 법칙 이론이란?
14 AI 4차 산업기술을 소방에 이용한다면 어떻게 활용할 것인가?
15 생활안전서비스 유료화
16 소방 개선점 말해봐라

2019년 세종 소방직 기출문제

집단면접

01 남북통일 찬성/반대
02 구급차유료화 찬성/반대
03 카풀앱 찬성/반대
04 여자소방공무원 체력기준 강화 찬성/반대
05 최저임금 찬성/반대

개별면접

01 자기소개
　　- 어린나이에 왜 소방공무원에 지원했는지?
　　- 대민지원 나갔다고 했는데 군대는 어디 다녀왔는가?
02 책 많이 읽는가?
03 대학안간 이유는 무엇인가?
04 어떤 소방공무원이 되고 싶은가?
05 공부하면서 힘든 점은 없었는가?
06 부모님이 소방공무원 이신가?
07 부모님이 소방공무원 이여서 서운했던 적은 없었는가?
08 부모님이 소방인데 특별히 강조하신 거 없는가?
09 의무소방 갔다 왔다고 했는데 2년 동안 뭐했는가?
10 다리수술 했다고 했는데 지금은 괜찮은가?
11 마지막 말

2020년 충남 소방직 기출문제

집단면접

01 산불화재가 났을 경우 담당을 소방(찬성), 산림청(반대) 찬성/반대
02 소방시설기준이 변경되었을 때 이전 건축물에도 기준 적용할 것인가
03 유류탱크 스리랑카 중범죄 처벌 찬성/반대
04 방화, 실화, 중실화 구분해서 말해봐라

개별면접

01 30초 자기소개
02 사명감을 갖는 직업은 소방 말고도 많은데 왜 소방공무원을 선택했는가?
  - 소방공무원을 언제부터 생각 했는가?
03 성격의 장·단점
  - 청렴하다고 하는데 본인이 최근 어긴 질서나 법은 무엇인가?
04 소방공무원에 필요한 3가지 덕목을 말해봐라
  - 3대 덕목을 예를 들어서 말해봐라
05 본인의 특기나 재능은 무엇인가?
06 소방공무원 준비 말고 일한 경험이 있는가?
07 본인이 생각하기에 소방공무원과 맞다고 생각한다면 어떤 점 때문에 그렇게 생각하는가?
08 평소 어떤 것에 스트레스 받고 어떻게 해소하는지?
09 소방서 방문해보았는가?
  - 내부조직이 어떻게 구성되어있는지 아는가?
10 연결송수관설비
11 무선통신보조설비
12 소방시설, 소방기본법에 대하여 말해봐라
13 어떤 상관이랑 가장 일하기 싫은지 말해봐라
14 공무원 6대 의무, 4대 금지 의무에 대해 말해봐라
15 상사의 부당한 지시가 어떻게 대응할 것인가
16 상사가 본인이 하기 벅찬 업무지시를 할 경우 어떻게 할 것인가

17 소속이 다른 상사가 갑자기 와서 다른 업무를 하라고 한다면 어떻게 할 것인가

18 의용소방대원 역할이 무엇인지 아는가?

19 화재 분류

20 화재현장에서 주인의 허락 없이 물을 사용하다 주인이 항의할 경우 어떻게 할 것인가?
   - 손실보상과 손해배상의 차이점

21 소방안전교육 재능기부가 필요한가?

22 비번인 날 시민안전교육 요청을 받으면 어떻게 할 것인가?
   - 동료가 하지 않겠다면 어떻게 할 것인가?

23 민원인이 민원내용에 불만, 행패, 폭행 등을 할 때 대처방법

24 소방관이 중요시해야 하는 것은 무엇이라고 생각하는가?

25 친한 후배, 남들이 봤을 때 본인이 어느 부분을 칭찬하는가?

26 현재 거주하고 있는 곳이 아파트인가 주택인가?
   - (아파트라고 답변) 아파트 출입구 화재 시 대피방법은?
   - 아파트 외부와 내부의 소방 설비가 무엇이 있는지 말해보라

27 옥내소화전은 언제 누가 사용하는가?

28 소방법 제1조에 대하여 말해보라

29 기본적인 소방업무 중 본인이 가장 하고 싶은 것 말해보라

30 제복공무원은 어떻게 행동해야 하는가?

31 구급차 유료화에 대하여 어떻게 생각하는지 말해보라

32 공무원은 '국민들에게 봉사한다'라는 문구가 어떤 법에 적혀있는지 말해보라

33 119에 신고한 경험이 있는가?
   - 그때 현장에 끝까지 있었는가?

34 준비했는데 하지 못한 말 말해보라

35 마지막 말

2019년 충남 소방직 기출문제

집단면접

01 포소화약제 4가지 혼합방식을 말해봐라
02 유류탱크 슬롭오버로 현장에서 동료소방관 몸에 불이 붙었다. 어떻게 대처하겠는가?
03 고양화재 시 화재원인은 스리랑카인의 풍등 날리기 때문이였다. 이때 스리랑카인을 처벌해야 하는지 말아야 하는지 말해봐라
04 이산화탄소 설비가 무엇인가? 방출방식과 해결책을 말해봐라
05 밀집건물에 실내에서 이산화탄소 질식자가 속출한다. 이때 소방관으로서 어떻게 대처하겠는가?
06 이산화탄소 설비 법 규제화 찬성/반대
07 헝가리 유람선 사태에 대해 개인의 의견
08 건물에서 민간인이 사용할 수 있는 소화설비는?
09 밀집건물에 실내에서 이산화탄소 질식자가 속출한다. 이때 소방관으로서 어떻게 대처하겠는가?
10 다중이용업소 시설의 안전을 위해 층마다 인원제한을 두는 것에 대한 찬성/반대

개별면접

01 30초 자기소개
02 소방에 왜 지원했는가? 지원한 계기가 있는가?
03 최근 여자경찰관이 이슈이다. 이와 관련해 여자소방관도 체력이 낮다. 이때 본인이 여자소방관이랑 둘이 출동했을 때 어떻게 대처하겠는가? (책과 인터넷에 나와 있는 내용말고, 본인의 개인적인 견해를 말해라)
04 응급유료서비스에 대해 어떻게 생각하는지?
05 지금 소방의 부족한 점은 무엇이라고 생각하는가?
06 화재 조사를 위해 어떤 건물에 방문했는데 건물주가 노인이며 돈이 없다. 이때 소방시설을 설치해야 하는데 비용이 많이 발생한다. 이때 어떻게 하겠는가?
07 공직자 윤리에 대한 개인적인 견해
08 공직자의 4대 금지 의무, 6대 의무에 대해 말해봐라
09 소방관이 되기 위해 어떻게 준비 했는가?
10 헝가리 다뉴브강 사고가 났는데, 그때 본인이 그 자리에 있었다. 어떻게 대처하겠는가?

11 선박사고가 빈번하게 일어나고 있다. 본인이 책임 관리자라면 어떻게 하겠는가?
12 재난 대응 4단계에 대해 말해봐라
13 소방에서 현장근무하려면 가장 먼저 개선해야 할 것은 무엇이라고 생각하는가?
14 본인 성격 장점과 단점을 사례를 들어 말해봐라
15 인상 깊었던 영화를 말하고 이유를 말해봐라
16 나이가 어린데 학교도 졸업을 안 한 상태이다. 곤란한 상황이 오면 어떻게 대처하겠는가?
17 꿈이 응급구조사인가?
18 체력이 좋다 했다. 체력점수는 만점인가?
19 앞으로의 포부 예를 들어서 말해라
20 실패한 경험은 무엇이고, 극복방안에 대해 말해봐라
21 앞으로 어디까지 올라갈 것이고 올라가서 어떻게 활동할 것인지?
22 어디 부서에 가고 싶은가?
23 내근직 일을 할 수 있겠는가?
24 헌신했던 경험은?
25 동료와 요구조자가 있다. 어떻게 하겠는가?
　　- 둘 다 의식이 없는 상황이다. 어떻게 하겠는가?
26 감사 5가지를 말해봐라
27 소방업무를 수행하면서 본인의 강점을 말해봐라
28 다른 이보다 본인의 강점은 무엇인가?
29 힘들었을 때는 언제인가?

2018년 충남 소방직 기출문제

집단면접

01 여성 소방공무원 증원에 찬성/반대
02 여성 소방공무원의 체력기준을 남자 소방공무원이랑 똑같이 해야 하는 것에 대한 찬성/반대
03 구급차를 태워 환자 의사에 따라 타 지역으로 이송하는 것에 대한 찬성/반대
04 주52시간 근무시간 도입에 대한 찬성/반대

05 카풀앱 도입에 대한 찬성/반대
06 소득위주 사회주의체제와 회사위주 자본주의체제에 대한 찬성/반대
07 우리나라의 혁신주도성장과 소득주도성장에 대해 어떤 것이 더 좋겠는가?
08 최저임금 인상에 대한 찬성/반대
09 양심적 병역거부 찬성/반대
10 비정규직의 정규직화 찬성/반대

개별면접

01 자기소개와 지원동기를 같이 말해보세요 [자기소개 10초 동안 해보세요]
02 수험기간은 얼마나 되는가?
03 밥은 먹고 왔는가? 긴장이 많이 되는가?
04 소방시설 몇 개인지 아는가?
05 피난 설비에 대해 아는가?
06 제천 화재에 대해 시민의 관점과 소방관의 관점에 대해 말해보세요
07 충남 면적과 인구에 대해 말해보세요
08 민원인이 계속 민원을 넣는다면 어떻게 하겠는가?
09 어린상사와 의견충돌이 있을 경우 어떻게 하겠는가?
10 본인은 어디까지 진급하고 싶은가?
11 어느 부서에서 일하고 싶은가?
12 판단력과 이해력 중 어느 것이 더 중요하다고 생각하는가?
13 이해력과 신속성 중 어느 것이 더 중요하다고 생각하는가?
14 필기시험은 몇 번을 보았는가?
15 본인은 의학적 지식이 없다. 그런데 길가다 위급한 사람을 만났다. 어떻게 하겠는가?
16 구하다가 죽을 수도 있는데, 구할 것인가?
17 상관이 부당한 지시를 내렸다. 어떻게 하겠는가?
18 화재현장에서 본인이 생각했을 때 위험한 상황이다. 그래도 상관이 들어가라고 한다. 어떻게 하겠는가?
19 본인 성격의 장점과 단점은 무엇인가?
20 소방관에서 중요한 덕목은 무엇인가?
    - (봉사/희생정신) 소방공무원이 아니면 봉사를 못하는가?

21 내근직과 외근직 중 가고 싶은 부서는 어디인가?
22 전공과목은 무엇인가?
 - (건축) 건축물의 주요 구조는?
 - 전공을 소방을 어떻게 활용 할 수 있을까?
 - 전공과 다른 부서에 배치된다면, 어떻게 하겠는가?
23 본인의 전공과 소방업무를 어떻게 연계 시킬 수 있겠는가?
24 친구는 몇 명인가? - 정말 친한 친구는 몇 명인가?
25 충남에 소방서는 몇 개인가?
26 충남은 몇 개의 시가 있고, 몇 개의 군이 있는가?
27 봉사활동 중 가장 인상 깊었던 것은 무엇인가?
28 부모님이 임종을 앞둔 상황과 출동명령 상황 중 어느 것을 선택하겠는가?
29 목재건물 내화건물의 화재차이는 무엇인가?
30 공무원에게 희생이란 무엇인가?
31 화재사건 중 가장 기억에 남는 사건은 무엇인가?
 - 제천화재에 대해 어떻게 생각하는가?
32 외상 후 스트레스 어떻게 극복하겠는가?
33 스터디 하면서 면접 예상 질문 준비한 것 하나 말해보세요
34 길에 쓰레기를 버린 적이 있는가?
35 무단횡단 경험이 있는가?
36 길에 침 뱉어본 적 있는가?
 - 논/밭 같은 데는 침 뱉어본 적 있는가?
37 아르바이트를 해본 적 있는지
38 위험한 직업인데 부모님을 어떻게 설득했는가?
39 지금까지 살면서 힘들었던 점과 극복 방법
40 화재가 급박한 상황에서 요구자랑 소방대원이 쓰러져있는데 누굴 먼저 구할 것인가?
41 요즘 인성이 중요하다. 소방조직에서 인성이 중요한 이유는 무엇이라고 생각하는가?
42 본인이 생각하기에 소방조직 업무에 걸림돌이 될 수 있는 본인이 가진 것은 무엇인가?
43 충남소방조직에 대해 이야기해보세요
44 소방계급에 대해 말해보세요
45 화재발생 순서와 백드래프트가 어떻게 일어나는가?
46 소방 조직에 들어와서 어떤 업무를 하고 싶은가?

47 경방으로 지원하셨는데, 왜 경방으로 지원했는가?
48 소방관은 화재진압, 구조, 구급, 행정 등 모든 업무에 꼭 전문가가 되어야 하는가?
49 대학 전공이 무엇인가?
50 소방공무원 시험 응시횟수는 얼마인가?
51 인화점, 연소점, 발화점에 대해 각각 설명해보세요.
52 일반행정공무원과 소방공무원의 차이점은 무엇인가?
53 소방공무원은 어떤 공무원에 속하는가?
　　– 특정직이라면 어떤 의미에서 특정직일까요?
54 화재란 무엇인가?
55 직장생활을 오래 했다. 직장생활을 하며 리더십을 발휘했던 경험이 있다면?
56 직장상사가 인격적인 모욕을 준다. 어떻게 대처하겠는가?
57 스트레스를 어떻게 푸는가?
　　– 축구에서 본인의 포지션은 무엇이고, 어디서 축구를 하는가?
　　– 축구하다 화가 났던 적은?
　　– 축구하다 어려웠던 점은?
58 임용 후 발령받고 입직했을 때의 포부는?
59 산악부 활동경험이 있는데, 가장 힘들었던 점은?
　　– 사고로 몇 명이 돌아가셨는가?
　　– 힘들었을 때 어떻게 극복했는가?
60 소방서를 청소해주시는 노인 내,외분이 출근길에 다치셔서 입원을 한 상황이다. 소방서가 청소할 사람이 없어 지저분해졌다. 어떻게 하겠는가?
　　– 다른 직원들과 같이 해야 하지 않나? 구역이 넓은데?
　　– 직원들이 아무도 안 도와주면, 어떻게 하겠는가?
61 화재현장 출동 시 부상당한 사람 2명이 있다. 누구부터 구하겠는가?
62 스프링클러란 무엇인가?
63 화재의 정의란?
64 20층 건물 7층에서 화재가 발생했다. 어떻게 대처하겠는가?
65 공무원의 의무에 대해 말해보세요
66 소방공무원으로 중요한 덕목은?
67 소방서 다녀와서 어떤 점을 느꼈는가?
68 무너져가는 건물에 상사가 들어가라고 하면 어떻게 하겠는가?
69 국가소방과 지방소방 계급의 차이점은 무엇인가?

70 공무원 6대 의무와 4대 금지 의무에 대해 말해보세요
71 공무원 6대 의무 중 청렴의 의무를 어떻게 실현하겠는가?
72 소방공무원으로 가지는 신념은?
73 입직 후 포부
74 마지막 할 말

2020년 충북 소방직 기출문제

집단면접

01 심폐소생술 순서
02 피난설비
03 연소의 4요소
04 화재경계지구 조건
05 경보설비
06 소화기에 대해 아는 대로 말해봐라
07 분말소화약제
08 경찰채용 시 여성과 남성 체력평가기준 통합에 대한 찬성/반대
09 코로나 2.5단계에서 3단계로 격상 찬성/반대
10 코로나 사태에서 구급대는 어떤 의미를 가지고 있는지?
11 화재경계지구
12 충북소방의 슬로건 말해봐라
13 효과적으로 빠른 출동을 하기 위한 아이디어가 있는가?
14 공무원이 문신, 피어싱을 하는 것에 대해 어떻게 생각하는가?
15 피난기구 설명
16 물 소화약제 장단점
17 CO_2 소화약제 장단점
18 내/외근직 따로 뽑는 것에 대한 찬성/반대 토론

19 문신 찬성/반대
20 소방신호의 종류 및 방법
21 여성공무원 체력기준을 높여야 하는지 찬성/반대 (임의로 나눔)
22 화재경계지구 선정 기준
23 기도 막혔을 때 대처법은?

개별면접

01 1분 자기소개
02 본인의 장점과 소방관이 됐을 때 자신의 장점을 살려서 어떻게 할 것인지 말해보라
03 간단히 자기소개와 함께 직무수행계획 말해보라
04 아파트에 불이 났는데 입구가 막혀있다면 어떻게 할 것인가
05 구급대원은 물론 진압대원도 폭행을 당하는 사례가 있는데 어떻게 대처할 것인가
06 조직과 개인의 목표가 다르다면 어떻게 할 것인가
07 상사가 부당한 지시를 한다면 어떻게 대처할 것인가
08 소방공무원으로서 가져야할 가장 중요한 가치(특성이나 덕목)는 무엇인가
09 경찰과 소방의 차이점과 소방을 선택한 이유
10 리더 역할을 하면서 들었던 좋은 말과 안 좋은 말
11 수험생활 전에는 무엇을 했는가?
12 사회경험 있는가?
13 소방관이 되는 것에 대해서 부모님이 반대 안했는지?
14 본인 연고지인가?
15 봉사활동 경험 및 본인이 맡은 업무
16 잘하는 개그 하나 해봐라
17 평소 하는 운동
18 첫 월급타면 어떤 것을 할 것인가?
19 본인이 혼자 근무하고 있는데 만일 본인의 아이가 매우 아픈 상황이면 어떻게 할 것인가?
20 제천 화재사건에 대해 어떻게 생각하는가?
 – 제천 화재사건과 같은 상황이 본인이 출동했을 때 나타난다면 어떻게 대처 할 것인가?
21 본인이 가장 화가 났던 적 말해보라 어떻게 극복했는지 말해보라

22 현장에서 민원인이 말도 안 되는 민원을 제기한다면 어떻게 대처할 것인가?
 - 대처 후에도 계속적으로 같은 민원을 제기한다면 어떻게 할 것인가?
 - 복귀 후에 본인은 무엇을 할 것인가

23 부부소방관에 대해 어떻게 생각하는가?
 - 혹시 본인은 부부소방관 할 생각이 있는가?

24 동료가 PTSD이면 어떻게 조언할 것인가?

25 팀에서 문제가 발생하면 어떻게 대처할 것인가?

26 상사가 본인을 괴롭히면 어떻게 할 것인가?

27 익사자를 본 기억이 있는 친구가 소방공무원 지원을 희망한다. 본인에게 상담을 요청한다면 어떻게 상담을 해줄 것인가?

28 우리나라의 '빨리빨리' 문화에 대한 지원자의 생각

29 화재현장에서 지휘관이 진입금지를 명령하는데 본인은 구조대상자를 구출할 수 있다고 판단하였다면 어떻게 행동할 것인지 말해봐라
 - 지휘관 설득에도 불구하고 계속 진입금지를 명령하더라도 진입할 것인가?

30 상사가 뒤늦게 공부하기 위해 대학원에 입학하였는데 본인에게 PPT 작성을 도와달라고 한다. 이후 지속적으로 요구가 들어오는데 이럴 경우 어떻게 대처할 것인가?

31 인·적성검사 어려웠던 점과 개선점 말해봐라

32 내근직에서 어떤 것을 허가 해주는 업무를 맡았는데 외부 관계자가 잘 부탁 한다면서 박카스 한 박스 가져다준다면 받을 것인가?
 - 하늘같은 선배가 김영란 법 걸리는 거 아니라고 다음부터는 받으라고 하는데 그래도 받지 않을 것인가?

33 화재현장에서 소방관에 장비 무게 얼마인지 아는가?

34 화재 현장에서 소방관 산소통 사용 시간을 아는가?

35 심폐소생술 말해봐라

36 마지막 하고 싶은 말

2019년 충북 소방직 기출문제

개별면접

01 소방 직렬 인성 질문 포함
02 내근직을 선호하는가?
03 리더십이 있는가?
04 타인을 보좌하는 일이 좋은가?
05 운동을 즐기는가?

2018년 충북 소방직 기출문제

집단면접

01 제천화재에 대해 시민들이 안 좋게 보는 점은 무엇인가?
02 화재가 났을 때 안에 사람이 있다. 어떻게 하겠는가?
03 소방퇴직나이 늘리는 것에 대한 본인의 생각은?
04 PTSD이 일어나면 어떻게 할 것인가?
05 아내와 엄마 둘 다 위험에 처했다. 누구를 구하겠는가?
06 실기 6개 과목 중 한 가지가 빠져야 한다면 어떤 것을 빼겠는가? 이유는?
07 화재경계구역에 대해 설명해보세요.
08 소화약제를 물로 할 때의 장점과 단점을 말해보세요.
09 기도 폐쇄시의 대처방법은 무엇인가?
10 용수시설에 대해 말해봐라.
11 제천화재에 대해 설명해봐라.
12 연소 3요소는 무엇이 있는가?
13 근속승진에 대해 어떻게 생각하는가?
14 남북관계에 대한 본인의 생각은?

15 중증정도는 어떻게 나뉘는가? (긴급/응급/비응급)왜 분류하는가?
16 소방공무원 노조에 대한 찬성/반대
17 구급차 유료화에 대해 찬성/반대
18 상사와 갈등 시 해결방안은?
19 피난기구 종류에 대해 말해봐라.
20 국가직 전환의 장점과 단점은?
21 소방서 내에서 남성과 여성의 성별에 따른 갈등이 있을 경우 어떻게 하겠는가?
22 행복했던 일은?

개별면접

01 지원동기를 말해봐라.
02 자기소개를 해보세요.
03 살면서 힘들었던 일은 무엇인가?
04 입직 후 어떤 소방공무원이 될 것인가?
05 본인 단점은 무엇인가?
06 군산화재에 대해 설명해봐라
07 협동심과 리더십을 발휘했던 경험은?
08 봉사활동 경험은 무엇인가?
09 인생의 목표는?
10 소방관의 매력은 무엇이라고 생각하는가?
11 남들보다 소방관을 하기 위해 본인이 노력한 점은?
12 본인의 장점 3가지를 말해보세요.
13 다른 사람과 갈등이 있었을 때 어떻게 해결했는가?
14 자격증/면허 유무
15 (여성지원자)남성과 체력이 많이 차이 날 텐데, 어떻게 극복하겠는가?
16 소방차 운전을 하게 되면 잘 할 수 있겠는가?

2020년 서울 소방직 기출문제

집단면접

01 다중 사고 발생 시 출동상황에서 대처 방법에 대해 토론
02 구급대원 감염 방지 대책에 대한 토론

개별면접

01 3분 자기소개
02 출동 시 가장 먼저 해야 하는 행동은 무엇인가
03 사건이 동시 다발적인 경우 현장에서 사고에 대한 정보를 어떻게 수집하는가?
04 응급환자란
05 사고 현장에서 응급환자를 구별해야 하는데, 응급환자 분류법 말해봐라
06 소방법 제조에 대해 아는가?
07 연소란
08 화재의 정의
09 코로나 예방 경계 하는 주체는 어디라고 생각하는가?
10 발령하는 단계는?
11 긴급구조 통제단에 대해 아는가?
12 성실함이 어느 정도인가?
13 상사가 잔업처럼 일을 많이 시키면 어떻게 할 것인가?
14 화재 현장에서 노약자와 성인 남자가 있으면 누구부터 구할 것인가?
15 상사의 부당한 지시가 있으면 어떻게 할 것인가?
16 상사가 법을 위반했을 때 어떻게 할 것인가?
17 상사가 본인과 의견이 다르면 어떻게 할 것인가?

2019년 서울 소방직 기출문제

집단면접

01 (토의) 비긴급 구조 활동에 대한 제한 및 거절에 대한 개인적인 견해
02 주제관련 법조항 중 본인생각에 바뀌어야 할 조항을 제시해라.
03 민원인이 소방업무에 해당이 안 되거나 사적인 민원으로 빈번히 전화를 한다면?
04 고드름 제거 및 동물구조 등 경방과 인명구조가 아닌 일로 출동하여 소방관이 다치는 일이 빈번하다. 해결방안은 무엇인가?

개별면접

01 자기소개, 지원동기
02 현재 면접실에서 클래식음악에 내가 춤추면 당신은 어떻게 할 것인가?
03 본인이 생각하는 본인 최고의 장점은 무엇인가
04 상사가 화재구역으로 들어가 구조 활동을 하라고 한다. 어떻게 대처하겠는가?
05 군 생활 중 헌병대에서 근무하면 이미지상 남들이 싫어하는데 지원자는 어떤 군 생활을 했는가?
06 입직 후 어떤 소방관이 될 것인가?
07 과거의 특정한 경험(군복무)이 지금의 자신에게 어떤 장점과 단점을 주었는가?

2018년 서울 소방직 기출문제

집단면접

01 종로고시원 화재 원인과 개선방향과 본인이라면 어떻게 대처하겠는가? (자유토론)

개별면접

01 자기소개와 지원동기를 말해봐라.

02 스트레스 관리법은 무엇인가?

03 소방관에게 중요한 덕목은 무엇인가?

04 남이 하기 꺼리는 일을 했던 경험은?

2020년 인천 소방직 기출문제

집단면접

01 구급차 유료화 찬성/반대

02 구급대원 골든타임 준수의 필요성, 구급대원이 서두르다가 발생한 피해사례, 이 두 가지 문제의 고민의 필요성

03 구급차 출동 시 사고 나면 과실 책임 누가 지나
 - 골든타임을 못 지켜서 죽는 사람이 생긴다. 어떻게 하면 좋은가?
 - 골든타임 지키려고 사고 나서 과실을 묻는데 피해보상 방법과 예방 방법 말해봐라

04 연소란 무엇인가

05 스프링클러 장단점

06 1~6류 위험물 이름과 성질

07 백드래프트, 플래시오버에 대해 말해봐라

08 화상 종류에 따른 원인

09 화상처치방법

10 화재경계지구란

11 소화전에 대해 아는 대로 말해보라

12 연소란 무엇인가

13 소방경계지구는 누가 지정하는가?

14 화재의 종류 1류 부터 설명해 봐라

15 스프링클러의 장단점에 대해 말해봐라

16 경찰이 말하는 '도로교통법에 대한 상대성과 균형성'에 대해 아는 대로 말하라

17 기도화상 처치 방법

개별면접

01 자기소개, 지원동기 2분
02 올해 가장 잘한 일, 후회되는 일
03 체력관리 어떻게 하나
04 부모님께 받은 유산 3가지 말해봐라
05 부모님에게 배운 점
06 요즘 읽은 책 무엇인가
07 소방공무원 직업의 장점/ 단점
08 가장 후회스러운 일과 보람 있었던 일을 말해봐라
09 소방관 힘든데 왜 하려고 하나
10 죽음이란 무엇이라고 생각하는가?
11 리더십 발휘했던 사례 있는가?
12 자신의 장점을 소방과 연관지어 말해봐라
13 어려운 화재 진압 시 상사의 진입명령에 어떻게 할 것인가
14 소방공무원이 되기 위해 어떤 노력을 하였는가
15 친구들이 본인을 어떻게 생각하는가
16 가장 만족했던 순간과 가장 힘들었던 순간을 말해봐라
17 나이어린 상사가 부당한 지시를 할 경우 어떻게 하겠는가
18 최근 인천에서 큰 화재가 발생했는데, 생각나는 것을 이야기해보라
19 수험기간 중 코로나사태로 가장 걱정했던 점
　　(꼬리) 이러한 코로나 사태에서, 소방의 대응방안
　　(꼬리) 끝없이 인력증원을 할 수는 없을 텐데, 어떻게 하면 좋을지
20 PTSD 극복방법
21 소방관의 덕목에 대해 말해봐라
22 조직에서 리더쉽 발휘 경험 및 느낀점 말해보고 본인이 생각하는 최고의 리더십 말해봐라
23 죽음이 무엇이라고 생각하는지, 죽음이 두렵지는 않은가
24 최근 어떤 재난뉴스를 보았는지
25 본인이 생각하는 소방관에 대한 이미지
26 주변에 소방공무원이 있는지, 어떤 도움을 받았는지

27 결혼 전에는 교대근무를 이해해주다가 결혼 후 교대근무를 이해해주지 못하겠다는 아내를 어떻게 설득할 것인가

28 마지막 말

2020년 경기 소방직 기출문제

집단면접

01 다중 사고 발생 시 출동상황에서 대처 방법에 대해 토론
02 구급대원 감염 방지 대책에 대한 토론
03 구급차에 대해 민식이법 적용 찬성/반대

개별면접

01 자기소개
02 동료가 청탁 받으면 어떻게 할 것인가
03 누가 봐도 본인의 생각이 맞고 매뉴얼이 맞는데 동료가 본인의 의견만 주장한다면 어떻게 할 것인가?
04 소방공무원이 단체로 활동하는 것에 대해 찬성하는가?
05 소방의 가장 큰 문제점 말해봐라
06 소방관이 된다면 제일 걱정이 되는 것
07 노후 된 소방 장비 해결 방안
08 본인은 리더형인지 팔로워형인지 말해봐라
    - 리더형이 잘 하려면 무엇이 중요하다고 생각하는가?

2020년 부산 소방직 기출문제

집단면접

01 소방공무원 국가직 전환에 대한 국민들의 인식이 어떻게 변화되었다고 생각하는가?
02 주민민원이 들어왔을 경우 어떻게 대처하겠는가?

개별면접

01 자기소개
02 현장 활동 위급한 상황 시 지휘관이 진입하라 명하면 어떻게 할 것인가
03 본인의 단점
04 철학자 니체에 대해 아는가?
05 봉사활동 경험이 있는가?
06 지금까지 살면서 소방공무원 준비 외에 열정적으로 한 일이 무엇이 있는가

2020년 울산 소방직 기출문제

집단면접

01 소방 직장협의회가 나아갈 방향
02 소방 직장협의회 가입불가 인원은 누구인가?
03 일반 공무원 노조와의 차이점

개별면접

01 자기소개
   – 이전까지는 소방공무원이 청렴이라는 이미지와 멀었다고 생각하는가?
02 단체 활동 경험과 이룬 성과가 있는가?

03 플래시오버, 백드래프트, 인화점, 연소점, 비점, 융점에 대하여 말해봐라
04 소방공무원에게 가장 중요한 덕목
05 소방공무원이 된다면 경방, 구급, 구조 등 어느 부서에서 먼저 일하고 싶은가?
　　- 수험생은 소방공무원으로서 멀티성과 전문성 중 어떤 것이 더 중요하다고 생각하는가?
06 자신의 강점을 소방에 접목시켜본다면?
07 어떠한 집단에서 의견을 내서 좋은 결과를 도출한 경험이 있는가?
08 결혼 시 부모님의 반대에 대한 대안
09 오늘 죽는다면 무엇을 할 것인가?
10 봉사경험
11 업무 시간 외 상사가 업무 지시를 한다면 어떻게 하겠는가?
12 시청 내에 설치해야하는 소방 설비
13 가압식 축압식 소화기 차이점
14 소방에게 있어서 가장 중요한 점
15 전공이 소방과 다른데 전공이 소방에 도움이 될 만한 것은 무엇이라고 생각하는가?
16 화재 3요소, 패닉의 정의와 어떤 종류가 있는가?
17 소방력의 3요소
18 선임 소방공무원이 부당한 지시(과중한 업무)를 하였을 때 어떻게 할 것인가
19 입사 후 포부
20 마지막으로 할 말

2019년 울산 소방직 기출문제

집단면접

01 소방공무원 국가직 전환에 대한 찬반토론
02 소방에 대한 본인의 인식을 말해보라는 토의
03 문재인 정권에 들어서 공무원을 많이 뽑는데 본인의 생각은 어떠한가의 대한 토의
04 승진은 심사승진, 특별승진, 시험승진이 있는데 이 중에서 어떤 것이 가장 합리적인지에 대한 본인의 생각

05 대국민 소방 홍보 방안
06 원자력 발전소 화재 대응방안, 소방의 역할

개별면접

01 전공이 뭐냐?
02 경찰행정학과를 나오면 보통 다 경찰을 준비를 하지 않는가?
03 필기시험은 잘 쳤는가?
04 영어는 어렵지 않은가?

2018년 울산 소방직 기출문제

집단면접

01 여성소방관 채용 찬성/반대
02 구급대원 전기 충격기 등 제압수단 무장 찬반/반대
03 대형재난과 미디어시대에 맞춰 소방관의 직업의식과 사명감에 대해 자유롭게 토의

개별면접

01 지원 동기는 무엇인가?
02 힘들었던 점은 무엇이고, 극복방법에 대해 말해봐라.
03 전통가치에서 지켜야 할 점은 무엇인가?
04 합격하면 합격의 이유, 불합격 하면 불합격의 이유를 말해봐라.
05 제복공무원을 어떻게 생각하는가?
  – 제복공무원을 시민들은 어떻게 본다 생각하는가?
06 제복공무원으로 부당한 대우를 받았을 때 어떻게 생각하는지?
07 최근 읽은 책은?
08 외상 후 스트레스 장애 대처방안은?

09 도덕성 상실의 시대인데, 이유는 무엇이라고 생각하는가?
10 현대사회에서 지켜야 한다고 생각하는 윤리에 대해 말해보라.

2020년 경북 소방직 기출문제

집단면접

01 공무원 등 SNS로 인한 사생활침해나 개인정보유출로 인한 본인생각과 해결방안
02 공무원 정년연장과 고령화 대책에 대해 자유 토의
03 긴급자동차가 사고가 날 경우 소방면책인가 또는 피해자 보상인가, 부주의로 일어난 사고인 경우 징계를 해야 하는가에 대한 자유 토의
04 소방관 채용 체력측정에서 현재의 6종목으로 측정하는 것이 합당한지에 대해 자유 토의
05 대형화재를 대비하여 비번 소방관은 3시간 내에 복귀, 출동할 수 있어야 한다고 규정되어 있고 불가피한 경우는 부서장에게 신고하게 되어 있다. 왜 3시간으로 규정했는지 아는가? 2시간으로 줄이는 것에 대한 자유 토의

개별면접

01 봉사활동하면서 느낀 점은?
02 일상생활에서 소방 관련된 법령을 어기고 있는데 소방관이 일을 못해서 그렇다고 생각하는가?
03 자신이 가장 잘하는 것과 못하는 것
04 조직 내에서 갈등 있을시 어떻게 해결할 것인가?
05 갈등의 구체적인 해결방안
06 상사가 부당한 지시를 한다면 어떻게 할 것인가?
07 소방기본법 제1조 말해보라
08 부정부패가 잘 일어나는 원인과 방지 방법
09 소방 예산을 확보하기 위해서 양주(30만 원)를 접대해야 하는데, 본인이 부서장이면 어떻게 할 것인지 말해보라
10 위험물을 1류부터 6류까지 말해보라

11 소방 활동 6가지 말해봐라
12 동료가 부당한 돈을 받는 것을 목격했다면 어떻게 할 것인가?
   - 본부 감찰팀에 알리는 건 어떤가?
13 플래시오버, 백드래프트 말해보라

2020년 강원 소방직 기출문제

집단면접

01 심신미약자 강경제도 찬성/반대
02 종교적 혜택(종교세)에 대한 찬성/반대
03 소방공무원 국가직 전환 찬성/반대
04 소방 전문병원 연구 및 설립 찬성/반대
05 최근 부동산, 집값 상승 지속. 국가가 재정으로 지원해야 하는지에 대한 찬성/반대
06 소년법 폐지 찬성/반대
07 복수국적, 이중국적 허용 찬성/반대
08 전쟁 시 미국의 작전권 반환 찬성/반대
09 심신미약 감경 찬성/반대
10 여성 소방 공무원 찬성/반대
11 정치발전, 경제발전 중 어느 것이 더 우선이라고 생각하는가?

개별면접

01 1분 자기소개
02 지원동기
03 본인이 생각하는 본인의 단점, 좌우명
04 공적 사적 업무 뭐가 중요하다고 생각하는가?
05 소방공무원이 되기 위해 갖춰야 할 덕목
06 민원인 대처 방법

07 부당한 지시 대처 방법

08 어떤 업무를 싶은지 말해봐라

09 사회 경험이 있는가?
(꼬리) 회사생활 하면서 좋았던 점과 안 좋았던 점 말해봐라
(꼬리) 퇴사사유

10 공무원 6대 의무, 4대 금지의무
(꼬리) 그 중 가장 중요한 것이 무엇이라 생각하는가?

11 교육훈련 중에 상급자께서 탁구를 치자고 한다면 어떻게 대처하겠는가?

12 일을 하다가 그만 둔 적 있다면 말해봐라

13 수험생활 기간

14 옥내소화전 사용 방법

15 구급대원 폭행 문제가 심각한데 본인이 생각하는 해결방안 말해봐라

16 상관의 명령을 거절해야 할 경우 어떻게 말씀을 드려야 하는지 말해봐라

17 길을 걷던 중 화재가 발생한 건물을 발견할 경우 가장 우선적으로 해야 할 일은 무엇이라고 생각하는가?

18 소방 동원령 3단계에 대한 본인의 생각은?

19 봉사활동 경험

20 지인이나 가족 중에 소방관이 있는가?

21 소방공무원이 되면 많이 힘들 텐데, 어떻게 이겨나갈 것인가?

22 소방기본법 제조 말해봐라

23 화재의 정의

24 뉴딜정책

25 그루밍성범죄

26 부정부패의 이유와 해결법

27 진상민원 대처법

28 가치관이 다른 상사가 지시를 내렸을 경우 어떻게 할 것인가?

29 동기와 의견차이가 있을 경우 어떻게 조율할 것인가?

30 수험기간 동안 힘든 점

31 공무원 활동하다가 회의감이 든다면 어떻게 할 것인가?

32 봉사활동 경험, 느낀 점을 말해봐라

33 같이 일하고 싶은 상사 유형

34 구급대원 폭행에 대한 생각 말해봐라
35 비상근무시 약속 있을 때 어떻게 할 것인가?
36 소방기본법 제5조
37 엄마, 아빠 이름 한자로 적어보시오
38 1급 응급 구조사 업무 범위
39 PTSD는 무엇인가?
   - 본인이 PTSD 걸리면 어떻게 할 것인가?
40 마지막 말

2019년 강원 소방직 기출문제

집단면접

01 중대 범죄자의 신상 공개에 대한 찬성 반대 토론
02 저출산 문제에 대한 원인과 해결방안에 대한 토론
03 아동 체벌금지법 추진 찬성 반대 토론
04 노키즈존 찬성 반대 토론

개별면접

01 자기소개
02 지원동기
03 거주지가 강원도가 아닌데 강원도에 지원한 이유
04 대학교 전공으로 의무 부사관과(타과)인데 그럼 직업군인을 생각하셨던 거 같은데 직업군인을 그만두시고 소방에 지원한 이유는?
05 상관에게 부당한 지시를 받는다면 어떻게 대처할 것인가?
   - 그래도 부당한 지시가 바뀌지 않는다면 어떻게 할 것인가?)
06 트라우마라든지 힘든 일을 겪어 본 적 있는가?
07 해군 의무 부사관으로 근무하셨는데 근무하시면서 가장 힘들었던 점은?

08 그럼 함정 같은 좁은 공간에서 생활하면서 스트레스 해소법은?

09 우리 가족이 다른 가족에 비해 어떤 점이 더 화목하다고 생각하나요?

10 가족 관계는?
- 가족 중 누구와 가장 돈독 하다고 생각하시나요?
- 그럼 그 분에게 배울 점은?
- 배우고 싶지 않은 것은?

11 최근 가장 안타깝다고 생각되는 일이 있었는지?
(답변 : 조두순 신상공개를 한 TV 매체를 대상으로 소송)
- 그럼 본인은 범죄자의 신상공개에 대해 어떻게 생각하시는지?
- 만약 본인이 조두순을 직접 앞에서 본다면 하고 싶은 말은?

12 최근 가장 기뻤던 일은? 슬펐던 일은? 화가 났던 일은?

13 인성검사 처음 하시는 것 같은데 최선을 다해서 푼 것이 맞나요? 정말 그런가요?

2019년 전북 소방직 기출문제

집단면접

01 소방공무원의 국가직 전환 추진에 대한 방안

02 전주한옥마을에 대한 안전대책

03 초고층 아파트 화재진압 및 인명구조 방안

04 현장지휘관 및 소방관으로서 바람직한 대응방법

05 2001년 911테러로 미국 소방관 343명이 순직했다. 당신이라면 지휘관이라면 어떻게 하겠는가? 당신이 소방관이라면 어떻게 행동 할 것인가?

06 소방공무원의 계급정년

07 현장 활동 안전사고 저감 방안

08 골든타임 사수를 위한 소방차량 출동로 확보 방안

09 소방 공무원 단체생활 중 팀워크의 중요성

10 소방공무원 응시연령

11 계급사회에서의 대처능력

12 현장에서 지휘관의 잘못된 판단으로 위험에 빠질 수 있는 부당한 지시를 할 경우 당신은 어떻게 하겠는가?
13 소방공무원의 권익향상 및 위상강화 방안
14 수요자 중심의 새로운 소방의 업무영역
15 화재 구조 구급 외의 소방업무 및 추가되어야 할 업무에 대하여 말하시오
16 현장대응 기능 강화를 위한 소방장비 보강 방안
17 소방장비 현대화 첨단화 방안에 대하여 말하시오
18 안전 우선 원칙을 적용한 체험형 안전교육 방안
19 소방의 효율적인 근무체계
20 소방자동차 출동로 확보방안
21 주취자의 소방관 폭행방지 방안
22 CPR에 대하여 설명하시오.
   - CPR소아랑 성인 실시 방법을 설명해 봐라.(공채질문, 공채는 구조 구급 화재 구분 없이 질문함)
23 여성소방공무원 차별에 대하여 어떻게 생각 하는가?
24 여성소방관 증원에 대한 생각을 말해봐라
25 소방 복지 개선하려면 어떤 것이 필요한가?
26 계급 정년에 대한 견해를 말해봐라.

개별면접

01 자기소개
02 지원동기
03 소통은 무엇을 말하는가?
04 후회 경험을 말해봐라
05 화재 진압 지원이유는?
06 인명구조사 자격증 따기 어려운데 딸 수 있나?
07 120kg 들 수 있나?
08 캐나다 얼마나 갔다 왔는지?
09 수험기간을 말해봐라.
10 좌우명 설명해봐라
11 성격의 장단점을 말해봐라.

12 어린데(20살) 왜 지원했나?
13 의용 소방대 경험 말해봐라
14 구급차 홍보방안
15 소방 조직의 개선점은?
16 소화기 빨강과 은색용도 말해봐라
17 (간호학 전공) 왜 특채 아니고 공채냐?
18 구조지원 이유가 있나?
   - 사람을 구했을 때 어떤 태도가 느껴졌나?
19 외국 소방관과 우리나라 소방관의 인식이 많이 다른데 어떻게 생각하나?
20 휴일날, 명절날 출근 명령 내려지면 어떻게 할 거냐?
21 공무원의 6대 의무와 4대 금지의무를 말해봐라.
22 밥을 빨리 먹나?
23 소방 국가직에 대한 장점과 단점을 말해봐라
24 내가 당신 왜 뽑아야 합니까?
25 다른 지원자보다 강점을 체력 말고 말해봐라
26 화재 현장 사망자가 있는데, 유가족이 시체 수습을 해 달라고 하면?
27 누가 봐도 사망 환자인데 가족들이 계속 처치를 원한다. 너라면 어떻게 할 것인가?
   - 원래 다른 사람을 의지하는 편이냐?
   - 그래도 유가족이 수습해 달라고 하면 어떻게 할 것인가?
28 구조 현장에서 사망 판단을 구조대원이 할 수 있지 않나?
29 전 직장에서 불만을 말해봐라
30 자동포소화설비에 대하여 설명하시오
31 공무원 6대 의무, 4대 금지의무에 대하여 설명하시오
32 소방 설비 아는 대로 설명하시오
33 소방 출동로에 대하여 설명하시오
34 들어가서 동료관계는 어떻게 할 것인가?
35 연소점과 발화점 차이에 대하여 설명하시오
36 사회생활 중에 어려운 일이 생기면 주변사람들의 도움을 받을 것인가 아니면 혼자서 해결할 것인가?
37 여성소방공무원 증진에 대한 본인 생각은?
38 여성소방공무원이 무거운 것을 들어달라고 했을 때 본인은 어떻게 할 것인가?
39 소방 출동로에 불법 주정차이 있는데 그것에 대하여 어떻게 생각하는가?

40 헝가리사고 세월호 사건은 겪으면서 느낀 점
41 최근 친구와 심하게 다툰 이유는 무엇인가?
42 극한의 상황을 경험한 사례와 극복한 방법
43 회사에서 얻었던 교훈은 무엇입니까?
44 소방관이 중요하게 생각해야 할 것은 무엇인가?
45 권리와 권한의 차이점이 무엇인가?
46 소방기본법이 몇 조까지 있는가?
47 위험물 1류 부터 6류에 대하여 설명하시오
48 민원인이 아무리 빠르더라도 늦다고 생각하는데 어떻게 설득할 것인가?
49 왜 굳이 소방관을 지원하였는가?
50 구급대원으로써 체력관리 어떻게 할 것인가?
51 실습했을 때 구급차 뒷좌석에서 멀미하지 않았는가?
52 감염관리 어떻게 할 것인가?
53 체중감량을 어떻게 하였는가?
54 소방 교대 근무가 많아서 명절 못가고 그럴 텐데, 생각이 어떠냐?

2019년 전남 소방직 기출문제

집단면접

01 소방화재 경계 지구 설명해봐라
02 안락사 찬반 – 본인이 선택해서 손 들어라. 찬반 물어보고 의견 말해봐라
03 공무원 노조 찬반 의견
04 출동 시 시민들이랑 교통사고 시 어떻게 대처할 건가?
05 소방 국가직 전환 찬반
06 인화점, 발화점에 대해 설명해 봐라

개별면접

01 지원동기
02 스트레스 해소 어떻게 했나?
03 소방 활동 하나씩 말해라.
04 하인리히법 설명해 봐라.
05 체력 점수 말해봐라.

2019년 대구 소방직 기출문제

집단면접

01 미투 운동이 일어나고 있는 상황에 조직 내 성희롱, 성폭행 예방법이나 대책방안
02 여성소방공무원 상관이 조직 내에서 자신의 엉덩이를 귀엽다고 툭툭 치고 지나가는 상황이 발생했을 경우 어떻게 대처하겠는가?
03 외근직과 내근직에 대한 견해

개별면접

01 나이가 몇인지?
02 대학은 졸업은 했는가?
03 대학교 재학 중에 소방공무원 시험 준비 했는가?
04 수험기간은 얼마나 되는가?
05 하고 싶은 업무는 무엇이 있는가?
06 살면서 힘들었던 점은 무엇이고, 어떻게 극복했는가?
07 본인의 단점은 무엇이라고 생각하는가?
08 본인이 다니고 있는 학과와 소방이 관련이 없는데 소방 쪽으로 지원한 이유가 있는가?
09 체력적으로 힘든 점이 있을 수도 있는데 잘 할 수 있겠는가?
10 나이가 많은데 조직에 잘 적응할 수 있겠는가?
11 김영란 법 관련 질문

2020년 의무소방 기출문제

1 세종

집단면접

01 코로나로 인한 외국인 입국 찬성/반대
02 수술실 CCTV 찬성/반대

개별면접

01 성격의 장·단점
02 제주도에 강원도처럼 불나면 어떻게 할 것인가?
03 의무소방대가 왜 세종에 필요하다고 생각하는가?
   - 본인이 근무했던 곳과 세종 중에 어디가 더 의무소방대가 필요하다고 생각하는가?
04 생활안전서비스 유료화
05 소방 개선점 말해봐라
06 민원인응대를 해본 경험이 있는가?

2020년 구급특채 기출문제

1 대전

집단 면접

01 코로나사태 명절 가족모임 벌초 장거리 이송제한 찬성/반대
02 소방법에 대해 아는 것 말해봐라
03 소방시설 유지관리 및 안전관리법 아는 대로 말해봐라
04 폭렬현상 원인 및 피해

05 자연발화 대처방법
06 갈랫길 산악구조대 구조함 15개 중에 무엇이 있는지?
07 소방장비 아는 대로 말해봐라

개별면접

01 1분 자기소개
02 자신의 장점을 소방에 접목시켜 말해봐라
03 왜 소방공무원이 되고 싶은가
04 경찰과 사이가 좋지 않을 경우 어떻게 대처하겠는가?
05 어떤 분야에서 일하고 싶은가?
06 교통사고 현장인데 갈비뼈가 부러졌다면 심폐소생술을 할 것인가?
07 마지막 말

2 세종

개별면접

01 간호사 근무 시 민원을 받은 상황이 있었는지, 있었다면 어떠한 상황이었는가?
 - 소방관으로 근무하면서 비슷한 일이 생긴다면 어떻게 대처할 것인가?
02 공무원의 장단점과 소방공무원의 장단점이 무엇이라고 생각하는가?
03 상사의 부당한 지시가 있을 경우 어떻게 할 것인가?
04 마지막 말

3 충북

집단 면접

01 주취자 이송시 주취자가 소방대원의 어깨를 1회 가격 시 처벌 여부 찬성/반대
02 소방 이슈

03 직장 상사가 회식 하는데 본인 혼자(여성지원자) 집에 가라고 한다면 어떻게 할 것인가
04 재난 현장에서 제복의 무게가 있을 텐데 시민들이 구해 달라고 본인만 바라보고 있으면 어떻게 할 것인가
05 수계 포화 소방 설비 말해봐라
06 물 뿌리는 소화기 사용의 단점

개별면접

01 30초 자기소개
02 '포스트코로나'에 대하여 어떤 대비책이 있는지 말해봐라
03 불법 주정차 차량이 있는 곳이 유일한 출동경로일 경우 어떻게 할 것인가?
04 구급차 이송거부에 대하여 말해봐라
05 소방관 정신건강 위험노출에 따라 정부에서 시행하는 정책 아는 대로 말해봐라
06 소방병원 위치(충북 음성)가 적절한지에 대한 본인의 생각
07 책임감을 발휘해본 경험
08 본인이 완벽하다고 생각하는가? 부족하다고 생각하는가? 부족하다면 어떤 부분이 부족하다고 생각하는가?
09 소방관 초봉이 얼마인지 아는가?
  - 첫 월급 받으면 무엇을 할 것인가?
10 좌우명이 있다면 말해봐라
  - 좌우명을 살면서 경험해 본 적이 있는가?
11 결혼 여부
12 직무수행 계획서 말해봐라
13 화재 현장에서 눈앞에 요구조자가 있고 본인은 구할 수 있을 것 같다고 판단하였다. 상관은 건물 붕괴의 우려가 있어 들어가지 말라고 한다면 어떻게 할 것인지 말해봐라
14 나이어린 상사가 반말 하거나 지시 내리면 사람들이 정서상 아직은 안 좋아 한다. 본인이라면 기분이 어떨 것 같은지 혹은 어떻게 행동할 것인지 말해봐라
15 상관의 부당한 지시가 있으면 어떻게 대처 할 것인가?
16 마지막 할 말

4 강원

집단 면접

01 코로나 재난지원금 소득분위 70프로만 지급 찬성/반대

개별면접

01 소방에 지원한 동기를 특수성에 의거하여 말해봐라
02 미투운동 배경, 소방공무원 사회에 적용하면 어떤 영향을 끼칠지 말해봐라
03 본인이 소방공무원이 된다면 걱정되는 점

5 인천

집단 면접

01 코로나 정보공개에 대한 프라이버시 문제 찬성/반대
02 화상의 종류와 각각의 처치방법
03 소방대의 구성
04 소방기본법

6 부산

집단 면접

01 SNS, 포털 등에서 익명성의 장단점
02 공공의대 설립과 관련된 의사의 파업 찬성/반대

개별면접

01 경력사항 질문
02 스트레스 받을 때 어떻게 하는지 말해봐라
03 직장 내 갈등상황 경험 말해봐라
04 구급대원 폭행에 대한 생각과 대안
05 간호사, 구급대언 윤리의식
06 근무 중 구조대상자가 옆에 있어달라고 한다면 어떻게 할 것인가?
07 환자가 치료를 거부한다면?
08 마지막 하고 싶은 말

7 경북

개별면접

01 하트세이버가 무엇인지 말해봐라
02 화상 범위
03 밤에 인적이 드문 도로에 쓰러진 사람을 목격한다면 어떻게 위치를 보고할 것인가?

2020년 관련학과 기출문제

집단 면접

01 2차 재난지원금 선별지급 찬성/반대
02 소방법에 대해 알고 있는 법령 말해봐라
03 화재경계지구 선정구역
04 폭렬현상 원인 피해
05 소방신호 4가지
06 소방용수시설 종류를 말하고 관리감독은 누가 하는가?

개별면접

01 자기소개 및 희망부서
02 연소와, 연소 4요소, 백드래프트 말해봐라
03 공무원 6대 의무
04 현장업무에서 본인이 다른 사람보다 더 강점 있는 것이 무엇인지 말해봐라
05 현재 시사 중 알고 있는 것 말해봐라

2019년 중앙특채 관련학과 기출문제

집단면접

01 공리주의
02 다수의 이익을 위해 소수의 희생이 필요한 것에 대해 정당한지 자유토론
03 청소년 색조화장에 대한 찬성/반대
04 인공지능 로봇이 사람들에게 유익한가? (AI현대화의 찬성/반대)
05 소방공무원 노조 찬성/반대
06 로봇세 찬성/반대
07 혼전동거 찬성/반대
08 아이를 약 안 쓰고 키우는 것에 대한 찬성/반대
09 병역특례법 폐지에 대한 찬성/반대
10 SNS활용에 대한 찬성/반대
11 자전거 헬멧 의무화에 대한 찬성/반대
12 친일인명사전 만드는 것에 대한 찬성/반대

개별면접

01 자기소개
02 지원동기

03 소방공무원이 되고 싶은 이유?
   - 소방공무원을 준비하면서 보수적으로 준비한 것이 있는가?
   - 소방공무원이 된다면, 어떻게 근무하고 싶은가?

04 소방공무원 선배가 돈 받는 것을 알았다. 어떻게 하겠는가?
   - 계속 돈을 받는다. 어떻게 하겠는가?

05 지금까지 살면서 힘들었던 점은 무엇인가?

06 소방체력시험 중 남자와 여자의 기준을 같게 해야 하는가?

07 소방공무원 경채는 체력을 없애야 하는가?

08 예의 없는 사람들을 어떻게 대하는가?

09 소방공무원이 목숨을 내 놓을 수 있기도 한 직업이고, 박봉인데 지원한 이유는 무엇인가?

10 본인과 집단에게 불이익이 처해진다면 어떻게 하겠는가?

11 육체적인 스트레스 어떻게 해소하겠는가?

12 정신적인 스트레스 어떻게 해소하겠는가?

13 상사의 부당한 지시 어떻게 대처하겠는가?

14 상사의 불법적인 지시 어떻게 대처하겠는가?

15 소방관이 되려는 관점에 대해 말해보세요

16 고치고 싶은 성격의 단점은 무엇인가?

17 부모님과 갈등 극복사례

18 고등학교시절 갈등 극복사례

19 머피의 법칙

20 삼강오륜이 무엇인가?

21 문제해결 시 다른 사람에게 도움을 요청했던 적은?

22 소방관 폭행사건에 대한 생각은?

23 마지막으로 하고 싶은 말을 해보세요.

2018년 중앙특채 관련학과 기출문제

집단면접

01 로봇세의 찬성/반대
02 물의를 일으킨 연예인 복귀에 대한 찬성/반대
03 종교인 과세 찬성/반대
04 음주운전 3회 시 자동차 몰수에 대한 찬성/반대
05 AI 인공지능 로봇 발전 방향에 대한 자유토론
06 공공자전거 헬맷 착용 의무화에 대한 찬성/반대
07 주취자 감형 찬성/반대
08 약 안 쓰고 아이 키울 수 있는 방안 및 찬성/반대
09 공리주의
10 다수의 이익을 위해 소수의 희생이 필요한 것에 대해 정당한지 자유토론
11 청소년 색조화장에 대한 찬성/반대
12 인공지능 로봇이 사람들에게 유익한가? (AI현대화의 찬성/반대)
13 소방공무원 노조 찬성/반대
14 혼전동거 찬성/반대
15 병역특례법 폐지에 대한 찬성/반대
16 SNS활용에 대한 찬성/반대

개별면접

01 소방공무원 되고 싶은 이유는 무엇인가?
02 소방공무원을 준비하면서 부수적으로 준비한 것이 있는가?
03 소방공무원이 된다면 어떻게 근무하고 싶은가?
04 소방공무원 선배가 돈 받는 것을 목격했다. 어떻게 대처하겠는가?
05 소방공무원 소방 체력시험 중 남자와 여자의 기준을 같게 해야 하는가?
06 소방공무원 경채는 체력을 없애야 하는가?
07 가장 행복했을 때는 언제인가?

08 일하다 힘든 시기가 오면 어떻게 견디겠는가?
09 가장 존경하는 분은 누구인가?
10 남북통일에 대한 개인의 생각을 말해봐라.
11 소방기술사에 대해 아는가?
12 소방 월급이 적다 생각하는가?
13 PTSD(외상후 스트레스 장애)관리 방법은 무엇인가?
14 구급대원의 자격요건에 대해 말해봐라
15 리더십 경험을 말해봐라
16 부당한 지시 대처방안에 대해 말해봐라
17 외국인이 우리나라 왔을 때 소개시켜주고 싶은 것은 무엇인가?
18 소방관으로서 다른 사람 보다 특별한 장점 3가지를 말해보세요.
19 PTED(외상 후 격분장애)관련 질문
20 소방공무원 폭행 관련 해결방안은 무엇인가?
21 소방관되면 적성에 맞겠는가?
22 가장 존경하는 사람은?
23 리더에 가까운가? 팔로워에 가까운가?
24 주변 친구들이 자신을 어떻게 평가하는가?
25 본인의 가치관은?
26 최초의 소방관서는?
27 응급구조사 폭행에 관련해 본인의 생각은?
28 소방 교부세에 대해 말해보세요
29 공무원 노조에 대한 본인의 생각은?
30 소방에 적합한 자신의 장점
31 화재분류 중 ABCDE급은?
32 화재 시 대피 순서는?
33 10점 만점에 자신은 몇 점을 주겠는가?
34 사회생활의 경험이 있는가?
35 150kg의 환자를 혼자서 만나게 되었다. 어떻게 하겠는가?
36 비응급환자의 전화 시 대처방안
37 본인의 치명적인 단점이 무엇인가?

38 아이가 살려달라고 소리를 지르는 상황에서, 상관이 대기명령을 내린다면?
39 화재연소의 정의에 대해
40 스트레스를 많이 받으면 어떻게 하겠는가?
41 시험 준비를 하면서 힘들었던 부분과 극복방안은?
42 본인이 중요하게 생각하는 가치관은 무엇인가?
43 소방조직에서 어떤 부분이 보완되어야 할 것 같은가?
44 화재의 급수에 대해 말해보세요.
45 소방관련 법에 대해 무엇이 있는가?
46 구급대원 폭행에 대해 본인의 생각은?
47 예의 없는 사람들을 어떻게 해야 하는가?
48 소방공무원이 목숨을 내 놓을 수 있기도 한 직업이고, 박봉인데 소방공무원의 지원한 이유는 무엇인가?
49 본인과 집단에게 불이익을 처해진다면 어떻게 하겠는가?
50 상사의 부당한 지시 어떻게 대처하겠는가?
51 상사의 불법적인 지시 어떻게 대처하겠는가?
52 부모님과 갈등 극복사례를 말해보세요.
53 고등학교 때 갈등 극복사례를 말해보세요.
54 머피의 법칙에 대해 말해보세요.
55 삼강오륜이 무엇인가?
56 문제 해결 시 다른 사람에게 도움을 요청했던 적은 무엇인가?
57 제천화재로 인해 소방이 개선해야 할 방향은?
58 소방공무원 노조에 대한 본인의 생각은?

2019년 중앙특채 응급구조직 기출문제

개별면접

01 중·고등학교때 부모님과의 갈등은 없었는가?
02 소방조직에 대해 알고 있는 부분은 무엇인가?

03 소방계급에 대해 말해보세요

04 소방조직에 자신의 어떤 특성이 잘 맞다고 생각 되는가? 또한 어떤 부분이 잘 맞지 않는다고 생각되는가?

05 구급대원 폭행사건에 대해 개인적인 견해를 말해보세요

06 두부외상처치법에 대해 말해보세요.

2018년 중앙특채 응급구조직 기출문제

집단질문

01 로봇세 찬성/반대
02 사회적 물의를 일으킨 연예인 복귀 찬성/반대
03 종교과세 찬성/반대
04 카공족[카페에서 공부하는 사람들] 찬성/반대
05 주취자 감형에 대한 찬성/반대

개인면접

01 소방공무원, 일반 공무원의 차이점
02 인생에서 힘든 경험은?
03 소방공무원의 덕목 한 가지를 말하고, 그 이유에 대해 설명하시오.
04 국민이 바라는 소방의 모습은?
05 자기소개를 해보세요
06 공무원 노조에 대한 본인의 생각
07 영화 속 본인과 닮은 인물과 그 이유는?
08 인간관계에서 가장 중요하다고 생각하는 점은?
09 소방공무원에게 중요한 능력은 무엇인가?
10 스트레스 해소방법은?
11 지원하고 직종 분야는?

12 구급대원 폭행 방안으로 2가지가 있다. 무엇이 있는가?
13 소방시설물중 자신 있게 사용할 수 있는 시설물은?
14 소방관에 들어가서 근무 할 때 추가적으로 배우고 싶거나 필요하다고 생각하는 것은?
15 이번 시험이 몇 번째 인가?
16 공무원 비리가 일어나고 있다. 해결방안은?
17 외상 후 스트레스 장애 경험 유무 / 스트레스를 점수로 표현해보세요.
18 결핵환자 이송 시 대처방안은 무엇인가?
19 중·고등학교 때 부모님과 갈등은 없었는가?
20 소방조직에 대해 알고 있는 부분에 대해 말해봐라
21 소방계급에 대해 말해보세요
22 소방조직에 자신의 어떤 특성이 잘 맞는다고 생각하는가? 또한 잘 맞지 않은 부분은 어떤 특성이라고 생각하는가?
23 두부외상처치법에 대해 말해보세요.
24 구급대원으로 가장 중요하다고 생각되는 자질은 무엇인가?
25 환자의 보호자를 대할 때 어떻게 해야 하는가?
26 니트로글리세린은 경구로 복용하면 안 되는 경우?
27 1급 응급구조사가 할 수 있는 범위?
28 감염병 환자 이송을 해야 한다면 어떻게 해야 하는가?
   - 감염병환자인걸 알았을 경우와 몰랐을 경우 대처방안
29 제천사고에 대한 본인의 생각은?
30 다른 지원자와 비교해서 본인이 가지고 있는 강점은 무엇인가?

MEMO

친절한 추쌤의
소방공무원 면접

친절한 추쌤의 합격 네비게이션
소방공무원 면접·적성 2.0

- 발행일 : 2021년 4월 1일
- 편저자 : 추미영
- 발행인 : 김진연
- 발행처 : 도서출판 참다움
- 등 록 : 제2019-000035호
- 주 소 : 서울시 동작구 만양로 84, 삼익주상복합상가 1층 129호, 130호
- T E L : 02) 6953-7038
- F A X : 02) 6953-7039

저자와의
협의하에
인지생략

※ 본서의 무단 전재·복제행위는 저작권법 제136조에 의거 5년 이하의 징역 또는 5,000만원 이하의 벌금에 처하거나 이를 병과할 수 있습니다.
※ 파본은 구입처에서 교환하시기 바랍니다.

정가 20,000원